Couvertures supérieure et inférieure
manquantes

Couvertures supérieure et inférieure manquantes

LES VOSGES

PENDANT LA RÉVOLUTION

NANCY, IMPRIMERIE BERGER-LEVRAULT ET Cie.

LES VOSGES

PENDANT

LA RÉVOLUTION

1789-1795-1800

ÉTUDE HISTORIQUE

Par FÉLIX BOUVIER

Membre de la Société d'émulation des Vosges, du Comité d'histoire vosgienne,
de la Société philomathique vosgienne, etc., Officier d'Académie

PARIS

BERGER-LEVRAULT ET Cie, ÉDITEURS

5, RUE DES BEAUX-ARTS

MÊME MAISON A NANCY

1885

Tous droits réservés

A MA MÈRE BIEN-AIMÉE

A LA MÉMOIRE VÉNÉRÉE DE MON PÈRE

A LA MÉMOIRE DE MON GRAND-PÈRE

Jean-Jacques Felix

Soldat volontaire aux corps francs des Vosges, en 1814

ET DE MON BISAÏEUL

Jean-Jacques Felix

Capitaine au 6ᵉ Bataillon de Volontaires des Vosges, en 1792

A ceux qui, par leurs leçons et leurs exemples
m'ont appris à aimer et à servir
La Patrie et la République

Ce livre, filialement et du fond du cœur, est dédié

Félix BOUVIER

Paris, janvier 1883.

POULLAIN-GRANDPREY

Représentant des Vosges à la Convention

INTRODUCTION

Un essai du genre de celui que je soumets au public, malgré son peu d'importance, n'en coûte pas moins de longs efforts et de patientes recherches. Ne pouvant prétendre aux vastes horizons, aux savantes peintures de la grande histoire, ne se prêtant ni aux graves développements philosophiques, ni aux habiles déductions, ni aux grands effets de style, un tel ouvrage est forcément condamné à être bien humble et bien modeste; il ne sera lu que par de rares lecteurs, et si l'auteur n'avait pas déjà suffisamment trouvé la récompense de ses peines dans la joie intime qu'il éprouvait à chaque pas en reconstituant la physionomie de son pays natal, pendant une époque si ardente et si instructive, il risquerait fort de n'en rencontrer jamais.

L'histoire locale, même dans ses moindres faits, est cependant indispensable à connaître, surtout lorsqu'il s'agit du récit d'années telles que celles de la Révolution française. En Allemagne, à l'école, on commence par enseigner à l'enfant, la géographie et l'histoire de sa commune, de son canton, de sa province, pour s'élever ensuite et progressivement aux hauteurs de l'histoire générale. En France, nous avons suivi, jusqu'à présent, la méthode contraire. C'est pourquoi certaines périodes de notre histoire — et celle de la Révolution est du nombre, — sont encore si mal connues et si mal jugées. C'est pourquoi tel qui connait en bloc l'histoire, ignore celle de son pays, celle de ses pères!

Le département des Vosges n'offre pas, à vrai dire, pendant ces années fiévreuses, un tableau aussi animé, aussi bruyant, aussi coloré que d'autres. Mais c'est précisément ce calme relatif, cette sérénité et cette douceur qui en font presqu'une exception dans la France d'alors et qui méritent qu'on y prête quelque attention; l'existence tout à fait à part, le caractère bien tranché des citoyens des Vosges, sont en effet des plus remarquables, et valent la peine qu'on s'y arrête un instant pour les considérer.

Si le département des Vosges n'a pas été secoué par ces grandes tourmentes politiques qui ébranlaient alors la plupart des autres départements, il le doit à des causes particulières, qu'il importe de dégager pour les bien connaitre et qui, si elles sont scrutées avec précision et vérité, fournissent sur les tendances et l'avenir du département les plus sûres indications.

Quelles sont ces causes, minuscules peut-être, mais qui ne sont point indignes des méditations de l'historien, du philosophe, de l'homme d'État ou même du simple citoyen?

Situé, en grande partie, dans une région de hautes montagnes qui l'encadrent et où la vie patriarcale et simple avait toujours été en honneur, trop loin du pouvoir pour en craindre les excès et les sentir, le pays était, par son essence même à l'abri des agitations violentes et stériles. La population qui l'habitait, douée d'un imperturbable bon sens, laborieuse, économe, froide et douce en même temps, tenace, pondérée presqu'à l'excès dans tous ses actes et dans ses paroles, peu susceptible d'engouement, devait se garder de toutes les théories impraticables, de toutes les utopies, qui surgissent pêle-mêle dans le torrent d'une révolution. Mais, fortement pénétrée du sentiment de la dignité personnelle, éprise d'indépendance, de liberté et d'égalité comme tout peuple montagnard, pratiquant de temps immémorial la fraternité, elle ne pouvait rester insensible à la transformation politique qui s'opérait et ses qualités natives devaient, au contraire, faire d'elle le peuple le plus mûr pour la liberté, le plus apte à la comprendre et à la pratiquer, sans tomber dans cette sorte de griserie fatale aux peuples, comme aux hommes, trop longtemps tenus sous le joug.

C'est ce qui se distingue à première vue, lorsqu'on examine la façon surprenante dont des hommes inconnus, inexpérimentés, devinrent, du jour au lendemain, de bons administrateurs. Il est si vrai que ce résultat est dû aux qualités de la race et du sol, qu'au fur et à mesure que la race montagnarde se mélange et s'altère, que le relief du sol diminue, s'incline et court en s'abaissant des rives de la Moselle à celles de la Meuse, des hauts plateaux aux plaines, des Vosges aux Faucilles, on voit également s'atténuer, s'affaiblir, les robustes qualités qui la caractérisent et l'on ne retrouve plus chez les populations de la plaine, quoiqu'elles aient aussi une grande maturité d'esprit, la vigueur, l'inébranlable solidité, la fixité et la hardiesse d'opinion des hommes de la montagne.

Si nous ajoutons à ces prédispositions naturelles des circonstances contingentes, d'accord avec le milieu et la race, pour n'en pas détruire l'effet, on comprendra que le département des Vosges ait pu, au milieu du délire et de l'ouragan révolutionnaires, conserver son sang-froid, sa sagesse et presque sa tranquillité.

Point de grandes villes, en effet, dans son sein, point de ces grandes agglomérations humaines où fermentent si facilement les passions, où la concentration excessive et la surabondance des habitants ont pour conséquence immédiate, presque infaillible, le manque de travail et la misère, mauvaise conseillère, origine de toutes les révoltes !

Point d'industrie non plus; à peine quelques verreries ou papeteries, quelques forges; un faible commerce; mais en revanche la plus grande partie des habitants voués aux travaux de l'agriculture, pauvres, dociles, se contentant de peu, habitués à aider le voisin et à respecter le maître qui, de son côté, ne fait pas peser d'un poids bien lourd ses droits sur son vassal !

Point de confessions religieuses opposées comme en Alsace; à peine quelques juifs et moins encore de protestants; partant, point de ces divisions acharnées qui, en matière de religion, décuplent la haine des individus les uns contre les autres et imprègnent le plus souvent la lutte d'un caractère de férocité implacable!

Point de journaux enfin, et même au plus fort de la Révolution, des clubs sans influence et sans action! Il fallait aller à Nancy pour chercher une feuille publique, ou en faire venir de Paris, et combien alors pouvaient se payer un pareil luxe!

Les gens de la bourgeoisie, grande ou petite, fonctionnaires, hommes de loi, industriels, négociants, surent d'ailleurs, dès le début, prendre la tête du mouvement au lieu de le nier, de l'entraver ou de le combattre. Avec un esprit très ouvert et une certaine audace naturelle qui s'allie bien avec la franchise vosgienne, ils entrèrent sans peine dans le courant dont on leur laissa sans effort la direction et ils surent le contenir dans les limites de la raison.

Telles sont les conditions toutes spéciales dans lesquelles naquit, se développa et vécut l'œuvre de la Révolution dans les Vosges. Bien différentes de celles des départements de l'Alsace où les mœurs plus rudes, l'éducation plus négligée, plus rustique, imprimèrent aux actes de cette époque un caractère de dureté légendaire! Bien différentes même de celles des autres départements! Elles eussent fait de la Révolution dans les Vosges une sorte d'idylle, pleine de calme et de fraîcheur, si l'élan patriotique de la défense nationale n'apportait pas une note grave et virile dans cet ensemble un peu terne et quasi-fade.

INTRODUCTION.

Trois ans durant, cet humble livre a été ma vie ; il a occupé les meilleures de mes heures ; il a éteint ou adouci mes douleurs. J'ai feuilleté, tout ému, les registres poussiéreux des délibérations, les arrêtés, les proclamations, les pièces innombrables de ce temps; j'ai parcouru, les yeux pleins de larmes, les pages qui contaient l'héroïsme de nos ancêtres aux armées, leur fermeté dans les assemblées, leur prévoyance dans les administrations. J'ai vécu un moment de leur vie et suivi pieusement la trace de leurs pas. Je les admirais et je les enviais, eux qui sont morts après avoir vaincu!!

Que ce livre, faible témoignage de mon respect, fasse partager à ceux qui le liront, les sentiments qui m'ont remué tandis que je le préparais, c'est la seule récompense que j'ambitionne, car ainsi j'aurai mieux fait aimer mon pays.

Ce n'est pas sans l'aide de nombreux collaborateurs que j'ai pu mener à bien l'œuvre que j'ai entreprise, sans le concours de nombreuses bonnes volontés. Je dois des remerciements tout particuliers et bien sincères à M. Bregner, préfet des Vosges, et aux secrétaires généraux qui se sont succédé sous son administration, MM. Vatin et Purnot, qui m'ont ouvert les portes des archives du département avec une bonne grâce et une bienveillance auxquelles j'attache un grand prix. Il me faut également citer en première ligne le savant et aimable archiviste du département, M. Chevreux, et son adjoint, M. Thomas, qui ont facilité et guidé mes recherches d'une façon que je n'oublierai pas.

Partout, du reste, j'ai été soutenu, encouragé, aidé, et je commettrais un acte d'ingratitude si je ne rappelais les conseils précieux et les renseignements que je dois à l'obligeance et au dévouement de compatriotes tels que M. Claude, sénateur, et son neveu, M. Paul Claude; M. Albert Ferry, député et maire de Saint-Dié; M. Frogier de Ponlevoy et M. Bresson, députés; M. Léon Louis, chef de division à la préfecture des Vosges; M. le Dr Alban Fournier, de Rambervillers; M. Derise, maire et conseiller général de Mirecourt; M. Ch. Georgeot, rédacteur en chef de l'*Industriel vosgien*, de Remiremont; M. Blondel, conseiller général, et M. Durand, ancien maire de Lamarche; M. Puton, directeur de l'École nationale forestière de Nancy; mon ami M. Lucien Mersey, inspecteur adjoint des forêts; M. Bastien, ancien président du tribunal civil de Mirecourt, et tant d'autres qui me pardonneront de ne pas inscrire ici leurs noms et qui m'ont fait oublier que quelques autres, bien rares, m'avaient promis les trésors de leurs collections et sont restés obstinément fermés.

Je ne dois pas davantage omettre le nom de M. Clément de Grandprey, inspecteur général des forêts, à la bienveillance duquel je dois d'intéressantes communications et surtout le rare et curieux portrait de son éminent aïeul, Poullain-Grandprey, placé en tête de ce volume.

Tous les détails contenus dans cet ouvrage sont rigoureusement empruntés aux documents de l'époque que j'ai pu consulter aux archives nationales, aussi bien qu'aux archives de notre département et des municipalités. Partout où l'on ne trouvera pas l'indication des sources, on peut être certain que la pièce émane de l'un de ces dépôts et c'est pour éviter des répétitions fastidieuses que je ne les indique point. Le plus que j'ai pu, du reste, j'ai laissé parler ces documents, n'intervenant pour les commenter que lorsque la clarté du récit m'en faisait un devoir.

J'ai cru devoir modifier l'orthographe des noms de lieux en leur donnant celle qu'ils ont actuellement; je dirai une fois pour toutes que, dans tous les documents de l'époque, Saint-Dié est écrit Saint-Diez; Rambervillers, Remberviller; le Thillot, Tillot; etc., etc. Il m'a paru inutile d'encombrer ou d'obscurcir le texte, déjà peu récréatif, par des modifications à l'orthographe usitée.

Un dernier mot; ce livre n'est pas une œuvre de parti; on y reconnaîtra sans peine dans l'auteur un admirateur passionné de la Révolution française, un de ses fils les plus fidèles et les plus dévoués. Mais il n'aura jamais une parole de haine pour ses adversaires et s'efforcera d'être juste envers tous. Il ne perdra jamais de vue, malgré la différence des opinions, que les hommes dont il raconte la vie sont, avant tout, fils d'une commune mère : *la patrie vosgienne*.

LES VOSGES

PENDANT LA RÉVOLUTION

CHAPITRE Ier

État physique et moral des Vosges en 1789; administration; justice; etc. — Rôle et influence de la noblesse et du clergé: l'évêque La Galaisière; les couvents et les grandes abbayes de femmes : les *Dames* de Remiremont, les *Demoiselles* d'Épinal, les *Femmes de chambre* de Bouxières et les *Servantes* de Poussay; les servitudes et redevances. — Situation particulière de la contrée. — Idées de la bourgeoisie; les journaux; la franc-maçonnerie. — Le paysan [1].

Le territoire qui devait composer le département des Vosges appartenait, en 1789, pour la presque totalité, à la Lorraine, au Barrois et aux Trois-Évêchés, et pour quelques communes, à l'Alsace ou à des principautés indépendantes, notamment celle de Salm. L'organisation en département, opérée par l'Assemblée constituante, n'eut qu'à conserver l'ordre de choses existant et les villes et villages dont les députés concoururent à Mirecourt pour les élections aux États généraux, furent

[1] Pour ce chapitre et le suivant, je ne saurais trop engager mes lecteurs à lire le très remarquable et excellent ouvrage de M. l'abbé D. Mathieu : *l'Ancien Régime dans la province de Lorraine et Barrois*. J'y ai fait plus d'un emprunt et je me plais à rendre hommage ici tant à la science de l'auteur qu'à l'ordre de son ouvrage et à l'esprit libéral qui l'anime.

presque les mêmes qui, plus tard, entrèrent dans la composition du département.

Au point de vue administratif, le territoire des Vosges dépendait du gouvernement de Lorraine et Barrois à Nancy et de l'intendance de Lorraine, également à Nancy. Depuis 1751, on y comptait 9 des 26 bailliages qui formaient la Lorraine et 1 sur les 10 qui formaient le Barrois; ceux qui dépendaient de la Lorraine étaient établis à Épinal, Bruyères, Saint-Dié, Mirecourt, Neufchâteau, Charmes, Châtel, Remiremont et Darney; celui du Barrois ou du Bassigny-Mouvant était à Lamarche.

Le gouverneur de Lorraine et Barrois était, depuis 1788, le maréchal de Contades qui commandait la province, tant au point de vue civil que militaire. Il avait pour lieutenant-général le duc de Nivernois et pour commander les troupes, le comte de Choiseul La Baume, gouverneur de Verdun. L'intendant était de la Porte de Meslay, ancien intendant de Perpignan, qui avait remplacé, en 1778, Chaumont de la Galaisière, conseiller d'État, un homme rude comme son père et prédécesseur, devenu intendant de l'Alsace après avoir assuré 20 ans la Lorraine; au moment où il quitta Nancy, il venait de faire créer un évêché à Saint-Dié aux dépens de celui de Toul, et lui avait fait donner pour évêque son propre frère. Il exerçait son action par des subdélégués d'intendance qui se trouvaient à Saint-Dié, Mirecourt, Épinal et Neufchâteau.

Pour la perception des impôts, il y avait à Nancy un directeur des fermes : Dauvergne, et un receveur des traites et gabelles : Notaire.

Les libertés municipales n'existaient pas. Les charges de maire à Saint-Dié, Rambervillers, Mirecourt, Charmes, Bruyères, Épinal, Neufchâteau, Lamarche, Darney, Dompaire et Raon-l'Étape, étaient des offices héréditaires et perpétuels que le titulaire achetait de ses deniers.

La justice était rendue au nom des baillis d'épée, presque toujours absents, par leurs lieutenants-généraux et les prévôts assistés de conseillers. Deux des bailliages des Vosges, ceux de Saint-Dié et de Mirecourt, étaient depuis 1772 des présidiaux, c'est-à-dire avaient une compétence plus étendue. Au-dessus de leur juridiction, se trouvait le Parlement, créé à Nancy depuis 1775 et qui avait pour annexes une Chambre des comptes ou Cour des aides de Lorraine et une Chambre du conseil et des comptes pour le duché de Bar. Le premier président du Parlement était de Cœurderoi et le procureur général de Marcol. Dubois de Riocour présidait la Cour des aides de Lorraine.

Les forêts étaient administrées par les grands-maitres des eaux et forêts de la généralité de Lorraine et de Bar; il y en avait trois : de Vigneron, pour les bailliages d'Épinal, Saint-Dié, Darney, Sarreguemines et Bouzonville; Valet de Villey, pour ceux de Neufchâteau, Bourmont, Bar, Saint-Mihiel et Pont-à-Mousson; et Mathieu de Dombasle pour ceux de Nancy, Lunéville, etc. Le marquis d'Agoult était gouverneur d'Épinal; le comte d'Haussonville, gouverneur et bailli d'épée de Mirecourt; le marquis d'Avaray, gouverneur de Neufchâteau. Il y avait, en outre, à Épinal, Saint-Dié, Mirecourt et Neufchâteau des lieutenants des maréchaux de France.

On ne rencontrait dans les Vosges ni places fortes ni châteaux; tout avait été démantelé ou démoli sous Louis XIV. Bien peu, d'ailleurs, étaient restés debout après la guerre des Suédois.

La noblesse y était peu nombreuse, peu influente et ce n'était presque que de la petite noblesse, noblesse militaire ou noblesse de robe, qui avait su se garder de violences et d'exactions et ne pas exciter de colères.

Il en était de même du clergé. L'évêché, de création récente, suffragant de l'archevêché de Trèves, comme tous ceux de la Lorraine, n'avait qu'un revenu de 30,000 livres et ne comptait que 128 cures, alors que l'évêché de Toul en comptait 764 et rapportait 37,000 livres, celui de Metz 623 et rapportait 120,000 livres, celui de Verdun 300 et rapportait 74,500 livres, et celui de Nancy 162 et rapportait 50,000 livres. Cependant, on y avait réuni les produits des abbayes d'Autrey, qui s'élevaient à 1,500 livres, et de Saint-Mihiel qui s'élevaient à 3,000 livres. La juridiction spirituelle de l'évêque de Saint-Dié ne s'étendait pas d'ailleurs à toutes les communes qui composent le département; nombre d'entre elles, et même des abbayes importantes, ressortissaient au diocèse de Toul.

L'évêque Chaumont de la Galaisière était un prélat fastueux, arrogant, entouré de gandins pour vicaires généraux et assez dur pour son clergé, comme on le vit dans l'affaire de Lhermite, curé des Trois-Vallois[1]. Mais ce clergé était modeste et pauvre et vivait de la vie du peuple; il avait des croyances solides, une grande pureté

[1] Voir l'ouvrage de M. l'abbé Mathieu déjà cité, chap. IV.

de mœurs, était suffisamment lettré et un peu frondeur contre son évêque. Le peuple lui-même était simple et bon. Presque tout le monde était agriculteur ; il n'y avait que peu d'industries ou de fabriques groupant une population ouvrière plus facile à exciter. Surtout, il n'y avait pas de grandes villes, foyers féconds en agitations, en turbulence et même en violences.

Entouré de hautes montagnes qui paraissent le séparer des pays voisins, presque sans relations alors avec l'Alsace où la chaîne des Vosges constituait un insurmontable obstacle, sympathisant peu d'ailleurs avec le caractère alsacien, vis-à-vis duquel il était presque en antagonisme, l'habitant des Vosges, confiné chez lui, avait une existence à part, toute de paix et de travail. La philosophie ne l'avait point pénétré bien profondément comme elle l'avait fait à Nancy ou à Bar. Malgré le séjour de Voltaire à Senones, à Cirey, chez Mme du Châtelet, et celui d'Helvétius, qui avait épousé une Vosgienne, Mlle de Lignéville, leurs doctrines avaient fait de faibles progrès et restaient l'apanage de l'élite de la bourgeoisie éclairée, laborieuse, mais volontiers timide, modérée et sensée entre toutes.

La franc-maçonnerie qui, dans beaucoup de villes, servit de lien aux partisans de la Révolution et fut l'occasion pour eux de faire leur apprentissage des affaires et de se faire connaître de leurs concitoyens, ne jouissait dans les Vosges d'aucune influence. Il y avait bien plusieurs loges maçonniques, dont la plus marquante : *les Amis incorruptibles*, avait été fondée à Saint-Dié en 1785, mais elles n'exerçaient qu'une faible action. D'ailleurs il n'y avait pas de journaux dans la région ; il fallait aller chercher ceux de Nancy, les *Affiches de Lorraine*[1], le *Journal de Nancy* ou *Journal de la Meurthe*[2], rédigé par Sonnini qui fut député suppléant de la Meurthe à l'Assemblée législative de 1791, et devenu un peu plus tard *Journal de la Meurthe et des Vosges*.

Les abbayes mêmes, malgré quelques redevances bizarres, n'avaient jamais montré ces exigences vexatoires ou cette dureté qui les avaient fait détester en d'autres pays. Nombreuses dans les calmes vallons de nos montagnes qui semblaient s'être creusés exprès pour les abriter, elles y prospéraient et entretenaient des relations courtoises, presque amicales, avec le peuple de leurs fermiers ou des gens placés sous leur dépendance. Le nombre en était grand, car plusieurs de ces abbayes ou chapitres étaient puissamment riches, suzerains de grandes étendues, et possédaient d'immenses cultures, avec droit de justice dans beaucoup de villes.

---

[1] Les *Affiches de Lorraine* (anciennes *Affiches de Metz*), journal fondé à Metz en 1765, avaient pour rédacteur en chef Brondex; qui avait pour collaborateurs François de Neufchâteau; Pons de Verdun; Alexandre Courtois, de Longuyon, qui fut guillotiné le 12 janvier 1794; Hoffmann, le futur auteur des *Rendez-vous bourgeois*. Le 14 juillet 1790, les *Affiches de Lorraine* changeaient de titre et devenaient le *Journal des départements de la Moselle, de la Meurthe, de la Meuse, des Ardennes et des Vosges*. Brondex mourut subitement à Paris.

[2] Le *Journal de la Meurthe* avait parmi ses rédacteurs Blouet (Jean-François-Nicolas), né à Metz en 1745, mort en 1809 ; il fut emprisonné pendant la Terreur et ne recouvra la liberté qu'au 9 thermidor.

Plus tard, Thiébaut remplaça Sonnini comme rédacteur en chef. Il avait été longtemps citoyen d'Épinal, employé dans les bureaux du département des Vosges, et auteur du premier *Annuaire des Vosges*.

« Le chapitre de Remiremont percevait les redevances féodales, ou levait les dîmes de plus de 200 villages ou hameaux et nommait à près de 100 cures disséminées, » dans différents diocèses. « Ses revenus totaux étaient évalués à 300,000 livres. »

On comptait 5 abbayes d'hommes et autant de femmes; en outre, comme nous l'avons vu, l'abbaye de Bénédictins de Saint-Mihiel était rattachée, pour les bénéfices, au diocèse de Saint-Dié.

La plus puissante et la plus riche de toutes ces abbayes était de l'ordre séculier : c'était le chapitre des 52 dames nobles de Remiremont, dont l'abbesse était une princesse du sang, Mme Louise de Bourbon-Condé. Elle était princesse du Saint-Empire, portait une crosse d'or et s'asseyait sous un dais de velours. A certains jours, elle rendait la justice en personne et délivrait les prisonniers; on ne la voyait jamais aller qu'en carrosse à 6 chevaux, et à sa mort les cent églises dont elle avait le patronage sonnaient le glas funèbre pendant 24 jours[1]. La prébende de l'abbesse était de 300,000 livres.

Venait ensuite le chapitre des 22 chanoinesses séculières d'Épinal dont l'abbesse, Mme de Gourcy, touchait un revenu de 12,000 livres.

Ces deux abbayes ressortissaient au diocèse de Saint-Dié.

L'abbaye de Bouxières-aux-Dames, avec 13 chanoinesses, dont Mme de Messey était abbesse avec 3,500 livres de revenus; celle des Clarisses de Neufchâteau dont Mme de Mussey était abbesse, et celle des 17 chanoi-

---

[1] Abbé Mathieu : *l'Ancien Régime en Lorraine*.

nesses de Poussay dont l'abbesse était Mme de Choiseul-Beaupré, avec 8,000 livres de revenus, relevaient au contraire du diocèse de Toul. « Toutes ces religieuses avaient dû fournir, pour être admises, les preuves de noblesse les plus authentiques, mais une fois entrées, chacune pouvait se choisir une héritière et appréhender, comme on disait, une jeune fille qu'on appelait la *dame-nièce*.

L'opinion les avait qualifiées par cet adage bien connu : les *dames* de Remiremont, les *demoiselles* d'Épinal, les *femmes de chambre* de Bouxières, et les *servantes* de Poussay [1]; les plaçant ainsi, non par ordre de noblesse, où elles étaient égales, mais par ordre de richesse. Il fallait en effet neuf générations de chaque côté pour être admise dans chacune de ces congrégations.

L'abbaye de Bouxières se transférait à Bon-Secours, près de Nancy, lorsque commença la Révolution.

Les abbayes d'hommes étaient beaucoup moins opulentes que celles de femmes ; les deux plus riches appartenaient au diocèse de Toul; c'étaient celle des Prémontrés à Mureau, dont Tromelin était abbé, avec 6,500 livres, et celle de l'ordre de Citeaux à Flabémont, dont Le Bègue était abbé depuis 1767, avec 3,000 livres de revenus.

L'abbaye des Augustins à Chaumousey, dont un Bassompierre était abbé, rapportait cependant aussi 6,000 livres; mais celle des Prémontrés de Bonfays ne procurait à son abbé, de Tournel, que 2,000 livres, et celle des Augustins d'Autrey, avec ses 1,500 livres, appartenait à l'évêque de Saint-Dié.

[1] Abbé Mathieu : *l'Ancien Régime en Lorraine*.

Il y avait aussi une abbaye de Bénédictins à Étival, des Récollets à Damblain et à Darney, des Bénédictines à Rambervillers, des Capucins à Bruyères, Châtel, Charmes, Saint-Dié et Neufchâteau ; des Annonciades bleues ou célestes à Épinal, des Annonciades rouges à Neufchâteau ainsi que des Carmélites ; sans parler des sœurs de Saint-Charles, de la Providence ou de Notre-Dame, ni des Jésuites qui dirigeaient le collège d'Épinal. Enfin l'ordre de Malte avait aussi dans les Vosges quelques propriétés.

Nous laissons de côté également l'abbaye des Bénédictins de Senones, si célèbre par l'érudition de ses religieux et le souvenir de Dom Calmet, mais située alors en pays étranger, et celle des Bénédictins de Moyenmoutier qui en dépendait.

Les chapitres de Remiremont et d'Épinal n'étaient pas, il faut le dire, des modèles d'austérité ; on y menait joyeuse vie et le temps se passait en fins repas, agrémentés de friandises choisies et entremêlés de prières liturgiques.

Les nonnettes de Remiremont ont conservé le souvenir de la gourmandise et de l'habileté culinaire des chanoinesses. On jouait même chez elles la comédie. Il est vrai que l'évêque La Galaisière avait bien donné un bal, le jour de son installation.

Ces chapitres étaient de ceux qui « sont autant de salons permanents et de rendez-vous incessants de belle compagnie qu'une mince barrière ecclésiastique sépare à peine du grand monde où ils sont recrutés[1] ».

---

[1] Taine : *les Origines de la France contemporaine*, t. I, p. 155.

Si l'on en croit les *Mémoires* de Mme d'Oberkirch[1], « la princesse Christine de Saxe, abbesse de Remiremont, et ses dames chanoinesses sont presque toujours en route ; et pourtant on s'amuse à l'abbaye ; on y reçoit quantité de monde dans les appartements particuliers de la princesse et dans ceux des étrangers. »

Toutefois, cette gaité mondaine ne dégénéra jamais en scandale et les insignes chapitres de dames nobles, très bienfaisants et n'usant qu'avec douceur de leur autorité, étaient aussi aimés que respectés des habitants d'Épinal et de Remiremont. Les couvents d'hommes avaient des mœurs plus relâchées qui soulevèrent de nombreuses plaintes dans les années qui précédèrent la Révolution.

On a conservé le souvenir d'une des redevances singulières du chapitre de Remiremont. « Chaque année à la Pentecôte, il exigeait des habitants de Fougerolles un plat de neige ou, à son défaut, une paire de bœufs blancs. L'hiver de 1783 ayant été fort doux, ces habitants ne purent fournir de la neige à l'abbesse. Ils imaginèrent de lui présenter un plat d'œufs à la neige et d'y ajouter les vers suivants :

> Ce simple mets par les gourmets vanté,
> D'un tribut dû c'est la trop faible image ;
> Mais la figure, aux yeux trompés du sage,
> Vaut souvent mieux que la réalité.

La dame abbesse se contenta de cette manière habile de payer la redevance, « avec la réserve, toutefois, qu'elle ne tirerait pas à conséquence[2] ».

---

[1] Cités par M. Taine, même ouvrage que ci-dessus.
[2] Dulaure : *Histoire de Paris*. Le même fait est rapporté par M. l'abbé D. Mathieu, qui l'attribue aux habitants de Bussang et met les vers sur le compte de quelque avocat.

Les chanoinesses n'étaient, on le voit, pas plus difficiles en matière de poésie que sévères pour leurs redevances.

On conçoit que dans ces conditions, la vie politique fut à peu près nulle dans les Vosges, même lorsqu'on eut la liberté d'en créer une. L'administration paternelle des ducs de Lorraine et celle de Stanislas avaient engourdi les révoltes, et malgré l'âpreté de l'intendant Chaumont de la Galaisière, le gouvernement royal n'avait pas suscité assez de plaintes pour qu'elles devinssent révolte. N'étant pas excité et soutenu par la presse, ce grand moteur des idées, l'esprit public, lent d'ailleurs à se développer dans les villes de moyenne importance et parmi des populations vouées en majeure partie à l'agriculture, ne fit pas de grandes manifestations et c'est même dans cette quiétude presque complète que se trouve le côté caractéristique des événements de la Révolution dans les Vosges, si différents de ce qu'ils furent dans les pays voisins.

L'on peut affirmer que si la Révolution ne s'était pas préparée et accomplie à Paris et dans le reste du royaume, ce n'est certes pas dans les Vosges, qui ne la désiraient ni ne la souhaitaient, qu'elle eût pu prendre naissance. Mais une fois le mouvement commencé, les esprits s'éveillèrent, et suivirent sans peine, tout en se gardant des exagérations, l'allure de leurs concitoyens du reste de la Lorraine et de l'Alsace.

CHAPITRE II

Assemblée provinciale de 1788. — Révolte du Parlement de Nancy. — Élections aux États généraux. — Le bailliage de Mirecourt centralise les électeurs des autres bailliages de la Vôge. — Les députés. — Les cahiers. — Contre-coup en Lorraine des premiers mouvements de la Révolution : troubles à Plombières, à Remiremont, à Flabémont. — Arrestation à Toul de François de Neufchâteau et des délégués des communes. — Organisation des gardes nationales : on élit pour chefs d'anciens militaires. — Organisation des nouvelles municipalités ; choix de magistrats municipaux modérés et expérimentés

Avant de convoquer les États généraux, le ministre Loménie de Brienne, par édit du 8 juillet 1787, établit dans toutes les provinces des assemblées provinciales pour partager l'autorité avec les intendants, les éclairer et les surveiller. L'assemblée provinciale de Lorraine se réunit à Nancy, le 18 août 1787; elle compta d'abord 24 membres nommés par le roi, 6 du clergé, 6 de la noblesse, 12 du tiers-état. Les Vosges y étaient représentées par l'évêque de Saint-Dié, de la Galaisière; le comte Dessales, seigneur de Vouthon; Dagobert Vosgien, procureur du roi de la maréchaussée à Épinal; Rouyer, subdélégué d'intendance à Neufchâteau, et François Haxo, prévôt de Saint-Dié. Ces 24 membres en élurent 24 autres, parmi lesquels les Vosges eurent le bénédictin Dom Maillard, abbé de Moyenmoutier; de Mitry, chanoine de Saint-Dié; le comte de Frenelle; le chevalier de Franc, seigneur et bailli de Corcieux; Rellot, avocat de Mirecourt; Tabouret, lieutenant-général du bailliage de Lamarche; Noël, avocat, conseiller du chapitre de Remiremont, et Febvrel, procureur du bailliage de Bruyères. Quelques jours après, le comte d'Hoffelize, seigneur de Valfroicourt, fut nommé.

Cette assemblée travailla beaucoup et prépara l'organisation des communes et des districts qui fut adoptée plus tard par la Constituante. Coster, avocat au Parlement de Nancy, originaire d'Épinal, en était l'inspirateur. Mais contrecarrée par l'intendant et ses commis, surtout par M. le commissaire départi, elle ne pouvait aboutir. C'est alors que Brienne voulut tenter une nouvelle réforme et briser les parlements qui lui résistaient en érigeant tous les bailliages en sièges présidiaux, en créant deux « grands bailliages », à Nancy et à Mirecourt, comme tribunaux d'appel et en supprimant une des chambres du Parlement de Nancy.

Celui-ci se souleva tout entier, et le premier président Cœurderoi fit entendre, le 8 mai 1788, au gouverneur de Nancy, de Choiseul-Stainville, et à l'intendant de la Porte une protestation très digne contre les ordonnances. Le Parlement fut exilé, mais l'intendant de la Porte devint l'objet de vifs ressentiments.

Le lieutenant du bailliage de Bruyères refusa d'enregistrer les ordonnances et le chargeait de notifier sa rébellion au roi qu'il assurait néanmoins de ses « sentiments d'amour, de fidélité et de respect ». Le Parlement, qu'on s'était contenté de disperser, s'enhardissait et déclarait « traîtres à la patrie et violateurs de leurs serments les officiers de justice qui accepteraient les ordonnances ». Cela visait les magistrats du bailliage de Mirecourt, les seuls qui eussent consenti aux modifications. La résistance s'accentua ; on fit le vide autour de l'intendant ; les femmes prirent le deuil ; l'Université de

Nancy ferma ses portes; les pamphlets abondèrent, violents, passionnant tous les esprits. On ne sait jusqu'où cette agitation serait allée, si le roi n'avait, le 23 septembre 1788, remplacé Brienne par Necker et décidé la convocation des États généraux pour le printemps. Le 20 octobre, le Parlement de Nancy faisait sa rentrée solennelle au milieu de l'allégresse publique. On le félicita comme s'il avait sauvé la patrie. « On avait forgé des fers à la nation, vous les avez rompus, Messieurs! Nous sommes libres », leur disait Jacquemin, l'ancien bâtonnier des avocats.

Dès ce moment, on se mit à préparer les élections. On voulait surtout reconquérir pour la Lorraine ses libertés d'autrefois et notamment les États provinciaux. Il y avait entente presque complète entre les trois ordres à ce sujet.

Le règlement sur les élections fut signé par le roi le 7 février 1789 et contresigné par le ministre Puységur. Comme le nombre des bailliages en Lorraine était trop considérable, on décidait que les électeurs de chacun d'eux se fusionneraient dans quatre bailliages correspondant à la Lorraine propre, la Vôge, la Lorraine allemande et le Barrois, Nancy, Mirecourt, Sarreguemines et Bar, de façon à ce qu'il n'y eût pour la Lorraine que le même nombre de députés que pour les provinces où le nombre des bailliages était moindre. C'est au bailliage de Mirecourt que devait s'effectuer la réduction des électeurs des autres bailliages de la Vôge et l'élection définitive des députés aux États généraux. Seul de tous ceux qui devaient, un an après, former le département des Vosges, le bailliage de Lamarche alla voter à Bar-le-

Duc avec les autres bailliages du Barrois et du Bassigny-Monvant. Il devait y avoir 36 députés des trois ordres pour toute la Lorraine. Le bailliage de Mirecourt, pour sa part, avait à nommer 2 députés du clergé, 2 de la noblesse et 4 du tiers-état.

La nomination des électeurs eut lieu dans le courant de mars 1789.

On se réunissait dans la salle du bailliage pour nommer les électeurs et rédiger les cahiers de doléances. A Épinal, ce fut le chevalier Pierre-Maurice Collinet de la Salle de Chouville, lieutenant particulier du bailliage, qui présida. Le 31 mars, les électeurs se rassemblaient à Mirecourt pour nommer les députés. Les élections se firent avec beaucoup d'ordre et de calme. Le clergé choisit pour le représenter un prêtre austère, bienfaisant et libéral, l'abbé Joseph-Nicolas Galland, curé de Charmes[1], qui avait établi dans sa paroisse beaucoup d'institutions charitables et s'était signalé à un tel point par son zèle patriotique, que sa réputation dépassait celle de l'abbé Grégoire; il lui adjoignit l'abbé Louis Godefroy, curé de Nonville, près de Darney.

La noblesse élut deux maréchaux-de-camp : le comte de Toustain de Viray[2] et Thibault de Menon-

---

[1] M. l'abbé D. Mathieu trace dans son bel ouvrage un portrait intéressant du curé Galland.

[2] Le comte de Toustain de Viray (ou Virey) (Joseph-Maurice), seigneur de Buttenémont, était né au château de ce nom, près de Nancy, le 22 septembre 1728. Cornette, puis capitaine au régiment de la Reine-Cavalerie de 1742 à 1753, il avait été fait lieutenant-colonel des carabiniers en 1768, puis mestre-de-camp en 1771 et mestre-de-camp de la Reine-Cavalerie en 1776. Brigadier en 1780, il devenait, la même année, mestre-de-camp du 1er chevau-légers, puis maréchal-de-camp en 1784. Chevalier de

ville¹, vieux soldats de petite noblesse qui, dans leur carrière, avaient eu fort à se plaindre des officiers de cour. Menonville, très vif, eut de fréquents démêlés avec les présidents. Quant à de Toustain, qui était un officier de valeur, il se plaignait sans cesse de passe-droits ; il disait que dans ses 45 ans de service, les ministres lui avaient fait éprouver mille injustices et que de tout jeunes officiers, de Poix, de Castries, des Cars, lui avaient été préférés.

Dans le tiers-état, les choix se portèrent sur Petitmengin², procureur du roi à Saint-Dié ; Chantaire³,

---

Saint-Louis en 1760, il était aussi bailli d'épée du bailliage de Darney. (Son frère, Remi-Charles, avait été colonel de Royal-Lorraine, de 1762 à 1770.) Retraité en 1784, il mourut au château de Buttenémont, le 4 avril 1809.

¹ Thibault de Menonville (François-Louis), seigneur de Frambock, était né au château de Villé, à Nossoncourt, le 2 juillet 1740. Il mourut à Deneuvre, près de Baccarat, en 1816. Cadet du roi de Pologne en 1757, il avait été ensuite officier du génie jusqu'au grade de lieutenant-colonel, puis aide-maréchal-général des logis de l'armée de l'Amérique septentrionale, de 1780 à 1784, avec Lafayette et Washington, et s'y distingua. Brigadier en 1783, il fut nommé maréchal-de-camp le 21 septembre 1788, puis mis à la retraite.

² Petitmengin (Charles-François) était né à Remiremont, où son père était homme de loi, en 1735, et exerça à Saint-Dié les fonctions de conseiller, puis de procureur du roi au bailliage. Après la session de l'Assemblée constituante, il fut élu haut juré près la haute cour nationale, mais ne siégea pas.
Le 18 mars 1794, il était nommé maire de Saint-Dié, par arrêté du représentant Faure, mais il mourut quelques mois après, le 25 octobre 1794.

³ Chantaire (Pierre-Laurent), né à Mirecourt le 27 novembre 1743, était fils d'un conseiller à l'Hôtel de ville de Mirecourt. Le 4 septembre 1791, il fut élu avec Petitmengin haut juré près de la haute cour, mais sans y siéger.
En 1800, il devint commissaire du Gouvernement (procureur de la République) près le tribunal civil créé à Mirecourt, mais il occupa peu de temps cet emploi. Il mourut à Mirecourt, le 18 avril 1814.

conseiller au bailliage présidial de Mirecourt ; Fricot[1], procureur du roi à Remiremont, et de Cherrier, lieutenant général du bailliage de Neufchâteau. Les suppléants furent Blampain (Pierre-Nicolas), avocat à Rambervillers, et François de Neufchâteau. Ce n'étaient pas, on le voit, des choix bien révolutionnaires, puisqu'ils se portèrent exclusivement sur des fonctionnaires de bailliages, nommés par le roi et qui se distinguaient par leur connaissance des affaires et des intérêts de la région.

On ne vit pas, à Mirecourt, les scènes attristantes de Nancy et de Pont-à-Mousson, où les électeurs furent circonvenus et achetés en quelque sorte par les ambitieux. A Nancy, le bailli d'épée, le brillant et léger chevalier de Boufflers, tint table ouverte et dépensa 6,000 livres pour donner à dîner chaque jour aux électeurs de la noblesse et du tiers-état ; ce qui fit dire qu'il avait « avec cinquante poulets gagné deux cents dindons ».

Les cahiers étaient-ils plus révolutionnaires que les députés chargés de les défendre ?

Rédigés la plupart du temps, dans les campagnes, par le curé ou le syndic, ils ne pouvaient être bien audacieux. Mais, chose à observer, ils ne diffèrent de ceux du tiers-état des villes et du clergé, que par le style et l'orthographe. La noblesse elle-même émet à peu près les mêmes vœux que les deux autres ordres. Ces cahiers se répètent d'ailleurs ; il serait monotone et fastidieux

---

[1] On trouvera les notices sur Fricot et Cherrier dans la biographie des conventionnels vosgiens, à la fin du volume. Cherrier, né en 1752, mourut en 1823.

de les citer. Souvent, ils avaient été rédigés en commun par les trois ordres, et, d'avance, les deux ordres privilégiés avaient fait abandon plus ou moins complet de leurs immunités pécuniaires.

Dans tous les cahiers on retrouve les mêmes demandes générales ; rétablissement des États provinciaux ; retour périodique des États généraux ; accessibilité à tous les emplois ; abolition des lettres de cachet ; liberté de la presse ; meilleure répartition des impôts et leur vote par les états.

Sur les objets particuliers à la Lorraine, l'accord est aussi parfait : tous les cahiers réclament la restitution de ce qu'ils appellent les droits de la Lorraine ; la suppression des impôts créés depuis la réunion à la France, notamment celui sur les cuirs, les cartons, celui de la foraine ; le prix du sel abaissé ; la suppression de la ferme des impôts ; les fonctions municipales rendues à l'élection ; ils demandent aussi que les juifs ne puissent prêter que par acte dressé devant notaire ; sur le recul des barrières qui préoccupe si vivement le commerce de la région, il y a dissidence. Les forêts étant la plus grande richesse du pays, on demande les peines les plus sévères contre les délits forestiers ; en outre, les cahiers supplient qu'on réduise le nombre des forges, verreries et usines à feu en Lorraine qui consomment trop de bois et aident à la destruction des forêts. On demande aussi la réduction du nombre des fonctionnaires de toute espèce pour alléger les charges publiques.

Quant aux vœux locaux des villes ou des bailliages, il en est peu qui soient exprimés. Mirecourt seul demande une imprimerie et une caserne de cavalerie[1]. Dans l'article 47 de son cahier de vœux, le tiers-état de Mirecourt dit : « Par l'excellente qualité de ses eaux et de ses fourrages, la ville de Mirecourt étant dans le cas d'être désignée pour quartier de cavalerie, ses très humbles sujets supplient Votre Majesté d'ordonner qu'il y sera construit des casernes à l'édification desquelles la province contribuera, la ville et le bailliage de Mirecourt ayant été imposés pour la construction des corps de caserne à Nancy, Saint-Mihiel, Rosières, Pont-à-Mousson et Sarreguemines. »

Le clergé de Lamarche s'élève avec force contre la noblesse : « Le premier qui fut noble fut celui qui mérita mieux de son prince. Pourquoi donc aujourd'hui la noblesse, haute et fière, voudrait-elle écarter des bontés du prince des sujets qui pourront les mériter au même titre qu'elle? »

Le clergé de Mirecourt s'apitoie sur les misères du peuple et a « le cœur navré de ne pouvoir apporter que de faibles secours aux besoins les plus pressants des malheureux au milieu desquels il est destiné par état à vivre ». Il supplie le roi d'alléger le fardeau sous lequel le pauvre succombe et consent aux sacrifices nécessaires pour y aider.

Neufchâteau prie qu'on règle le cours de la Meuse et du Mouzon pour qu'il ne reste plus d'eaux stagnantes qui vicient l'air et amènent des épizooties. La ville demande aussi à être dispensée du logement des troupes.

---

[1] Aujourd'hui (1884), Mirecourt réclame encore une garnison. Depuis près d'un siècle, tous les gouvernements sont demeurés insensibles aux réclamations de la ville de Mirecourt.

La noblesse de Darney se plaint des agents forestiers et réclame la diminution du prix du tabac.

Rambervillers, dont la paroisse payait deux tiers de ses dîmes aux Bénédictins de Senones et un tiers à son curé, en demandait la suppression ou au moins une équitable diminution, il demandait en outre que les sacrements s'administrent gratuitement[1]. On n'a pas fait grand pas en avant sur ce point.

Partout perce un grand sentiment d'union, de fraternité et de dévouement au roi. Il y a un élan général qui est vraiment admirable et que le cahier du tiers-état de Mirecourt résume éloquemment :

« S'il arrive que Votre Majesté n'ait pas atteint le but qu'elle se propose (le soulagement du peuple), vos sujets vous offrent, Sire, leur sang, leur vie et le peu de bien qui leur reste. Que Votre Majesté veuille bien en disposer et les regarder comme le peuple le plus attaché à son roi, le plus zélé pour la défense des droits sacrés de son trône, le plus fidèle et le plus soumis qui existât jamais. »

On sait comment ces cahiers, vite dépassés, devinrent bientôt inutiles, et combien les députés de Lorraine luttèrent en vain pour la conservation des privilèges particuliers de leur province.

Les États généraux devinrent, comme chacun sait, l'Assemblée nationale constituante inaugurant ainsi pour la France un nouveau régime. La prise de la Bastille

---

[1] *Cahier des doléances, plaintes et remontrances du tiers-état de la ville de Rambervillers*, publié avec une notice intéressante de M. le Dʳ Alban Fournier, dans les *Annales de la Société d'Émulation des Vosges* de 1877.

vint, presque aussitôt, porter le premier coup dans l'édifice vermoulu de la vieille monarchie.

Une panique adroitement semée par les royalistes fanatiques vint répandre dans toutes les provinces une indicible inquiétude. Mais les Vosges n'en furent guère agitées ; le rideau des montagnes les en rendit exemptes et la nouvelle des événements de Paris, dont on ne pouvait encore prévoir la portée, fut accueillie avec une indifférence relative.

Il n'y eut pas, comme ailleurs, des bandes de pillards se répandant dans les campagnes, assiégeant et brûlant les châteaux, lacérant les titres féodaux. On ne connaissait guère la Bastille dans les Vosges et sa chute n'éveilla, dans la masse du public, guère plus de joie qu'elle n'inspirait de crainte.

Les Vosges subirent cependant le contre-coup des troubles qui agitèrent les pays voisins. Une bande de 50 paysans de Fougerolles[1] s'étant jetée vers l'abbaye de Luxeuil, qu'elle pilla de fond en comble, ainsi que chez les huissiers et les receveurs des aides, le maire invita les nobles qui prenaient les eaux et les magistrats à se mettre à l'abri des violences qu'il ne pouvait réprimer et les engagea à quitter la ville. L'un d'eux, le comte de Courtivron, qui habitait avec sa famille l'abbaye de Luxeuil, chez le vieil abbé de Clermont-Tonnerre, leur oncle, n'eut que le temps de s'enfuir et une bande le poursuivit jusqu'à Plombières avec ses enfants, pendant que le château de Vauvilliers, où il avait laissé sa

---

[1] Voir Gustave Bord : *la Prise de la Bastille et ses conséquences en province*, et H. Taine : *les Origines de la France contemporaine*.

femme malade, était dévasté. La municipalité de Plombières, craignant de détourner sur la ville la fureur des paysans, enjoignit à la famille Courtivron de partir. Elle obéit, mais en route elle rencontra 200 insurgés qui voulaient briser leur voiture, tuer les chevaux et les arrêter; heureusement tous purent échapper et se réfugier à Porrentruy.

A Remiremont, un mouvement eut lieu contre les juifs et les propriétaires; on y affirmait que le partage des biens seigneuriaux était licite; mais un détachement de dragons, accouru d'Épinal, en eut raison.

A Toul, le 6 août 1789, les députés des bailliages des Vosges, entre autres François de Neufchâteau et Quinot, furent enlevés par la maréchaussée et la cavalerie, violentés et emmenés à Metz; heureusement qu'arrivés à Pont-à-Mousson, un ordre de Bouillé les fit relâcher[1].

Les habitants des villages voisins des abbayes de Flabémont et de Morizécourt se soulevèrent aussi et tentèrent de piller ces couvents et d'en forcer les abbés, comme celui de Luxeuil, à renoncer à leurs droits et à signer l'abandon de toute propriété sur les terres. Déjà, le couvent des Cisterciens de Flabémont était cerné par des bandes nombreuses; les gens du village de Sérécourt arrivaient à leur tour à l'attaque, lorsque le comte de Widrange[2], homme de résolution, assez populaire dans la contrée, les rejoignit et les exhorta avec tant de force qu'ils jurèrent de défendre l'abbaye contre les autres

---

[1] Voir, pour plus de détails, la notice sur François de Neufchâteau, à la fin du volume.
[2] De Widrange (Jean-Baptiste-Ferdinand), seigneur de Blonde-Fontaine et de Parey-sous-Montfort.

villageois. Lorsqu'ils arrivèrent à Flabémont, il était temps. Le prieur assailli et désespérant de pouvoir résister, s'apprêtait à dire l'*In manus* et à s'abandonner ensuite à toutes les fureurs. Les paysans de Sérécourt le dégagèrent ainsi que les autres moines.

Non contents de cet exploit, ils allèrent également, toujours conduits par de Widrange, porter secours à l'abbaye de Morizécourt prête à être prise d'assaut.

Le plus clair résultat de ces alarmes fut l'organisation par toute la France des gardes nationales. Les Vosges suivirent le signal et, en quelques semaines, elles présentaient environ 35,000 gardes nationaux presque sans armes, il est vrai, mais animés des sentiments les plus patriotiques. A cette occasion, comme toujours, les Vosgiens firent preuve de leur esprit judicieux et réfléchi. L'élection des officiers de la garde nationale s'accomplit aussi bien que les précédentes, et les choix allèrent trouver de préférence les anciens officiers ou militaires, les agents des forêts, qui pouvaient exercer convenablement leurs fonctions et instruire leurs concitoyens au métier des armes, même lorsqu'ils n'étaient point tout à fait favorables aux idées nouvelles. C'est ainsi que de Jacob le père (Pierre-Joseph) commanda la garde nationale de Bruyères; d'Herbel, celle de Charmes; Cléver, celle d'Épinal; Le Paige, celle de Darney; Hugo de Spitzemberg, puis Nicolas Haxo, ancien officier et conseiller au bailliage, si célèbre plus tard, celle de Saint-Dié; Costé, celle de Neufchâteau; Bougarel, lieutenant particulier du bailliage, celle de Lamarche; Poullain de Grandprey, prévôt, celle de Bulgnéville; Rosse, ancien gendarme, conseiller au bailliage, celle de Rambervillers, et Richard (Romary-François) celle de Remiremont.

Peu après, un décret appelait tous les citoyens à élire leurs municipalités. Les mêmes choix sages et raisonnés furent faits dans les Vosges, bien que tous les habitants sans exception prissent part au vote. Donat Vosgien, avocat du roi, fut élu maire d'Épinal ; Joseph Mengin, avocat et assesseur à la prévôté du bailliage, fut nommé maire de Saint-Dié ; un ancien officier, de Civalard (François), devint maire de Neufchâteau; Richard (Romary-Ambroise), officier du chapitre, maire de Remiremont dont son père commandait la garde nationale, et Marcelin Benit, lieutenant-général du bailliage, maire de Mirecourt. Le respect et l'affection, on le voit, étaient grands pour les fonctionnaires de l'ancienne administration qui n'avaient laissé que de bons souvenirs de leurs lumières et de leurs actes.

Que n'eût-on pas fait avec un peuple si docile et si déférent, en écoutant un peu ses réclamations ?

CHAPITRE III

Formation territoriale du département des Vosges : districts et cantons. — Fédération des gardes nationales des Vosges à Épinal, le 7 mars 1790 : caractère fraternel de la cérémonie, fête militaire et civique ; le commandant-général Ligorce.

Lorsque l'Assemblée constituante résolut de briser les anciennes limites de provinces et la vieille organisation en bailliages, elle chargea son comité de constitution de lui présenter un plan de division de la France en départements avec projet d'administration nouvelle. Le comité devait s'entourer des lumières et des conseils des représentants de la région, plus à même de lui fournir d'utiles indications.

Dès que le bruit en parvint dans les Vosges, plusieurs villes envoyèrent à Paris des délégués pour exposer à leurs députés et au comité de l'Assemblée leurs propres désirs et ce qui leur paraissait le plus conforme aux intérêts du pays dans la nouvelle répartition territoriale. C'est ainsi que deux avocats de Saint-Dié, Mengin et D. Dubois, furent chargés de se transporter à Paris pour présenter à l'Assemblée des propositions relatives à la division de la province de Lorraine. Ils s'adressèrent aux députés Petitmengin et de Menonville qui représentaient plus spécialement l'ancien bailliage de Saint-Dié.

Ils partirent le 18 décembre 1789 et, dès le 27, ils écrivaient pour annoncer que leur projet était adopté ; le 4 janvier 1790, leur mission était finie et, à leur retour à Saint-Dié, ils furent couverts de remerciements. Peu après, ils furent récompensés d'une façon plus effective : Mengin et Dubois furent en effet les deux premiers maires élus de Saint-Dié. Le 4 mars 1790, l'Assemblée nationale décrétait[1] la division de la France en 83 départements. Le 20 mars 1790, les députés des Vosges à l'Assemblée constituante arrêtaient la répartition définitive en districts et cantons des communes qui devaient former le nouveau département des Vosges. On sait que l'Assemblée, ou plutôt son comité de constitution, chargé de tracer cette grande œuvre de la réorganisation nationale, s'en rapporta presque exclusivement aux indications des députés du pays. Il y avait cependant dans ce comité des hommes d'un réel mérite, tels qu'Aubry-Dubochet, Bengy de Puyvallée, Bureaux de Puzy et Gossuin. Mais ils comprirent que nul mieux que les représentants du pays, n'en pouvait connaître les besoins, les traits communs, en faire le groupement le plus sûr et le mieux ordonné. Ils eurent raison et l'œuvre qui sortit des mains de Chantaire, l'abbé Godefroy, Fricot, Petitmengin, Cherrier, l'abbé Galland, de Toustain de Viray et de Menonville était si bien conçue qu'elle n'eut à subir que de très légères modifications de détail jusqu'au remaniement général de 1800.

A peine eurent-ils arrêté leurs dernières dispositions, que le ministre La Tour du Pin les signait et les promulguait.

Ce qui devait être désormais le département des

[1] Art. 82 de la loi adoptée le 26 février, sanctionnée et promulguée par le roi, le 4 mars 1790. Elle avait été délibérée dans les séances du 13 au 21 janvier et 9 février 1790.

Vosges était formé de tous les bailliages qui composaient la Vôge proprement dite et du bailliage de Lamarche, appartenant au Barrois. Quelques communes étaient détachées de la Franche-Comté ou d'autres bailliages lorrains.

Sainte-Marie-aux-Mines qui avait voté pour les États généraux avec le bailliage de Saint-Dié, était rendue à l'Alsace.

On partageait ce territoire en neuf districts, dont les chefs-lieux étaient placés à Bruyères, Darney, Épinal, Lamarche, Mirecourt, Neufchâteau, Rambervillers, Remiremont et Saint-Dié. Les députés réservèrent la fixation du chef-lieu du nouveau département, que les électeurs durent trancher; ils se prononcèrent en faveur d'Épinal, comme on le verra plus loin.

En outre, Bains et le Clerjus, ayant réclamé contre leur incorporation dans le district de Darney, il fut décidé, malgré l'opposition de Toustain de Viray et de l'abbé Godefroy, que si ces deux paroisses persistaient dans leur réclamation, lors de la réunion de la nouvelle administration, elles seraient distraites du district de Darney pour être rattachées à celui d'Épinal.

Chacun des 9 districts fut partagé en cantons dont voici les chefs-lieux [1] :

Le district de Saint-Dié eut 9 cantons : Saint-Dié, Raon-l'Étape, La Voivre avec Moyenmoutier et Hur-

[1] Nous n'avons pas cru devoir donner à l'appendice le tableau complet des cantons et des communes. Les lecteurs qui seraient curieux de le connaître, le trouveront dans le tome III de l'excellente publication du comité d'histoire vosgienne : *Documents rares ou inédits de l'histoire des Vosges*. (1 vol. in-8º, Gley, imprimeur à Épinal, 1873.)

bache, Étival, Saales, Bertrimoutier avec Provenchères, Laveline, Fraize et Saint-Léonard.

Le district de Bruyères en compta 7 : Bruyères et Champ, Docelles, Gugnécourt avec Aydoilles, Brouvelieures, Corcieux, Granges et Gérardmer.

Le district de Remiremont n'en eut que 6 : Remiremont avec Rupt, Plombières et le Val-d'Ajol, Éloyes avec Tendon et Pouxeux, Vagney et le Tholy, Cornimont avec Saulxures, Ventron et la Bresse, le Thillot avec Ramonchamp et Bussang.

Le district d'Épinal en eut encore moins, 5 seulement : Épinal avec Arches, Archettes et Golbey, Xertigny avec Hadol, Domèvre-sur-Avière avec Thaon, Girancourt avec Darnieulles et Chaumouzey, Longchamp avec Deyvillers, Dognéville et Jeuxey.

Le district de Rambervillers eut le même nombre, 5 : Rambervillers avec Autrey, Sainte-Hélène et Padoux, Châtel avec Nomexy, Domèvre-sur-Durbion, Fauconcourt et Nossoncourt.

Le district de Mirecourt comprit 6 cantons : Mirecourt avec Mattaincourt, Charmes avec Portieux, Dompaire avec Ville-sur-Illon, Valfroicourt, Vittel, Rouvres-en-Xaintois avec Saint-Menge.

Le district de Neufchâteau fut le plus nombreux en cantons, il en eut 10 : Neufchâteau avec Rouceux, Morvillers avec Pargny-sous-Mureau, Grand, Coussey avec Domremy, Ruppes, Vicherey, Removille, Châtenois avec Houécourt, Bulgnéville et Beaufremont.

Le district de Lamarche fut divisé en 7 cantons : Lamarche, Martigny, Damblain, Vrécourt avec Saint-Ouen-les-Parey, Mandres, Isches avec Senaide, Châtillon.

Enfin, le district de Darney eut 5 cantons : Darney avec Claudon, Nonville, Relanges et Bonvillet; Lignéville avec Contrexéville, Saint-Baslemont et Thuillères; Escles avec Vioménil et Lerrain; Bains avec Fontenoy, et le Clerjus; Monthureux-sur-Saône avec Martinvelle et Passavant; soit, en tout, 52 cantons.

Bains et le Clerjus, suivant la promesse qui leur avait été faite, passèrent au district d'Épinal par arrêté du Directoire du 12 juillet 1790, et Fontenoy-le-Château devint, à la place de Bains, chef-lieu de canton. Passavant fut rattaché au département de la Haute-Saône; la Meurthe céda aux Vosges le village d'Aroffe en échange de celui d'Abancourt. Dans un autre ordre d'idées, Nancy rendit au village de Grand les reliques de sainte Libaire. Tels furent les seuls remaniements.

Dans les premières séances du conseil général, en novembre et décembre 1790, François de Neufchâteau demanda, sans l'obtenir, une nouvelle organisation des districts qu'il jugeait trop nombreux. Il entrevoyait sans doute déjà l'organisation de l'an VIII qui supprima les districts de Bruyères, Darney, Lamarche et Rambervillers pour ne garder que 5 arrondissements.

Plus tard, ainsi que nous aurons occasion de le raconter, le territoire du département des Vosges s'accrut par l'annexion de la principauté de Salm en 1793, et en 1795 par celle de la ville de Schirmeck et de plusieurs communes avoisinantes qui, à la division de 1790, avaient été d'abord placées dans le Bas-Rhin.

Mais les grandes lignes adoptées par la Constituante demeurèrent intactes, témoignant du soin et de l'intelligence avec lesquels elle avait travaillé.

Lorsque parut le décret constitutif du département des Vosges, décret connu depuis quelque temps dans ses dispositions principales, les diverses fractions qui devaient composer le département avaient déjà célébré leur réunion prochaine sous un même nom dans une grande fête civique et patriotique, la seconde de ce genre qui eut lieu en France pendant l'année 1790, précédant ainsi celle du 14 juillet à Paris : on l'appelle la Fédération des Vosges.

Le 6 mars 1790[1], 450 délégués représentant 36 groupes de gardes nationales, se réunirent à Épinal avec le « désir de travailler sans retard à un Pacte fédératif, capable d'écarter les projets et d'anéantir les espérances des ennemis de la révolution salutaire qui vient de rétablir tous les citoyens français dans l'exercice des droits imprescriptibles de leur liberté. » Ils tenaient leurs pouvoirs de 8,786 gardes nationaux[2]; presque tous les cantons avaient envoyé des députés, sauf ceux de Saales, de Monthureux, etc., principalement ceux de la plaine; en tous cas, il y avait déjà fusion complète des éléments lorrains, champenois, comtois et barrois qui allaient entrer, par doses inégales, dans le mélange vosgien.

Épinal avait été choisi d'un commun accord, bien que cette ville ne fût pas désignée comme chef-lieu par l'Assemblée nationale, mais simplement comme lieu de réunion des électeurs, ainsi que nous l'avons vu.

---

[1] Et non pas « vers janvier 1790 », comme le dit M. Taine : *Les Origines de la France contemporaine*, t. II, p. 285.

[2] Et non pas de 80,000, comme le dit M. Taine : *Les Origines de la France contemporaine*, t. II, p. 285.

Chaque route, à l'entrée d'Épinal, était ornée d'un arc de triomphe chargé de guirlandes, de devises, avec le trophée des armoiries d'Épinal. Des détachements de la garde nationale allèrent au-devant de chaque députation. La journée du 6 se passa en visites à la municipalité et à la garnison. Enfin, à 6 heures du soir, les députés se réunirent à l'Hôtel de ville, sous la présidence de Clever, commandant de la garde nationale d'Épinal.

Après l'exposé succinct de « l'objet et des motifs d'une réunion si longtemps désirée », on mit dans une urne les noms des villes, bourgs, groupes et communautés qui avaient adhéré à la Fédération, afin de tirer au sort l'ordre de préséance entre les différentes délégations qui, « dans leur formation, présentent l'image d'une heureuse égalité[1] ». Épinal voulut occuper le dernier rang.

La plupart des cantons avaient choisi pour délégués leurs chefs de bataillon ; c'est ainsi qu'on vit Poullain de Grandprey, commandant de la garde nationale de Bulgnéville ; Lepaige, commandant celle de Darney ; d'Herbel, de Charmes ; Jacquot, de Plombières ; Haxo, de Saint-Dié ; Gehin, de Ventron ; Sainton, de Châtenois ; de Jacob père, de Bruyères ; Gérard, de Fontenoy-le-Château ; Lagorce, de Trémonzey ; Mougeot, d'Uriménil ; de Guilhermy, de Mirecourt ; Dumas, de Châtel ; Bougarel, de Lamarche ; Costé, de Neufchâteau ; d'Eslon de Servance, de Remiremont ; Rosse, de Rambervillers ; Alba, de Vrécourt, et le colonel Clever, d'Épinal, avec le chef de bataillon Perrin, etc. D'autres, au contraire,

---

[1] Procès-verbal de la Fédération des Vosges. (Archives du département.)

envoyèrent ou des officiers ou même de simples fusiliers[1].

C'est le 7 mars, au matin, à l'Hôtel de ville, que commença réellement la Fédération. On élut, par acclamation, pour président et secrétaire les deux plus âgés parmi les commandants. Le doyen d'âge se trouva être Étienne Lagorce, ancien fourrier de dragons, chef de la garde nationale de Trémonzey, vieux soldat décoré, rentré chez lui après 44 ans de services et qui travaillait encore aux champs, malgré ses soixante-douze ans. Il fut proclamé président « avec les témoignages éclatants du respect et de l'attendrissement que l'aspect de ce moderne Cincinnatus était si bien fait pour inspirer[2] ».

Le plus âgé, après lui, fut nommé secrétaire; c'était Bougarel, lieutenant du roi à Lamarche et chef de la garde citoyenne de cette ville. Toutes les gardes nationales des Vosges se trouvèrent ainsi placées sous les ordres de Lagorce, pendant le temps de leur rassemblement.

Lagorce choisit pour major-général Haxo, commandant du bataillon de Saint-Dié, qui devait, peu d'années après, immortaliser son nom à la tête des volontaires vosgiens. Après la vérification des pouvoirs et les prestations du serment civique, on entendit un discours patriotique de d'Herbel, commandant de la garde na-

---

[1] On trouvera les noms de tous les députés de la Fédération des Vosges, dans le tome troisième des *Documents rares ou inédits de l'histoire des Vosges*. Nous avions eu d'abord l'intention d'en donner la liste, mais la crainte d'accroître sans mesure le volume nous en a empêché.

[2] Procès-verbal de la Fédération des Vosges. (Archives du département.)

tionale de Charmes, incitant à « réduire l'aristocratie au silence », tout en faisant appel à l'union, à la concorde et conviant les habitants du département à ne former désormais « qu'une seule communauté dont toutes les parties nous seront également précieuses ». Il formulait en outre diverses propositions qui furent adoptées quelques jours plus tard. Mais on avait hâte de dresser l'acte fédératif qui devait « resserrer entre les milices nationales du département, les liens de la fraternité et en faire une famille toujours prête à secourir la mère commune et à s'entr'aider mutuellement ».

On eut promptement élaboré la formule du serment, vraiment majestueuse et simple :

« Nous jurons par l'honneur, sur l'autel de la Patrie, en présence du Dieu des armées, d'être fidèles à la nation, à la loi et au roi, et de maintenir de tous nos pouvoirs la Constitution décrétée par l'Assemblée nationale et acceptée par le roi.

« Nous jurons aussi de rester à jamais unis, de nous prêter réciproquement les secours qu'exige la fraternité, de prendre au premier signal de danger, pour cri de ralliement :

L'UNION ET LES VOSGES

et de protéger particulièrement le transport des subsistances. »

Cette formule où se reflètent les préoccupations du moment, devait être une vérité ; le dernier engagement, notamment, fut exécuté avec une rigueur que nous aurons occasion de remarquer à plusieurs reprises.

Le Champ de Mars avait été arrangé pour la circonstance, un autel adossé à l'allée centrale du cours, lui faisait face. Il n'avait d'autre ornement que des devises patriotiques et des cartouches portant les noms des milices confédérées. Au sommet, se dressait une pyramide sur laquelle on lisait : « Vivre libre ou mourir. » Malgré la saison un peu prématurée, où les beaux jours sont si rares, le ciel était sans nuages et un capiteux soleil de mars éclairait gaiment la vaste enceinte. La nature elle-même s'était mise en fête et, comme s'exprime le récit officiel de la fête, on eût dit que « la sérénité du ciel était l'image de la pureté des sentiments qui en avaient déterminé la célébration ». Au fond, comme un décor grandiose, les ruines croulantes du vieux château féodal attestaient la fin d'un passé à jamais disparu; frappant contraste en face de l'avenir qui s'ouvrait.

A 10 heures du matin, les députations de la garde nationale se réunirent en grande tenue et en armes sur la place du Poirou qui devint, de ce jour, la place des Vosges. Les officiers municipaux d'Épinal prirent la tête du cortège.

Dès que la sonnerie des cloches de toutes les églises eut vibré, la colonne se mit en marche, enseignes déployées, tambours battants, dans les rues de la ville.

C'était un beau spectacle que celui de tous ces uniformes, un peu bigarrés, où le rouge des épaulettes et des parements tranchait si bien sur le bleu sombre des habits. Au-dessus des têtes flottaient les drapeaux, déployés pour la première fois, où se mariaient harmonieusement les trois couleurs. On s'avança ainsi jusqu'au Champ de Mars, au bruit des détonations de l'artillerie.

Les délégations se rangèrent en bataille en face de l'autel de la Patrie. Le régiment d'Angoulême-dragons, colonel en tête, déboucha derrière elles au son de la musique et se plaça sur un des côtés. La garde nationale d'Épinal — 800 hommes — se mit en face des dragons; sa musique, composée de jeunes gens de la ville, jouait ses plus éclatantes fanfares. La gendarmerie se rangea à sa droite.

Une foule énorme accourue de tous les points du département, se pressait alentour. Quand toutes les troupes furent massées au Champ de Mars, les canons qui n'avaient cessé de tonner pendant le défilé du cortège, firent entendre une nouvelle salve et la cérémonie commença.

Pierrat, curé d'Épinal et aumônier de la garde nationale, officiait, entouré de tout le clergé de la ville. Une fois la messe terminée, au son de la musique, Donat Vosgien, maire d'Épinal, se plaça à la tribune ménagée en avant de l'autel et prononça un patriotique discours pour remercier les gardes nationales accourues à Épinal.

Le moment était venu de prêter le serment solennel. Le commandant-général Lagorce lève son épée; à ce signe, les drapeaux des différentes députations s'avancent au milieu de la vaste enceinte du Champ de Mars et forment le cercle. Au centre se placent Lagorce et Haxo, accompagnés des chefs des députations.

Haxo lit, à haute voix, la formule du serment. Aussitôt, au bruit de l'artillerie, tous les officiers élèvent la main droite vers l'autel et jurent d'être fidèles à ce serment.

Se tournant alors vers les gardes nationaux, Haxo

leur lit le serment que tous répètent avec enthousiasme. Une sorte de frisson patriotique agite les longues files des soldats-citoyens. On n'entendait que les cris de « Nous le jurons », « Vivent la nation et la loi!» Les drapeaux et les chefs regagnent leur rang au milieu des députations.

Alors les prêtres entonnent le *Te Deum* qui, sous l'immense ciel bleu, chanté par des milliers de voix, produit un effet grandiose et saisissant. Les derniers accents s'achevèrent au roulement des tambours.

Le commandant-général donne l'ordre du départ. La colonne se forme derrière lui et défile tout entière devant l'autel de la Patrie.

Mais au lieu de rentrer directement en ville, les députations s'avancent lentement, majestueusement, et parcourent les rues principales pour montrer à tous l'éclatante union qui règne parmi les Vosgiens. On s'arrêta enfin devant l'église.

Là, les attendait un nouveau spectacle. Précédés de leurs bannières qui brillaient aux rayons du soleil printanier, les fédérés voulaient saluer les dames chanoinesses qui avaient brodé de leurs mains, en or et en argent, ces bannières qu'elles avaient offertes à la garde nationale d'Épinal. Les chanoinesses s'étaient avancées sous le porche de l'église et elles y reçurent le touchant hommage de toutes les milices nationales, au milieu des applaudissements de la ville.

A 4 heures du soir, les députés se réunirent de nouveau pour rédiger le procès-verbal de la Fédération, et résoudre diverses questions d'armement et d'organisation. Mais comme la salle de l'Hôtel de ville était trop petite pour contenir tous les fédérés et qu'en outre beaucoup d'entre eux ne pouvaient prolonger leur séjour, on décida que chaque députation nommerait un commissaire et que ceux-ci seraient seuls admis à délibérer sur les différents points soumis aux fédérés.

Le soir, un bal brillant, où toutes les classes de la société fusionnèrent, eut lieu dans la grande salle de l'Hôtel de ville, pendant que la ville, pavoisée depuis le matin, s'illuminait spontanément. Cette belle fête s'acheva ainsi dans la joie et sans le moindre excès, malgré l'affluence des citoyens et l'ardeur qui règne toujours en pareil cas. Les pauvres eux-mêmes purent se divertir; de larges distributions leur avaient été faites et rien ne pouvait troubler l'allégresse commune[1].

Le 8, les commissaires des 36 députations s'assemblèrent pour désigner les rédacteurs du procès-verbal : Thiéry, major de la garde nationale d'Épinal, avec Poullain de Grandprey, d'Herbel, Deguerre, Lepaige et Martin, major de la garde nationale de Bruyères. Le 9, Poullain de Grandprey en donnait lecture et on en votait l'impression ; on examina alors les six motions faites. On décida qu'un mémoire serait adressé au roi pour obtenir qu'il donnât l'ordre de délivrer des armes aux gardes nationales qui en sont fort dépourvues ; une adresse à l'Assemblée nationale fut également rédigée pour prier d'appuyer cette demande.

Garnier, capitaine de la garde nationale de Neufchâ-

---

[1] Le *Moniteur*, dans son n° 92 du 2 avril 1790, contient une correspondance datée d'Épinal, 7 mars, qui retrace les principaux épisodes de la Fédération des Vosges ; l'article pourrait bien être de François de Neufchâteau.

teau, et d'Éméric[1], capitaine de celle de Bruyères et commissaires, furent chargés de la rédaction de ces deux adresses. « Simples, mais francs et loyaux, disait l'adresse à « Nos Seigneurs » de l'Assemblée nationale, nous jurons qu'animés des mêmes sentiments, nous nous sacrifierons toujours au salut de la Patrie. » Et dans l'adresse au roi, exagérant encore le respect que « la Lorraine s'est de tous temps glorifiée de vouer à ses souverains », on promettait au « monarque chéri » de ne pas cesser «d'être fidèles aux lois dont Votre Majesté est l'organe », de ne jamais « séparer la cause du roi » de celle d'une nation généreuse dont l'attachement à ses rois est un des premiers besoins ». On terminait en demandant des armes, et en affirmant qu' « élevés par la plus étonnante révolution à la dignité d'hommes libres, nous ne la souillerons par aucun égarement ». On chargea en outre les députés des Vosges de rappeler la demande tant au roi qu'à l'Assemblée et de faire accorder les armes.

On engagea chaque députation à inviter chacune des autres milices voisines à adhérer à la Fédération et on les autorisa même à recevoir le serment.

Un bureau de correspondance était d'ailleurs créé ; il siégeait alternativement, tous les 3 mois, dans les villes du département : Épinal d'abord, puis Charmes, Mirecourt, Lamarche, etc.

On ne voulut pas se séparer sans laisser à la ville d'Épinal et au vénérable vieillard qui venait de présider

---

[1] Le chevalier d'Éméric (Anne-Marie-Hyacinthe), ancien officier du régiment d'Auvergne, né en 1758, mort à Bruyères en 1826.

à la Fédération des Vosges, un souvenir durable de cette belle journée.

La municipalité d'Épinal s'étant offerte à ériger sur l'emplacement de la Fédération un monument qui attestât cet événement mémorable, sa proposition fut accueillie avec empressement et on en remercia le maire[1].

Restait à déterminer la façon dont on devait récompenser le commandant-général Lagorce. Ce bon et modeste vieillard était tout surpris et tout ému des honneurs qui lui arrivaient ; son attitude digne et martiale avait attiré tous les regards pendant cette fête. On décida qu'une médaille civique en or serait frappée à son intention. Elle portait d'un coté :

HOMMAGE AUX VERTUS CIVIQUES ET MILITAIRES

PAR LA FÉDÉRATION DES VOSGES

A ÉPINAL

et de l'autre :

ÉTIENNE LAGORCE DE TRÉMONZEY

LE 7 MARS 1790

C'était simple et bien. On décida que le commandant de la garde nationale d'Épinal remettrait cette médaille à Lagorce au nom de la Fédération tout entière.

C'est avec de vraies larmes que le vieux soldat reçut ce témoignage si flatteur et si inattendu pour lui. C'était

---

[1] Ce monument n'a jamais été exécuté. On pourrait reprendre l'idée aujourd'hui et la réaliser.

la nouvelle France à son aurore qui tenait à rendre hommage à l'un des plus vaillants et des plus obscurs serviteurs de l'antique monarchie.

C'était le contraste vivant entre ce qu'était le peuple autrefois et ce qu'il allait être avec les nouvelles destinées qui s'ouvraient devant lui.

On grava aussi un sceau de la Fédération, ayant pour emblème un faisceau d'armes, avec la devise : « Notre union fait notre force », et en exergue : « Fédération des Vosges ; 7 mars 1790 ». Puis on déposa le procès-verbal au secrétariat du conseil d'administration de la garde nationale d'Épinal pour être remis au directoire du nouveau département lorsqu'il serait constitué.

Lunéville envoya, quelques jours après, son adhésion au pacte fédératif des Vosges. D'autres Fédérations eurent lieu aussi dans plusieurs villes.

Neufchâteau particulièrement eut la sienne, le 4 juin, où la garde nationale jurait « à la face de l'univers et en présence de son éternel moteur, de maintenir de tout notre pouvoir la Constitution nouvelle et les droits précieux qu'elle nous assure.... Nous portons dans nos cœurs cette devise, le symbole de vos volontés réunies : « Sans liberté, point d'existence. »

Ce serment, lu à la tête des compagnies, fut prêté par tous, avant le départ des fédérés pour la grande Fédération de Paris.

Quelques jours après, Metz célébrait une Fédération de même genre.

Le 13 juin, c'était Strasbourg[1] qui célébrait la fête de

---

[1] Eug. Seinguerlet : *l'Alsace française : Strasbourg pendant la Révolution*. 1 vol. in-8º, chez Berger-Levrault et Cie.

la Fédération devant les 2,000 délégués des gardes nationaux d'Alsace, de Lorraine, de Bourgogne, de Champagne et de Franche-Comté, qui formèrent l'armée confédérée.

Richard, de Saint-Dié, le futur député aux Cinq-Cents, y représenta les Vosges dans le comité d'organisation et à la fête. Pour la première fois, le drapeau tricolore flotta à la flèche de la cathédrale de Strasbourg et l'on alla en triomphe planter au bord du Rhin, en face de Kehl, un écriteau où se lisait cette inscription : « Ici commence le pays de la liberté ! »

Temps heureux ! Temps lointains ! La fraternité régnait alors dans les cœurs sans que rien vînt l'obscurcir. La trahison, le danger de la patrie firent succéder à ces doux épanchements la défiance et la haine et transformèrent en ennemis ceux qui trouvaient alors si bon de vivre en frères.

CHAPITRE IV

Organisation du département, des districts, des tribunaux, des justices de paix. — Élections du conseil général et des conseils de district : choix éclairés faits par le corps électoral. — Le procureur-général-syndic Poullain de Grandprey et le président Vosgien. — Première session du conseil général ; nomination du directoire du département. — Fédération du 14 juillet 1790 ; difficultés entre le directoire et la municipalité d'Épinal. — Situation du département lors de l'installation des nouveaux pouvoirs. — Retour des fédérés envoyés à Paris ; réception solennelle, à Épinal, de la bannière offerte aux Vosges par la ville de Paris. — La procession dite du vœu de Louis XIII à Épinal ; derniers tiraillements entre le directoire et la municipalité. — Troubles à Aboncourt. — Les Suisses fuyards de Nancy arrêtés. — Le régiment des dragons d'Angoulême. — Plainte de la commune de Passavant ; on la cède à la Haute-Saône. — Fermeture des chapitres nobles de Remiremont et d'Épinal ; résistances ; fermeté de Poullain de Grandprey. — Le commandant d'Herbel à Charmes. — Installation définitive de l'administration du département dans les bâtiments du collège.

Un décret de l'Assemblée constituante convoquait les citoyens actifs en assemblées primaires, pour le mois de mai, afin de désigner les électeurs qui devaient se réunir, vers le 15 juin, au chef-lieu de leur district respectif, pour procéder à l'élection des procureurs-syndics et des membres des conseils de district. Auparavant, ils devaient se réunir en assemblée générale à Épinal pour nommer le procureur-général-syndic et les administrateurs ou membres du conseil général du département.

Le corps électoral des Vosges se réunit à Épinal, le 1ᵉʳ juin 1790 ; il comprenait 440 électeurs présents à ce moment. Après avoir assisté à la messe dite du Saint-Esprit, à l'église paroissiale, les électeurs s'assemblèrent dans l'église des Minimes[1], sous la présidence du doyen d'âge Thomas Thomassin, rentier, maire d'Ahéville.

---

[1] Elle était située à l'endroit où est aujourd'hui l'hôtel de la Pomme-d'Or, rue Rualménil.

On désigna Nicolas Haxo, conseiller au bailliage de Saint-Dié, comme président de l'assemblée électorale, et Christophe Denis comme secrétaire. Le premier objet à mettre en délibération était la désignation définitive du chef-lieu du nouveau département des Vosges. L'Assemblée constituante avait sagement réservé son avis, laissant aux électeurs le soin de décider, mais elle avait eu soin de spécifier que la ville qui serait choisie comme siège de l'administration centrale du département ne posséderait pas le tribunal.

La rivalité n'existait pas alors entre les districts de la montagne et ceux de la plaine, comme on le vit plus tard. Aussi, fut-ce à une très forte majorité, par 311 voix contre 127, qu'Épinal fut préféré à Mirecourt comme chef-lieu du département. Ce choix était d'ailleurs fort judicieux, il faut bien le dire. Placé beaucoup plus au centre du département, dans la région intermédiaire entre les hautes montagnes et les plaines, à cheval sur un grand fleuve, Épinal était mieux en situation que Mirecourt de servir de siège à l'administration.

Chacune des trois villes les plus importantes du département eut ainsi sa part : Épinal, l'administration ; Mirecourt, le tribunal, et Saint-Dié, l'évêché.

Le 5 juin, on commença à pourvoir aux divers emplois de l'administration. Joseph-Clément Poullain de Grandprey[1], prévôt et maire de Bulgnéville, fonctionnaire de l'ancien régime, l'esprit largement ouvert aux idées nouvelles, fut élu procureur-général-syndic du

---

[1] Né en 1744, mort en 1826. Voir sa biographie dans la *Notice sur les Conventionnels vosgiens*, à la fin du volume.

département des Vosges, mais au 3ᵉ tour de scrutin seulement, par 222 voix sur 432 ; il l'emportait sur Vosgien, d'esprit plus rétrograde. On consola celui-ci en le nommant administrateur du département, quelques jours après. Grandprey était un homme de 48 ans qui avait appris l'art d'administrer dans différents emplois judiciaires et les maîtrises des eaux et forêts ; il devait déployer dans ses fonctions une fermeté et une capacité remarquables.

On élut ensuite, du 6 au 12 juin, les 36 membres qui devaient former le conseil général du département, à raison de 3 pris dans chaque district et 9 sur l'ensemble du département.

Voici les noms des élus, dans l'ordre d'élection, avec le chiffre de voix qu'ils obtinrent :

	Voix.
Gusman (Claude-François-Louis-Emmanuel), lieutenant-général du bailliage de Bruyères	263
Nicoles (Nicolas), maire de Docelles	237
Rivot (Jean-Nicolas), maire du Boulay	229
Hugo (Joseph)[1], avocat et notaire à Mirecourt	277
Humbert (Nicolas), cultivateur, maire de Vittel	239
Aubert (Charles), avocat à Charmes (plus tard juge au tribunal du district de Mirecourt)	218
Haxo (Nicolas), conseiller au bailliage de Saint-Dié	400
Fachot (Charles-Joseph), avocat à Saint-Dié	295
Colin (Nicolas), négociant, maire de Saales	283
Lepaige, seigneur de Dommartin-lès-Vallois (Joseph-Sébastien), écuyer, commandant la garde nationale à Darney	324
Pettelot (Charles), avocat à Darney (plus tard président du tribunal du district de Darney)	288

---

[1] Né en 1747, mort en 1825. Voir sa biographie dans la *Notice sur les Conventionnels*, à la fin du volume.

	Voix.
Derazey (Jean-Nicolas), avocat à Harol (plus tard juge au tribunal du district de Darney)	272
André (Laurent-Yves-Antoine), notaire au Thillot. .	358
Collenne (Dominique), cultivateur, maire de Raon-aux-Bois.	355
Laurent (Alexis-Xavier), avocat et greffier du bailliage de Remiremont, puis homme de loi à Bains. . .	283
Quinot (Claude), assesseur au bailliage de Neufchâteau.	411
Collin (Claude-Nicolas), avocat à Grand (plus tard juge de paix).	383
Pottier ou Pothier (François), cultivateur, maire de Harchéchamp (plus tard greffier du tribunal criminel).	319
Fleurant (François), maire de Xertigny (plus tard juge de paix).	291
Perrin l'aîné (Jacques), avocat et procureur de la commune à Épinal.	282
Haustète (Jean-Pierre), avocat et cultivateur à Chavelot (plus tard juge de paix).	167
Martin (Nicolas-Félix)[1], conseiller au bailliage et officier municipal de Lamarche (plus tard juge au tribunal du district).	392
Collard (Charles-Pierre), avocat à Martigny-lès-Lamarche.	379
Bastien (Jacques-Bénigne), négociant à Damblain. . .	373
Fournier (Nicolas)[2], avocat à Rambervillers.	390
Gerbaut (Jean-Baptiste), avocat à Châtel.	357
Malhorty (François), notaire à Damas-aux-Bois. . .	297

---

[1] Né en 1758, mort en 1829. Voir sa biographie dans la *Notice sur les Conventionnels*, à la fin du volume.

[2] Fournier (Nicolas) était né à Jeanménil, près de Rambervillers, le 6 avril 1752. Avocat au bailliage, il prit une large part à l'élection de 1789. Administrateur du département, il eut mission d'accompagner à l'armée du Rhin les bataillons de volontaires des Vosges; il fut aussi accusateur public près le tribunal criminel.

	Voix.
Dieudonné (Christophe)[1], avocat à Saint-Dié. . . .	272
Rapin (Claude-François), conseiller au bailliage de Bruyères.	248
Blampain (Pierre-Nicolas), avocat à Rambervillers (plus tard président du tribunal du district).	229
D'Eslon de Servance (Jean-Claude), lieutenant-général du bailliage de Remiremont (plus tard juge au tribunal du district).	220
Vosgien (Louis-Dagobert), avocat, procureur du roi et de la maréchaussée à Épinal.	214
Deguerre (Antoine), avocat du roi au bailliage de Remiremont.	172
Drouot (Jean-Joseph), avocat à Martigny-lès-Lamarche.	172
Joly (Nicolas), cultivateur à la Grande-Catherine, commune de Claudon.	148
François de Neufchâteau [2] (Nicolas-Louis), maire de Vicherey.	137

Les élections dans chaque district eurent lieu les 16 juin et jours suivants.

---

[1] Dieudonné (Christophe) naquit au Ménil, près de Senones, en 1757. Avocat à Saint-Dié, il fut d'abord administrateur du département. Député des Vosges à l'Assemblée législative en 1791, il y marqua peu. A son retour, il fut réélu administrateur, puis vice-procureur-général-syndic du département. Plus tard, il fut président du tribunal criminel, novembre 1793 ; redevint administrateur du département ; commissaire du Directoire (préfet) près l'administration centrale du département en 1797; membre du Conseil des Anciens, il fut, après le 18 brumaire, membre du Tribunat. Le 23 janvier 1803, Bonaparte le nomma préfet du Nord ; mais il jouit peu longtemps de ces fonctions. Il mourut à Saint-Saulve, près Valenciennes, le 21 février 1805.

[2] Né en 1750, mort en 1828. Voir sa biographie à la fin du volume.

[3] On trouvera à la fin du volume, le tableau des membres des conseils de district, des municipalités, des tribunaux et des justices de paix.

Le district de Bruyères eut pour procureur-syndic Balland le jeune, homme de loi[1] ;

Le district de Darney, de Bresson[2] ;

Le district d'Épinal, Clément (Nicolas), avocat-procureur du roi en la maîtrise du chapitre ;

Le district de Lamarche, Carant[3], maire de Lamarche, qui opta pour le poste de procureur-syndic ;

Le district de Mirecourt, Delpierre aîné[4], avocat du roi au bailliage et siège présidial de Mirecourt ;

Le district de Neufchâteau, Panichot[5] ;

---

[1] Né en 1761, mort en 1811 ; voir la biographie de Balland dans la *Notice sur les Conventionnels vosgiens*, à la fin du volume.

[2] Bresson (René-Joseph-Stanislas de) était né à Darney, le 6 octobre 1758. C'était le fils aîné de Louis de Bresson, écuyer, avocat et subdélégué de l'intendance. Avocat aussi, il fut élu, en février 1790, procureur de la commune de Darney, puis en juin 1790, procureur-syndic du district. Il échoua aux élections pour la Convention, où son frère puîné fut nommé. Par la suite, il devint négociant à Darney, où il mourut le 19 octobre 1831.

[3] Voir la biographie de Carant, page 110, note 1.

[4] Delpierre aîné (Nicolas-François) était né à Valfroicourt, en 1759. Homme de loi à Mirecourt et procureur-syndic du district, il devint, en 1796, commissaire du Directoire près le canton extérieur de Mirecourt, puis administrateur du département le 12 avril 1797. Élu député au Conseil des Anciens en 1799, il passa quelques mois après au Corps législatif, où il fut un des approbateurs du 18 brumaire, comme son frère cadet. Président du tribunal civil de Mirecourt, il mourut en fonctions le 31 décembre 1812.

[5] Panichot (Jean-Nicolas-Alexandre) était né en 1764. Avocat à Neufchâteau, il fut élu, en février 1790, procureur de la commune de Neufchâteau, puis procureur-syndic du district en juin 1790. Juge au tribunal du district en 1793, il dut reprendre peu après ses fonctions de procureur-syndic. Administrateur du département en 1797, il fut élu député des Vosges au Conseil des Cinq-Cents, le 11 avril 1798, et siégea jusqu'au 18 brumaire. Commissaire du gouvernement près le tribunal civil de Neufchâteau (procureur de la République) le 10 juin 1800, il en devint président en 1811. Il mourut à Neufchâteau, jeune encore, le 27 septembre 1819. Son

Le district de Rambervillers, Braux[1] ;

Le district de Remiremont, Noël[2], avocat, officier municipal ;

Le district de Saint-Dié, Haxo (François)[3].

Toutes ces élections eurent lieu presque sans lutte. Seule, l'élection du district de Saint-Dié fut assez vivement disputée. Pour le poste de procureur-syndic, François Haxo ne passa qu'au troisième tour avec 41 voix contre Charles-Dominique de Bazelaire de Colroy,

---

père, Nicolas Panichot, était mort à 62 ans, receveur du district de Neufchâteau, le 25 vendémiaire an III (16 octobre 1795); il avait trois fils: Alexandre, celui qui fut procureur-syndic et député ; Charles-Joseph, commissaire des guerres, dont la fille épousa le sous-intendant militaire Frogier de Ponlevoy ; c'est le grand-père de M. de Ponlevoy, député actuel des Vosges ; et François-Melchior. Le fils de ce dernier, Victor, fut maire de Neufchâteau sous la monarchie de Juillet.

[1] Braux (Joseph), né à Roville-aux-Chênes le 9 janvier 1759, était avocat à Rambervillers, et y fut nommé d'abord procureur de la commune en février 1790, puis procureur-syndic du district en juin 1790. Député suppléant à l'Assemblée législative en 1791, il ne siégea pas. Sous l'Empire, il devint conseiller à la cour d'appel de Nancy, et fut retraité en 1824. Braux est mort à Nancy, le 9 janvier 1843. Son fils a été représentant du peuple des Vosges à l'Assemblée constituante de 1848 ; né en 1796, il est mort à Paris le 5 octobre 1883.

[2] Né en 1727, mort en 1793. Voir la biographie de Noël dans la *Notice sur les Conventionnels vosgiens*, à la fin du volume.

[3] Haxo (François), né à Saint-Dié en 1740, était le frère aîné du général Nicolas Haxo. Prévôt de la prévôté bailliagère de Saint-Dié, il fut élu procureur-syndic du district en juin 1790, président du tribunal du district en octobre 1790, où il fut ensuite simple juge. Juge au tribunal civil des Vosges le 15 octobre 1795, puis président du tribunal criminel, il fut élu député au Conseil des Cinq-Cents le 11 avril 1797, mais il n'accepta pas pour raison de santé. Député au Corps législatif sous l'Empire, juge au tribunal d'appel de Nancy le 10 juin 1800, il mourut à Saint-Dié le 12 février 1810.

ancien lieutenant-général du bailliage; encore faut-il remarquer que Haxo était, lui aussi, un officier du bailliage et que Bazelaire fut élu ensuite administrateur du district et juge au tribunal. Les électeurs, on le voit, élisaient de préférence les anciens fonctionnaires des bailliages, déjà au courant des affaires, mais à condition qu'ils eussent fait d'abord adhésion plus ou moins sincère au nouvel ordre de choses.

L'échec relatif de Bazelaire à Saint-Dié en est un sûr indice et Gusman ne fut élu, à Bruyères, administrateur du département et président du tribunal que parce qu'il se disait alors partisan des idées nouvelles.

Quant aux élections pour les tribunaux de district et les justices de paix, elles n'eurent lieu qu'un peu plus tard, au mois d'octobre, et se firent dans le même esprit que celles des administrateurs. Gusman, ancien lieutenant-général du bailliage, fut élu président du tribunal du district de Bruyères; Pettelot, administrateur du département, président de celui de Darney; Dagobert Vosgien, président du département, de celui d'Épinal; Durand, de celui de Lamarche; Nicolas Grosbert, ancien conseiller au bailliage, de celui de Mirecourt; le constituant de Cherrier, ancien lieutenant-général du bailliage, de celui de Neufchâteau, avec Couhey, son futur collègue à la Convention, pour juge; Pierre-Nicolas Blampain, député suppléant aux États généraux, de celui de Rambervillers; Jean-Robert Courtois, de celui de Remiremont, et François Haxo, de celui de Saint-Dié. Le constituant Fricot était juge au tribunal de Remiremont; Collinet de la Salle, ancien lieutenant particulier du bailliage, était commissaire du roi près le tribunal d'Épinal, et Bexon[1], près celui de Remiremont.

Parmi les juges de paix, on remarquait François de Neufchâteau, élu par le canton de Vicherey; Dieudonné Dubois, par celui de Saint-Dié, et Pougny, par celui de Liffol-le-Grand.

Toutes ces administrations s'installèrent dans les anciens bâtiments des couvents ou dans les maisons d'émigrés. A Épinal, les bâtiments des religieuses de la Congrégation servirent au tribunal et à la gendarmerie. Le district de Bruyères, installé d'abord dans la maison de la veuve Doridant, sur la place, maison qui tombait en ruines, la quitta pour aller occuper la maison de Thérèse Doridant, émigrée à Bade, belle maison en pierre de taille qu'on voit encore au coin de la grande rue et de la place. Le couvent des Augustines, à Neufchâteau, logeait le district et le tribunal. Plus tard, l'évêché de Saint-Dié servit pour enfermer les prisonniers de guerre et aussi comme magasin de fourrages.

C'est du 1ᵉʳ juillet 1790 que date effectivement l'existence politique du département des Vosges, puisque c'est ce jour-là que siégea pour la première fois le conseil général du département qui devait, en vertu de la

---

[1] Bexon (Scipion-Jérôme), né à Remiremont en 1753, était frère de l'abbé collaborateur de Buffon. Avocat en 1775, il fut conseiller intime du chapitre, procureur de la commune, puis commissaire du roi à Remiremont. Accusateur public près les tribunaux militaires en 1792, il alla à Caen, puis à Paris. Il fut élu, en 1796, président du tribunal criminel de la Seine, puis, en 1800, vice-président du tribunal de première instance de Paris. Mais il fut destitué en 1808 pour son indépendance, et redevint avocat. Il est mort à Chaillot, près de Paris, en 1825.

nouvelle Constitution, administrer le pays et nommer le directoire qui le remplacerait dans l'intervalle des sessions.

Les 36 citoyens élus en juin se réunirent, le matin, dans la salle de l'auditoire du bailliage d'Épinal, sous la présidence provisoire de Louis-Dagobert Vosgien, leur doyen d'âge, et procédèrent aussitôt aux opérations préliminaires. Le poste de président du département fut assez vivement disputé. Cette nouvelle fonction assurait en effet à celui qui allait en être investi une grande influence. Toutefois, la politique pure ne fut pas pour beaucoup dans la lutte qui s'établit ; il n'y eut qu'une rivalité personnelle entre Vosgien et François de Neufchâteau. Ce dernier représentait cependant d'une façon plus nette et plus hardie les idées nouvelles. Trois tours de scrutin furent nécessaires et, au dernier, les deux concurrents eurent chacun 17 voix ; Vosgien, frère du maire d'Épinal, ancien fonctionnaire royal, ne fut élu que par le bénéfice de l'âge.

C'était un homme sage, instruit, un peu timide, qui ne devait pas tarder à se trouver un peu mal à l'aise dans le mouvement qui l'emportait en avant ; il résigna bientôt ses fonctions.

Ce premier vote était à peine rendu que les membres du district, les officiers du bailliage et de la garde nationale d'Épinal demandèrent l'honneur d'être admis à féliciter le conseil général. Ils protestèrent de leur dévouement à la chose publique et aux nouveaux magistrats du peuple et se retirèrent au bruit des applaudissements.

On procéda alors au choix du secrétaire général du

département, fonction permanente et assez lourde à supporter. Christophe Denis, notaire royal et procureur à Épinal, qui avait été remarqué par son zèle comme secrétaire des diverses assemblées électorales, fut élu par 28 voix sur 36 votants et prêta aussitôt le serment. Il devait être inamovible longtemps à ce poste. Ces choix, on le voit, n'avaient toujours rien de subversif. Cette première séance fut levée à midi et une seconde eut lieu le même jour à 6 heures du soir.

Il s'agissait de désigner le local qui devait servir à la nouvelle administration du département, celui offert par le bailliage étant insuffisant. On décida que, dès le lendemain, le conseil général irait tenir ses séances dans une salle du bâtiment du collège, dite salle d'étude, située dans l'aile droite qui borde la Moselle. C'était un vaste local en carré long, avec des tables et des chaises fort ordinaires de chaque côté, au fond un fauteuil et une petite table pour le président et à sa gauche le secrétaire-greffier; au milieu, encore une table et une chaise pour le procureur-général-syndic; les seuls ornements qu'on y ajouta plus tard étaient un plateau formé des débris de la Bastille, une table provenant des cachots, et une représentation en gypse de la Bastille, sculptée et garnie de petits canons; au mur un plan encadré de la Bastille. Le tout était un hommage du patriote Palloy au département[1]. La carte géographique du département,

---

[1] Palloy envoya une partie de ces objets, accompagnés de deux lettres, le 9 novembre 1790. Les autres furent apportés de Paris, le 27 janvier 1791, par le citoyen Jonery, associé de Palloy, qui reçut pour lui et pour Palloy les plus vifs remerciements et obtint les honneurs de la séance.

dressée par ordre de l'Assemblée nationale, décorait les murs. Enfin, des bancs placés à l'entrée servaient à ceux que l'assemblée admettait à ses séances.

On devait y faire de suite les préparatifs nécessaires. On décida en outre que chaque séance serait annoncée par une sonnerie des cloches de la paroisse. Au moment où l'on allait se séparer, l'abbesse du chapitre d'Épinal adressa ses félicitations au conseil et François de Neufchâteau soumit un plan pour l'organisation et les travaux de l'administration.

Le lendemain, on s'occupa du choix de l'imprimeur du département. Contre l'attente générale, ce fut Hœner, imprimeur à Nancy, qui fut choisi de préférence à Vautrin, imprimeur, et à Marchal, libraire, tous deux d'Épinal. Mais il était bien spécifié qu'Hœner devrait venir s'établir à Épinal.

On apprit ce même jour la mort de Benjamin Franklin; le conseil décida que tous les administrateurs porteraient le deuil pendant trois jours, et l'on invita la garde nationale, les administrateurs du district et du bailliage à rendre ce même hommage au républicain du Nouveau-Monde.

Après l'expédition d'un certain nombre d'affaires, la notification par le procureur-général-syndic et le président de la formation du département, le conseil arriva à l'élection des 8 membres du directoire[1], qui, sous la présidence de Vosgien, devaient assister le procureur-général-syndic pendant l'absence du conseil. François de Neufchâteau fut élu le premier par 31 voix; il refusa

---

[1] A raison d'un membre par district, y compris le président.

pour raison de santé, mais il est permis de croire que le dépit de son précédent échec fut pour quelque chose dans son refus. Nicolas Fournier (de Rambervillers) et Joseph-Sébastien Lepaige (de Darney) furent ensuite élus. Claude-François Rapin (de Bruyères) ne fut nommé qu'au second tour. Après lui furent élus Antoine Deguerre (de Remiremont); Charles-Pierre Collard, avocat (de Martigny); Christophe Dieudonné (de Saint-Dié); Joseph Hugo (de Mirecourt) et Claude Quinot (de Neufchâteau).

Lepaige fut en outre désigné comme vice-procureur-syndic. C'étaient tous des hommes modérés, bien que partisans des idées nouvelles; tous d'un âge mûr et ayant déjà occupé d'importantes fonctions sous l'ancien régime. Plusieurs d'entre eux avaient en outre été chargés, ou allaient l'être, d'autres fonctions qu'ils purent exercer en même temps que celle d'administrateur du directoire. Ainsi, Fournier était peu après élu accusateur public près le tribunal criminel, et Lepaige président de ce tribunal.

Nous sommes entrés dans le détail pour ces premiers travaux, car ils indiquent quelle maturité d'esprit, quel discernement présidèrent dès cette époque aux décisions de ces administrateurs portés brusquement aux affaires, sans que rien témoignât qu'ils fussent novices dans l'art de gouverner.

Avant de se séparer, ils adoptèrent un modèle de sceau pour le département, avec les mots : « la nation, la loi, le roi », entourés d'une guirlande et surmontés d'une couronne civique. En légende, on lisait : « Département des Vosges », et en exergue : « 1er juillet 1790 »

Le conseil reçut aussi la visite de Ganier, chanoine régulier et principal du collège, qui offrait de continuer ses fonctions; on accepta. Un mois après, il soumettait au directoire un plan provisoire d'éducation qui fut agréé. Des dragons du régiment d'Angoulême, en garnison à Épinal, vinrent aussi réclamer l'intervention de l'assemblée pour des différends survenus entre eux et les officiers. On les exhorta au calme, à la discipline et on les invita à remettre un mémoire écrit qui serait examiné.

Après quoi, la première session fut close, le 9 juillet au soir.

Ces formalités d'installation devaient encore se reproduire le lendemain, jour où le directoire tint sa première séance. On y nomma Fournier vice-président, et Renaud, sergent de ville à Épinal, fut nommé huissier et concierge du département, aux appointements de 400 livres par an avec le logement et l'habit. Le 11, une députation de la garde nationale d'Épinal venait inviter le directoire à assister à la fête de la Fédération qui, pour les Vosges, n'était qu'une sorte de deuxième édition et le renouvellement du serment fédératif.

C'est à ce propos que devait surgir le premier conflit, conflit tout personnel, mais qui n'en était pas moins déplorable dans cette fête de la fraternité, appelée à cimenter l'union de tous les Français.

Mais les petites passions humaines sont, hélas! partout et toujours les mêmes.

Le 15, le capitaine Viriot, de la garde nationale d'Épinal, vieux militaire, chevalier de Saint-Louis, venait réitérer l'invitation, mais jusqu'alors on n'avait pu s'entendre sur la prééminence entre les diverses autorités et là était toute la difficulté¹. Enfin, le 14 juillet au matin, le maire d'Épinal, Donat Vosgien, adressait une lettre d'invitation au directoire, mais en émettant la prétention de présider au serment fédératif. Le directoire, tout en acceptant l'invitation, fit toutes ses réserves pour la place qu'il devait occuper et maintint énergiquement ce qui lui paraissait être son droit.

On décida qu'au service religieux, les membres du directoire seraient placés au banc des officiers du bailliage, tandis que la municipalité s'assoirait dans le chœur, en face de l'autel.

Cette solution parut satisfaire tout le monde et le directoire se mit en marche à 11 heures pour assister à la cérémonie à l'église paroissiale. Mais à l'issue de la messe, on s'aperçut bien que la municipalité spinalienne n'avait rien abandonné de ses prétentions. Placée aux premiers bancs du chœur, elle profita de sa position et affecta de sortir avant le directoire.

Celui-ci, encore retenu à son banc dans l'enceinte du chœur, rétrograda alors et sortit de l'église par une autre porte.

Le cortège se reforma pourtant et les dragons d'Angoulême ouvrant la marche, on se rendit au Champ de Mars. Le directoire du département se plaça à droite de l'autel de la Patrie; celui du district à gauche. La garde nationale en armes suivait, escortant les officiers

---

¹ Cette difficulté se produisit d'ailleurs dans beaucoup d'autres villes en France. Les officiers municipaux étant nommés directement par les électeurs, se croyaient en droit de dominer les administrateurs du département et des districts, issus du suffrage à deux degrés et ne tenant pas leur mandat du peuple. Ce fut là le point de départ de leurs prétentions.

municipaux ceints de leur écharpe; ils se placèrent en face de l'autel. La messe fut célébrée avec la pompe habituelle. Quand les prêtres furent descendus de l'autel, les officiers municipaux d'Épinal se hâtèrent de profiter de l'intervalle qui devait s'écouler et, montant les degrés de l'autel, ils se rangèrent sur la plate-forme, comme s'ils voulaient présider au serment ; sur l'observation indignée de Lepaige et de Poullain-Grandprey, le président Vosgien s'approcha de Vosgien, maire d'Épinal, et à voix basse, lui fit remarquer qu'il n'appartenait pas à la municipalité d'occuper cette place et de présider à la prestation du serment. Le maire maintint énergiquement ses prétentions. Poullain-Grandprey intervint alors et démontra que si la présence de la municipalité était nécessaire, il ne s'ensuivait pas qu'elle eût la présidence de la cérémonie.

Le maire fut inébranlable et railla le procureur-général-syndic.

La discussion allait s'envenimer peut-être, lorsque le maire s'avança dans la sorte de chaire préparée en avant de l'autel et lut la formule du serment, que le colonel des dragons répéta à haute voix ; les cavaliers, la garde nationale, les citoyens, répondirent : « Nous le jurons! » Le maire voulut alors faire prêter le serment à part par les habitants, mais cette fois Poullain-Grandprey s'y opposa énergiquement, disant qu'il devait être prêté de concert par tous. La cérémonie se trouva ainsi terminée.

Le maire prononça cependant un discours. A 4 heures, on faisait chanter un *Te Deum* à l'église paroissiale, en présence des directoires du département et du district.

Tout n'était pas fini. Le lendemain, les officiers municipaux d'Épinal adressèrent au directoire une lettre irrespectueuse, si bien qu'on décida de faire un mémoire pour l'Assemblée nationale afin de la mettre à même de trancher le débat.

Cette menace fit réfléchir et, le 16, le maire d'Épinal vint présenter les excuses de ses collègues. Le directoire tint bon, et les officiers municipaux durent venir en corps, avec leurs insignes, désavouer l'interprétation injurieuse de leur lettre.

Ce différend, où l'on ne peut que louer la fermeté du directoire, une fois apaisé, l'administration du département régla l'ordre de ses travaux. Elle fixa ses séances aux lundi, mercredi et vendredi, et divisa les employés en 4 bureaux : le 1ᵉʳ chargé de l'administration centrale, des municipalités et des biens nationaux; le 2ᵉ des impositions et contributions; le 3ᵉ des travaux publics, et le 4ᵉ de la police et du bien public.

Elle choisit ses employés, et ses choix furent généralement heureux.

Georges-Bernard Bizot, avocat, secrétaire de la ci-devant intendance de Lorraine, fut nommé chef d'un des bureaux[1], et Claude Thiébaut de Nancy, commis. Ce fut lui l'auteur des annuaires des Vosges de cette époque.

Au moment où le directoire prit en mains les affaires du département, les Vosges comptaient 45,071 citoyens actifs, c'est-à-dire votant dans les assemblées primaires pour le choix des électeurs; le reste de la population,

---

[1] Bizot fut le premier sous-préfet de Saint-Dié, à l'organisation de 1800 (9 germinal an VIII).

citoyens non actifs, femmes, enfants, etc., s'élevait à 181,929 individus. La garde nationale comprenait 36,123 citoyens répartis en 9 légions. Sans être prospère, la situation du département n'était pas défavorable. La récolte de 1790 qui s'annonçait comme bonne, fut fortement atteinte par une grêle terrible tombée les 29 et 30 de juillet; des pluies prolongées contrarièrent la fenaison; cependant on fit encore une récolte équivalente aux deux tiers d'une année moyenne; l'orage de juillet avait fait perdre, estima-t-on, 86,000 résaux de grains de toute espèce et 32,000 pièces de vin. Quant aux impositions, elles s'élevaient pour 1790 à 3,196,917 livres, dont 1,636,946 pour les impôts directs et 1,559,971 pour les contributions indirectes.

Elles rentrèrent sans difficulté. Bergé, receveur particulier des finances d'Épinal, demanda s'il devait verser les recettes dans la caisse du receveur général de Lorraine et Barrois; le directoire lui ordonna de les garder jusqu'à nouvel avis.

Quant aux biens nationaux, la vente s'en faisait sans opposition; à la date du 1er décembre 1790, on en avait vendu pour 5,535,624 livres.

Deux fêtes publiques allaient encore distraire l'attention. Le 25 juillet, le conseil d'administration de la garde nationale d'Épinal informa le directoire du retour prochain des députés du département des Vosges à la grande Fédération française à Paris; ils rapportaient la bannière offerte par la ville de Paris à tous les départements; on pria le directoire de prendre des dispositions pour célébrer leur retour et recevoir dignement la bannière nationale.

Le 28 juillet, les fédérés vosgiens arrivèrent vers 5 heures du soir aux portes d'Épinal. Le directoire avait résolu d'aller à leur rencontre jusqu'à la sortie de la ville, sur la route de Mirecourt, près de l'endroit où se trouvait déjà un hôtel du Louvre. Toute la garde nationale, la troupe de ligne, la maréchaussée étaient sous les armes et allèrent au-devant d'eux. Dès que leur présence fut signalée, des salves d'artillerie éclatèrent, les cloches des églises sonnèrent à toute volée. Des dames vêtues de blanc, avec le ruban national en écharpe et armées d'épées, précédées de jeunes filles portant des paniers de fleurs, s'avancèrent pour les saluer. Les corps administratifs et la municipalité se tenaient sous un arc de triomphe à l'entrée de la ville. Le vice-président du directoire, Fournier, en l'absence de Vosgien, harangua les fédérés et célébra dans son discours le bonheur des Français sous la nouvelle Constitution; il termina en poussant le cri de : « Vivent la nation, la loi, le roi ! » que la foule répéta avec acclamation. Mlle Clever, fille du colonel de la garde nationale, s'avança ensuite et, après avoir offert des fleurs aux députés, prononça un discours patriotique, où elle disait : « Si nos forces eussent égalé notre courage, comme vous, nous aurions couru aux armes et avec vous nous aurions partagé la gloire d'avoir conquis la liberté, mais il fallait des bras plus nerveux pour en imposer aux ennemis de la Constitution : notre faiblesse ne nous a pas permis de prendre part à cette révolution, nous nous sommes bornées à vous admirer. »

Puis le cortège se mit en route : en tête marchait un bataillon de la garde nationale d'Épinal précédé de la musique, puis les bataillons des autres districts ; immédiatement après s'avançaient les dames d'Épinal entourant les fédérés dont l'un tenait déployée la bannière tricolore donnée par les Parisiens; les autorités administratives et la municipalité suivaient, escortées par le régiment des dragons d'Angoulême; le second bataillon de la garde nationale d'Épinal venait derrière et la maréchaussée fermait la marche. On s'avança au son de la musique par la rue Léopold-Bourg. Un arc de triomphe en feuilles de chêne d'où pendait une co‑ ‑ne civique, en feuillage de chêne également, y avait été dressé par les habitants. Tout le cortège défila au bruit des applaudissements et l'on arriva au collège. Il était 7 heures du soir.

La porte de la salle des séances du directoire disparaissait sous les fleurs et les branches de chêne. Des inscriptions patriotiques, telles que : « La Nation, la Loi, le Roi » ou « Maintien des lois » et « Force et repos public », étaient placées de chaque côté. Une nouvelle salve d'artillerie annonça l'entrée du cortège dans la cour du collège qui se remplit de citoyens, de soldats, de gardes nationaux. Quand tous furent entrés, le procureur-général-syndic, Poullain-Grandprey, prononça un discours où il complimenta les fédérés; en rappelant la fête du 7 mars et recevant la bannière, il s'écria : « Qu'elle soit notre fanal, si jamais la nuit orageuse des troubles vient répandre sur nous son obscurité perfide! Qu'au premier signal de danger, cet étendard patriotique soit déployé et que son aspect consolant et terrible inspire aux bons citoyens l'enthousiasme de la confiance et jette l'effroi parmi les ennemis de la chose publique! » Il re-

mercia les fédérés, la garde nationale, sans oublier le
« sexe enchanteur qui embellit cette fête et y répand
une gaîté décente ». Vosgien, président du directoire,
quoique indisposé, dit aussi quelques paroles. Puis au
milieu de l'enthousiasme général, « avec le plus noble
transport d'union fraternelle », dit un récit du temps[1],
Poullain-Grandprey fit prêter par tous les assistants le
serment civique; l'air retentit de mille cris : « Vivent la
Constitution, la loi et le roi », pendant que l'artillerie
tonnait une dernière salve de ses canons. Lorsque l'émotion fut un peu calmée, les fédérés, accompagnés des
autorités, entrèrent dans la salle des séances du directoire et remirent solennellement la bannière de la Fédération au procureur-général-syndic. On la plaça au-dessus du siège du président, en face de la porte d'entrée.
Poullain-Grandprey adressa de nouveaux remerciements aux députés, puis le directoire les reconduisit,
ainsi que les corps constitués, jusqu'à la porte de la salle
où la bannière devait rester déposée.

Quelques jours après, une fête d'un autre genre devait mettre de nouveau en lumière les froissements entre
le directoire du département et la municipalité d'Épinal.
Celle-ci, bien que venue à résipiscence, après son attitude du 14 juillet, n'en persistait pas moins dans ses revendications de suprématie et ne perdait aucune occasion de les affirmer. Il était visible qu'elle cherchait le
moyen de prendre sa revanche.

Aussi le directoire, averti, s'entoura de précautions.
Le 14 août, veille du jour où l'on devait, suivant la

---

[1] *Almanach civique du département des Vosges pour l'année* 1791, seconde de la liberté, par C. Thiébaut, citoyen d'Épinal.

coutume, faire dans les rues de la ville la procession dite du vœu de Louis XIII, le directoire décida qu'il assisterait en corps à la procession, mais « convaincu par l'expérience que les voies de la persuasion ne suffisent point pour ramener les officiers municipaux d'Épinal aux principes de la subordination et afin de prévenir le renouvellement des désordres scandaleux du 14 juillet », le directoire résolut de se placer dans le chœur où il occuperait le premier rang ; le directoire du district viendrait ensuite ; à la procession il marcherait immédiatement après le clergé.

Tout était bien arrêté, mais c'était compter sans la malice des édiles spinaliens. Le 15 août, au premier coup de cloche, le directoire du département se rendit à l'église, mais on avait hâté le départ et la procession était déjà sortie de l'église. Le directoire put cependant prendre la tête du cortège. Au retour, il occupa la droite du chœur et le directoire du district la gauche ; la municipalité dut rester en dehors et se tenir debout faute de sièges. La leçon cette fois profita et Épinal comprit qu'il fallait se fondre avec toutes les autres communes du département dans cette unité vosgienne qui venait d'être créée.

Le dernier mot devait cependant appartenir à la municipalité d'Épinal dans cette petite querelle de préséance. Elle avait dû s'incliner enfin devant l'attitude résolue du directoire à l'égard de ses prérogatives, mais elle voulut, avant de désarmer, faire sentir encore son mécontentement. Depuis le 13 août, on avait demandé à la municipalité d'Épinal un autre local pour les séances du directoire. La municipalité convoqua le conseil général de la commune pour délibérer à ce sujet, dans l'après-midi du 15; aucune décision ne fut prise et l'on ne répondit pas au directoire. Celui-ci revint à la charge; la commune se décida, le 20 août, à répondre qu'il lui fallait des renseignements supplémentaires pour le choix du local; le directoire donna le plan qu'il avait fait dresser. Au bout de deux jours, le conseil général de la commune prit une délibération aux termes de laquelle il déclarait qu'il n'existait aucun local propre à servir de salle au directoire. On notifia ce refus au procureur-général-syndic et le directoire continua à siéger dans l'aile du collège où l'on dut faire quelques réparations.

Tout le temps du directoire ne se perdait cependant pas ainsi en vaines questions d'étiquette. Il eut, au contraire, pour ses débuts d'assez grosses affaires à résoudre.

Il était à peine installé (18 juillet) qu'on l'avertit qu'une troupe de brigands ravageait les campagnes aux environs de Dompaire et de Mirecourt; des gens s'étaient jetés dans le château d'Aboncourt et commençaient à le démolir. On envoya aussitôt 100 hommes du régiment d'Angoulême et le maire d'Épinal y joignit une partie de sa garde nationale; le tocsin sonna de toutes parts; des patrouilles parcouraient sans cesse la ville. Mais on s'était un peu vite alarmé; au premier mot, les soi-disant brigands rentrèrent dans l'ordre; cavaliers, gendarmes et gardes nationaux revinrent à Épinal sans combat, ramenant quelques prisonniers.

Le plus coupable était un nommé Charles-François Breton qui, échauffé par la boisson et la fièvre, était monté à cheval en gros sabots et parcourait les rangs en défendant le pillage, mais en animant à la destruction du château, dont il ne voulait pas qu'il subsistât vestige. Le 28 mars 1791 seulement, le directoire ordonna son élargissement et celui de ses complices, « vu que leur longue captivité est une peine assez sévère ».

Puis ce fut le 3 août, une lettre du général de Noué, commandant en Lorraine, qui signalait des troubles à Vrécourt. C'était encore de l'exagération.

Ce qui fut plus sérieux, c'est l'insurrection des régiments suisses à Nancy.

Le 1er septembre, certaines alarmes se produisirent au récit des sanglants événements de Nancy que l'on regardait toujours un peu comme la capitale et les patrouilles recommencèrent à circuler. Deux jours après, le lieutenant-colonel de Montigny [1] qui commandait le régiment des dragons d'Angoulême, fit savoir qu'il avait capturé 35 Suisses du régiment de Châteauvieux qui s'enfuyaient et qu'il les tenait en prison. On donna l'ordre de les renvoyer à Nancy. Tout se borna là, heureusement.

Précisément à ce même moment, le directoire était saisi d'une plainte des dragons d'Angoulême analogue à celle des Suisses qui venait d'avoir à quelques lieues de là un si tragique dénouement.

Le 31 août, l'adjudant Bouvier des Éclaz [2], à la tête d'une députation des dragons, était venu prier le direc-

---

[1] De Montigny (Louis-Benjamin), né à Metz le 22 août 1744, devint colonel du régiment (devenu 11e dragons) le 21 octobre 1791 ; le 25 mai 1792, il émigrait.

[2] Bouvier était né à Belley (Ain) en 1757 ; il devint en 1792 capitaine à ce même régiment des dragons d'Angoulême, devenu 11e dragons. Colonel du 5e dragons le 20 septembre 1806, il devint général de brigade en novembre 1810.

toire de désigner deux membres pour assister à la reddition des comptes du régiment qui devait avoir lieu par ordre de l'Assemblée nationale. Fournier et Lepaige furent délégués à cet effet et ils réussirent pleinement dans leur mission. La caisse des dragons était sans doute mieux administrée que celle des Suisses, ou les dragons furent-ils plus raisonnables? Quoi qu'il en soit, leur reddition de comptes s'acheva régulièrement à la satisfaction de tous. La sédition militaire de Nancy fut du reste la seule qui se produisit à cette époque.

Lors de la délimitation du département des Vosges, plusieurs communes réclamèrent contre leur incorporation dans le département et ne cessèrent de demander leur réunion à la Haute-Saône département avec lequel elles avaient, assuraient-elles, plus d'affinités communes et de relations. On passa outre, mais elles ne se tinrent pas pour battues. Dès la mise en activité de la nouvelle administration, la commune de Passavant refusa de recevoir les communications qui lui furent adressées d'Épinal. On écrivit au directoire de la Haute-Saône pour avoir son avis. Les pourparlers traînèrent en longueur. A la fin, on dut céder et la commune de Passavant fit retour à la Haute-Saône (décret du 4 février 1791); le 26 août 1791, ce fut un fait accompli.

Ces résistances partielles de quelques communes n'étaient pas rares au début et n'avaient rien que de naturel. On ne pouvait pas encore avoir les mœurs de la liberté et l'habitude de s'administrer soi-même, tout en se soumettant aux décisions du pouvoir central. C'est ainsi que la commune de Claudon refusa obstinément de reconnaître pour vicaire l'abbé de Beaucicamp que lui envoyait l'évêque. Elle avait choisi l'abbé Dufraine et n'en voulait pas d'autre. On lui enjoignit, le 15 septembre, d'accepter le vicaire qui avait reçu l'investiture épiscopale. Le débat se prolongea et l'on ne sait qui aurait fini par l'emporter, si la constitution civile du clergé n'était survenue pour renvoyer dos à dos les deux vicaires en concurrence.

Dans le district de Bruyères, plusieurs personnes cherchèrent à empêcher la vente des biens nationaux en détournant les acquéreurs de faire des soumissions. Le district y mit bon ordre, mais on en référa néanmoins à l'Assemblée nationale.

Une question plus délicate attira bientôt l'attention du directoire. L'Assemblée nationale avait voté la suppression des ordres religieux et des congrégations. En vertu de cette loi, promulguée par décret du 12 juillet, les chapitres des dames nobles d'Épinal et de Remiremont devaient quitter leur costume particulier et leurs édifices passaient sous la tutelle administrative. Le département avait dès lors seul qualité pour s'occuper de l'entretien des bâtiments conventuels. Mais on devait se heurter à bien des résistances. Dès le 1er août 1789, Maillard, abbé, et Didon, procureur de l'abbaye de Moyenmoutier, Baudot, prieur, et Roussel, cellérier de celle d'Étival, avaient protesté contre le dessaisissement projeté de leurs droits.

Le chapitre d'Épinal qui avait protesté le 30 avril 1790, s'était ensuite soumis sans trop de peine à l'inventaire de ses archives, à la prise de possession de son église et de ses cloches, le 23 septembre, par Bruillard jeune et Cottard, commissaires du district. Mais le 16 octobre au soir, on enjoignit aux chanoinesses de cesser leurs offices et sonneries, de déposer leurs habits de chœur. Elles répondirent au district qu' « une assemblée pieuse ne peut porter atteinte à la Constitution et ne doit semer aucun ombrage » ; on céda alors partiellement, les autorisant à prier, mais sans insignes et pas en public. Dès le 25 octobre, l'huissier Vanson signifiait à Mme de Bœcklin, ex-doyenne, qu'elles ne pouvaient plus se réunir dans l'église. Elles protestèrent de nouveau et continuèrent à se réunir. Cela dura ainsi plusieurs mois.

Mais les chanoinesses de Remiremont, elles, n'avaient accordé qu'une soumission feinte, et depuis, elles ne cessaient de faire sentir à l'autorité civile, par une série de minuscules incidents, qu'elles existaient toujours et ne désespéraient pas de voir abroger la loi qui les supprimait. On fit alors afficher le décret de suppression, afin que les citoyens ne pussent arguer de leur ignorance à ce sujet. La population de Remiremont qui avait vécu et grandi à l'ombre de ce célèbre chapitre ; qui en avait retiré, il faut bien le dire, des bienfaits de toute nature, prenait fait et cause pour les chanoinesses. Dès le 10 novembre 1789, elle avait pétitionné pour le maintien du chapitre, assurant que la dîme la faisait vivre. Les personnages les plus influents de la ville étaient des clients ou même des agents du chapitre et ne cessaient de lui témoigner la plus grande déférence. Ainsi, le procureur-syndic, Noël, était l'ancien procureur fiscal des chanoinesses ; le maire, Ambroise Richard, était de leurs amis ; le tribunal était composé de leurs créatures ; Bexon, commissaire du roi, et Courtois, le président, leur étaient tout dévoués. La population entière tenait pour elles.

On conçoit que cette attitude jeta un jour défavorable sur le patriotisme des habitants de Remiremont. Ce ne fut pas seulement dans le département que l'on s'émut, mais aussi à Paris. Le n° 332 du *Patriote français*, journal rédigé par Brissot, le futur chef des Girondins, contenait une lettre signée : « Un habitant des Vosges », où l'on relatait les allures factieuses des citoyens de Remiremont et où leurs sentiments étaient attaqués d'une façon injurieuse et diffamatoire.

Ils adressèrent une dénonciation à l'Assemblée nationale et publièrent une « Adresse aux Français » où ils exposaient leur conduite. Brissot ayant refusé de nommer l'auteur de la lettre et de rétracter les imputations calomnieuses dirigées contre eux, fut cité devant le tribunal de police de Paris. Le n° 332 du *Patriote français* fut condamné à être supprimé et Brissot invité à déposer la lettre au greffe pour que les citoyens de Remiremont fussent en état d'en connaître et poursuivre l'auteur. Brissot refusa d'obtempérer à cet ordre. Un second jugement le condamna alors à insérer dans son plus prochain numéro, une note disant que c'était « méchamment ou comme surpris qu'il avait injurié et calomnié les comparants », il dut aussi payer 200 livres de dommages et les frais d'affichage du jugement. En outre, le tribunal lui interdit d'insérer désormais dans sa feuille aucune lettre injurieuse pour les citoyens de Remiremont. L'affaire fit du bruit; c'était le premier procès de presse, croyons-nous, où l'on ait donné raison aux plaignants. Aussi le *Moniteur*[1] fit-il mention de ce

---

[1] Dans son numéro 270, à la date du 27 septembre 1790.

jugement, tout en laissant en dehors la probité et le patriotisme de Brissot.

Cet arrêt, on le conçoit, ne fit qu'enhardir les habitants de Remiremont. Les dames du chapitre se sentant si bien soutenues ne craignirent plus de se montrer et d'agir.

Après s'être effacées dans l'ombre et le silence, elles reprirent petit à petit leur train de vie ordinaire et continuèrent à administrer leurs biens, comme si la loi ne leur en avait pas enlevé la libre possession.

Ainsi, dès le 3 septembre, le directoire était informé que, malgré la défense faite, les chanoinesses continuaient à faire travailler à la tour de leur église, qui n'était pas au quart de sa hauteur. Il demanda des renseignements aux administrateurs du district. En même temps, il ordonnait de procéder à l'inventaire du chapitre d'Épinal, craignant que la contagion de l'exemple ne gagnât de ce côté. Le district de Remiremont reçut l'ordre d'agir de même. Ces ordres mirent le feu aux poudres. Le chapitre d'Épinal, aussi bien que celui de Remiremont, parurent disposés à se soustraire à l'inventaire. Il eut lieu pourtant, le 9 octobre. Du reste, le chapitre d'Épinal qui d'abord avait semblé accepter sans résistance le décret de suppression, ne s'y conformait pas davantage. Le 13 octobre 1790, Lepaige, vice-procureur-général-syndic, faisait connaître au directoire que le chapitre de Saint-Goëry continuait à tenir ses offices à part, avec sonneries spéciales comme par le passé ; les dames n'avaient pas voulu quitter leurs habits de chœur ; rien n'était changé pour elles ; il n'y avait qu'une loi inappliquée de plus.

Le directoire chargea le procureur-général-syndic d'enjoindre aux dames abbesse, doyenne et chanoinesses du ci-devant chapitre de tenir plus de compte de la loi ; le 22 octobre, il réitérait cet ordre sans plus de succès. Le directoire du district apportait du reste beaucoup de mollesse à l'exécution de cet ordre.

A Remiremont, la situation était plus tendue encore. Le ci-devant chapitre se refusait à toute espèce d'inventaire.

C'est dans ces conditions que s'ouvrit la deuxième session du conseil général du département, le 3 novembre 1790[1]. A ce moment, la constitution du département s'achevait avec le plus grand ordre. L'intendant Chaumont de la Galaizière et Mathieu, procureur de la commune de Strasbourg, avaient fait remise à Haxo, délégué à cet effet, des papiers et titres relatifs aux communes de l'Alsace réunies aux Vosges. François de Neufchâteau était allé chercher à Bar-le-Duc les papiers de la Chambre des comptes qui concernaient le département et à Metz divers autres documents. Aucun objet important, autre que les résistances des ci-devant chapitres, ne devait absorber l'attention du conseil général.

Cependant, avant d'aborder cette grave question des chapitres, le conseil général dut nommer un nouveau président du département, Vosgien ayant donné sa démission dès la première séance. Il fut remplacé par Jacques-Bénigne Bastien, négociant à Damblain, dont le choix n'avait aucune signification politique.

D'assez grands mouvements de troupes eurent lieu

---

[1] Convoqué par décret du 14 septembre.

aussi à ce moment. Des régiments de Nancy, tels que Royal-Liégeois, compromis dans la sédition du mois d'août, traversèrent les Vosges pour se rendre en Alsace et des régiments d'Alsace allèrent les remplacer à Nancy. Les officiers du régiment de hussards de Lauzun, en passant à Épinal, tinrent à honneur de saluer le conseil général à leur arrivée et à leur départ; deux escadrons des chasseurs de Guyenne arrivèrent le 17 novembre à Épinal. Ils devaient y tenir garnison à la place de l'excellent régiment de dragons d'Angoulême qui était parti pour Belfort dans les premiers jours du mois.

La situation cependant ne pouvait se prolonger plus longtemps, ni à Épinal, ni à Remiremont, sans présenter de grands inconvénients. Aussi, le 9 novembre, Lepaige lut-il un rapport sur le commencement de rébellion des ci-devant chapitres. Il constata que les dames nobles du chapitre d'Épinal ne tenaient pas le moindre compte du décret du 12 juillet et affectaient de célébrer leurs offices et de les faire annoncer au son des cloches, de garder les manteaux de chœur, marques distinctives de leur chapitre dissous. Après deux sommations du directoire, elles avaient consenti à renoncer au manteau et aux sonneries. Mais elles se réunissaient quand même aux heures ordinaires pour chanter et psalmodier; ce qui était contraire à la loi. Une nouvelle délibération leur enjoignit de respecter tous les articles de la loi. Mais excitées par un moine fanatique, elles méprisèrent cet ordre et déclarèrent formellement qu'elles ne s'y soumettraient pas.

Lorsqu'on fit l'inventaire des titres et papiers, leur colère se trahit plus violemment encore et elles se servirent vis-à-vis des fonctionnaires chargés de ce soin « d'expressions démesurées, pour ne rien dire de plus[1] ». Les mêmes faits se produisirent avec plus d'âpreté à Remiremont et avec le concours de la population. Lepaige concluait en proposant de se faire représenter par les ci-devant chapitres, les meubles, ornements, vases sacrés, de les saisir, et en en délivrant un reçu, de fermer les églises des chapitres, sauf celles qui serviraient à l'office paroissial, où l'on fermerait seulement la partie réservée au chapitre. Après la lecture de ce rapport, on se sépara sans rien conclure, mais à la séance du soir, Poullain-Grandprey insista pour que l'on votât sur la motion de Lepaige. Le conseil général voulut tenter encore de la temporisation et renvoya l'examen de la question aux districts où se trouvaient les chapitres pour vérifier les conventions qui avaient pu être conclues avec eux.

L'attitude d'une partie du clergé séculier contrastait heureusement avec celle des congrégations. A cette même date, en effet, les curés du doyenné d'Épinal, ayant à leur tête Barbier, curé d'Igney, leur doyen, vinrent en corps assurer le conseil général de leur dévouement et de leur respect. Poullain-Grandprey les remercia de cette démarche qui, disait-il, était un sûr garant de la façon dont ils s'acquitteraient de leur tâche. Leur exemple n'était cependant pas généralement suivi, et quelques jours plus tard, le conseil était obligé de rappeler à ceux qui affectaient de l'ignorer, qu'en vertu des nouvelles lois, le diocèse avait la même étendue que le département. Nous verrons plus loin que ces prescriptions

---

[1] Rapport de Lepaige (registre des délibérations du conseil général); archives du département.

légales n'étaient pas adoptées par l'autorité ecclésiastique.

Il fallait pourtant en finir avec les résistances des chapitres. Le district de Remiremont trainait les choses en longueur dans l'espoir de gagner du temps et répondait aux réclamations du procureur-général-syndic que les négociations suivaient leur cours. Pendant ce temps, les dames du chapitre, moins obéissantes encore que celles d'Épinal, assistaient aux offices avec leurs manteaux de chœur et poursuivaient la construction de la tour de l'église. Il était difficile d'enfreindre avec plus de désinvolture les dispositions législatives.

Aussi, voyant bien que toute conciliation demeurait inutile, le conseil général se décida enfin à agir. Le 2 décembre, il prit une délibération où « considérant la résistance affectée » aux décrets et attendu que « le directoire du district n'allègue que des prétextes pour se dispenser de les faire exécuter », il était décidé que les scellés seraient apposés sur les portes du chœur, de la sacristie, de l'église, sur celles de la chapelle abbatiale et partout où il serait nécessaire par les soins de trois commissaires nommés parmi les membres du conseil général. Ces scellés seraient mis sous la garde des officiers municipaux de Remiremont qui devaient aider les commissaires dans leurs opérations. Navierre, sous-ingénieur des ponts et chaussées, devait accompagner les commissaires pour juger des travaux d'art nécessaires à la tour de l'église. On désigna aussitôt François Fleurant, Ch. Pettelot et François de Neufchâteau pour participer, de concert avec Poullain-Grandprey, à l'exécution de la loi. Ces commissaires étaient autorisés à employer toutes mesures qu'ils jugeraient convenables, même à requérir la force armée et les officiers municipaux de Remiremont. Sur le refus de François de Neufchâteau, dont on s'explique mal la conduite en cette circonstance, Nicolas Haxo fut nommé.

Le 6 décembre au soir, le procureur-général-syndic et les trois commissaires, assistés de Bizot qu'ils avaient pris pour secrétaire, arrivaient à Remiremont. Les premières heures de la matinée du 7 se passèrent en visites au maire, au commandant de la garde nationale, aux administrateurs du district et aux juges du tribunal. Auprès de tous, les commissaires recueillirent les meilleures assurances. Le maire, Ambroise Richard [1], s'excusa de ne pas avoir devancé leur visite et déclara que ses collègues de la municipalité étaient prêts à exécuter les ordres du département. Le vieux commandant de la garde nationale, François Richard, père du maire [2], promit son concours le plus entier et affirma que les sentiments de la garde nationale étaient conformes aux siens. A 9 heures du matin, les commissaires arrivaient à la maison commune où ils trouvèrent assemblés le maire, le procureur de la commune et les officiers municipaux qui donnèrent lecture d'une délibération par laquelle ils

---

[1] Richard (Romaric-Ambroise), né à Remiremont le 4 avril 1753 était fils de François Richard ; avocat, il fut maire de Remiremont, puis président du district. En 1794, il se retira à Saint-Dié, où il mourut subitement le 23 avril 1809.

[2] Richard (Romary-François) était né à Remiremont le 25 février 1728; il fut marchand, puis notaire dans cette ville, et commanda la garde nationale quand son fils était maire ; son gendre Durand fut plus tard administrateur du département. François Richard mourut à Remiremont le 20 septembre 1793.

déclaraient « se prêter avec zèle à exercer avec exactitude » les décisions du conseil général. Tant il est vrai que la résolution et la vigueur triomphent toujours des résistances les plus obstinées !

La garde nationale fut alors introduite. Le commandant Richard entra avec les majors Rol et Mathieu, les capitaines Breton, Roguier, Abt, Grandclaude et Picot, les lieutenants André et Lhuillier, l'adjudant Serrière, le sergent Mathieu, le caporal Héringer et les gardes Rennepont, Colin, Serrier, Leduc, Voirin et Vatteau. Eux aussi donnèrent lecture d'une délibération prise la veille où ils disaient que « sans doute quelquefois on trouve le devoir pénible, mais il faut savoir faire quelques sacrifices. On ne doit pas apporter de résistance. Nous souffrons, mais il faut souffrir en silence, confiants dans les représentants de la nation qui nous prépareront d'autres avantages pour remplacer ceux que nous allons perdre. » Cette adresse de soumission où perçait à chaque mot un regret, presque une menace, fut vivement relevée par Poullain-Grandprey qui répondit : « Il n'est rien qui puisse nous arrêter dans l'exécution de la loi. » C'était du reste le dernier effort des intérêts privés expirants.

Il était 10 heures un quart. Les commissaires, assistés de la municipalité et escortés par la garde nationale, se rendirent à l'église du ci-devant chapitre et se firent représenter l'inventaire qui laissait tous les effets à la garde des chanoinesses. On envoya Bizot inviter Mme de Monspey à assister au revêtement de l'inventaire. Les chanoinesses répondirent qu'elles iraient toutes. Sur ces entrefaites, le marguillier Joseph Bagré avait remis les clefs du chœur et de la sacristie. On s'y rendit et dans la sacristie, on trouva groupées toutes les dames du chapitre. Elles refusèrent de décliner leurs noms, sauf Mme de Monspey, ci-devant doyenne, et Mme de Monspey jeune, ci-devant chanoinesse.

Ces dames prirent aussitôt la parole pour déclarer que leur serment, les obligations qu'elles avaient contractées leur faisaient un devoir de protester par écrit contre l'acte qui s'accomplissait. Poullain-Grandprey repoussa la protestation que lui tendait Mme de Monspey, disant que ce ne pourrait être qu'une infraction à la loi et qu'il ne l'insérerait pas dans le procès-verbal. Il engagea les chanoinesses à s'abstenir de rien dire ou faire qui pût retarder l'exécution de la loi. Mme de Monspey se résigna alors à remettre les clefs du trésor et des chartes au nom du chapitre, et désigna J. Regnauld, Thiébaut et Ménestrel, ci-devant chanoines, pour assister au revêtement de l'inventaire. Mme de Monspey la jeune s'avança pour réclamer un ornement à fond blanc moiré qu'elle avait brodé à ses frais. Puis les dames sortirent avec fierté, regardant avec dédain ces petits bourgeois qui venaient ainsi leur faire la loi.

L'inventaire fut vite achevé, on retrouva tous les objets; les trois ex-chanoines signèrent, puis partirent. On apposa alors les scellés sur les armoires et les portes; il en fallut 25; on ne laissa ouverts que les escaliers qui conduisaient aux cloches, aux orgues et au-dessus de la nef où quelques ouvrages indispensables restaient à finir. A 2 heures, tout était terminé et les officiers municipaux déclaraient répondre des scellés. Quant aux clefs, au nombre de 70, on les remit également à la municipalité.

La garde nationale établit un poste permanent dans la salle dite capitulaire pour garder les scellés assidûment, bien que l'usage fût établi à Remiremont de ne monter la garde que la nuit. Le soir même, une fois leur devoir rempli, Poullain-Grandprey, Haxo, Pettelot, Fleurant et Bizot rentraient à Épinal.

À la séance du 9 décembre, Poullain-Grandprey rendit compte de leur mission. Le conseil leur vota des éloges pour la manière ferme et prudente dont ils avaient rempli leur mandat et, sur leur demande, adressa également des félicitations aux autorités de Remiremont pour leur patriotisme un peu tardif. Ainsi tomba la petite agitation qu'on n'avait cherché à créer que parce que l'on pensait ainsi en imposer à des administrateurs inexpérimentés que rien, dans leur passé, ne pouvait faire considérer comme des ennemis de la religion.

Une fois cet embarras écarté, le conseil général put se livrer à l'examen des affaires courantes. Un cas assez bizarre s'était présenté. Le district de Mirecourt n'avait tenu qu'une fort courte session et s'était séparé presque de suite, prétextant qu'il manquait d'instructions pour continuer ses travaux. C'était masquer un mauvais vouloir évident. Le conseil du district de Mirecourt était, en effet, et fut pendant longtemps composé en grande majorité de citoyens hostiles à la Révolution. Le prétexte qu'il invoquait était d'autant plus ridicule que l'Assemblée nationale avait adressé des instructions à tous les districts. Aussi, Poullain-Grandprey fit remarquer, non sans ironie, que « comme il n'est pas présumable que le district de Mirecourt veuille renoncer aux avantages de la loi qui le constitue », il faut le requérir de se réunir en session sérieuse le plus promptement possible; ce qui fut fait.

Puis ce fut Charmes dont il fallut secouer l'inertie. Le commandant de la garde nationale de Charmes était Nicolas-Alexandre d'Herbel, ancien officier, homme de petite noblesse, rallié aux idées nouvelles et faisant avec éclat profession de ses sentiments patriotiques. On l'avait déjà vu à la Fédération du 7 mars, se mettant en avant à tout propos et cherchant à jouer un rôle. D'aucuns le trouvaient même trop remuant et un peu irréfléchi. Il déployait, dans tous les cas, beaucoup de zèle et d'activité dans son petit commandement. Un point l'inquiétait cependant, c'était la question religieuse. Dans ces districts de la plaine, plus riches, moins studieux aussi que ceux de la montagne et où d'ailleurs la race était moins forte et plus molle, le clergé avait su conquérir une grande influence. D'Herbel fit part de ses craintes dans une lettre au conseil général, dans le cas où l'on viendrait à toucher aux opinions religieuses. Il déplorait en outre le découragement et la lassitude qui avaient gagné les soldats-citoyens de son canton. Il n'avait plus de gardes nationaux; tous, fatigués de n'avoir pas d'armes, restaient dans leurs villages. Il fallait songer à secouer cette torpeur et d'Herbel ne voyait qu'un remède, la création d'un club. Il voulait aussi passer en revue, à Vincey, toutes les gardes nationales de son canton.

Le conseil général goûta fort la lettre d'Herbel et pensa à l'utiliser pour l'exemple d'autres districts où la même indifférence se rencontrait sans que les autorités s'en plaignissent. On accorda à cette lettre, « pleine d'un patriotisme ardent et éclairé », une mention honorable au procès-verbal; on en décida l'impression pour la répandre partout et d'Herbel fut autorisé, encouragé même, à établir à Charmes une société des Amis de la Constitution « pour concourir à répandre le civisme de l'instruction » par la lecture d'ouvrages et de journaux patriotiques, tels que la *Feuille villageoise*.

Afin de satisfaire à la plainte de d'Herbel, on écrivit au roi et à l'Assemblée pour les supplier d'envoyer trois canons de 4 et de 8 dans chacune des neuf villes chefs-lieux de district, en même temps qu'on réclamait des fusils.

Après avoir résolu différentes questions, le conseil général adopta un plan définitif d'établissement du département dans les bâtiments du collège. Comme le fit remarquer Lepaige, le collège était très vaste et on en pouvait distraire une partie sans gêner en rien les cours. On dépensa 2,995 livres 16 sous pour l'installation des pouvoir publics; ce fut la seule charge, car le collège appartenant au département, il n'y eut pas à payer la location. Dès lors, il y eut au rez-de-chaussée, en plus du concierge, la salle des séances du directoire et le secrétaire du département; au premier étage, la salle des séances du conseil général et ses bureaux; au deuxième, trois des bureaux du département et les archives; le grenier servait également aux archives et aux provisions de bois.

Avec la fin de l'année 1790 concordait donc la fin des travaux préparatoires de l'organisation nouvelle qui pouvait désormais fonctionner avec régularité.

CHAPITRE V

Création des sociétés populaires. — Constitution civile du clergé. — Expulsion du chapitre d'Épinal. — Refus de serment de l'évêque de Saint-Dié et d'une partie du clergé; pamphlets, prédications contre-révolutionnaires. — Élection de l'évêque des Vosges; le curé Maudru est élu évêque. — Anniversaire de la fédération du 7 mars; messe solennelle. — Agitation religieuse. — Mort de Mirabeau. — Organisation de la gendarmerie des Vosges. — Fuite et arrestation du roi. — Armement des gardes nationales. Mission de Custine, Chasset et Régnier. — Le lieutenant-général Wittinghoff commande la 4ᵉ division militaire et les Vosges. — Fabrique de faux assignats à Remiremont; troubles à Châtel. — Disette du numéraire. — Élections à l'Assemblée législative; les députés. — Renouvellement partiel des administrations.

L'année 1791, en s'ouvrant, trouva le département entièrement constitué. Il semblait qu'il n'y eût plus qu'à suivre paisiblement le cours des choses et que rien désormais ne viendrait entraver la marche régulière de l'administration. On entrait, au contraire, pour de longues années dans la période des difficultés et de l'agitation. Le danger était proche.

On eût dit que chacun pressentait le besoin de se défendre. Dès les premiers mois de 1791, en effet, des sociétés populaires, dites des Amis de la Constitution, plus tard des Jacobins, se créaient à Épinal, à Saint-Dié, à Bruyères, à Neufchâteau et dans d'autres villes. A Lamarche, Carant, homme très actif et très résolu, fondait une société populaire qui siégeait dans la grande salle de l'Hôtel de ville et fut de suite affiliée à la société-mère de Paris. Carant en fut aussi le principal orateur; sa parole, sans beaucoup d'éclat, était claire et élégante; il avait d'ailleurs une grande élévation d'idées.

Ce fut la constitution civile du clergé qui inaugura la

série des orages et mit le feu aux poudres. Jusqu'alors, le clergé dans les Vosges, sauf de rares exceptions, avait accueilli sans trop murmurer, les changements qui venaient de s'accomplir. Mais lorsque l'Assemblée nationale remania la circonscription des diocèses, en supprima un certain nombre et limita les autres à l'étendue d'un département, lorsqu'on exigea des ecclésiastiques un serment de fidélité à cette constitution civile qu'ils n'acceptaient qu'en apparence, alors surgirent les protestations et les révoltes. Ce fut l'œuvre des premiers mois de 1791. Dès le début de l'année, la scission s'opéra.

Le 4 janvier, il fallait expulser le chapitre d'Épinal; tandis qu'on était à vêpres, les administrateurs du district firent fermer les portes, dressèrent l'inventaire des ornements et du linge et remirent les clefs au curé d'Épinal. Les chanoinesses se retirèrent dans une maison particulière où elles dirent l'office, tandis qu'un de leurs chanoines célébrait chaque matin une messe à la chapelle des Innocents, dans l'église paroissiale. Cela dura jusqu'au 15 avril, époque où l'on interdit aux marguilliers de se prêter désormais à ces manœuvres.

Le 6 janvier, l'évêque de Saint-Dié, M. de Chaumont de la Galaisière, refusait d'accorder des dispenses de mariage à des personnes de Neufchâteau, sous prétexte que son diocèse ne s'étendait pas jusque-là et qu'il n'avait aucune juridiction sur cette ville qui, avant la création du département, dépendait de l'évêché de Toul. On ne pouvait méconnaître plus gravement et plus maladroitement les décrets de l'Assemblée nationale. Aussi Poullain-Grandprey, procureur-général-syndic, en signalant le refus de l'évêque de Saint-Dié, fit-il un réquisitoire très sévère, et le directoire, « considérant que les tentatives d'une partie du clergé n'ont d'autre but que de lever l'étendard de la rébellion », dénonçait M. de Chaumont à l'Assemblée; ce qui fut fait par un acte en règle dressé le 21 janvier. Ce même jour, la municipalité de Saint-Dié expropriait la maison épiscopale et ses dépendances, protestait contre le refus de serment de M. de Chaumont et contre ses déclarations incendiaires. Il avait déjà fallu sévir quelques jours avant contre un nommé Guéral qui, à l'instigation de l'évêque, avait tenu dans la ville les propos les plus séditieux.

Les curés, à l'exemple de leur évêque, ne se montraient pas plus soucieux de respecter la loi. Dès le 13 janvier, le directoire était obligé de mettre la population en garde contre les manœuvres ecclésiastiques et d'adresser une proclamation « tendant à détruire les mauvaises impressions qu'auraient pu faire sur les citoyens les insinuations perfides et les moyens de séduction employés par les ennemis du bien public pour égarer le peuple sur le vrai sens des lois, pour l'alarmer et lui présenter sous un aspect effrayant la masse des contributions ». On ne s'en tenait pas aux attaques verbales; on lançait des pamphlets, des mémoires. Le 14 juillet, le directoire apprenant que des prêtres avaient rédigé et colportaient des écrits anticonstitutionnels, enjoignait aux directoires de district d'en empêcher la circulation.

Ce fut bien pis quelques jours après, lorsqu'il s'agit de faire prêter le serment civique par tous les ecclésiastiques. Ce serment n'avait pourtant rien de terrible, ni de contraire à la religion : « Je jure, disait-il, de veiller avec soin aux fidèles dont la direction m'est confiée. Je jure d'être fidèle à la nation, à la loi et au roi. Je jure de maintenir de tout mon pouvoir la constitution civile du clergé. » On comprend peu, en le lisant, les répugnances qu'il souleva. Un certain nombre de prêtres dans le département des Vosges acceptèrent la constitution civile, mais plusieurs en faisant des réserves, tant au spirituel qu'au temporel. Pierrat, curé d'Épinal; d'Hennezel, curé de Xertigny; Aubert, curé de La Bresse; Gérard, curé de Rambervillers; Remy, de Remiremont; La Cretelle, du Val-d'Ajol; Halanzier, de Plombières; Maudru, d'Aydoilles; Barret, de Darney; Lhuillier, de Corcieux, et beaucoup d'autres prêtèrent le serment pur et simple. Un certain nombre firent des restrictions, mais en somme il y eut peu de refus. Simon, curé de Sercœur, refusa parce qu'il « exposait le salut de son âme ». Le directoire était contraint de prendre, le 26 janvier, un arrêté déclarant nulles et non avenues les prestations de serment d'ecclésiastiques faites avec des réserves ou restrictions.

A ce moment même, le district d'Épinal faisait mettre en vente les livres et meubles provenant de l'abbaye de Chaumousey. On mettait à louer la maison des Bénédictins à Morizécourt, dont l'abandon complet entraînait de nombreuses dégradations. On comprend que ces faits furent encore exploités et travestis suivant les besoins. L'agitation croissait. Il fallut chercher, par une nouvelle proclamation, à dissiper les faux bruits que répandaient les prêtres à propos de la prestation du serment; cet appel n'arrêta rien, et, le 1er février, on apprenait que l'évêque de Saint-Dié faisait imprimer et distribuer un écrit inconstitutionnel ; ses prêtres exagéraient encore son attitude ; le curé et le vicaire de Bruyères se faisaient remarquer parmi les plus turbulents. On traduisait les uns et les autres comme « perturbateurs de l'ordre public » devant les tribunaux de district, ou on les dénonça à l'accusateur public. Rien n'y fit, le branle était donné et ne devait pas s'arrêter de sitôt.

Le 9 février, l'évêque de Saint-Dié, ses trois grands-vicaires, le secrétaire du diocèse, le directeur des deux séminaires, deux professeurs de théologie et un préfet des études avaient jusqu'alors refusé de prêter serment. Pendant ce temps, la campagne contre les décisions de l'Assemblée continuait avec vigueur. A Charmes, le premier vicaire, l'abbé Gérard, tenait en chaire les propos les plus séditieux. L'abbé Feys[1] refusait d'admettre une dame à la confession, parce que son mari venait d'acheter des biens nationaux. Leurs amis laïques ne restaient pas en arrière, et à cette époque courait partout un libelle de 27 pages in-quarto, fabriqué par un nommé Lebel, avocat à Saint-Dié, et dirigé surtout contre les frères Haxo, l'un procureur-syndic et président du tribunal du district, l'autre, commandant de la garde nationale. On y raillait le conseil général de la commune de Saint-Dié « où se trouvent siégeant gravement un cordonnier, un scieur de bois et jusqu'à un botteleur de foin ». Le curé de Remiremont, l'abbé Remy, qui prêchait jadis une fois par an, était revenu sur son serment et montait sans cesse en chaire ; il ne laissait

---

[1] Feys (Claude-Eusèbe), né à Charmes le 16 décembre 1760, fut, de longues années, curé de Portieux ; il y mourut le 10 février 1839.

passer aucune occasion de faire de longs prônes où la loi était décriée sans mesure.

Le directoire des Vosges sévit de son mieux contre ce débordement. Il dénonça aux accusateurs publics près les tribunaux les diverses infractions commises. Quant à l'évêque et à ses acolytes, on réclama du maire de Saint-Dié un procès-verbal en règle établissant formellement leur refus de prêter serment. Une fois qu'on eut cette pièce, l'évêque et ses imitateurs furent regardés comme démissionnaires. Le 23 mars, la municipalité de Saint-Dié expropriait la maison épiscopale et ses dépendances. Dès le 27 février, les électeurs se réunissaient à Épinal pour faire choix d'un nouvel évêque en remplacement de M. de Chaumont.

Ils élurent d'abord l'abbé Louis Demenge, curé d'Escles; mais lorsqu'on alla porter à Demenge la nouvelle de sa nomination, il refusa. « J'ai prêté, répondit-il, le serment civique; j'ai rempli mes devoirs de citoyen; je suis quitte envers la patrie. Mais je dois ma cure à M. Chaumont, évêque de Saint-Dié. Je ne remplacerai point mon bienfaiteur. » C'était un scrupule de délicatesse trop louable pour qu'on insistât.

On procéda à un nouveau scrutin le 1er mars, et la majorité se prononça pour Jean-Antoine Maudru[1], curé

---

[1] Maudru (Jean-Antoine) était né à Adompt le 5 mai 1748. Vicaire à Jussarupt, il devint ensuite curé d'Aydoilles; puis évêque. Quand l'évêché des Vosges fut supprimé à la suite du concordat de 1801, il devint curé de Stenay (Meuse), et y resta jusqu'en 1815. Pourchassé par les royalistes, il fut envoyé à Tours sous la surveillance de la haute police; il alla ensuite au Menil-Amelot (Seine-et-Marne), chez le curé, son ancien vicaire épiscopal. Il mourut à Belleville, près de Paris, entre les bras de l'évêque Grégoire, le 13 septembre 1820.

d'Aydoilles, qui accepta son élection comme évêque. C'était un prêtre simple, patriote et bienfaisant; fils d'un pauvre maître d'école du village d'Adompt, il était entré fort jeune dans les ordres, comme tant de jeunes gens de sa classe, trop instruits pour se livrer sans regrets à la culture, trop pauvres et trop peu nés pour aspirer à quelque emploi digne d'eux.

Le 2 mars, Maudru fut proclamé solennellement évêque des Vosges à l'église paroissiale d'Épinal. Le directoire se rendit en corps à la messe. A peine rentré en séance, il reçut la visite du nouvel évêque qui prononça un discours plein des sentiments civiques les plus purs où, fidèle à la doctrine de l'Évangile, Maudru rendait à César ce qui était à César, sans négliger de rendre à Dieu ce qui était à Dieu. Le procureur-général-syndic le félicita de son heureuse installation et des excellents sentiments qu'il exprimait. Le 31 mars, l'évêque Maudru faisait son entrée dans sa ville épiscopale, et le 4 avril, il était installé solennellement dans sa cathédrale.

En même temps que Maudru, les électeurs avaient nommé un administrateur du département, Nicolas-Pierre Lecomte, homme de loi et greffier de la maîtrise des eaux et forêts de Saint-Dié, à la place de Fachot qui, nommé receveur du district de Saint-Dié, avait donné sa démission d'administrateur pour conserver cette place.

A dater de ce moment, ce fut un long défilé de curés et vicaires refusant de prêter le serment civique, à l'exemple de leur ancien évêque. Le directoire fit tête courageusement à cet essai de rébellion, le plus grave, le plus gros de conséquences qu'il eût encore rencontré.

Le 4 mars, Thomas, curé de Bruyères, ainsi que les curés de Corcieux, Deycimont, Girecourt, Docelles, Champs et Gugnécourt faisaient connaitre leur refus de serment. Le directoire, aussitôt, décida qu'ils seraient réputés comme ayant renoncé à leurs offices et qu'on procéderait de suite à leur remplacement. Il décidait en outre que si l'un d'eux se rendait coupable de quelque discours séditieux, il serait déféré aux tribunaux. L'abbé Galland, curé de Charmes et député aux États généraux, vint ensuite dans son refus de serment avec les curés de Chamagne, Poussay, Vincey, etc. Chaque jour apportait son contingent. Le 7 mars, c'étaient les curés de Neufchâteau, de Coussey et de Liffol-le-Grand; le 8, c'était Jean-Félicien Gérard, curé de Rambervillers, et ceux de Châtel, de Nomexy, de Nossoncourt et des environs.

Le 9, c'était le tour des curés de Saint-Dié, Raon-l'Étape, Saales, Étival, etc.; le 10, c'étaient ceux de Darney et environs; le 15, ceux de Remiremont et ainsi de suite. Le 26 mars, ce fut le tour des vicaires, presque aussi nombreux dans leurs refus que les curés; celui de Bains donna sa démission. Le directoire prit, à leur égard à tous, les mêmes dispositions: sauf en ce qui concernait ceux qui avaient prêté serment avec restrictions, tels que Nicolas Humblot, curé de Neufchâteau, et quelques autres, et encore le 22 mars, après examen, leur appliquait-il la loi. Tous ces refus se produisaient du reste très pacifiquement. Il faut excepter cependant le curé de Fraize et son vicaire qui, après avoir prêté serment, se ravisèrent et, un dimanche, en présence des fidèles, tonnèrent en chaire contre la loi et protestèrent contre le serment qu'on leur imposait; on les signala au district. Si quelques-uns revenaient ainsi sur le serment d'abord prêté, il en fut d'autres, en plus grand nombre, qui, après de longues hésitations, se décidèrent à prêter serment, tels que ceux de Corcieux, de Champs, de Mandray, de Sainte-Marguerite, de Gugnécourt; le directoire annula de suite les décisions prises contre eux.

Il s'appliquait d'ailleurs dans tous ses actes à se montrer aussi respectueux de la religion que rigoureux observateur de la loi, et il était impossible de se méprendre sur les véritables sentiments des hommes qui le composaient. Ainsi, le 7 mars, premier anniversaire de la grande fédération des Vosges de l'année précédente, le directoire se rendit en corps à l'église paroissiale d'Épinal pour y assister à une messe solennelle, ne craignant pas d'interrompre ses séances pour attester ainsi sa fidélité à la religion. On décidait de ne pas mettre en vente, comme biens nationaux, la maison des prémontrés de Flabémont, celles des récollets de Damblain et de Darney, celles des capucins de Charmes, de Saint-Dié, de Châtel et de Neufchâteau, afin d'y loger les religieux dont l'ordre avait été dissous. Dans le clergé, il faut le dire, on lui tenait peu de compte de ces témoignages évidents de modération, et l'ancien évêque de Saint-Dié, encore en fonctions le 13 mars, interdisait à l'ex-récollet Gusman (ci-devant père Archange), gardien de la maison de Gondrecourt, de prêcher le carême à Saint-Dié, alléguant pour prétexte que le district de Neufchâteau n'était pas dans son diocèse et que Gusman avait prêté le serment. Un curé du département publiait le *Nouveau Credo d'un bon Français*, que Prudhomme, dans son journal *les Révolutions de Paris*, critiquait amèrement.

Le directoire ne se laissa pas émouvoir par ces résistances et, au commencement d'avril, il fit élire les successeurs des curés et vicaires qu'il avait déclarés déchus; l'abbé Godefroy, curé de Nonville et député aux États généraux, était du nombre, comme son collègue Galland; absent, il avait négligé de faire connaître s'il acceptait le serment, mais son refus n'était pas douteux. En outre, pour dissiper tous les doutes dans l'esprit des citoyens, le directoire adressa, le 8 avril, une longue proclamation « A nos très chers amis et fidèles citoyens », où il signalait l'attitude de l'évêque de Saint-Dié. Il avertissait les citoyens que M. de Chaumont n'était plus leur pasteur, qu'il ne fallait pas l'écouter et que leur véritable évêque était Maudru, « recommandable par ses lumières, ses mœurs et son civisme ». La proclamation annonçait aussi qu'on traduisait devant les tribunaux le mandement et la lettre de l'ex-évêque de Saint-Dié et qu'il serait informé contre lui.

En même temps, on décidait la clôture définitive de l'église des capucins d'Épinal; les ecclésiastiques allèrent y prendre les vases sacrés pour les transférer à l'église paroissiale, puis on déposa les clefs au district, le 12 avril, après avoir apposé les scellés tant à l'intérieur qu'à l'extérieur de l'église.

Les religieuses de Rambervillers ayant refusé de reconnaitre Maudru comme évêque, furent dénoncées à l'accusateur public, et le directoire prescrivit, le 30 avril, la fermeture immédiate des portes de leur chapelle.

A Uxegney, l'ex-curé Paris et Mengel, son vicaire,

prirent une attitude ouvertement rebelle et tinrent des propos séditieux. Ils continuèrent à dire les offices dans l'église et à confesser, comme si un nouveau curé, Carlier, n'avait pas été élu pour les remplacer. L'inertie de la municipalité d'Uxegney était aussi complète que possible ; non seulement elle n'avait pas veillé à la police de l'église et empêché les anciens pasteurs de l'accaparer, mais elle n'avait même pas assisté à la prestation du serment du nouveau curé et n'avait pas signalé la conduite des réfractaires. Le maire et le procureur de la commune furent mandés devant le directoire pour rendre compte de l'inexécution de la loi. Le 20 avril, ils comparurent et le maire avoua sans ambages n'avoir pris aucune des mesures prescrites ; il nia toutefois que le curé réfractaire, Paris, eût tenu de mauvais propos et fait obstacle à l'installation de son successeur ; il finit par se retrancher derrière son ignorance, alléguant qu'il ne croyait pas nécessaire d'agir autrement qu'il l'avait fait. Le directoire le blâma sévèrement pour sa négligence et décida qu'une enquête serait ouverte.

C'est au milieu de ces graves préoccupations que l'on apprit la mort de Mirabeau. La nouvelle en parvint à Épinal le 7 avril ; le directoire, aussitôt qu'il en fut instruit, « justement affligé de la perte de ce grand homme », ordonna un deuil de huit jours. La municipalité de Saint-Dié décréta 4 jours. La mort du célèbre tribun devait marquer, pour ainsi dire, le point culminant de la Révolution. Après lui, les partis commencèrent à se déchirer avec fureur et la guerre avec les puissances étrangères, jusqu'alors contenue, parut désormais inévitable et menaçante.

Pour terminer l'organisation du département, on nomma, le 12 mai, un conducteur des ponts et chaussées par district : Beaurain à Épinal, Huot à Neufchâteau, Joseph Resal à Remiremont, Nicolas Melin à Rambervillers, Jean-Michel Carbonnard à Saint-Dié, Niclot à Mirecourt, Harmand à Darney, Petitjean (de Charmes) à Bruyères et Malglaive (de Neufchâteau) à Lamarche.

C'est aussi à cette époque que le directoire reconnut la nécessité d'organiser enfin la gendarmerie nationale ; le 18 avril, il en nommait les cinq officiers : Auguste Duchesne de Denant, lieutenant à Mestre-de-camp-général-dragons, en garnison à Neufchâteau, fut élu capitaine à l'unanimité ; les quatre lieutenants furent Rosse (Hugues-Joseph), commandant de la garde nationale de Rambervillers, qui avait été maréchal des logis de cavalerie ; Le Paige (Théodore), commandant de la garde nationale de Claudon et ancien lieutenant de cavalerie; Drouot (Jean-Baptiste), garde du corps du Roi et électeur à Châtenois, et Clément (Nicolas), garde du corps de Monsieur, aide-major de la garde nationale de Bulgnéville et aussi ancien gendarme. Drouot n'ayant pas accepté, on élut à sa place, le 23 mai, Salmon (Claude-Charles), né à Lunéville, commandant en deuxième de la garde nationale de Saint-Dié et ex-gendarme à la compagnie de Berry. Le 20 juin, Jean-Joseph de Santhieux de Montaigu, ex-gendarme de Rambervillers, Jean-Nicolas Royer, ex-maréchal des logis dans Royal-Cavalerie, à Mirecourt, et Augustin Sarrien, maréchal des logis au régiment d'Angoulême-dragons, à Épinal, furent nommés maréchaux des logis de la gendarmerie. Peu après, on apprenait que Lucot d'Hauterive, prévôt général de la maréchaussée à Châlons, qui venait de se signaler dans l'affaire des troubles de Troyes, était nommé colonel de la 18ᵉ légion de gendarmerie qui comprenait les Vosges, et Maillard de Landreville, lieutenant-colonel. On fixa ensuite la résidence du lieutenant-colonel à Épinal, celle des capitaines à Mirecourt et Saint-Dié.

Le moment était proche où la gendarmerie allait avoir à intervenir. Les troubles dits religieux commençaient à prendre un caractère plus marqué d'audace et de résistance. Le curé et le vicaire réfractaires de Rambervillers, Gérard et Banquel, étaient littéralement insurgés ; le maire Roussel les approuvait et tenait lui-même les propos les plus inconstitutionnels en pleine assemblée municipale. Forts de cet appui, Gérard et Banquel ne ménageaient plus rien. Ils trouvaient dans les bénédictines à la fois un auditoire et un instrument docile ; ils officiaient dans leur chapelle restée ouverte. Cet état de choses ne pouvait durer. Le 14 mai, le directoire dénonçait au tribunal du district de Rambervillers les abbés Gérard et Banquel, et déléguait deux de ses membres, Jacques Perrin et Dieudonné, pour diriger une enquête et statuer sur la conduite du maire. Les deux commissaires suspendirent Roussel de ses fonctions et le dénoncèrent aussi au tribunal du district.

Mais coupable ou non, les habitants se mirent de son parti ; le 17 juin, huit délégués du conseil de la commune de Rambervillers, conduits par Pierre Choserot, procureur de la commune, vinrent devant le directoire plaider en faveur du maire Roussel et réclamèrent sa réintégration. Le directoire, devant cette sommation, refusa de délibérer, jusqu'à ce que Roussel eût adressé « l'expression de ses sentiments de patriotisme et d'attachement à la Révolution ». Deux jours après, le 19, Roussel, accouru à Épinal, comparaissait en personne devant le directoire. Il désavouait avec énergie la plupart des faits qui lui étaient imputés. Il ne cacha pas toutefois son peu de goût pour la constitution civile du clergé, mais en attestant son profond dévouement à la Constitution du royaume. Le directoire parut se contenter de cette déclaration ; il réintégra Roussel dans ses fonctions de maire et rapporta la délibération qui portait plainte contre lui devant le tribunal.

Dans le même district, au même moment, Fourrard, vicaire de Badménil, attira l'attention. Ce prêtre, qui demeurait aux Verrières-d'Onzaine, abusait de ses fonctions ; il ne cessait de tenir les propos les moins civiques, et le 15 mai, il avait lu en chaire un prétendu bref du pape excommuniant les prêtres obéissants à la loi. Le directoire pria le curé de Moyemont de remplacer d'urgence ce trop ardent vicaire qui fut, en outre, déféré au tribunal de Rambervillers.

Puis ce fut Monthureux-sur-Saône, inondé d'écrits incendiaires, aussi religieux qu'inciviques, et en butte aux prédications et aux manœuvres les plus violentes. La municipalité de Monthureux fut très ferme : elle prit sans hésiter les mesures nécessaires pour « arrêter les progrès du désordre que les détracteurs de la Constitution tentent de causer sous le masque de la religion ».

Grâce à sa vigilance, ceux qui ne craignaient pas d'exciter le peuple à la révolte furent réduits à l'impuissance. Elle fit en outre saisir et brûler sur la place publique, par le sergent de la ville, tous les exemplaires que l'on put saisir des brochures inciviques. Quand tout fut terminé, le 28 mai, elle informa le directoire qui ne put qu'approuver les mesures prises avec tant de résolution par la municipalité de Monthureux.

On dut faire défense aux capucins de Saint-Dié d'admettre chez eux des prêtres réfractaires.

A Châtel, l'ex-supérieur des capucins, le frère Pierre, demeuré gardien du couvent, se livrait, lui aussi, à de vives manifestations. Lors de la procession de la Fête-Dieu, notamment, il avait voulu la recevoir à la chapelle afin de bien établir que rien n'était changé. Le 4 juillet, on admonesta le frère Pierre et on lui rappela que toute manifestation lui était interdite. Il se tint dès lors plus tranquille.

Au milieu de ces résistances, le moment était bien choisi, en vérité, pour parler de paix et de concorde ! Le remuant d'Herbel le fit cependant dans un long discours au directoire, où il formula la proposition de célébrer une fête de la régénération pour les prêtres-citoyens. Le commandant d'Herbel n'en parlait pas moins des périls que l'on courait. Le 24 mai, le directoire décida qu'on examinerait sa pétition. Mais on n'en entendit plus parler; elle disparut, comme bien d'autres choses, dans le tumulte des événements.

Une autre conséquence de cette agitation fut le commencement de scission qui s'opéra parmi les membres de l'administration, jusqu'alors animés, en apparence, du même esprit. L'ancien lieutenant-général du bailliage de Bruyères, Gusman, qui avait réussi à se faire nommer membre du conseil général du département et juge du district, se fit alors remarquer en prenant ardemment fait et cause pour les prêtres réfractaires. Son zèle l'entraîna si loin qu'on dut le dénoncer aux autorités. Le directoire refusa alors (31 mai) d'ordonnancer son traitement de juge jusqu'à ce que les faits qu'on lui reprochait eussent été vérifiés. Son influence était encore si considérable que, soit terreur, soit autrement, il obtint de Claudel, receveur du district de Bruyères, le paiement de son traitement. Le directoire, aussitôt qu'il en fut averti, demanda des explications à Claudel qui répondit (10 juillet) qu'il avait reçu du district l'ordre de payer Gusman. Sa responsabilité était donc à couvert.

Mais il était visible que désormais ceux qui avaient adopté la Révolution, allaient se diviser en deux camps bien tranchés : ceux qui voulaient en poursuivre toutes les conséquences et ceux qui prétendaient, au contraire, en ralentir la marche.

On en était là et les passions soulevées par la constitution civile du clergé paraissaient s'apaiser, quand soudain elles furent réveillées par un dramatique incident. Le 23 juin au matin, le bruit de l'enlèvement du roi se répandit tout à coup à Épinal, et y causa la plus grande sensation. Le tribunal décida qu'il siégerait en permanence jusqu'à ce qu'il eût reçu des nouvelles plus précises. A 11 heures du matin, on reçut les deux décrets de l'Assemblée nationale relatifs à la fuite[1] du roi dont la

---

[1] Le roi s'était enfui le 19 juin 1791 ; il fut arrêté à Varennes, en Argonne, le 22 juin.

nouvelle était ainsi confirmée. Le maire d'Épinal et les administrateurs du district furent aussitôt convoqués, et en raison de la gravité des circonstances, ils furent admis à la séance du directoire. Ils siégèrent sans désemparer, recevant de temps à autre quelques dépêches. Déjà l'on effaçait partout les mots « roi » et « royal ». Enfin, à 9 heures du soir, un courrier extraordinaire envoyé par le directoire de la Meurthe, apporta la nouvelle que la famille royale avait été arrêtée à Varennes. Malgré l'heure tardive, cette nouvelle fut aussitôt annoncée au son des cloches de la paroisse et la municipalité improvisa une illumination des rues de la ville.

A Saint-Dié, l'émotion fut plus vive encore. La municipalité fut prévenue le 23 de l'évasion du roi par une lettre du maire de Raon-l'Étape que Lionnais, le maître de poste, avait apportée à franc-étrier ; c'était lui qui, à Baccarat, avait appris la nouvelle. On décida d'envoyer trois courriers pour annoncer à toutes les municipalités « cette lâche et perfide évasion » et les inviter à prendre toutes les mesures nécessitées par les circonstances. Le soir, Ribeaucourt, officier de la garde nationale [1], envoyé à Lunéville, revenait annoncer l'arrestation du roi à Varennes. Cette nouvelle fut accueillie par les plus vifs transports de joie. Le conseil général de la commune fit partir de nouveaux courriers pour propager la nouvelle ; il adressa ses félicitations à Drouet, à Sausse, aux habitants de Varennes. Puis, par son ordre, un *Te Deum* fut chanté à la cathédrale, au son de toutes les cloches et au milieu d'une illumination générale de toute la ville.

---

[1] Nous verrons sa fin tragique dans l'émeute de septembre 1793.

Cette joie, dit le procès-verbal officiel, « témoigne des dispositions fermes et courageuses où sont les Français des montagnes des Vosges de défendre jusqu'à la mort leur liberté et les travaux de l'auguste Assemblée ».

La situation devenait grave et l'on sentait que de tous côtés des complications allaient surgir. Dès le 3 mai, le département était informé que M. de Bouillé[1] était nommé commandant en chef des troupes réunies dans les Vosges, les Ardennes, la Marne, la Meuse, la Meurthe et la Moselle. Cette concentration de forces avait sans doute pour but de favoriser la fuite du roi, déjà résolue à cette époque. Mais elle visait également les éventualités extérieures que chacun sentait sur le point de se produire. Les maréchaux de camp de Chamborant, de Grandprey, de Falkenheim, de Planta, de Neymant, de Klinglin, d'Hoffelize, de Frimont et de Franc étaient placés sous les ordres de Bouillé ; de Franc plus spécialement pour les Vosges.

Le 23 mai, le directoire recevait enfin de l'arsenal de Strasbourg, 51 caisses pleines de fusils qui furent déposées dans la cour du collège ; elles contenaient 1,683 fusils, chiffre bien faible, mais enfin c'était un commencement. La garde nationale de Rambervillers n'ayant que 16 fusils, on lui expédia aussitôt trois caisses

---

[1] Bouillé (François-Claude-Amour, marquis de), né au château de Clusel, en Auvergne, en 1739 ; lieutenant-général, il fut gouverneur de la Guadeloupe, fit la guerre d'Amérique, devint gouverneur des Trois-Évêchés, de l'Alsace et de la Franche-Comté, puis général en chef de l'armée de la Meuse-Sarre-et-Moselle. Il réprima l'insurrection des Suisses à Nancy (1790), et prépara en 1791 la fuite du roi, qui échoua à Varennes, en Argonne ; émigré à ce moment, il mourut à Londres en 1800.

contenant chacune 33 fusils avec baïonnettes ; le reste fut réservé pour en opérer la répartition entre les districts.

Le 5 juin, les gardes nationales de Bruyères et d'Épinal demandaient à envoyer des détachements pour défendre l'Alsace. C'était trop tôt ; on ne put que leur voter des éloges pour leur civisme et transmettre copie de leur offre aux départements du Haut et du Bas-Rhin.

Le 20 juin, on distribuait 491 fusils ; le 26, au lendemain de l'arrestation du roi, on désignait parmi les membres du conseil général les commissaires qui devaient recevoir l'enrôlement des gardes nationaux volontaires.

Le 14 juillet, les députations des gardes nationales se réunissaient à Épinal, sous la présidence de d'Herbel, pour renouveler le serment fédératif ; elles défilèrent et discoururent devant le directoire, où Rapin et Poullain-Grandprey les haranguèrent. Mais comme on était loin déjà de l'ardeur si pure et si généreuse qui marquait ce même jour, un an auparavant !

Le 7 juillet, la ville de Saint-Dié avait, elle aussi, renouvelé le serment d'union. On avait dressé au Parc un autel de la patrie ; à midi, l'évêque Maudru avait officié en présence des gardes nationales fédérées. Mais chacun sentait bien qu'on était à la veille des plus grands dangers et les cœurs ne cherchaient plus autant à fraterniser.

L'Assemblée nationale en jugeait ainsi, car elle avait envoyé en mission trois de ses membres, Custine[1],

---

[1] Custine (Adam-Philippe, comte de) était né à Metz le 4 février 1740. Il avait combattu sous les ordres du maréchal de Saxe, et avait été successivement colonel d'infanterie et colonel d'un régi-

Chasset[1] et Régnier[2], pour inspecter les frontières de l'Est, recevoir le serment des troupes et rendre compte de ce qu'ils auraient observé. Ces trois commissaires arrivèrent dans la soirée du 23 juillet 1791 à Épinal, où ils descendirent à l'hôtellerie du Lion d'Or. Le 24, à 9 heures et demie du matin, ils informaient, par lettre, le directoire de leur présence et le priaient de convoquer pour 11 heures le directoire du district et la municipalité. Les membres du directoire s'empressèrent d'aller

---

ment de dragons, avec lequel il fit la guerre d'Amérique. Devenu lieutenant-général, il fut élu député de la noblesse du bailliage de Metz aux États généraux. Dans l'Assemblée constituante, il se rangea de suite du côté de la Révolution. Général en chef de l'armée du Rhin, puis de celle du Nord, il fut traduit devant le tribunal révolutionnaire pour ses défaites, et fut guillotiné à Paris le 28 août 1793.

[1] Chasset (Charles-Antoine) était né à Villefranche (Rhône) le 25 mai 1745, et y exerçait la profession d'avocat ; député de la sénéchaussée de Beaujolais aux États généraux, il fut maire de Villefranche en 1790, et après la session, juge au tribunal de cassation. Élu député à la Convention, il y marqua peu, et siégea ensuite au Conseil des Cinq-Cents et à celui des Anciens ; il fut aussi chef de division au ministère de l'intérieur. Bonaparte le fit sénateur en décembre 1799, et le créa comte en 1808 et commandeur de la Légion d'honneur. Banni comme régicide en 1816, il se réfugia en Belgique et y mourut en 1830.

[2] Régnier (Claude-Ambroise), né à Blâmont (Meurthe), le 6 avril 1736, était avocat à Nancy, lorsqu'il fut élu député du tiers-état aux États généraux. Après la session de la Constituante, il rentra dans la vie privée et n'en sortit qu'en 1798 pour être député de la Meurthe au Conseil des Anciens. Approbateur du 18 brumaire, il fut nommé, le 17 décembre 1799, conseiller d'État, et devint en 1802 grand-juge, ministre de la justice et de la police. Grand-croix de la Légion d'honneur en 1805, il fut créé duc de Massa le 15 août 1809. Il quitta le ministère de la justice pour devenir, le 19 novembre 1813, ministre d'État et président du Corps législatif, bien qu'il ne fût pas député. Dépossédé de cette fonction quelques mois plus tard, par la chute de Bonaparte, il mourut de chagrin à Paris le 24 juin 1814.

présenter aux commissaires « l'hommage de leur respect », et, à 11 heures, commençait une séance extraordinaire où assistaient toutes les autorités. Les commissaires refusèrent les places d'honneur qu'on leur avait destinées et s'assirent parmi les administrateurs. Le président leur fit alors un compte rendu succinct de la situation du département. Il insista surtout sur ce fait que, depuis huit mois, il n'y avait plus de troupes de ligne dans le département. La tranquillité publique n'a pas souffert, ajouta-t-il; tous les réfractaires sont remplacés; toutes les maisons religieuses évacuées; on ne s'occupe que de combattre les ennemis de la patrie. Le département des Vosges compte autant de défenseurs que de citoyens, mais il ne possède que 2,000 fusils, point de fournimens ni de munitions. Custine, Chasset et Régnier furent très satisfaits de cet exposé; ils félicitèrent le directoire de la régularité avec laquelle tous les changements s'étaient accomplis et ils levèrent la séance. Le lendemain, ils avaient quitté Épinal. Le 31 juillet, Chasset rendait compte à la tribune de l'Assemblée de leur mission et constatait que « l'esprit public a fait les plus grands progrès » dans les Vosges. On se plaint un peu des prêtres réfractaires, mais les mesures sont prises pour qu'ils ne soient pas nuisibles. Les gardes nationaux y sont très vigoureux et très bien exercés. « On a remarqué que les montagnes sont les champs les plus propres à la culture de la liberté; aussi est-elle avancée dans les Vosges à un degré éminent..... Tous sont animés des mêmes sentiments. L'ordre, la tranquillité, l'union y règnent également et nous jouissons d'une bien douce satisfaction en vous laissant dans les idées de paix et de bonheur qui semblent former l'apanage de ce pays. »

Leur visite eut pour résultat des modifications dans le commandement et l'emplacement des troupes. Le vieux lieutenant-général Wittinghoff[1] fut nommé commandant de la 4ᵉ division militaire et des troupes de ligne réparties dans la Meurthe et dans les Vosges, et on lui adjoignit les maréchaux de camp Defranc et Paignat, également âgés et fatigués, mais énergiques encore ; le 19 août, il venait saluer le directoire et faire enregistrer ses pouvoirs. D'assez grands changements de garnison eurent lieu ; le 6ᵉ bataillon de chasseurs à pied se rendit de Joinville dans le Bas-Rhin, en passant par Neufchâteau, Mirecourt, Charmes, Rambervillers et Saint-Dié; déjà auparavant, le 1ᵉʳ dragons avait traversé le département pour se rendre en Alsace, ainsi que deux escadrons du 13ᵉ dragons venant de Vézelise. Quelques jours après, les 8ᵉ et 96ᵉ régiments d'infanterie passèrent à Neufchâteau et à Lamarche.

Les difficultés intérieures venaient encore se greffer sur le péril étranger, malgré l'appréciation trop flatteuse du directoire, et l'on devait veiller autant aux manœuvres des ennemis intérieurs qu'à celles du dehors.

---

[1] Wittinghoff ou Vietinghoff (Georges-Michel, baron de) était né à Frauenbourg, en Courlande, le 22 juin 1722. Officier au service de la Pologne et de la Russie, il passa en 1744 au service de la France comme capitaine-aide de camp du maréchal de Lowendal, puis du fameux maréchal de Saxe. Colonel en 1757, brigadier d'infanterie en 1768, maréchal de camp en 1780, il commanda dans le Haut-Rhin en mars 1791, fut nommé lieutenant-général le 20 mai 1791, et au commandement de la 4ᵉ division militaire à Metz ; puis à Paris, au commandement de la 17ᵉ division, le 16 mars 1792. Suspendu le 1ᵉʳ juin 1793 par le Comité de salut public, il fut retraité comme général de division en 1795.

On apprenait, le 24 juillet, le jour même où les commissaires de l'Assemblée nationale étaient à Épinal, qu'une fabrique de faux assignats fonctionnait à Remiremont. Un architecte nommé Jean-Claude Daval, aidé par l'imprimeur Pierre-Nicolas Bugeard qui était allé acheter des caractères en Suisse, un graveur de Nancy, et Duroc, fabricant de papier à Plombières, l'avaient organisée. On décréta d'arrestation Daval et Bugeard, puis, après une minutieuse perquisition chez eux, on y mit les scellés. Pour Duroc, qui était en même temps secrétaire-greffier de la municipalité de Plombières, il fallait agir avec plus de ménagements, mais on mit néanmoins ses papiers sous scellés et on pria le maire de Nancy de perquisitionner, rue de l'Esplanade, 48, chez le graveur complice des faussaires de Remiremont. Trois jours après, on acquérait la preuve de la culpabilité de Bugeard et de Daval et on les déférait au tribunal du district de Remiremont.

Poullain-Grandprey signalait Châtel, le 26 juillet, comme le refuge et le point de ralliement des prêtres réfractaires, et demandait qu'on y mit un terme. Le curé constitutionnel de Châtel était un homme prudent et modéré, mais l'ancien curé, Antoine Simon, était loin d'avoir ces deux qualités, et plus son successeur se montrait conciliant, plus il s'enhardissait. Enfin, à force de plaintes de la part des habitants, les capucins partirent. Mais l'ex-curé Simon resta, sous prétexte d'affaires à régler, et il continua comme avant à semer la discorde. Autour de lui se groupaient quelques habitants riches qui lui étaient dévoués, et par des largesses faites à propos, ils captaient peu à peu les citoyens. Le maire de Châtel fut menacé pour avoir voulu faire respecter la loi ; la garde nationale obéissait à l'ex-curé qui la réunissait sans ordre ; quant au curé constitutionnel, il était constamment insulté. C'était une situation intolérable. Le directoire commença par ordonner à l'ex-curé Simon de s'éloigner, dans les 24 heures, au moins à 5 lieues de la ville ; il lui fit défense d'entretenir des relations avec ses paroissiens, et enfin on mit les personnes en butte à des menaces sous la sauvegarde de la loi. Cette décision, à peine connue, provoqua une pétition des habitants de Châtel en faveur de l'ex-curé. Ils vinrent eux-mêmes l'apporter au directoire ; ils furent reçus, mais le directoire ne se laissa point intimider par cette démarche. Il refusa d'accueillir la pétition, « la présence de Simon étant d'autant plus dangereuse qu'il a moyen de se faire un parti parmi les citoyens les moins aisés, d'y entretenir le fanatisme et la fermentation qu'on ne peut trop éviter. » On ne pouvait mieux dire et mieux agir.

Quelques jours après, c'est le maire et le procureur de la commune de Lemmecourt qui étaient mandés devant le directoire afin d'expliquer pourquoi ils faisaient construire leur église aux frais de la commune ; ils se défendirent comme ils purent, rejetant la faute sur quelques habitants qui avaient entraîné les autres. On annula leur délibération. Puis le maire et le procureur de la commune de Malaincourt vinrent solliciter le maintien de Colin, leur ancien vicaire, insermenté, qu'ils affirmaient être un bon pasteur. Ils se déclarèrent prêts pourtant à recevoir le vicaire constitutionnel, si Colin persistait à ne pas vouloir prêter serment. Malgré cette concession, le directoire désapprouva leur demande, déclara que leur incivisme ne pouvait être toléré plus longtemps, et leur enjoignit d'employer tous les moyens pour ramener leurs concitoyens au respect des lois, « attendu que l'incivisme des prêtres est encore plus dangereux quand ils ont d'ailleurs de bonnes qualités ».

On ne saurait trop admirer vraiment le bon sens, l'équité, la vigueur qui président à toutes ces délibérations du directoire sur des sujets si complexes et si délicats. Où donc les hommes qui le composaient avaient-ils fait leur apprentissage d'administrateur? Où puisaient-ils, sinon dans leur amour de la liberté, cette sûreté de vues et cette fermeté de main qui les caractérisent?

A côté de ces difficultés à résoudre, une autre commençait à poindre : la disette de numéraire venant après celle des grains. Dès le 4 août, on ordonnait la visite de toutes les caisses publiques pour y constater la quantité de numéraire qui s'y trouvait. De nombreuses pétitions n'en réclamaient pas moins de petits assignats et de la petite monnaie. Une deuxième visite dans les caisses, faite le 9 août, ne donna pas beaucoup plus de résultat. On autorisa les villes à émettre des bons de caisse [1] pour remplacer la monnaie, mais ce ne fut qu'un remède passager et anodin.

L'inquiétude générale commençait à se trahir partout et l'on sentait le besoin d'une virile direction.

L'Assemblée constituante avait accompli sa tâche et

---

[1] On peut voir, sous une vitrine, au musée d'Épinal, un certain nombre de ces bons de caisse, émis par les municipalités d'Épinal, Bruyères, etc.

allait arriver au terme de son mandat. D'autre part, les administrations de département et de district devaient être renouvelées par moitié. C'était l'occasion naturelle de confier à des mains plus fermes les fonctions législatives et administratives.

Les assemblées primaires, convoquées par arrêté du 7 juin, s'étaient réunies le 24 aux chefs-lieux de canton pour nommer les électeurs. On avait fixé à ce propos la valeur d'une journée de travail à 1 fr. dans les villes et à 16 sous dans les campagnes, pour déterminer les frais de déplacement à allouer aux électeurs.

Les électeurs, qui devaient d'abord se réunir le 4 juillet, ne le furent que le lundi 29 août. C'est encore dans l'église des Minimes, à Épinal, que se tint l'assemblée électorale, sous la présidence provisoire de François Sonrier, ex-notaire à Neuné, doyen d'âge, puis sous celle de Poullain-Grandprey, procureur-général-syndic, élu président ; mais il déclara, avant d'accepter, qu'il était résolu à ne pas être député et pria qu'on ne votât pas pour lui. Le secrétaire était l'immuable Denis, secrétaire général du département. Sur la proposition de l'évêque Maudru, électeur, on célébra, le 30, une messe du Saint-Esprit. Le même jour une députation d'électeurs assista à la distribution des prix du collège, puis les collégiens défilèrent devant l'assemblée électorale. On décida de nommer d'abord les députés. Ce premier jour, il y avait 426 votants et on ne put arriver à aucun résultat. Le 31 août, Joseph Mengin [1], vice-président du

---

[1] Mengin (Joseph) était né à Saint-Dié le 15 février 1750. Il était avocat et assesseur au bailliage et à la prévôté depuis août 1786. Maire de Saint-Dié le 8 février 1790, il quitta ce poste pour

directoire du district de Saint-Dié et ancien maire de la ville, fut élu député à l'Assemblée législative par 241 voix, et Nicolas-Thérèse Carant¹, procureur-syndic du district de Lamarche, par 225 voix. Le 1ᵉʳ septembre, Laurent-Yves-Antoine André, notaire au Thillot, administrateur du département, fut élu député par 339 voix, et Christophe Dieudonné, membre du directoire, par 240. Le 2 septembre, ce fut Antoine-François Delpierre², homme de loi à Valfroicourt, qui fut élu par 258 voix,

devenir administrateur, puis vice-président du district en juin 1790. Député à l'assemblée législative, il marqua peu, et à son retour fut procureur-syndic du district de Saint-Dié, novembre 1792.

Il fut membre de l'administration municipale du canton de Fraize en 1796, conseiller de préfecture des Vosges en mars 1800 ; il résigna bientôt ces fonctions et devint notaire à Fraize, du 9 décembre 1800 au 8 juillet 1803. Il est mort à Saint-Dié le 10 juin 1821. Son petit-fils a été longtemps percepteur à Fraize, jusqu'en 1880 ; son arrière-petit-fils est aujourd'hui notaire à Toul.

¹ Carant (Nicolas-Thérèse), né à Lamarche le 3 août 1751, était avocat et procureur du roi au bailliage de Bassigny, séant à Lamarche ; il devint maire de Lamarche le 10 février 1790, et quitta pour être procureur-syndic du district le 8 juin suivant. Député à l'Assemblée législative, il reprit à son retour son poste de procureur-syndic ; il fut révoqué et même emprisonné par le représentant Faure pour l'exagération de ses idées jacobines. Il devint, en 1793, président de l'administration municipale du canton, puis quitta le pays après le 18 brumaire. Conseiller référendaire de 2ᵉ classe à la Cour des comptes le 28 septembre 1807, il mourut à Paris le 18 décembre 1811.

² Delpierre jeune (Antoine-François), né à Valfroicourt le 3 février 1764, y exerçait la profession d'avocat, lorsqu'il fut élu député à l'Assemblée législative, où il se fit remarquer. Pendant les années terribles de la Révolution, on ne le vit point. Le Directoire en fit son commissaire près l'administration municipale de Valfroicourt en 1795. Député au Conseil des Cinq-Cents le 11 avril 1797, il approuva le coup d'État du 18 brumaire, et en fut récompensé par sa nomination comme membre du Tribunat le 25 décembre 1799. Conseiller-maître à la Cour des comptes, puis président de chambre le 28 septembre 1807, il fut créé baron de

et Joseph Marant[1], négociant à Bulgnéville, administrateur du district de Neufchâteau, par 226 voix.

Le 3 septembre, le nom de Donat Vosgien, maire d'Épinal, sortit de l'urne par 309 voix contre Lepaige; François de Neufchâteau[2] fut ensuite élu par 255 voix contre Balland. Jean-Baptiste-Marie-François Bresson[3], administrateur du district de Darney, fut élu premier suppléant par 180 voix. Le 4 septembre, on nomma les deux autres suppléants, Joseph Braux, procureur-syndic du district de Rambervillers, par 289 voix, et Charles André Balland[4], procureur-syndic du district de Bruyères, par 298 voix.

Ce qui distingue cette élection, c'est l'embarras des électeurs pour choisir parmi tous les hommes nouveaux qu'aucun service exceptionnel ne désignait alors plus particulièrement à leurs suffrages. On sait que l'Assemblée constituante avait décidé qu'aucun de ses membres

l'Empire en 1813, et officier de la Légion d'honneur en 1808. Il conserva ses fonctions sous la Restauration, et donna sa démission en août 1829. Il se retira alors à Valfroicourt, où il vécut encore de longues années, siégeant au conseil des Vosges jusqu'en 1848. Il mourut à Valfroicourt, âgé de 90 ans, le 8 mai 1854.

[1] Marant (Joseph), né à Bulgnéville le 17 juin 1755, y était négociant, et en devint officier municipal en février 1790. Il fut élu, en juin 1790, administrateur du district de Neufchâteau, puis député à l'Assemblée législative. Lorsqu'il revint, il n'exerça plus de fonctions publiques pendant la Révolution. Un peu plus tard, il devint maire de Bulgnéville, et le resta presque jusqu'à sa mort; il fut, à ce titre, décoré de la Légion d'honneur. Il était aussi conseiller général des Vosges, et le resta jusqu'en 1842, où il se retira à cause de son grand âge. Il mourut peu après, à Bulgnéville, le 2 janvier 1843, à 88 ans.

[2] Voir la *Notice sur les Conventionnels*, à la fin du volume, et celle sur François de Neufchâteau.

[3] Idem.

[4] Ibidem.

n'était rééligible. Aussi fallut-il chercher un peu au hasard, et tous les députés des Vosges à l'Assemblée législative furent-ils élus après deux et parfois trois tours de scrutin. On peut y remarquer aussi une marche en avant, plus ou moins volontaire, de l'opinion. Il est bien certain que si Vosgien, André, Mengin, Delpierre et même Dieudonné ne représentaient pas une nuance plus accentuée que leurs prédécesseurs de la Constituante, il n'en était pas de même de François de Neufchâteau, de Marant, surtout de Carant, qui appartenaient résolument au parti de l'action. Les suppléants étaient également des partisans sans réserve du nouvel ordre de choses.

Quant aux constituants, on n'entendit plus parler des deux députés du clergé, Galland et Godefroy, ni de Toustain de Virey. L'a tre député de la noblesse, Menonville, fut emprisonné pendant la Terreur. Des quatre députés du tiers-état, Chantaire et Petit-Mengin furent élus, le 4 septembre 1791, hauts-jurés du département par 209 et 270 voix. Fricot avait été élu auparavant juge au tribunal du district de Remiremont et allait devenir administrateur du département; Cherrier était président du tribunal de Neufchâteau; ils reparaîtront plus tard.

Le 5, Lepaige[1] fut élu président du tribunal criminel par 188 voix; et Fournier, accusateur public près le

---

[1] Lepaige (Joseph-Sébastien), seigneur de Dommartin-lès-Vallois, écuyer, était né à Darney le 15 avril 1747. Il fut élu commandant de la garde nationale en 1789, puis administrateur du département et vice-procureur-général-syndic. Président du tribunal criminel des Vosges le 5 septembre 1791, il fut révoqué par le représentant Faure en novembre 1793; Il fut élu député des Vosges au Conseil des Cinq-Cents le 11 octobre 1795. Il mourut à Darney le 4 février 1820.

même tribunal, par 189 voix ; Pottier, d'Harchéchamp, administrateur du département, fut élu par 250 voix, contre Gruyer de Remiremont, greffier du tribunal criminel.

On vota aussitôt après pour remplacer la moitié des membres du conseil général du département, sortis le 2 par la voie du sort. Ils étaient rééligibles, mais pour cette fois seulement. On vota pendant trois jours, jusqu'au 7 septembre. Voici les nouveaux administrateurs du département qui furent élus ou réélus.

	Voix
Jaussaud (François-Alexandre), homme de loi à Blevaincourt.	273
Petit (Jean-Baptiste), homme de loi à Mont.	273
Deguerre (Antoine), administrateur sortant.	321
Collenne (Dominique), administrateur sortant.	319
Tanant (Joseph), officier municipal et notaire à Châtel.	330
Benoist (Pierre-François), juge de paix à Rambervillers.	329
Perrin (Jean-Baptiste), homme de loi à Épinal.	286
Haustête (Jean-Pierre), administrateur sortant.	212
Claudel (Antoine-Benoit), procureur de la commune de Gérardmer, cultivateur et marchand.	297
Rapin (Claude-François), administrateur sortant.	302
Rivot (Nicolas), cultivateur à Rehaupal.	293
Collin (Claude-Nicolas), administrateur sortant.	279
Clément (Jean-Claude), homme de loi à Frébécourt.	210
Dubois (Dieudonné)[1], juge de paix à Saint-Dié, ancien maire de la ville.	210

---

[1] Dubois (Dieudonné) naquit à Saint-Dié, le 20 novembre 1759, fils d'un pauvre tanneur chargé d'une nombreuse famille. Un de ses frères, l'aîné, fut curé à Gérardmer. Il fut d'abord homme de loi ou avocat à Saint-Dié, puis fut élu procureur de la commune le 8 février 1790. Maire de Saint-Dié le 24 juin 1790, il quitta

Fricot (François-Firmin), député à l'Assemblée constituante, juge au tribunal du district de Remiremont. 130

Hamart (Jean-Baptiste-Pierre), homme de loi à Darney, administrateur du district. 100

Delpierre (Charles-François)¹, homme de loi à Mirecourt. 74

Fleurant (François), administrateur sortant. 69

Le 2 septembre 1791, le conseil général était réuni ; beaucoup de citoyens, les portes étant restées ouvertes, assistèrent à cette séance où l'on renouvela par moitié le directoire du département. Dieudonné, nommé député, se retirait et Collard, donnant sa démission, il n'y avait à tirer au sort que deux administrateurs comme devant sortir du directoire : Rapin et Deguerre furent désignés.

En même temps, on décidait que Gusman ayant refusé de voter pour le remplacement des prêtres réfrac-

---

bientôt cette fonction pour devenir, en octobre 1790, juge de paix de la ville. Élu administrateur du département le 7 septembre 1791, il devint, en décembre, vice-procureur-général-syndic, puis procureur-général-syndic, quelques jours avant la suppression de cette fonction, en décembre 1793. Il resta administrateur du département et présida le club des Jacobins d'Épinal. Membre du Conseil des Cinq-Cents le 11 octobre 1795, il fut nommé, à sa sortie, commissaire de la trésorerie. C'est là que Bonaparte alla le prendre, après le 18 brumaire, et le fit en même temps membre du Tribunat et conseiller d'État (section des finances), 24 décembre 1799. Peu après, il le nomma préfet de la Gironde, mais la santé de Dubois était ébranlée, il dut résigner ce poste et revint mourir à Saint-Dié le 13 mai 1804.

¹ Delpierre (Charles-François), né à Valfroicourt en 1759, frère d'Antoine et de Nicolas, qui furent tous deux députés, s'était fixé à Mirecourt comme homme de loi. Administrateur du département en 1791, il fut plus tard accusateur public près le tribunal criminel. Conseiller de préfecture des Vosges en mars 1800, il succéda à son frère Nicolas comme président du tribunal civil de Mirecourt en 1813. Il mourut à Mirecourt le 13 juillet 1840.

taires, était déchu de sa qualité de membre du conseil général. Le sort indiquait Bastien, Drouot, Nicoles, Rivot, Collenne, Collin, François de Neufchâteau, Jacques Perrin, Fleurant, Haustête, Gerbault et Malhorty comme sortant du conseil général. Les élections du 6, comme nous l'avons vu, comblèrent ces vacances et l'administration du département ainsi renouvelée put continuer ses travaux.

CHAPITRE VI

Les premiers bataillons de volontaires : Haxo. — Les généraux de Franc et Paignat. — La Constitution de 1791 ; fête à Épinal. — Trois Vosgiens soldats de la garde constitutionnelle de Louis XVI. — Difficultés à propos de la cession de Passavant. — Comptes des dépenses du département. — Les émigrés. — Troubles à Châtel et en divers endroits. — Déclaration de guerre. — La patrie en danger. — Perrin, président du département. — Session extraordinaire du conseil général. — Achat d'armes et de munitions ; dons patriotiques ; engagements volontaires. — Renouvellement du serment civique par la légion de Bruyères et celle de Saint-Dié. — Adresse sévère au roi. — Préparatifs de guerre ; nominations de commissaires pour l'organisation de nouveaux bataillons.

La Constitution n'était pas terminée qu'elle était déjà attaquée au dehors, minée au dedans, et le temps n'était pas éloigné où il la faudrait défendre les armes à la main. On ne pouvait plus se dissimuler que la guerre était proche et l'Assemblée nationale en était si parfaitement convaincue que, par sa loi du 9 juillet 1791, elle appelait à l'activité 97,000 hommes de gardes nationales. Les Vosges avec le Doubs, la Haute-Saône, le Jura et l'Ain formant la quatrième région, devaient en fournir 10,000.

On a vu quel élan patriotique avait animé déjà plusieurs districts du département. Le moment était venu de régulariser ces efforts et de les susciter là où ils ne s'étaient pas produits spontanément. Le 14 août, le directoire recevait une lettre du ministre de la guerre prescrivant la formation immédiate de quatre bataillons de volontaires. L'œuvre était plus d'à moitié faite. Depuis le 26 juin, des commissaires avaient recueilli dans chaque district les enrôlements volontaires, et leur nombre était des plus considérables. Il ne restait plus qu'à répartir en quatre groupes cette vaillante jeunesse accourue avec tant d'ardeur et à l'organiser militairement. On s'entendit là-dessus avec le général Wittinghoff, et, le 23 août, l'ordre fut donné aux volontaires des districts d'Épinal et de Remiremont de se réunir le 28 août à Épinal; à ceux de Mirecourt et de Darney, le même jour à Mirecourt; à ceux de Neufchâteau et de Lamarche, le 30 à Neufchâteau; à ceux de Bruyères, de Rambervillers et de Saint-Dié, à cette même date, à Rambervillers.

Le 28, fort exactement, les jeunes volontaires qui devaient se réunir à Épinal étaient au rendez-vous. Mais rien n'était prêt pour les recevoir, ni vivres, ni logements. Ces malheureux, la plupart sans ressources, erraient dans les rues, mourant de faim. Plusieurs se retirèrent; d'autres menacèrent de les suivre. Enfin, le directoire leur fit distribuer 1,000 livres en petits assignats par les soins du procureur de la commune et ce premier instant de désarroi n'eut pas de graves conséquences. Le commissaire des guerres Leguay-Villiers, qui avait déjà donné lieu à de nombres plaintes [1], n'en fut pas moins arrêté par ordre de la municipalité d'Épinal, et le 19 septembre, Wittinghoff le remplaçait par le commissaire des guerres Futaine pour présider à la formation des 4 bataillons.

---

[1] Le 22 juin 1791, Poullain-Grandprey le signalait au ministre de la guerre comme s'étant rebellé contre les collecteurs de la contribution patriotique. Le ministre du Portail répondit, le 3 juillet, que sa conduite était très répréhensible, qu'il aurait dû donner l'exemple, mais comme ce n'était pas une affaire de service, il ne pouvait sévir, et laissait au département le soin de le contraindre à payer ses contributions avec une amende en sus.

Le bataillon qui se forma à Épinal et qui porta par la suite le n° 2, choisit pour chef ou lieutenant-colonel en premier, Silvestre Lebon, directeur de la faïencerie d'Épinal, qui démissionna bientôt et fut remplacé par son adjudant-major Alba.

Le bataillon formé à Rambervillers, devenu plus tard 3ᵉ bataillon des Vosges, élut pour lieutenant-colonel en premier une des plus pures gloires militaires et civiques de la Révolution, Nicolas Haxo[1], administrateur du département, que nous avons déjà vu commandant de la garde nationale de Saint-Dié et major général des gardes nationales des Vosges à la fédération du 7 mars 1790. Haxo était un ancien fourrier du régiment de Touraine-infanterie, qui, retiré du service, avait été nommé conseiller au bailliage de Saint-Dié, dont son frère aîné était le prévôt. Il avait alors 42 ans; mais ses longs et précoces cheveux blancs le faisaient paraître

---

[1] Haxo (Nicolas) était né à Étival, où son père était tabellion, le 7 juin 1749; soldat au régiment de Touraine-infanterie, de 1768 à 1777, il était devenu, à sa libération du service militaire, conseiller au bailliage de Saint-Dié. Lieutenant-colonel du 3ᵉ bataillon de volontaires le 29 août 1791, il devint colonel adjudant-général au siège de Mayence, le 29 juin 1793, général de brigade le 17 août 1793; passa à l'armée de l'Ouest, où il se distingua au combat de Cholet, et devint général de division. Il enleva l'île de Noirmoutiers aux bandes de Charette et fut tué au bourg des Clouzeaux (Vendée), luttant seul, quoique blessé, contre dix brigands en poursuivant ce chef, ou se suicida, dit-on, pour ne pas être fait prisonnier et tomber vivant entre les mains des Vendéens, le 20 mars 1794. La Convention lui décerna les honneurs du Panthéon. Les Vosges moins reconnaissantes envers ce héros républicain, n'ont pas encore élevé de statue à l'un de leurs plus illustres enfants. Cette statue ferait pourtant bien sur une des places de Saint-Dié!

L'illustre général du génie Haxo, né à Lunéville en 1774, mort à Paris en 1838, était le neveu du général Haxo.

beaucoup plus âgé. C'était un grand et beau vieillard de 5 pieds 10 pouces, à la mine martiale, qui avait de suite conquis tous les suffrages et devait prouver par sa mort héroïque qu'il en était digne.

On lui donna pour lieutenant-colonel en deuxième, un vieil officier de gendarmerie, Dumas[1], couvert de cicatrices glorieuses, mais solide encore et qui devait, comme Haxo, mourir général sur le champ de bataille.

Le bataillon de Mirecourt-Darney fit un excellent choix en nommant lieutenant-colonel en premier Dussert, et lieutenant-colonel en deuxième Bercq[2], ancien militaire, brave et expérimenté, qui a laissé un certain renom. Ce bataillon ne devait pas fournir une longue carrière. Numéroté le 4e, il fut détruit ou pris presque en entier, lors de la retraite de Custine dans le Palatinat, aux portes de Francfort, en mars 1793. Un de ses capitaines de compagnie était Marion, ancien soldat d'infanterie, qui devait mourir général dans la campagne de Russie.

[1] Dumas (Jean-Louis) était né en 1727, et avait servi d'abord aux chevau-légers d'Artois de 1745 à 1763, d'où il était passé dans la gendarmerie ; il se retira du service en 1782. Il fut tué à la tête du 3e bataillon des Vosges, au combat de Clisson, le 22 septembre 1793. La Convention apprenant sa fin héroïque, décida qu'il serait porté mort comme général de brigade (29 octobre 1793).

[2] Bercq (Nicolas) était né à Montmédy (Meuse) le 1er mai 1734, et non pas à Dompaire, comme on le croit généralement. Sa famille était originaire de Frénois, près Mirecourt. Soldat dans Champagne-infanterie en 1750, il y devint lieutenant en 1788, capitaine, chevalier de Saint-Louis et se retira, en mars 1789, à Mirecourt où il fit partie de la garde nationale. Fait prisonnier avec le 4e bataillon des Vosges en mars 1793, il fut échangé en août et passa chef de bataillon à la 15e demi-brigade bis d'infanterie légère ; retraité en 1794, il se retira à Poussay, où il mourut dans un âge avancé.

Enfin, le bataillon de Neufchâteau, à qui le sort donna ensuite le n° 1, élut pour chef un vieux soldat septuagénaire, d'origine allemande, un de ces mercenaires comme on en voyait tant alors dans l'armée, et qui ne pouvait montrer que bien peu d'activité, Hoffmann. Il eut plus tard comme adjudant-major, Léopold Bresson, qui devait finir dans la magistrature la plus élevée une vie toute de patriotisme. Un des capitaines de compagnie était Jean-Baptiste Drouot, ancien garde du corps, qui avait été élu, l'année précédente, au conseil général du département; un autre capitaine était Raoul[1] qui devint général.

Une fois ces quatre bataillons constitués, il restait encore des volontaires à incorporer; ils entrèrent dans la composition d'un nouveau bataillon dont Wittinghoff ordonna la formation, en y joignant une compagnie de volontaires qu'il avait en trop à Marsal.

Un cinquième bataillon s'organisa donc, le 28 novembre 1791, à Épinal, et prit pour lieutenant-colonel en premier le major de la garde nationale de Darney, Dubaud, vieil officier de fortune qui avait servi 43 ans dans la cavalerie et s'était retiré avec le grade de lieutenant et la croix de Saint-Louis; il eut pour lieutenant-colonel en deuxième, Barjonet, qui était capitaine depuis le mois d'août dans un des autres bataillons. Le 26 décembre, à Saint-Dié, dans la cathédrale, en présence

---

[1] Raoul (Charles François), né à Liffol-le-Grand, le 5 avril 1759, servit de 1776 à 1784 dans Bassigny-infanterie (34ᵉ de ligne); capitaine en 1791, lieutenant-colonel en second, puis en premier du 1ᵉʳ bataillon, il devint général de brigade en 1794 et combattit sur le Rhin, en Italie et aux Pyrénées. Retraité en 1813, il mourut à Neufchâteau le 15 juin 1824. Ses deux fils furent colonels l'un d'artillerie, l'autre de cuirassiers.

du maire et de l'évêque, avait lieu la bénédiction du drapeau et la prestation de serment du commandant Dubaud et des officiers.

Par les soins des maréchaux de camp Defranc[1], pour les bataillons d'Épinal et Saint-Dié, et Paignat[2] pour ceux de Neufchâteau et Mirecourt, les quatre premiers bataillons furent vite encadrés et organisés ; Wittinghoff leur avait donné pour adjudants le lieutenant de cavalerie de Chancel et le capitaine du génie de Foissac-Latour. Mais au bout d'un mois qu'ils furent réunis, des symptômes de désordre apparurent avec l'oisiveté. En outre, de mauvais citoyens ne craignaient pas de détourner de jeunes volontaires de leur devoir par les prédications les plus antipatriotiques. Le 27 septembre, le maréchal de camp Paignat signala au directoire la nécessité d'éloigner de Mirecourt le bataillon qui s'y était réuni, « à qui l'on soufflait de mauvais principes » ; il demandait avec instance que, dès le surlendemain, il fût dirigé sur Saint-Dié et remplacé par le bataillon organisé à Neufchâteau. Dans la crainte « de décourager les volontaires ou d'offenser leur délicatesse », le directoire

---

[1] Le chevalier de Franc d'Anglure (Jean-Louis), né à Nancy le 23 juin 1741, avait été officier de cavalerie et de gendarmerie, brigadier de dragons en 1780, maréchal de camp en 1784. Démissionnaire pour raisons de santé en juin 1792, il fut retraité en 1798 et mourut le 8 mai 1814.

[2] Paignat (Joseph) et non Paignant, comme on l'écrit constamment, était né à Ribeaucourt (Somme) le 6 novembre 1723. Soldat de gendarmerie en 1742, il y fit toute sa carrière, devint brigadier de cavalerie en 1781, et maréchal de camp en 1788 ; le 6 février 1792, il était nommé lieutenant-général à l'armée du Centre, mais il ne put rejoindre à cause de son âge et fut retraité en février 1794. Il est mort à Ligny (Meuse) le 9 mai 1807.

ne voulut pas adopter de suite la proposition de Paignat et il en référa au district de Mirecourt qui devait procéder d'urgence à la vérification des faits.

Mais avant que cette enquête fût terminée, on recevait des ordres du maréchal Luckner, confirmés par Wittinghoff, qui prescrivaient le départ des bataillons de volontaires pour l'Alsace. Le bataillon d'Épinal devait partir le 7 octobre pour être le 8 à Sainte-Marie-aux-Mines ; celui de Mirecourt devait, dès le 1ᵉʳ octobre, se diriger sur Phalsbourg, où il devait être suivi par celui de Neufchâteau ; quant à celui de Rambervillers-Saint-Dié, il devait précéder celui d'Épinal à Sainte-Marie-aux-Mines ; des ordres en conséquence furent donnés immédiatement et le directoire fit préparer les logements dans les étapes où devaient passer les bataillons, notamment à Charmes, Rambervillers et Mirecourt. Il informa en outre les volontaires qu'ils seraient armés aussitôt leur arrivée à Phalsbourg ou à Sainte-Marie-aux-Mines. Le bataillon d'Épinal, avant de partir, voulut défiler pour faire ses adieux, conduit par Lebon, devant le directoire, ce qui lui fut accordé ; mais les volontaires demandèrent 50 fusils pour faire la route ; ils s'engageaient à les renvoyer dès qu'ils auraient reçu leurs armes. On les leur accorda et on les autorisa à se faire faire un drapeau. Quelques jours après, le chef du bataillon de Mirecourt écrivit de Bouxwiller afin d'être autorisé à habiller et équiper son bataillon à Strasbourg, promettant de le faire le plus économiquement possible. Le bataillon d'Épinal fit mieux : arrivé à Molsheim, il chargea un de ses capitaines, Pellet, d'acheter à Marulaz, marchand de draps à Épinal, tout ce qui était nécessaire.

Au commencement de novembre, on décida que chaque bataillon de volontaires aurait un drapeau et l'on désigna les chirurgiens-majors qui devaient leur être attachés. Enfin, on compléta l'organisation en tirant au sort, le 7 novembre, les numéros sous lesquels les bataillons devraient être désormais désignés; le n° 1 échut, comme nous l'avons vu, au bataillon de Neufchâteau-Lamarche, qui se trouvait alors cantonné à Saverne; le n° 2 à celui d'Épinal-Remiremont, cantonné à Molsheim; le n° 3 à celui de Bruyères-Saint-Dié-Rambervillers, campé à Obernai; et le n° 4 au bataillon de Mirecourt-Darney, stationné à Bouxwiller.

La formation de ces bataillons, l'achat de leurs drapeaux, des cannes de tambours-majors, etc., coûta 5,669 livres 5 sous. En outre, pour l'habillement et l'équipement, on dépensa 48,392 livres 15 sous au 1er bataillon; 42,651 livres 9 sous 6 deniers au 2e; 30,131 livres 1 sou 9 deniers au 3e; 10,000 au 4e et 64,778 livres 13 sous 6 deniers au 5e; soit au total 201,623 livres 4 sous 9 deniers; somme considérable pour le département, qui devait encore là-dessus environ 20,000 livres à la fin de 1792, et surtout bien inégalement répartie entre les divers bataillons.

Ces bataillons montrèrent de suite beaucoup de discipline et une bonne tenue. Ainsi, la municipalité de Marlenheim écrivit au général Luckner pour se louer du bataillon des Vosges [1].

Il y eut toutefois quelques désordres à Bouxwiller

---

[1] Camille Rousset : *les Volontaires*, 1791-1794, ouvrage généralement peu favorable aux volontaires.

au 4ᵉ bataillon, où l'adjudant-général Poncet fut obligé de se rendre pour rétablir l'ordre, le 23 décembre 1791.

Des troubles eurent lieu également, le 28 août 1792, à Rosheim où la population, « très fanatique et même contre-révolutionnaire », dit une lettre de Fournier, malmena les volontaires de Neufchâteau et de Remiremont. Le bataillon de Saint-Dié, qui était à Molsheim, accourut à leur secours; les portes de la ville étaient fermées; on les fit ouvrir; la population entière avait fui dans les villages voisins où elle excitait les paysans armés à tomber sur les volontaires. Ces paysans, comme les habitants de toutes les petites villes d'Alsace, sauf Barr, « étaient entachés de l'aristocratie la plus horrible »; on les soupçonnait en outre d'entretenir des correspondances suspectes avec l'ennemi. Aussi la rixe de Rosheim prit-elle d'assez grandes proportions; le tocsin sonna; quelques engagements eurent lieu; 4 ou 5 volontaires y furent blessés. Heureusement, le 12ᵉ de ligne et Dauphin-cavalerie accoururent de Strasbourg et l'ordre fut rétabli. Le général menaça certaines communes d'Alsace de les traiter durement, si elles continuaient; elles ne bronchèrent plus.

Nous retrouverons les bataillons plus tard, lorsque la patrie en danger les renforcera par l'élite de la jeunesse vosgienne et que les 15 bataillons des Vosges déploieront aux armées les fortes qualités de leur race.

Au moment même où se créaient les premiers bataillons vosgiens, l'Assemblée constituante terminait ses travaux et cédait la place à l'Assemblée législative dont l'existence devait être si courte et si agitée. Au même instant aussi, la proclamation solennelle de la nouvelle

Constitution avait lieu par toute la France. C'est le 16 septembre que l'on reçut une lettre annonçant que le roi avait accepté la Constitution. Le directoire la lut avec des transports de joie et en donna aussitôt connaissance aux autres autorités. On fit sonner toutes les cloches et quand la population fut réunie, on lui annonça la nouvelle au bruit des salves d'artillerie. Le même soir, à 6 heures et demie, un *Te Deum* était chanté dans l'église paroissiale, avec la plus grande solennité, en action de grâces pour cet heureux événement. Le directoire y assista ainsi que les autorités ; le curé d'Épinal était environné de tout son clergé, pour donner plus de relief à la cérémonie. Une joie sans mélange régnait partout. Les déceptions ne devaient, hélas ! venir que trop tôt, mais alors tout le monde croyait la Révolution terminée par le vote de la Constitution et personne ne doutait qu'elle assurât le bonheur de tous les Français. Il en eût peut-être été ainsi, si elle avait été loyalement pratiquée !

On ne jugea pas que cette fête fût suffisante pour célébrer un pareil événement. Le dimanche 25 septembre, eut lieu la proclamation publique et solennelle de l'acte constitutionnel sur les places d'Épinal, en présence du directoire, de la municipalité et de toutes les autorités. Cette même proclamation eut lieu, le dimanche suivant, dans toutes les autres communes du département.

Le directoire se mit ensuite, sans perdre de temps, à l'expédition des affaires. Il se compléta en nommant Quinot, vice-président, à la place de Fournier. Puis il fallut poursuivre l'organisation du département encore incomplète et résoudre les difficultés qui naissaient à chaque instant. Maintenant que les volontaires étaient partis, il modifia et compléta le personnel de la gendarmerie. Le 30 octobre, une revue générale des gendarmes était passée à Épinal; ils y prêtèrent le serment civique. On fixa ensuite le nombre des notaires dans chaque ville : Épinal en eut 4 pour 6,535 habitants, que le chef-lieu comptait alors; Mirecourt 3 pour 5,563; Saint-Dié 3 pour 4,772; Bruyères 2 pour 2,076; Neufchâteau 3 pour 3,417; Remiremont 3 pour 3,800; Rambervillers 3 pour 4,220; Darney 2 pour 1,080, et Lamarche 2 pour 1,600 habitants. Les notaires devaient être nommés à la suite d'un concours présidé par Hugo et Benoist. On nomma aussi les inspecteurs et visiteurs des rôles des contributions : Thiébault fut inspecteur général et Colleson, visiteur principal.

Trois juges des tribunaux de district devaient être nommés tous les trois mois par le directoire comme juges au tribunal criminel; on désigna Jacques Perrin, Derazey et Thouvenot pour les trois premiers mois de 1792, Gérard, Grandjean et Martin pour le deuxième trimestre.

Le numéraire manquait toujours. Enfin, le 1er décembre, on reçut de Strasbourg trois caisses de monnaie renfermant 2,483 livres 10 sous [1]; on en fit la distribution entre les districts. Le 13 février suivant, on distribuait encore 480,000 livres en petits assignats, et le 17 avril, 25,931 livres 19 sous en monnaie de Strasbourg.

---

[1] Il manquait 16 livres sur la somme annoncée, et le transport coûta 75 livres.

Remiremont attirait toujours l'attention par la résistance sourde qu'elle apportait aux lois. Le 27 octobre on signalait que les sœurs hospitalières de Saint-Charles abusaient de leurs fonctions d'institutrices pour inspirer à leurs élèves la haine de la constitution civile du clergé; à l'hospice, elles refusaient d'appeler, au chevet des malades, les curés assermentés. On chargea le district de Remiremont de faire une enquête.

Quant au renouvellement des officiers municipaux de Remiremont, il fut renvoyé au 18 décembre.

La question de la garnison d'Épinal n'était toujours pas résolue depuis le départ, pour Huningue, des dragons d'Angoulême. Enfin, le 3 novembre, Wittinghoff offrit d'envoyer un régiment de chasseurs à cheval, mais à condition qu'on logerait en ville les soldats qui ne trouveraient pas de place dans les casernes. On y consentit. Le 12 décembre, on fut avisé de l'arrivée prochaine de deux escadrons du 13ᵉ dragons. Les casernes étaient alors occupées par le 5ᵉ bataillon des volontaires; il dut partir le 15 pour Rambervillers et le 16 il alla à Saint-Dié attendre sa destination; ce n'est que le 10 avril 1792 que Lafayette l'appela à Toul. Le 13ᵉ dragons était arrivé depuis quelques jours à peine, que Mirecourt se plaignit qu'on lui eût enlevé le détachement du 12ᵉ chasseurs qui y tenait garnison et qu'on avait rappelé à Lunéville; Mirecourt demandait pour le remplacer 100 hommes du 13ᵉ dragons; Épinal envoya 50 dragons.

Plus tard, au commencement d'avril 1792, le général Defrance envoya dans les Vosges le 23ᵉ cuirassiers (ancien Royal-Guyenne) qui était en garnison à Sarralbe;

deux escadrons devaient rester à Mirecourt, et le troisième à Charmes. Un mois n'était pas écoulé que les 13ᵉ dragons et 23ᵉ cuirassiers quittaient leur garnison pour aller à Nancy, entrer dans la composition de l'armée du Centre sous les ordres de Lafayette (1ᵉʳ mai 1792).

Le directoire eut ensuite à désigner au ministre de l'intérieur trois citoyens du département pour former la garde constitutionnelle du roi qu'on venait de créer. Il fallait des hommes de 20 à 30 ans, ayant déjà servi dans l'armée et « qui soient d'une taille et d'une figure distinguées ». Le choix du directoire se porta sur Désiré-Melchior Phulpin, de Saint-Dié, qui avait été soldat d'artillerie, Maurice Cabasse, garde national de Mirecourt, et Jean-Charles-Benoit Riondé, négociant, à Mirecourt. Phulpin n'ayant pas accepté, on nomma à sa place Louis Montpert, de Saint-Dié, jeune homme de 21 ans, remarquable par sa taille élevée.

Le transfert de la commune de Passavant au département de la Haute-Saône ne s'accomplissait pas sans tiraillements. Nous avons vu les réclamations réitérées de cette commune et le décret qui l'enlevait au département des Vosges. Quand on voulut, à la fin d'août 1791, exécuter ce décret, on se heurta à certaines difficultés. Tout d'abord le directoire des Vosges exigea que les contributions de Passavant échues antérieurement au décret de séparation fussent versées au département des Vosges. Puis la garde nationale de la Haute-Saône, qui n'avait pas attendu le décret pour occuper en armes Passavant et les côtes Saint-Antoine et de la Rochère, reçut l'ordre d'évacuer ces postes, ou sinon la garde nationale du district de Darney s'y porterait en force pour l'expulser.

Le directoire de la Haute-Saône persistant à ne rien céder, celui des Vosges décida, le 13 décembre 1791, que Passavant resterait aux Vosges jusqu'à ce que la Haute-Saône eût offert une compensation. Cette décision eut pour effet d'amener à Épinal, le 11 janvier 1792, Charles Rolin, premier officier municipal à Passavant, porteur d'une lettre de Villaume, procureur de la commune, qu'une maladie empêchait de venir lui-même. Cette lettre protestait contre l'intention prêtée aux habitants de Passavant de résister aux Vosges; expliquait que le district de Darney et celui de Jussey, ayant chacun de leur côté, réclamé les contributions, la commune de Passavant, fort embarrassée, avait dû faire trancher le différend par les deux départements, mais sans montrer aucun mauvais vouloir à l'égard des Vosges. Le directoire se déclara satisfait des explications de Villaume et de Rolin et la distraction de Passavant put enfin avoir lieu.

Tel était l'état de choses, lorsque le conseil général se réunit pour sa session ordinaire, le 15 novembre 1791, sous la présidence de Rapin, son doyen d'âge. Après l'élection d'Hamart, de Darney, nommé président par 14 voix, Fournier présenta le compte rendu du directoire. Il constatait avec plaisir que la récolte de 1791 avait été abondante, mais, malgré cela, la circulation des grains dans le département était loin d'être libre. A Mirecourt notamment, une grande partie des habitants était presque en insurrection pour s'opposer à l'enlèvement des grains et la gendarmerie avait été impuissante à disperser les attroupements et à favoriser le libre transport des grains. Nous n'avons pas eu de scènes sanglantes, ajoutait le compte rendu, mais il ne faut pas compter plus longtemps sur la tolérance ; il faut arrêter de suite l'effervescence. Le fanatisme pourrait « incendier d'autres villes sous un spécieux et perfide prétexte de religion ». Le compte rendu mentionnait aussi que le collège d'Épinal s'était trouvé, tout à coup, dépourvu d'instituteurs, la plupart ayant été nommés curés dans les paroisses où les anciens avaient refusé le serment. Un important rapport de Fricot proposait diverses économies sur les dépenses en réduisant le nombre des districts et des juges de paix.

Les 9 tribunaux de district coûtaient pour traitement.	102,600 fr.
Pour frais, location et entretien.	10,294
Les 68 juges de paix coûtaient	54,400
Les administrateurs, le procureur-général-syndic, le secrétaire général, etc.	57,600
Les frais de bureau de l'administration.	35,364
Les taxations allouées aux receveurs.	26,771
Les dépenses extraordinaires s'élevaient à.	8,550
Le fonds de réserve était de	6,800
Total.	302,379 fr.

Fricot proposait une économie de 131,492 fr. dont :

91,492 fr.	en supprimant quelques districts.
4,000	en diminuant la taxe des receveurs.
8,000	en ramenant à 58 le nombre des juges de paix.
6,000	par la réduction du nombre des commis.
2,000	à économiser sur les ponts et chaussées.
20,000	sur les impressions.
131,492 fr.	

Le conseil général, entraîné par les événements, n'eut pas le loisir de délibérer sur le rapport de Fricot et d'en adopter les sages dispositions qui ne furent réalisées qu'en 1800.

Puis, son ordre du jour étant épuisé, le conseil général termina ses travaux en renouvelant le directoire. Le 14 décembre, J. B. Perrin[1] fut élu par 23 voix président du directoire et du conseil général, à la place de Bastien qui était sorti par le sort du conseil général; le même jour, Dieudonné Dubois par 27 voix, Benoist par 23, Jaussaud et Hamart, chacun par 19, furent nommés administrateurs du directoire, en remplacement de Dieudonné, élu député, de Collard, démissionnaire, et de Fournier et Lepaige, investis au tribunal criminel de fonctions incompatibles avec le mandat de membre du directoire; ils continuaient néanmoins à faire partie du conseil général. Dubois fut, en outre, chargé des fonctions de vice-procureur-général-syndic, et Delpierre, Collin (de Grand), Clément et Tanant, désignés comme administrateurs suppléants. Les nominations de Perrin et de Dubois marquaient un pas en avant dans le sens de la Révolution.

Avec l'année 1792, nous entrons dans la période fiévreuse, haletante, où chaque jour de nouvelles mesures sont prises pour le salut public, où chaque jour de nouvelles charges s'ajoutent aux anciennes et épuisent littéralement le pays, où les événements se précipitent et se pressent avec une vertigineuse rapidité; où les infortunés départements frontières, plus directement menacés que les autres, sans cesse traversés par les troupes, furent encore ceux au dévouement desquels les géné-

---

[1] Voir la *Notice sur les Conventionnels vosgiens*, à la fin du volume.

raux firent le plus souvent appel. Il ne se passe guère de jour où l'on n'exige de leur part quelque nouveau sacrifice et ils s'y soumettent avec une rare abnégation. Tout au plus, lorsqu'ils ont souscrit aux réquisitions qui leur sont faites, réclament-ils timidement qu'on leur en tienne compte en les dispensant de payer une partie de leurs contributions ou en leur adressant quelque subvention. On leur refuse et ils s'inclinent encore pour consentir le lendemain à de nouveaux et plus lourds sacrifices.

Ce n'est pas sans émotion, sans une réelle admiration, que l'on voit les administrateurs de ces malheureux départements faire face à tous les besoins, à tous les périls sans perdre jamais leur présence d'esprit, ni voir diminuer leur résolution dans d'aussi terribles circonstances. Qu'eussent pu faire de mieux les fonctionnaires expérimentés de la monarchie ? Ils eussent, sans doute, échoué là où réussirent les nouveaux magistrats, sortis des entrailles mêmes du peuple, sans cesse en relations avec lui et pouvant, à chaque instant, par la parole et par l'exemple, obtenir de lui d'incessants sacrifices et raviver son patriotisme.

Dès le 26 janvier, on recevait l'ordre d'opérer une coupe de bois extraordinaire, afin de fournir à la marine les bois destinés à la construction des vaisseaux. Presque en même temps, un projet d'aliénation des forêts nationales était soumis à l'Assemblée nationale et le directoire des Vosges priait l'Assemblée de rejeter ce projet; il demandait aussi un dégrèvement de 300,000 fr.

Une cour martiale était établie à Épinal et le commissaire des guerres Poirot de Valcourt (Christophe-Joseph-François) y était attaché.

Le général Defranc, investi d'un commandement dans l'armée du Centre, était nommé par le général Lafayette commandant supérieur des départements de la Meurthe et des Vosges et se présentait, le 3 mars, au directoire.

Tout cela n'était rien; ce n'étaient que mesures de précaution. Il fallait quand même prêter l'oreille aux mille détails de l'administration. Un jour, c'était le district de Mirecourt qui portait plainte contre le club de Bruyères qui l'avait taxé d'incivisme; un autre jour, c'était la commune de Belmont-devant-Bruyères qui sollicitait l'échange de ses trois cloches contre trois provenant de l'abbaye de Chaumousey; on les lui accordait, mais à charge par elle de payer 2,185 livres 10 sous pour le surplus du poids de ces cloches qui pesaient 1,457 livres de plus que les anciennes. Puis c'étaient les ateliers pour travaux à créer dans tous les districts jusqu'à concurrence de 110,000 livres et pour lesquels il fallait secouer l'inertie de plusieurs.

L'émigration commençait; le 24 mars, il fallait ordonner le séquestre des biens des émigrés; le 2 avril, d'Huart, ex-chanoine de Saint-Dié, réclamait contre la confiscation d'un jardin dépendant de la maison canoniale, lui appartenant.

Ce ne fut pourtant qu'à sa séance du 12 novembre que le directoire déclara émigrés l'ex-évêque Chaumont, son secrétaire Jean-Baptiste Garosse; l'ex-abbesse de Bouxières, Mme de Messey, et la princesse de Condé; le maréchal de camp Philippe Le-Roy; les abbés Galland et Godefroy, ex-constituants; des ex-chanoines et religieux; le colonel de Montigny, le lieutenant-général de

Vioménil, l'ex-marquis Jean-Nicolas de Thumery, Roussel d'Hurbal, de Gondrecourt et une foule de nobles et de prêtres, les Choiseul, les Bassompierre, les d'Hoffelize, les de Canon, les de Bourcier, les de Jacob, les de Marcol, les d'Ollone, les de Chainel et même des gentilshommes-verriers ou d'autres de fort mince noblesse, tels que les de Michel, les Doridant, les de Finance, les d'Hennezel, les d'Urbain, les Voinesson.

On trouve aussi sur la liste le docteur Jean-Baptiste Mougeot, de Bruyères, alors âgé de 16 ans[1] et terminant ses études en Allemagne. On y vit même des hommes du peuple, comme le maçon Lintz, de Bruyères; des domestiques partis avec leurs maîtres; le maître d'école Botton; des femmes; des médecins; des négociants; des officiers et surtout des prêtres.

Le 17 avril, le directoire prescrivait de dresser dans chaque district un état des paroisses avec leurs prêtres, et des religieux des deux sexes; il avait promulgué depuis le 22 mars le décret abolissant les costumes religieux.

Les chanoinesses de Poussay se plaignaient, le 1ᵉʳ mars, de ne pouvoir célébrer la messe dans l'église du chapitre, ni même dans la maison de l'abbesse, Mᵐᵉ de Choiseul. On leur donnait tort.

L'ex-curé de Sercœur, François Simon, et l'ex-vicaire d'Évaux, Dominique Roussel, fomentaient des troubles à Sercœur et à Villoncourt; on envoyait sur les lieux, le 2 mai, deux administrateurs pour faire une enquête avec pouvoir d'éloigner les coupables.

---

[1] Né à Bruyères le 25 septembre 1776, mort à Bruyères le 5 décembre 1858.

À Haillanville, à la fin de mai, c'était le maire Barbier qu'on accusait d'incivisme. Il se déclarait très hautement aristocrate et favorisait ouvertement les prêtres réfractaires ; il avait voulu épurer la garde nationale. Le directoire lui déclara qu'il avait compromis sa dignité et le frappa.

À Châtel, la tranquillité publique fut plus gravement troublée le 29 juin. Quelques citoyens, ayant demandé l'éloignement des prêtres insermentés, furent insultés et maltraités par les partisans, assez nombreux, du clergé réfractaire ; le commandant de la garde nationale, accouru pour les dégager et rétablir l'ordre, fut à son tour outragé et même grièvement blessé. Cependant, le tocsin sonne ; la foule accourt des villages environnants ; la garde nationale du canton veut se porter sur Châtel pour venger son commandant. Les officiers municipaux prirent les mesures nécessaires. Mais le directoire envoya un de ses membres, Deguerre, avec pleins pouvoirs pour s'informer des motifs de la sédition et requérir même à la force pour ramener le calme.

Tout cela concordait avec les préparatifs de guerre et ne pouvait que redoubler les préoccupations. Le 26 avril, le directoire avait reçu la lettre du ministre de la guerre, de Grave, lui annonçant que la guerre était déclarée et prescrivant de prendre toutes les mesures pour éviter toute surprise et toute trahison à l'intérieur. Le directoire ordonna l'impression de la lettre du ministre, enjoignit de la lire à l'église à l'issue de la messe paroissiale et la fit afficher partout. Le 28 avril, à une séance où assistaient les autorités, on décida que la déclaration de guerre serait portée à la connaissance de tous les citoyens avec un apparat et une pompe guerrière capables d'enflammer les esprits et de surexciter les courages. Dès le soir, les cloches sonnèrent, alternant avec les décharges d'artillerie pour annoncer la cérémonie. Le 29, à 7 heures du matin, la garde nationale en armes se réunissait au Champ de Mars, devant l'autel de la patrie ; le directoire, précédé de la bannière de la Fédération, et les autorités s'y rendaient également. Les sonneries des cloches, coupées çà et là par la grande voix du canon, ne cessèrent point pendant toute la matinée. Quand tous les corps constitués furent assemblés, le commandant de la garde nationale d'Épinal, Cléver, lut à haute voix la déclaration de guerre et proclama la France en état de guerre contre les tyrans. Les acclamations retentirent comme autrefois, mais les visages étaient sévères, et si imposante que fût la cérémonie, elle n'approchait guère des grandes fêtes fraternelles des années précédentes.

On sait combien les opérations du début de la guerre répondirent peu à l'attente populaire. Les nouvelles de paniques et de défaites tombèrent coup sur coup, mais sans abattre l'enthousiasme. Dès le 31 mai, on conduisait à la monnaie de Strasbourg les cloches des églises et tout le vieux cuivre qu'on trouvait.

Quelques jours après, le colonel Belair, chef de légion de la garde nationale de Paris, chargé d'inspecter les volontaires à l'armée du Rhin, arrivait à Épinal et se présentait au directoire pour le renseigner sur la situation des bataillons des Vosges.

Le 8 juillet on distribuait les armes.

Le 14 juillet au matin, on reçut le décret du 11 qui disait : « La patrie est en danger. » L'effet de cette nouvelle fut foudroyant. Bien que l'on connût la gravité de la situation, on eût dit que ces simples mots avaient eu le pouvoir magique de mieux faire voir la réalité des choses et d'agir impétueusement sur les esprits et les cœurs. Le même jour, à 2 heures de l'après-midi, le directoire convoquait les autorités pour convenir des mesures urgentes qu'il y aurait à prendre. A 2 heures et demie, Perrin ouvrit la séance et fit introduire le maire d'Épinal, Guilgot, accompagné des officiers municipaux Thouand, Drouin, Pellerin, Peudefer, Deblaye, Maudheux et Marchal; Marchal, procureur de la commune d'Épinal; Thiéry, adjudant-major de la légion d'Épinal, avec les commandants Brocard et Poulit, chefs des deux bataillons de garde nationale de la ville; le district était représenté par de Rozières, son vice-président. La discussion ne fut ni longue, ni confuse. On décida d'abord que tous les jours ou plutôt toutes les nuits, de 6 heures du soir à 6 heures du matin, un comité de surveillance, composé de deux membres du conseil général, se tiendrait en permanence au siège du département, avec deux secrétaires des bureaux choisis à tour de rôle.

Perrin et Thiéry furent délégués à Nancy avec mission d'acheter 4,000 livres de poudre et 8,000 de plomb.

En même temps, on faisait demander des canons à Falatieu, à Colombier, maître de forges à Mortagne, et aux forges de Framont, chez Champy.

Enfin, le conseil général fut convoqué en session extraordinaire. Les journées du 16, du 17 et du 18, ainsi que les nuits, furent parfaitement tranquilles; le 17, des citoyens de Sainte-Hélène amenèrent 2 canons prêtés par Joseph Colombier que l'on plaça dans la cour du collège, et l'on reçut de Falatieu une lettre offrant 2 canons de 6. On vota des remerciements à ces deux citoyens pour leur civisme. Legros, adjoint au secrétaire général, ramena de Framont 7 canons de 4.

La séance du conseil général s'ouvrit le 18 juillet, à 8 heures du matin, avec un appareil de nature à frapper les imaginations. Le président Perrin demanda qu'on apportât la bannière de la Fédération, déposée dans la salle des séances du directoire. Rapin, Rivot et Tanant allèrent la chercher et lorsqu'elle parut, Perrin, prenant la parole, lut le décret portant que la Patrie était en danger et exhorta ses collègues à s'unir à lui pour sauver la Constitution. Poullain-Grandprey se leva alors et demanda que chacun prêtât le serment de fidélité à la nation, à la loi et aussi au roi; détail caractéristique à cette époque. Il ajouta qu'il fallait jurer également de se tenir à son poste tant que la Patrie serait en danger, « et d'y périr plutôt que de survivre à la liberté de votre pays ». Tous les citoyens présents jurèrent avec enthousiasme et l'on rédigea immédiatement une proclamation aux habitants des campagnes pour exciter leur émulation. Une adresse fut envoyée à l'Assemblée nationale, l'assurant de la bravoure des citoyens des Vosges et du maintien de l'ordre et se terminant par ces mots : « La Constitution ou la mort ! que ce soit là le seul cri de ralliement des Français ! »

Le conseil se partagea en trois comités : deux pour la correspondance et un chargé exclusivement des affaires militaires, indépendamment du comité de surveillance déjà créé. Fournier faisait dresser un état par commune de tous les volontaires pour être imprimé et affiché et faire rivaliser de zèle les districts entre eux. La poudre qu'on avait fut placée au quartier de cavalerie dans un petit bâtiment voûté. L'ordre fut donné de fabriquer 20,000 piques longues d'un pied, avec une hampe en bois de frêne de 7 pieds et demi, portant à l'extrémité supérieure deux bandelettes de fer de 18 pouces ; 6,500 devaient être fabriquées à Épinal, le reste à raison de 1,500 par district.

Les forges du département durent fournir 2,000 boulets et 8,000 biscaïens, mais l'administrateur Joly, envoyé à Pont-du-Bois, à Mailleroncourt, à Saint-Loup, n'y trouva rien ; on écrivit alors aux forges de Ligny, dans la Meuse, et de Houlans près de Besançon. Richard envoya, de Saint-Dié, des balles et des biscaïens, et de Ligny, le maître de forges Rivaux offrit 8,000 biscaïens.

La municipalité d'Épinal réclama les poudres et cartouches laissées en ville par le 13ᵉ dragons ; on les lui accorda.

Le procureur-syndic du district de Rambervillers ayant prescrit des visites domiciliaires pour vérifier la sincérité des déclarations d'armes, Poullain-Grandprey fit décréter un délai de trois jours pour cette déclaration avant de procéder aux visites domiciliaires.

Spontanément, les dons en argent commencèrent à affluer. Remy, curé de Gorhey, « citoyen français », comme il s'appelait, qui avait déjà donné 102 livres, vendit son mobilier et envoya 72 fr. pour les frais de la guerre. Quelques jours après, il équipait 6 volontaires et envoyait ses couverts et de la toile. Noirot, curé de Ville-sur-Illon, envoyait 50 fr. Marguerite Genay, d'Épinal, demanda à aller aux frontières ; c'était la servante de l'auberge tenue par Mme Mathieu ; elle écrivait qu'elle était « enflammée du désir de voler à la défense de la patrie » et qu'elle « braverait par son courage les obstacles que son sexe paraît présenter ». Le conseil se borna à applaudir à ce zèle.

Les professeurs du collège, Gley, Guilgot, Rapin et Collin, demandèrent à partir aux frontières ; ils furent couverts d'applaudissements. Deux filles d'Épinal, qu'on ne nomme pas, demandèrent, le 30 juillet 1792, à faire leur service militaire ; on n'accepta pas leur offre et même on leur refusa la mention honorable au procès-verbal. Le conseil général n'entendait pas raillerie à ce sujet.

Il fallait entretenir ce zèle patriotique ; on rédigea, le 25, une adresse aux citoyens du département pour les convier à l'union et exciter leur courage. Le 29 juillet, on décida l'érection d'un nouvel autel de la Patrie, où les citoyens que leur âge, leur état ou d'autres circonstances empêchent de se dévouer personnellement à la défense de la patrie, apporteraient leurs dons patriotiques. Un autel devait être aussi élevé dans la salle des séances des conseils du département et des districts avec un registre pour tenir note des dons qui seraient ensuite publiés. Ces fonds devaient être employés pour l'achat de sacs, d'instruments de travail, de vêtements pour les volontaires ; s'il y a un excédent, il sera versé aux veuves de ceux qui seront tués à l'ennemi ou aux femmes pauvres dont les maris seront aux frontières.

Mais tous ces soins ne faisaient pas perdre de vue au conseil général l'importance politique des événements qui se déroulaient. Le 14 juillet, trois de ses membres présidaient à la plantation d'un arbre de la liberté dans la petite ville, à Épinal, et y prononçaient des discours patriotiques. La fête de la Fédération fut célébrée comme à l'ordinaire, mais avec un appareil tout militaire, en rapport avec les événements. C'est ainsi que la légion de garde nationale de Bruyères donna une fête civique et renouvela le serment fédératif, en présence des commandants de bataillon Valentin, Viry, Chassel, Liégé, Grandidier, Thiriet, Nicolle, Boquel; du chef de légion Jacquot (Nicolas-Barthélemy) ; de l'adjudant-général Lervat (Jean-Louis) et du sous-adjudant Didier. Sur la place d'Armes, les gardes nationaux, en ordre de bataille autour de l'autel de la Patrie, entendirent la messe patriotique dite par le curé Sébille. Puis, au bruit du canon, au chant du *Ça ira*, après un discours du colonel Jacquot, tous prêtèrent le serment et défilèrent au son de la musique, avec la gendarmerie.

La légion de Saint-Dié, commandée par Clovis, et celle de Rambervillers célébrèrent des fêtes du même genre.

On a vu avec quel soin, dans la formule du serment, on avait encore, même le 18 juillet, maintenu le nom du roi. Mais on n'était pas pour cela aveuglé sur les sentiments et la conduite de Louis XVI. Le 22 juillet, on lui vota une adresse où on lui disait qu'il avait appelé de bien grandes responsabilités autour de lui. « Vous allez être jugé, Sire, disait plus loin l'adresse, sur la force et la fidélité de vos engagements. Ce ne sont pas des factieux qui vous parlent, ce sont des administrateurs qui veulent la Constitution et qui, forts de la pureté de leurs cœurs, vous adressent le langage de la vérité. Il est temps que nous nous serrions tous, afin que la Constitution survive à toutes les attaques dont elle est menacée ou que la France ne soit plus qu'un monceau de ruines destiné à rappeler l'horreur de la tyrannie. » On ne saurait trop admirer la franchise, la fermeté et en même temps la modération de ce noble langage. Mais il ne devait pas parvenir à celui à qui on l'adressait, et qui, d'ailleurs, n'en eût peut-être pas été touché. Lorsque Louis XVI eût pu lire ce généreux langage, son trône avait disparu dans un orage.

Seul, le district de Mirecourt avait protesté contre le 20 juin; il devait se taire devant la journée du 10 août qui renversait le trône.

Sur ces entrefaites, Haxo, chef du 3ᵉ bataillon de volontaires, qui n'avait pu siéger au conseil général, revint inopinément d'Alsace, le 24 juillet au matin, apportant une lettre du général Biron[1], qui réquisitionnait le sixième des citoyens actifs du département. Le jour même, on décidait de mettre en activité le sixième des gardes nationales des Vosges. Des membres du conseil étaient envoyés dans chaque localité pour faire office de commissaires à l'enrôlement. Trois jours après leur passage, les gardes nationaux désignés devaient se

---

[1] Louis-Armand de Gontaut-Biron, duc de Lauzun, dit Biron, né en 1748, avait pris part à la guerre de Sept ans et à celle d'Amérique. Député de la noblesse des bailliages du Quercy aux États généraux, il y fit cause commune avec les partisans de la Révolution, quoique homme de cour, lieutenant-général et ancien colonel des gardes-françaises. Général en chef de l'armée du Rhin, de celle d'Italie, puis de celle de l'Ouest en Vendée, on le poursuivit pour sa noblesse et ses défaites; il fut condamné à mort et guillotiné à Paris le 31 décembre 1793. Il monta sur l'échafaud avec l'insouciance joyeuse qui le caractérisait.

rendre au chef-lieu du district, se réunir en compagnies de 100 hommes et élire leurs officiers qui éliraient aussitôt l'état-major; ils toucheraient la solde à dater de leur réunion au chef-lieu du canton. Un commissaire devait être désigné pour résider auprès du général en chef de l'armée du Rhin afin d'entretenir une correspondance entre le département et les bataillons. Les autres gardes nationaux seraient exercés, chaque dimanche ou jour de fête, au maniement des armes.

Delpierre fut nommé commissaire pour le district de Bruyères, qui devait fournir 598 volontaires; soit 5 compagnies, plus 98 surnuméraires.

Pettelot remplit la même mission près du district de Darney qui devait donner 624 volontaires; soit 6 compagnies, plus 24 surnuméraires.

Haustête et Fleurant pour le district d'Épinal (Fleurant spécialement pour le canton de Xertigny) qui devait fournir 638 volontaires; soit 6 compagnies, plus 38 surnuméraires.

Martin pour le district de Lamarche qui devait fournir 462 volontaires; soit 4 compagnies, plus 62 surnuméraires.

Pottier et Humbert pour le district de Mirecourt qui devait fournir 846 volontaires; soit 8 compagnies et 46 surnuméraires.

Collin et Clément[1] pour le district de Neufchâteau qui devait fournir 807 volontaires; soit 8 compagnies et 7 surnuméraires.

---

[1] Les commissaires de Mirecourt et de Neufchâteau reçurent ordre de se concerter pour leurs opérations à cause de l'absence de Collin.

Blampain pour le district de Rambervillers qui devait fournir 451 volontaires; soit 4 compagnies et 51 surnuméraires.

Fricot et Deguerre pour le district de Remiremont qui devait fournir 1,088 volontaires; soit 10 compagnies et 88 surnuméraires.

Dubois et Lecomte pour le district de Saint-Dié qui devait fournir 886 volontaires; soit 8 compagnies, plus 86 surnuméraires.

Soit un total de 6,400 volontaires pour former le contingent des Vosges, qui devait être réparti en 8 bataillons.

Pour hâter la formation des bataillons, le directoire décida, le 27 juillet, que les volontaires surnuméraires qui ne pouvaient entrer dans la composition des compagnies, limitées à 100 hommes, se rendraient au chef-lieu du département (où ils recevaient une indemnité de 3 sous par lieue) et qu'on les y organiserait séparément. Il prescrivit, en outre, aux 2 compagnies surnuméraires du district de Remiremont[1] et aux 6 formées par le district d'Épinal de se rendre également au chef-lieu. Les 6 compagnies du district de Darney et les 4 du district de Lamarche devaient se rendre dans l'une de ces deux villes et y former un bataillon. Les 5 compagnies du district de Bruyères et les 4 du district de Rambervillers se réuniraient à Rambervillers pour y fusionner en un bataillon. Deux compagnies devaient donc se trouver en trop au bataillon de

---

[1] Il avait fourni 10 compagnies et le bataillon n'en devait compter que 8.

Darney-Lamarche et une en trop au bataillon de Bruyères-Rambervillers ; toutes trois rejoindraient, à Épinal, les compagnies du district d'Épinal, celles en surnombre de Remiremont et les hommes surnuméraires. Avec les 6 compagnies du district d'Épinal, les 5 compagnies surnuméraires qu'on vient d'énumérer et les 500 hommes surnuméraires non incorporés, on avait donc un effectif de 16 compagnies, soit 2 bataillons à créer en plus des 6 formés directement par le contingent des districts de Saint-Dié, de Remiremont, de Mirecourt, de Neufchâteau, et par la fusion de ceux de Bruyères-Rambervillers et de Darney-Lamarche. C'était, en résumé, 8 bataillons à ajouter aux 5 déjà aux frontières ; bientôt 3 autres allaient suivre[1].

[1] Voir, pour la composition et l'historique de ces bataillons, l'appendice à la fin du volume.

CHAPITRE VII.

Treize bataillons de volontaires des Vosges partent aux frontières. — Les Vosges ont « bien mérité de la patrie ». — Enthousiasme patriotique. — Suspension du roi. — Destitution des fonctionnaires suspects ; panique ; le danger devient plus pressant ; mise en état de défense du département. — Fournier en mission à l'armée du Rhin près des bataillons de volontaires vosgiens. — Élections à la Convention nationale ; les députés. — Les gendarmes appelés à l'armée. — Troubles de Girancourt. — Arrestation de Desaix. — Incinération des titres de noblesse ou de propriété. — Proclamation de la République à Épinal et dans les districts. — Fête en l'honneur de la victoire de Valmy. — Renouvellement intégral des administrations par l'assemblée électorale de Saint-Dié. — François de Neufchâteau, président du département, et Dieudonné, procureur-général-syndic. — Le nouveau procureur général.

L'enrôlement s'accomplit avec la plus grande célérité et ne rencontra nulle part de résistance. Il y eut bien quelques défaillances partielles ; plusieurs fonctionnaires, notamment, demandèrent à être exemptés de servir comme volontaires, mais le conseil général refusa de délibérer sur leur demande. La grande masse du peuple, au contraire, surexcitée par le danger de la patrie, par le sentiment qu'en combattant, elle combattait pour elle-même, pour ses propriétés, accourut avec un véritable enthousiasme. Cependant bien des bras étaient retenus à la maison, aux travaux des champs. Le nombre des volontaires excéda de beaucoup le chiffre exigé par le directoire : à Bocquegney, le commissaire Humbert rencontra quelques difficultés ; à Padoux, le maire fit preuve aussi de mauvaise volonté. Mais à Ramonchamp et à Bussang en particulier, dans ces cantons pauvres et reculés, Fricot trouva 1,056 volontaires alors qu'il en fallait 767. On dut même refuser des volontaires dont la force et la taille étaient insuffisantes; mais les districts durent les remplacer par des hommes valides.

A Saint-Dié, le 30 juillet, à 8 heures du matin, dans la plaine de la Fédération, près du Parc, devant l'autel de la Patrie, en présence de la garde nationale, les commissaires Dubois et Lecomte et le maire Souhait reçurent 181 enrôlements volontaires, au lieu de 80, de jeunes gens qui montaient à l'autel de la Patrie aux cris de : Vive la nation ! Vive la liberté ! Jean Jeandin, capitaine des grenadiers de la garde nationale, s'inscrivit le premier avec le fils du maire et François-Joseph Ferry[1].

Les seuls embarras vinrent plutôt d'un excès de zèle que de trop d'inertie. C'est ainsi qu'une très vive contestation, qu'on eut beaucoup de mal à apaiser, s'éleva entre les volontaires du district de Bruyères et ceux du district de Rambervillers. On se rappelle que 5 compagnies de Bruyères et 4 de Rambervillers devaient se fondre en un bataillon : il y avait donc 9 compagnies et il s'agissait de savoir laquelle serait éliminée. La question se compliquait de ce fait que si le district de Bruyères conservait ses 5 compagnies, il avait la prépondérance pour la nomination de l'état-major. On décida que les compagnies de Bruyères tireraient au sort entre elles pour savoir celle qui serait écartée. Cette solution ne satisfit pas les officiers des volontaires de Bruyères qui réclamèrent, demandant que les 9 compagnies tirassent au sort entre elles. Le conseil général maintint sa première décision et chargea Lepaige d'aller leur expliquer ses motifs et les inviter à ne pas retarder l'organisation,

---

[1] Le grand-père de MM. Jules et Charles Ferry.

eux qui avaient montré tant d'ardeur pour voler au secours de la patrie.

Ce bataillon, formé le 6 août, avec les contingents des districts de Bruyères et de Rambervillers, reçut le n° 6[1]; son lieutenant-colonel en premier fut Gérard-georges, ancien soldat d'infanterie et lieutenant de gendarmerie, devenu chef de la légion de la garde nationale de Rambervillers; Didier, commandant de la garde nationale de Gérardmer, fut lieutenant-colonel en second.

Le bataillon de Mirecourt fut le septième, il prit pour chef Chiquelle[2], membre du conseil du district, qui accepta, mais en demandant qu'on lui réservât sa place d'administrateur.

Le bataillon formé avec 8 sur 10 des compagnies du district de Remiremont prit le n° 8; un ancien militaire, Cuisinier, devait en être lieutenant-colonel en premier et W. Noël, fils aîné du procureur-syndic du district, lieutenant-colonel en second, à ce qu'écrivait Fricot au directoire. Mais quelques jours plus tard, Laurent, vieux soldat qui avait servi 15 ans aux gardes-françaises

---

[1] Ce n'est que le 24 août que le conseil général ayant reçu les procès-verbaux de formation des bataillons voulut les numéroter. Ils étaient déjà alors tous à l'armée du Rhin ou à celle de la Moselle. Le 6 septembre, ils tirèrent au sort leur numéro entre eux.

[2] Chiquelle (Dominique) était né à Mirecourt le 31 octobre 1745; dragon en 1762, gendarme en 1767; il s'était retiré du service en 1772. Homme de loi, il devint administrateur du district en 1790; capitaine au 1er bataillon des Vosges en 1791; chef du 7e bataillon des Vosges en 1792; colonel de la demi-brigade de Paris et Vosges en juillet 1795; il prit sa retraite quelques semaines après et se retira à Mirecourt, où il fut conseiller municipal; il y mourut le 25 janvier 1807.

et était capitaine depuis l'organisation, fut nommé lieutenant-colonel.

Le bataillon de Darney-Lamarche, le neuvième, eut pour chef Fouillette.

Le dixième, celui formé par le contingent d'Épinal et les compagnies distraites du bataillon de Remiremont (Plombières, Éloyes, Saint-Nabord), élut pour lieutenant-colonel en premier Poulit, un des chefs de bataillon de la garde nationale d'Épinal [1].

Le onzième fut formé avec les volontaires du district de Saint-Dié; il eut pour lieutenant-colonel en premier Marchal, et pour lieutenant-colonel en deuxième Marotel, tous deux officiers de la garde nationale de Saint-Dié. Plus tard, il fut commandé par un ancien sergent d'infanterie, Bontemps [2], qui était capitaine au quatrième bataillon de l'Eure et avait commandé la garde nationale de Villers-Cotterets. C'était un jacobin ardent, si l'on en juge par la lettre qu'il écrivit à Sijas, l'adjoint du

---

[1] Poulit (Jean-Daniel de) était né à Maslacq, près Orthez (Basses-Pyrénées), le 16 janvier 1737. Soldat dans Berry-cavalerie en 1762, il devint lieutenant en 1779, donna sa démission en 1781, et vint se fixer à Épinal où il fut officier de la garde nationale de 1789 à 1792, chef du 10ᵉ bataillon, puis chef de bataillon à la 6ᵉ demi-brigade de ligne. Il se retira du service en 1795. Il mourut à Épinal le 24 janvier 1806. M. Poulit, bijoutier à Épinal, est son petit-fils.

[2] Bontemps (François), né à Saumur (Maine-et-Loire) le 1ᵉʳ juin 1753; soldat de 1772 à 1784; lieutenant au 2ᵉ bataillon de l'Eure en 1792; chef du 11ᵉ bataillon des Vosges le 1ᵉʳ avril 1793; chef de la 173ᵉ demi-brigade de ligne en 1794, puis de la 67ᵉ en 1796; général de brigade le 20 avril 1799; à l'armée du Danube et à celle du Rhin; blessé grièvement à la bataille de Mœskirch, le 5 mai 1800; mis en non-activité en 1801; retraité en 1804; mort à Saumur le 29 octobre 1811.

ministre de la guerre[1] ; il devint général de brigade quelques années après.

Le douzième, organisé à Neufchâteau, eut pour lieutenant-colonel en premier Folley, et Drouhin pour lieutenant-colonel en second. Le capitaine des canonniers du bataillon était Salme[2], plus tard général sous l'empire et mort devant l'ennemi.

Le treizième que composaient les volontaires surnuméraires et les compagnies distraites de Bruyères et de Darney, choisit pour chef Doucet, et son lieutenant-colonel en second fut le jeune et bouillant Humbert[3], le plus bel officier de l'armée, si célèbre plus tard dans les armées républicaines par sa bravoure et sa beauté.

---

[1] Voir le 11ᵉ bataillon, à l'appendice, à la fin du volume.

[2] Salme (Jean-Baptiste-François), né à Allianville (Meuse) le 18 novembre 1766 ; ancien soldat aux dragons de Noailles de 1784 à 1791 ; général de brigade en 1794 à l'armée du Nord, blessé sous les murs de Malines, passe à l'armée de Sambre-et-Meuse, destitué pour avoir protesté contre la Constitution de l'an III ; reprend du service avec Moreau ; blessé et fait prisonnier à la bataille de la Trebbia (1799), puis envoyé à Saint-Domingue en 1802. Mis à l'écart comme républicain, il fut cependant rappelé à l'activité en 1809 et servit à l'armée de Catalogne. Il venait d'être décoré, nommé baron et général de division, lorsqu'il fut tué par un boulet, devant le fort Olive, au siège de Tarragone (Espagne), le 28 mai 1811.

[3] Humbert (Amable-Jean-Joseph), né à Saint-Nabord le 22 août 1767, avait été élu capitaine dès la formation du bataillon, puis lieutenant-colonel en second quelques jours après. Il se distingua au siège de Mayence, puis en Vendée et devint général de brigade. Sous les ordres de Hoche, il prit une large part à la défaite des royalistes à Quiberon ; il exerça un grand commandement dans l'expédition d'Irlande qui malheureusement échoua. Envoyé à Saint-Domingue pour réprimer l'insurrection, il fut mis en disgrâce à son retour comme républicain, et aussi, dit-on, comme ayant obtenu les faveurs de Pauline Bonaparte, veuve du général Leclerc. Malgré ses instances, il ne fut plus employé et alla mourir à la Nouvelle-Orléans, aux États-Unis, le 5 janvier 1823.

Un quatorzième fut formé, l'année suivante, avec les réquisitionnaires; son chef fut Brossard qui, capitaine en 1792 au bataillon de Brumpt, rentrait des prisons de l'ennemi.

Un quinzième bataillon exista aussi, mais sans laisser de traces de sa composition.

Enfin il exista, sous le nom de premier bataillon de la Meurthe et des Vosges, un corps que l'on créa avec des recrues de ces deux départements et qui eut pour chef Bricard.

Pendant que s'achevait l'organisation de ces nouveaux bataillons, Fournier était désigné, le 6 août, pour se rendre à l'armée du Rhin, y annoncer la formation des 8 bataillons et demander quelle destination il leur fallait donner. On décidait en même temps qu'un drapeau, aux couleurs de la nation, serait remis à chaque bataillon. Chacun devait porter, d'un côté l'inscription : « Le peuple français, la liberté ou la mort », de l'autre, en tête : « Département des Vosges », et pour devise : « Bataillon formé au premier signal du danger de la Patrie ». Le 10 août, Fournier était de retour de Strasbourg et rendait compte de sa mission. Le conseil général fixa aussitôt, d'après ses indications, le départ et l'itinéraire des bataillons ainsi qu'il suit :

Le sixième partant de Rambervillers, devait être le 13 août à Lunéville, le 14 à Blâmont, le 15 à Sarrebourg, le 16 à Phalsbourg.

Le septième partant de Mirecourt suivait le même itinéraire, par Charmes, pour arriver le 17 à Phalsbourg.

Quant aux autres bataillons, ils étaient dirigés sur le Bas-Rhin.

Le huitième partant de Remiremont, devait être le 13 à Rambervillers, le 15 à Saint-Dié, le 16 à Sainte-Marie-aux-Mines, le 17 à Schlestadt, le 18 à Erstein, le 19 à Strasbourg.

Le neuvième partant de Neufchâteau, passait par Mirecourt et Charmes pour n'arriver que le 21 à Strasbourg.

Le dixième partant d'Épinal, prenait le même chemin et arrivait le 22 à Strasbourg.

Le onzième partant de Saint-Dié, devait être le 16 à Strasbourg.

Le douzième partant de Bruyères et de Raon-l'Étape, devait arriver le 17.

Le treizième enfin partant d'Épinal, devait être à Bruyères et à Gérardmer le 13, pour aboutir à Strasbourg le 18 août.

Le général Biron fut de suite averti de leur marche et de la date de leur arrivée. Il répondit en décernant à tous de chaleureux éloges.

Mille livres furent distribuées par chaque bataillon pour acheter des vivres. Seul, le douzième bataillon était tout entier armé, la garde nationale de Remiremont ayant fait l'abandon de ses fusils aux volontaires. Les autres avaient reçu chacun 100 fusils, 200 piques, 40 pioches et autant de pelles et de haches.

Aucun département n'avait montré pareille vigueur et fourni à la patrie tant de défenseurs.

La France avait levé 563 bataillons de volontaires;

les Vosges, malgré leur population restreinte, en avaient donc fourni 16. Quatre départements seulement, et bien autrement peuplés, Paris, le Nord, les Bouches-du-Rhône et la Gironde, en avaient fourni davantage [1].

C'était, sur une population de 227,000 habitants, 14,500 jeunes gens environ qui partaient ainsi combattre l'invasion. Même en tenant compte des défaillances qui purent se produire par la suite, aucun pays ne put en faire autant.

Le bruit en vint jusqu'à Paris; François de Neufchâteau s'en fit l'écho à la tribune de l'Assemblée législative, le 8 août : « Dans le district d'Épinal, dit-il, on demandait 120 hommes, en un seul jour il en est venu 240. Le district de Neufchâteau a souscrit 200,000 livres, un seul canton a versé 50,000 livres. Le pays a fait un pareil sacrifice, alors qu'il éprouve une surcharge de 120,000 livres dans ses contributions. Le département des Vosges a fourni en très peu de jours 6,400 hommes au lieu de 2,600 qu'on lui demandait, outre les 5 bataillons de volontaires qu'il entretient déjà sur les frontières. »

L'Assemblée nationale décréta à l'unanimité, au milieu des plus vifs applaudissements, que « le département des Vosges avait bien mérité de la Patrie ». Déjà, le 3 août, sur la proposition de Marant, député des Vosges, elle avait accordé une mention honorable au département. La nouvelle de cette récompense civique, si simple, si belle et dont on était alors si avare, parvint le 12 août au matin à Épinal; Poullain-Grandprey l'annonça au

[1] Ch. L. Chassin : *l'Armée et la Révolution*.

conseil général et proposa de mettre cette phrase sur les drapeaux des 8 bataillons. Mais par un sentiment de modestie excessive, le conseil général rejeta cette proposition.

Le même jour, à 6 heures du soir, un courrier extraordinaire apportait la nouvelle des événements du 10 août [1], le décret de suspension du roi, l'adresse de l'Assemblée aux Français, les invitant à respecter les droits de l'homme et les propriétés.

Afin de faire part de cette grave nouvelle et d'assurer la tranquillité publique, Poullain-Grandprey convoqua toutes les autorités constituées du chef-lieu à assister à la séance : district et municipalité d'Épinal, tribunal, garde nationale, volontaires et gendarmerie. La séance eut lieu à 7 heures du soir et débuta par un discours de Poullain-Grandprey qui constatait que depuis longtemps ils soupçonnaient le pouvoir exécutif, mais qu'ils n'avaient pas voulu semer l'inquiétude, ni violer leurs serments, tout en parlant en hommes libres.

« Aujourd'hui, ajoutait-il, l'évidence des preuves a réuni les divers partis de l'Assemblée si divisés d'opinion.

« Nous nous inclinons. Notre mot d'ordre est : union, patriotisme. »

Puis il fit publier la loi de suspension de Louis XVI. Après, Poullain-Grandprey fit renouveler aux administra-

---

[1] Un Vosgien, le lieutenant-général baron de Vioménil (Antoine-Charles du Houx), né à Fauconcourt en 1718, gouverneur de la Rochelle, fut tué le 10 août, en défendant les Tuileries et le roi. C'était le frère du maréchal de France marquis de Vioménil (Charles-Joseph-Hyacinthe du Houx), né à Ruppes en 1734, mort à Paris en mars 1827.

teurs le serment de mourir à leur poste et leur fit prendre l'engagement mutuel de maintenir de tout leur pouvoir la tranquillité publique, de s'entr'aider fraternellement dans ces jours de danger et de se communiquer réciproquement tout ce qui pourrait intéresser la patrie. On décida, en outre, que le procès-verbal de cette séance serait imprimé et distribué aux municipalités. Puis on fit connaître dans une adresse à l'Assemblée[1] l'adhésion du conseil général des Vosges au décret du 10 août.

Le lendemain matin, 13 août, les membres du conseil général se rendirent, sans distinction de rang, au champ de la Fédération et là, en présence de la garde nationale et de la gendarmerie, Poullain-Grandprey, monté sur l'autel de la Patrie, fit lecture des décrets et de l'adresse de l'Assemblée nationale et proclama solennellement la suspension du pouvoir exécutif.

Puis le cortège se rendit dans les divers quartiers de la ville et y fit la même proclamation.

Ce fut encore François de Neufchâteau qui, à la séance du 16 août, porta ces faits à la connaissance de l'Assemblée nationale. Il fit part « de l'ardeur qui embrasait tous les cœurs dans le département des Vosges. La loi relative à la suspension du pouvoir exécutif y a été proclamée ; un grand nombre de volontaires sont partis pour les frontières, en criant : Vive la nation, sans roi. » Des applaudissements réitérés couvrirent cette déclaration.

---

[1] C'est à la séance du 22 qu'on donna lecture de cette adresse à l'Assemblée nationale ; elle disait en outre que 7,000 citoyens du département étaient aux frontières. Elle fut fort applaudie.

Les 8 bataillons de volontaires étaient partis le 13 et Fournier, nommé de nouveau le 12 août, par 18 voix sur 23, commissaire du département près l'armée du Rhin, était parti avec eux. Avant d'accepter toutefois, il fit toutes réserves pour l'avenir afin de pouvoir demander son rappel, si les circonstances le permettaient. Delpierre était chargé le 31 août d'une mission semblable à l'armée du Centre ou de la Moselle. Fournier eut à apaiser une sorte de révolte des bataillons de Remiremont et de Saint-Dié, contre les habitants de Rosheim, très fanatiques et contre-révolutionnaires[1]. Le 16, on recevait et on promulguait la loi convoquant les citoyens en assemblées primaires pour l'élection de la Convention nationale.

Les députés des Vosges à la Législative revenaient sans prestige, et aucun d'eux ne fut réélu, sauf François de Neufchâteau. Vosgien ne s'était guère fait remarquer que pour avoir combattu la suppression des mots « Sire et Majesté ». Toutefois, il avait rétracté son vote émis en faveur de La Fayette. Dieudonné et André eurent à se défendre peu après contre des accusations de faiblesse. Il fallut même que le directoire délivrât à Dieudonné un certificat de civisme.

Cependant l'anxiété croissait d'heure en heure ; on n'avait plus d'armes, presque plus d'hommes valides et on redoutait chaque jour davantage l'approche de l'ennemi. Le 16 août, le directoire de la Meurthe faisait savoir que 20,000 Autrichiens avaient fait invasion sur le territoire français et se portaient sur Sarreguemines. En

---

[1] Voir page 99.

présence de ces nouvelles alarmantes, le directoire prescrivit à des commissaires d'inspecter les gardes nationales pour constater le nombre d'hommes en état de servir et la valeur des officiers. Ces commissaires devaient, en outre, faire préparer les armes, distribuer celles qui restaient avec les cartouches[1], afin que chacun fût prêt à marcher. Haustête proposa de renouveler le serment de maintenir la liberté et l'égalité ou de mourir en les défendant ; ses collègues lui répondirent que ce serment avait déjà été prêté. Mais le surlendemain, Poullain-Grandprey revenait à la charge et l'assemblée tout entière, ainsi que les assistants, juraient de mourir pour la patrie et la Constitution. Une adresse émanant d'une société allemande et contenant les sentiments les plus patriotiques fut accueillie au conseil général par les plus vifs applaudissements et lue avec le plus grand intérêt ; on en décida l'impression aux frais des membres du conseil. Mais ce n'est pas cela qui diminuait la gravité des circonstances.

Poullain fit également décréter, le 19, que des précautions seraient prises contre les ecclésiastiques insermentés. Le 22, un arrêté était pris contre les prêtres réfractaires ; ils devaient, dans les 24 heures, se rendre au chef-lieu du département où ils seraient logés au couvent des ci-devant annonciades ; ils y resteraient sous la protection des lois et la surveillance des autorités et recevraient leur traitement. Toutefois, ceux qui exerçaient des fonctions ou les prêtres septuagénaires et malades, pourvus d'un certificat de leur commune,

---

[1] On venait d'en recevoir 9,000 du ministère de la guerre.

étaient dispensés de cette mesure. Quant aux autres qui n'obéiraient pas, ils devaient être arrêtés, sans qu'il fût besoin d'une réquisition particulière, et conduits à Épinal.

On décidait aussi que toutes les lettres venant de l'étranger pourraient être arrêtées au bureau de poste par les commissaires des municipalités. Six jours après, les commissaires d'Épinal ayant trouvé les lettres distribuées lorsqu'ils voulurent les vérifier, se plaignirent au conseil général qui leur donna raison.

Il était urgent, en effet, d'empêcher toute cause d'affaiblissement à un moment aussi critique que celui que l'on traversait. Les prêtres non sermentés, restés dans leurs anciennes paroisses, abusant de leur influence, y semaient la désunion et le découragement. A Plombières, des individus agitaient la population par leurs propos anti-civiques et on donnait l'ordre de les arrêter. Le curé de Mandres, Denis, était également inculpé d'actes d'incivisme. Le directeur de la poste de Neufchâteau, Jacques Massy, dont la conduite était depuis longtemps suspecte, persistant à étaler les opinions les plus dangereuses, ses trois fils ayant d'ailleurs émigré, fut suspendu de ses fonctions, « attendu qu'en ce moment la correspondance ne peut être confiée qu'à des mains sûres, à l'abri de tout soupçon. » A Mirecourt c'étaient les autorités elles-mêmes qui donnaient de fâcheux exemples. Ainsi, le 21 août, le district n'avait pas encore proclamé les événements et les décrets du 10, et le procureur-syndic s'en excusait au directoire qui passa outre, parce que « ça n'avait pas eu de conséquences ».

Un administrateur du district de Rambervillers, Colin, fut traité plus sévèrement ; on le suspendit de ses fonctions. Il en fut de même de Maurice Aigrette, maître de poste à Châtel, qui faisait montre des sentiments les plus inciviques et les plus suspects. Il fut suspendu, le 10 septembre, par Lepaige et Pottier.

La panique, on le conçoit, gagnait vite en de pareilles circonstances. A Charmes, on avait vu passer à cheval deux individus revêtus de l'uniforme de dragons, qui sortaient de la forêt de Charmes et se dirigeaient, à travers champs, du côté d'Épinal. Il n'en fallut pas plus pour exciter la plus grande émotion, et un gendarme fut dépêché à Épinal pour prévenir les autorités. Rien ne vint heureusement confirmer ces terreurs.

Aussi ne pouvait-on prendre trop de précautions. Le décret sur les ecclésiastiques fut d'ailleurs obéi sans grandes résistances, et le soir du 31 août, un grand nombre de prêtres insermentés étaient venus se mettre sous la surveillance de la municipalité.

La situation s'aggravait toujours. Biron réclamait de nouveaux secours en hommes, surtout en cavaliers. On était obligé de lui répondre que le département était épuisé tant par la levée de 13 bataillons de volontaires, que par l'enrôlement dans les troupes de ligne de 1,500 jeunes gens depuis un an. Quant aux chevaux, on n'en pouvait fournir, la race de chevaux du département étant tout à fait abâtardie. On ne pouvait que faire un appel aux citoyens pour les engager à entrer dans la cavalerie, à prêter ou à vendre leurs chevaux. Luckner réclamait la création de magasins à fourrages à Épinal, à Mirecourt et à Neufchâteau. Le directoire de la Meuse annonçait la prise de Longwy et les ingénieurs Navière et Mengin recevaient à cette nouvelle, l'ordre de prendre des mesures pour mettre les districts de Saint-Dié et de Rambervillers en état de défense pendant que l'ingénieur en chef Martin faisait de même pour les districts de Mirecourt et de Neufchâteau.

Pendant ce temps, Fournier était rendu à son poste, à l'état-major de l'armée du Rhin, et, le 21 août il donnait au conseil des nouvelles des 8 bataillons des Vosges et de l'armée. Les bataillons étaient tous cantonnés dans les environs de Phalsbourg, sauf celui de Mirecourt resté à Phalsbourg. Seul, le 6e était près de l'ennemi, aux avant-postes de l'armée de la Moselle, et c'était par erreur qu'on l'y avait envoyé. Victor Broglie[1], maréchal de camp, chef d'état-major de l'armée du Rhin, venait d'être suspendu de ses fonctions par les commissaires de l'Assemblée nationale, Carnot, Prieur, Coustard, auxquels il avait refusé de prêter serment. Carnot avait tenu les propos les plus flatteurs sur les 5 premiers bataillons des Vosges qu'il avait eu occasion de voir et le félicita pour le zèle et le patriotisme des Vosges dans la levée des 8 autres bataillons. Fournier annonçait en outre que la solde des bataillons s'opérait mal, et qu'ils n'étaient point encore entièrement organisés. Le lendemain, il passait en revue les bataillons et faisait

---

[1] Broglie (Charles-Louis-Victor-Claude, prince de), né en 1757, était le fils du maréchal de France (1718-1804) et le père du duc de Broglie, le libéral ministre de la monarchie de Juillet (1785-1870), le grand-père par conséquent du duc de Broglie, l'ancien ministre du maréchal de Mac-Mahon en 1873 et 1877. Il mourut guillotiné à Paris le 27 juin 1794.

Colonel du régiment de Bourbon-infanterie, puis maréchal de camp, il avait été député de la noblesse aux États généraux de 1789 et président de l'Assemblée constituante.

renvoyer les hommes qui n'étaient pas en état de soutenir les fatigues de la guerre.

Le 5 octobre, Fournier écrivit que le 3ᵉ bataillon des Vosges, qui avait pris part à l'expédition de Custine, venait d'arriver à Strasbourg, escortant 3,132 prisonniers faits à Spire, et il racontait l'accueil cordial fait par les Strasbourgeois aux soldats allemands casernés à la Finkmatt et qu'on avait traités « en hommes dont il sera facile de faire des frères ». Fournier donnait ensuite quelques détails sur la prise de Spire. On y relève cette phrase curieuse : « Comme il y avait douze apôtres en argent massif dans la cathédrale, je crois qu'on les a chargés de faire une mission en France : ainsi vous voyez que si nos prêtres émigrent en Allemagne, les saints d'Allemagne reviennent chez nous ; ce n'est pas le cas de demander du retour. »

C'est au milieu de ces circonstances singulièrement critiques que les électeurs du département se réunirent pour nommer les députés à la Convention nationale. Tous les citoyens âgés de 21 ans, actifs ou non, sauf les domestiques, avaient pu pour la première fois nommer les électeurs. Cette fois, c'est à Mirecourt que se tint l'assemblée électorale. Les 435 électeurs se réunirent le 1ᵉʳ septembre à 8 heures du matin, dans l'église des ci-devant Cordeliers[1], sous la présidence du doyen

---

[1] L'église paroissiale actuelle de Mirecourt n'est pas l'ancienne église des Cordeliers ; le couvent de ces religieux comprenait les bâtiments actuels de la gendarmerie, du collège, de l'école des garçons et de l'école des filles ; leur réfectoire est devenu la salle municipale connue aujourd'hui sous le nom de *salle du club* (c'est là qu'on vote, qu'on fait les distributions de prix, des banquets, des bals, etc.) et leur chapelle est maintenant le théâtre, dont la scène est installée

d'âge, Joseph-Nicolas Richard, de Mirecourt. Poullain-Grandprey fut ensuite choisi pour président, à la presqu'unanimité, et eut Thiébaut pour secrétaire. Tous jurèrent d'abord de « nommer en mon âme et conscience ceux que je crois les plus dignes de la confiance publique ». Poullain-Grandprey prononça ensuite une harangue patriotique et l'on passa au vote. On sait à quel degré d'exaltation les esprits étaient alors montés et la marche en avant qu'avaient suivie les idées en apprenant, coup sur coup, la trahison du roi, l'invasion du territoire et la révolution du 10 août. Aussi les choix furent-ils plus accentués qu'aux élections précédentes. On avait 8 députés et 3 suppléants à nommer[1].

Le 3 septembre, Poullain-Grandprey[2], procureur-général-syndic du département, fut élu député à la Convention par 415 suffrages. François de Neufchâteau[3], législateur sortant, fut élu ensuite par 413 voix sur 433 votants. Le 4, Hugo[4], administrateur du département,

---

dans le chœur. C'est dans cette chapelle que se réunirent les électeurs chargés d'élire les conventionnels. Le cimetière de la communauté était sur l'emplacement de la *place Neuve*, et les exhumations nécessitées par la construction du grand égoût de la ville, ont montré que ces révérends pères étaient doués d'une taille de carabiniers. (L'auteur doit ces intéressants détails à l'obligeance du regretté M. Achille Pommier, pharmacien et adjoint au maire de Mirecourt, si instruit en ce qui touchait sa ville natale.)

[1] Voir, pour la biographie de tous les conventionnels, la notice à la fin du volume, ainsi que le tableau, par districts et cantons, des électeurs des Vosges chargés de nommer les députés à la Convention, que l'on trouvera à l'appendice.
[2] Né en 1744, mort en 1826.
[3] Né en 1750, mort en 1828.
[4] Né en 1747, mort en 1825.

fut élu par 257 voix contre 144 à Perrin; il était alors fort malade, obligé de garder le lit, et souffrait beaucoup des yeux. C'était un succès pour les modérés, mais les patriotes prirent vite leur revanche; le même jour, Perrin[1], président du directoire du département, fut élu par 228 voix.

A partir de ce moment, une cinquantaine d'électeurs renoncèrent à voter, voyant l'opinion générale se dessiner nettement contre eux, et le chiffre des votants tomba à 380, 370 et même à 341 et à 330.

Les modérés firent cependant passer encore un des leurs, Noël[2], procureur-syndic du district de Remiremont, qui fut élu, après deux tours de scrutin, par 250 voix contre Stanislas Bresson, procureur-syndic du district de Darney, qui en avait obtenu 52.

Julien Souhait[3], maire de Saint-Dié, ne fut élu député par 241 voix qu'au second tour de scrutin; au premier tour il avait eu 123 voix et Bresson 63.

C'est encore après deux tours de scrutin que François Bresson[4], administrateur du district de Darney, déjà suppléant à la Législative, fut élu par 198 voix; au premier tour il en avait eu 164 et Couhey seulement 31.

Le 5 septembre, on élut le huitième député; ce fut un modéré, Couhey[5], juge au tribunal de Neufchâteau, qui l'emporta par 198 suffrages contre 124 accordés à Martin, de Morizécourt, beau-frère de Bresson.

---

[1] Né en 1754, mort en 1815.
[2] Né en 1727, exécuté en 1793.
[3] Né en 1759, mort en 1812.
[4] Né en 1760, mort en 1832.
[5] Né en 1752.

On eut alors à désigner les suppléants. Balland[1], procureur-syndic du district de Bruyères, fut élu le premier par 185 voix ; Cherrier[2], président du tribunal de Neufchâteau, fut élu ensuite avec 198 suffrages.

On remit au lendemain l'élection du dernier suppléant, qui fut Martin (de Morizécourt)[3], nommé par 241 voix, à l'unanimité des votants.

Le même jour, 6 septembre, l'ex-constituant Fricot et Clément, juge au tribunal de Saint-Dié, furent élus hauts jurés du département près la haute cour nationale. Après quoi, l'on clôtura les opérations électorales.

François de Neufchâteau n'accepta pas le nouveau mandat qu'on lui confiait. Il est difficile de dire pour quels motifs ; peut-être faut-il s'en tenir aux prétextes de santé qu'il allégua quelques jours après à la Convention, lorsqu'elle le nomma ministre de la justice et qu'il refusa. Mais il est plus probable que son enthousiasme s'était quelque peu refroidi et qu'il sentait bien que sa nature de penseur et de lettré serait soumise à de trop rudes épreuves au milieu des événements qui se préparaient et où il fallait avant tout des hommes d'action. Il fut réélu en novembre au conseil général et accepta cependant ces fonctions ; il fut même, comme on le verra, président du département. Le premier suppléant, Balland, prit aussitôt sa place dans la députation des Vosges à la Convention.

Ajoutons de suite qu'une seconde assemblée électorale

---

[1] Né en 1761, mort en 1811.
[2] Né en 1752, mort en 1823.
[3] Né en 1758, mort en 1829.

qui se tint à Saint-Dié, le 11 novembre 1792, élut Fricot, l'ex-constituant, comme quatrième suppléant en remplacement de Balland. Tous les suppléants furent appelés à siéger à la Convention.

Aussitôt nommés, les représentants à la Convention coururent à leur poste à Paris. La situation réclamait, en effet, tous leurs soins. A l'heure même où les électeurs se réunissaient, on apprenait le blocus de Verdun, et le 5 septembre, la nouvelle de la capitulation de cette ville et du glorieux suicide de Beaurepaire était apportée par un gendarme envoyé de Neufchâteau. On la communiquait aussitôt, par des exprès, aux divers districts, au département de la Haute-Saône et à l'armée du Rhin. La nouvelle de la reprise de Longwy passa inaperçue. Le conseil général des Vosges fit quand même bonne contenance. Il ordonna la mise en activité de la moitié des citoyens de 16 à 60 ans, tant officiers que gardes; ils devaient s'organiser en escouades de 10 hommes et s'exercer chaque dimanche au maniement des armes. En cas d'alerte, ils devaient se rendre au lieu des exercices et obéir, dans les 24 heures, à toute réquisition. On avait reçu de Strasbourg 2,000 boulets et 2,200 livres de poudre; on les distribua à raison de 150 boulets par district.

Le ministre de la guerre, de son côté, appelait aux armées 4 gendarmes par brigade. On réunit ceux des Vosges, qui devaient partir de Neufchâteau d'où ils gagnèrent Châlons-sur-Marne. Ceux qui restaient durent tant bien que mal assurer le service. Plusieurs citoyens de Remiremont, leur maire, Richard, en tête, s'offrirent pour faire le service. Heureusement que le 13 septembre, le 17e de cavalerie (cuirassiers) venait tenir garnison à

Épinal; sans quoi il n'y eût plus eu d'autre force publique que la garde nationale.

Miquel, juge au tribunal d'Épinal et habile tireur, proposa la formation d'une compagnie de bons chasseurs et s'inscrivit le premier. Le district de Neufchâteau organisa aussi une compagnie de francs-chasseurs. On rédigeait une instruction pour les volontaires. Le commandant Robinot, de la garde nationale d'Épinal, venait témoigner des bonnes dispositions de ses hommes et offrait leur concours. A Remiremont, à force de recherches, on découvrait dans l'église du chapitre 663 livres de plomb et 415 dans l'église Saint-Nicolas; on laissa celles-là au district de Remiremont, mais le conseil du département s'empara de celles trouvées au chapitre. Les districts d'Épinal, de Bruyères, de Rambervillers devaient fournir 160 voitures pour transporter 4,000 sacs d'avoine à Saint-Dié et de là à Strasbourg.

Tout prêtre étranger à la localité, qui s'y trouverait, devait être arrêté et conduit au district, s'il était insermenté. On prenait enfin toutes les mesures que l'on croyait propres à assurer la tranquillité et la défense du pays.

Mais on comprend que ce flux de mauvaises nouvelles et de réquisitions échauffait fortement les esprits. Le soupçon était partout et planait sur tous; la fermentation en était d'autant plus grande. A chaque instant, des troubles surgissaient. La municipalité des Forges saisissait les armes de Collinet de la Salle, cultivateur à la Camarelle, qui en avait pourtant fait la déclaration; mais il était suspect. On agissait de même chez un cultivateur de Bouxurulles, fermier d'un émigré de Nancy.

A Raon-l'Étape, on s'opposait à l'enlèvement sur le marché des fourrages acquis par les habitants de la principauté de Salm et le district de Saint-Dié approuvait la municipalité de Raon. A Bruyères, des manifestations violentes étaient dirigées contre les nobles, et notamment contre Toussaint de Lavaux qui s'en plaignit amèrement au conseil général.

L'abbé Bédon, vicaire de Zincourt, écrivit, le 5 octobre, une lettre datée « l'an 4ᵉ de la Misère ». La lettre saisie, Bédon reçut ordre de comparaitre devant le conseil général qui l'admonesta sévèrement et le renvoya.

A Charmes, la municipalité saisissait des lettres adressées à une dame Schmitt, chez les ex-religieuses, et qui commençaient ainsi : « Ma révérende mère ». Le conseil de la commune les lut et y vit la preuve évidente que les ex-religieuses compromettaient la paix publique. Une enquête fut ordonnée, une perquisition eut lieu dans le couvent, et les personnes suspectes furent arrêtées et déférées au tribunal criminel.

A Charmois et aux environs, le 11 septembre, des troubles plus sérieux eurent lieu. Une troupe de 1,500 hommes à peu près se porta sur le village de Reblangotte ; ils se prétendaient chargés d'exécuter l'ordre de faire main basse sur tous les aristocrates et les fanatiques. Mais sous prétexte de venir au secours des patriotes, ils s'introduisirent dans les maisons, brisant tous les meubles, déchirant tous les effets, cassant vitres et barreaux. A Charmois, ils commirent les mêmes excès ; 9 habitants ayant voulu s'y opposer, ils les attachèrent et leur tondirent les cheveux. Le vol eut aussi sa part dans ces désordres ; dans telle maison, on enleva des titres, des papiers; dans telle autre, on vola des habillements, des draps, jusqu'à des bandes de lard. Ils eussent sans doute poussé plus loin leurs exploits, si le juge de paix de Girancourt n'était parvenu à en informer le district d'Épinal. Aussitôt Cottard, administrateur du district, accompagné de Cléver, chef de légion, Robinot, chef de bataillon, et Marchand, sous-adjudant général de la garde nationale, se transporta sur les lieux et mit fin à ces scènes de désordre. Le conseil général, dès qu'il fut prévenu, chargea deux de ses membres, Humbert et Joly, de faire une enquête, de rétablir l'ordre et d'assurer le respect des propriétés.

Quelques jours après, on signalait autour de Darney un attroupement considérable de citoyens égarés qui paraissaient disposés à répéter les excès commis à Charmois. Pettelot fut aussitôt envoyé à Darney avec mission de requérir la force armée pour arrêter le désordre.

L'incident le plus curieux causé par les inquiétudes et les défiances de l'époque fut assurément l'arrestation faite par la municipalité de La Chapelle-aux-Bois. Le 9 septembre, à 4 heures du matin, les gardes nationaux de La Chapelle réveillaient Poullain-Grandprey et lui annonçaient qu'ils avaient arrêté la veille au soir un particulier monté sur un cheval à poil roux et disant se nommer Louis Veÿgoux (*sic*) et être aide de camp de Victor Broglie. Les officiers municipaux l'avaient interrogé, puis arrêté, et avaient chargé la garde nationale de l'amener à Épinal avec le procès-verbal de son arrestation et plusieurs lettres cachetées sans adresse qu'il portait sur lui. Le maire, Peureux, et le commandant de la garde nationale, également un Peureux, ainsi que le procureur de la commune, avaient pris peur et l'accompagnaient. C'était un jeune homme au visage rond, le teint coloré, les yeux gris, les cheveux noirs, le nez aquilin, haut de 5 pieds 5 pouces.

Le procureur-général-syndic fit de suite convoquer le conseil général pour 5 heures du matin, afin de procéder à l'interrogatoire du prisonnier qui ne paraissait pas se troubler outre mesure des soupçons dont il était l'objet.

On fit retirer le public et les gardes nationaux pour l'interroger à huis-clos. Aux questions du président, il répondit avec beaucoup de franchise qu'il se nommait Louis des Aix de Veygoux [1], âgé de 25 ans, aide de camp du général Broglie et auparavant capitaine au 46e régiment d'infanterie, ci-devant Bretagne. Il raconta alors que parti de Colmar, le 5 août, il se rendait à Bourbonne-les-Bains pour joindre son général et prendre lui-même les eaux pour un mal dont il souffrait au genou. On lui demanda ce qu'il avait fait pendant ce voyage et à qui il avait parlé. Il avait couché le 5 dans une auberge de Rouffach, dîné le 6 à Thann, et couché à l'auberge à Orbey. Le 7, il avait dîné à Lettraye (près Ramonchamp) et couché à Remiremont à l'auberge de l'Arbre d'Or. Le 8, il avait dîné à Plombières, à l'auberge de l'Ours, d'où il était parti à 3 heures, puis il avait été arrêté à La Chapelle à 7 heures du soir. A Remiremont, il avait parlé à des

---

[1] C'était le futur général Desaix. Louis-Charles-Antoine des Aix de Veygoux était né à Ayat (Puy-de-Dôme) le 17 août 1768. Personne n'ignore que sous son nom démocratisé de Desaix, il devint un des plus illustres généraux de la République, commanda en chef à l'armée d'Égypte et trouva une mort glorieuse sur le champ de bataille de Marengo, le 14 juin 1800.

gardes nationaux qui escortaient 25 déserteurs d'un bataillon de la Haute-Saône, puis avait fait route avec eux jusqu'à Plombières où ils avaient dîné ensemble. A Plombières, il n'avait causé qu'à un de ses anciens camarades du régiment, Pelgard, aujourd'hui capitaine au 47ᵉ régiment d'infanterie (ci-devant Lorraine), qui prenait les eaux et qui avait dû en partir le lendemain.

La netteté de ces réponses et l'attitude simple et franche de Desaix auraient convaincu ses interrogateurs à d'autres époques. Mais le malheur voulait que son général, Victor Broglie, avait été quelques jours auparavant destitué de ses fonctions par Carnot, pour avoir refusé de prêter serment après le 10 août, et que la plupart des officiers de son état-major, parmi lesquels Caffarelli et Rouget de Lisle, l'avaient imité. Or, parmi les lettres saisies sur Desaix, il s'en trouvait pour Caffarelli-Dufalga et pour le lieutenant Briche, du 21ᵉ, qui était également suspect. Il avait beau affirmer que les deux paquets de lettres lui avaient été remis par Gonat, valet de chambre de Victor Broglie resté à Strasbourg, et qu'il ne savait pas ce qu'ils contenaient ; on n'en crut rien. Il déclarait savoir seulement qu'il y avait une lettre du général Biron, une du général Lamorlière et qu'il ne se souvenait pas du nom des autres personnes. L'affaire ne parut pas claire au conseil général, et après avoir félicité de leur zèle les gardes nationaux de La Chapelle, il décida que Veygoux (*sic*) serait mis provisoirement en état d'arrestation, sous la sauvegarde de la municipalité et de la garde nationale d'Épinal.

Quelques heures après, on faisait subir à Desaix un nouvel interrogatoire en présence de toutes les autorités.

On ouvrait les lettres saisies sur lui, sauf celle contresignée par le général Biron, et un paquet de neuf imprimés. Lecture était donnée de ces lettres, toutes adressées à Victor Broglie, le renseignant sur l'attitude du roi et l'esprit politique de l'Alsace. Plusieurs étaient d'une femme ; elles sont assez curieuses ; il est facile d'y deviner tout un petit roman d'amour se mêlant à ces dramatiques événements. Aucune n'avait de gravité, sauf une peut-être qui portait pour suscription : « A notre maître », et où l'auteur se plaignait amèrement du 10 août. Poullain-Grandprey y vit cependant des conseils perfides et des projets d'émigration, sans apercevoir néanmoins des indices de trahison. Il fit décider que les lettres et procès-verbaux seraient adressés à l'Assemblée nationale qui statuerait et qu'en attendant sa décision Desaix de Veygoux serait maintenu en état d'arrestation. Il s'était quelque peu troublé d'ailleurs à l'ouverture des lettres, soit qu'il en ignorât le contenu et qu'il redoutât de voir surprendre quelque secret ; soit parce qu'il connaissait l'existence des lettres de la jeune femme dont nous avons parlé. Il était visible du reste que Victor Broglie et ceux de ses officiers qui partageaient ses sentiments préparaient quelque mouvement d'opinion en Alsace, et la meilleure preuve, c'est que Broglie était alors candidat à la Convention dans le Bas-Rhin et y obtint un certain nombre de voix. Mais de là à la trahison, il y a loin et les nobles paroles prononcées plus tard par le général Victor Broglie, lorsqu'il monta sur l'échafaud, attestent ses sentiments patriotiques et libéraux.

Le directoire des Vosges requit toutefois le district de

Bourbonne de s'emparer de Broglie et transmit copie de ses délibérations au conseil général du Bas-Rhin. Quand cet ordre arriva, Broglie était arrêté depuis la veille et tranféré à Langres. Enfin, le 15 octobre, le comité de sûreté générale de la Convention ordonna la mise en liberté de Victor Broglie. Comme aucun fait n'était venu corroborer les soupçons élevés contre Desaix et que son général était déclaré indemne, le conseil général des Vosges prononça aussi, à l'unanimité, le 25 octobre, la mise en liberté de Veygoux. Il avait subi six semaines de détention.

Cet incident fait bien voir quelle tournure prenaient alors les esprits et comment le soupçon, la défiance, puis la haine prirent insensiblement dans les idées la place de la confiance et de la fraternité qui animaient auparavant tous les cœurs. Une sorte de fureur à Paris, de colère sourde en province, succédaient aux pacifiques et généreuses aspirations du début de la Révolution. Trompé dans son espoir d'une Constitution fidèlement observée par tous, aigri par la trahison ou l'incapacité qui, en quelques jours, précipitaient sur le territoire français les soldats autrichiens et prussiens appelés au secours de Louis XVI, le peuple faisait succéder à ses enthousiasmes de la veille, non l'abattement, mais une sorte de rage patriotique qui, à travers trop d'excès, devait enfanter des merveilles et sauver le pays.

Jusqu'à ce jour, les événements révolutionnaires dans les Vosges n'avaient présenté aucun caractère de vengeance ou de violence. On avait accueilli avec la joie calme, traditionnelle dans cette région, les idées nouvelles et les changements apportés dans le gouvernement.

Mais cette adhésion, très sincère et très vive, n'avait jamais revêtu, et pour cause, le caractère d'une revanche sur le passé, ni de représailles contre les personnes.

Mais lorsque, placé à l'avant-garde, le département se sentit menacé, que chaque jour fondaient sur lui les mauvaises nouvelles et les charges qui en résultaient, les esprits, même les plus modérés, les plus inébranlablement attachés aux lois, les plus désireux du bon ordre, se sentirent résolus aux mesures décisives seules capables de préserver la nation au milieu des embûches de toute sorte dans lesquelles elle se débattait.

Le premier effet de ces dispositions nouvelles ne s'attaqua qu'aux choses et aux marques extérieures de l'ancien régime respectées jusqu'alors. Le 21 septembre, à l'heure même où la Convention se réunissait aux Tuileries et proclamait la République, on rassemblait dans la cour du collège d'Épinal les anciens titres de noblesse ou de propriété qui provenaient des ci-devant chapitres d'Épinal, de Remiremont, de l'Étange, de Poussay, de Saint-Dié, et là, en présence des autorités, on les livrait aux flammes.

Cinq jours après, le 26 septembre, les décrets de la Convention qui abolissaient la royauté et proclamaient la République, parvenaient à Épinal et y causaient la plus vive animation. Le conseil général se réunit aussitôt sous la présidence de Fricot, élu président du département, l'avant-veille, par 17 voix sur 21, en remplacement de Perrin, parti depuis le 10 pour Paris. Le district d'Épinal ayant à sa tête son président, l'abbé Genay, curé de Deyvillers, son vice-président, de Rozières, son procureur-syndic, Clément; la municipalité conduite par le maire Guilgot et le procureur de la commune Marchal; le tribunal du district représenté par les juges Dagobert Vosgien, Jacques Perrin, Miquel, Bruillard et le commissaire de l'exécutif, Poirson; l'état-major de la garde nationale, Cléver, chef de légion, Thiéry et Marchand, adjudants, et les chefs de bataillon Brocard et Robinot; toutes les autorités, en un mot, vinrent se grouper autour du conseil général. La garde nationale, la gendarmerie et le 17e cuirassiers recevaient au même moment l'ordre de se mettre en armes et de se rendre à l'église paroissiale. Le conseil général, environné des autorités, s'y rendit ensuite, escorté par la compagnie des vétérans; le plus âgé de ceux-ci portait, au premier rang, la bannière de la fédération. Une foule de citoyens étaient accourus sur leur passage et avaient pénétré dans l'église. Le président du département se plaça au milieu du chœur et prononça un discours très sévère pour Louis XVI, où il rappelait tout ce que le roi avait fait pour empêcher l'établissement d'une Constitution et préparer l'invasion. Après lui, le vice-procureur-général-syndic, Dubois, lut à haute voix le décret qui proclamait l'abolition de la royauté. Des applaudissements chaleureux l'interrompirent; l'assemblée tout entière adhérait à cet acte de justice. Les applaudissements redoublèrent lorsque Dubois proclama la République comme le gouvernement de la France. Pas une protestation ne se fit entendre, même de la part des plus timorés. Le président Fricot lut ensuite la formule du serment que tous les assistants prêtèrent avec enthousiasme, au milieu des acclamations.

De retour dans la salle de ses séances, le conseil général notifia aussitôt à la Convention l'adhésion que la population entière donnait à ses décrets et communiqua ces faits aux districts et municipalités du département.

Peu de jours après, le district de Neufchâteau annonçait la victoire de Valmy et les succès de Dumouriez qui venaient entourer d'une auréole de gloire le berceau de la République. Quand la nouvelle des triomphes du général Montesquiou en Savoie parvint à Épinal, le 14 octobre, la joie ne connut plus de bornes. On crut le danger à jamais disparu et la patrie sauvée. La lecture des dépêches se fit avec une certaine pompe en présence des autorités, et l'on décida qu'une fête civique serait organisée pour célébrer ces belles victoires. Le soir même, au bruit du canon, au son des cloches, les rues de la ville s'illuminèrent spontanément, pendant que des groupes joyeux les parcouraient en chantant les couplets guerriers de « la Marseillaise ».

C'est le 21 octobre qu'eut lieu la fête; elle commença par une distribution de 1,000 livres de pain aux indigents. Puis, au bruit des détonations de l'artillerie, les autorités se rendirent au champ de la Fédération, où l'autel de la Patrie, toujours debout, attestait l'espoir et les efforts des citoyens. On y apporta les titres généalogiques extraits des archives des ci-devant chapitres, épargnés jusqu'alors, et le feu les consuma comme ceux déjà brûlés un mois auparavant.

A 3 heures de l'après-midi, quand la fête patriotique était dans tout son entrain, on reçut la nouvelle du siège de Lille et de l'héroïsme des habitants de cette ville. Une adresse de félicitation fut aussitôt rédigée à ces

« généreux défenseurs de la chose publique ». La fête s'acheva, comme le 14, par une illumination générale, des chants et des danses patriotiques.

L'espoir renaissait dans les cœurs ; le sol de la patrie était libéré des hordes étrangères et si les jeunes bataillons des Vosges n'avaient pas concouru à ce résultat si prompt et si inespéré, l'ardeur qui les animait avait dû être pour la vieille armée de Kellermann, victorieuse à Valmy, un encouragement en même temps qu'un gage des volontés de la nation « de mourir plutôt que de redevenir esclave ».

Bientôt une détente s'opéra ; Biron put envoyer en congé un certain nombre de volontaires qui vinrent aider leurs parents aux travaux des champs. Les ordres donnés pour l'examen des lettres suspectes étaient rapportés, le danger n'existant plus. Seules les mesures prises contre les prêtres insermentés étaient maintenues. Plusieurs, internés à Épinal, demandèrent à retourner chez eux ou sollicitèrent des congés prolongés ; on refusa de délibérer sur leurs pétitions. Il en fut de même pour le décret qui exigeait des parents d'émigrés les frais d'habillement d'un volontaire à leur charge ; on en fixa le prix à 184 livres 19 sous. Quant aux piques, à ce qui restait de poudre et de munitions, on les distribua entre les districts où la pénurie d'armes continuait à se faire sentir.

Le 11 novembre, d'après les ordres de la Convention, les électeurs renouvelaient complètement l'administration du département. Le nouveau conseil général entrait en fonctions le 10 décembre; Fricot, président du directoire sortant, lui présentait les hommages de l'ancienne administration et recevait les remerciements de Krantz, doyen d'âge, et de François de Neufchâteau, parlant au nom du nouveau conseil.

Les élections faites le 11 novembre, à Saint-Dié, amenaient siéger au conseil général un grand nombre d'hommes nouveaux, pleins d'ardeur et de patriotisme, et qui, sans regrets pour un passé qui venait de succomber sous le poids de ses crimes, acceptaient résolument le nouvel ordre de choses avec toutes ses conséquences et se montraient disposés à tous les sacrifices pour le défendre. Le choix de François de Neufchâteau, élu président du département par 20 voix sur 24, et de Dieudonné, élu vice-procureur-général-syndic, indiquaient nettement ces tendances.

Les membres de la nouvelle administration du département étaient :

Jaussaud (François-Alexandre), administrateur sortant réélu.

Benoist (Pierre-François), administrateur sortant réélu.

Bigotte (Joseph), maire de Punerot, ex-administrateur du district de Neufchâteau.

Leroux (Charles-Benoit), officier de santé à Dombrot-le-Sec.

Poirson (Joseph-Étienne), homme de loi et notaire, ex-accusateur public près le tribunal d'Épinal.

Dieudonné (Christophe).

Claudel (Antoine-Benoit), administrateur sortant réélu.

Gérardin aîné (Joseph), laboureur, maire de Biarville, à Étival, ex-administrateur du district de Saint-Dié.

Flayeux (Jean-Baptiste), à Fraize.

Papigny (Nicolas-François-Armand), juge au tribunal du district de Mirecourt.

Rovel (Jean-Baptiste), juge de paix à Bertrimoutier.

Guyot (Claude-Joseph), médecin à Dompaire.

Didier (Dominique), notaire à Granges, ex-administrateur du district de Bruyères.

Gouvernel (Nicolas-Victor)[1], administrateur du district de Mirecourt, à Charmes.

Krantz (Nicolas)[2], fabricant de papier à Docelles.

Cléver (Charles), juge au tribunal du district d'Épinal.

Falatieu (Joseph)[3], maître de forges à Bains.

Fleurant (François), administrateur sortant réélu.

Jacquin (Ignace), juge de paix à Monthureux-sur-Saône.

Quinot (Claude), administrateur sortant réélu.

Géhin (Jean), procureur de la commune de Ventron, à Cornimont.

François de Neufchâteau.

Durand (Nicolas), négociant et notable à Remiremont.

Didelot (Claude)[4], juge de paix de Girancourt, à Reblangotte.

Lecoanet (Antoine), juge de paix de Pouxeux, à Éloyes.

Michel (Jacques), laboureur à Viménil.

---

[1] C'est le grand-père du député des Vosges sous la monarchie de Juillet.

[2] C'est l'aïeul de la nombreuse et belle dynastie des Krantz qui a fourni tant d'hommes éminents dans diverses carrières.

[3] Falatieu (Joseph) était né en 1765. Il avait fait preuve de patriotisme comme maître de forges à Bains. Chef de légion de la garde nationale du district de Darney, il fut nommé, le 19 mai 1793, général commandant en chef les gardes nationales des Vosges, tout en restant administrateur du département. Député des Vosges sous l'empire, il fut créé baron de l'empire, décoré, et fut encore membre de la Chambre des représentants en mai 1815. Député libéral sous la Restauration et la monarchie de Juillet, membre et président du conseil général des Vosges, Falatieu mourut à Bains le 23 octobre 1840. Le portrait que nous donnons de lui date de 1822.

Un de ses fils a été représentant des Vosges à l'Assemblée constituante de 1848 et est aujourd'hui retiré à Pont-du-Bois (Haute-Saône).

[4] C'est le père du magistrat-député des Vosges sous la monarchie de Juillet, dont la veuve vient de mourir (juillet 1884).

Humbert (Nicolas), administrateur sortant réélu.

Hingray (Nicolas), avoué à Remiremont.

Lecomte (Nicolas), maire de Padoux, à Rambervillers.

Martel (Jean-Claude), notaire à Châtel.

Braux (Georges), juge de paix à Sainte-Hélène.

Pougny (Nicolas-Joseph)[1], juge de paix à Liffol-le-Grand.

Pettelot (Jean-François), négociant et commandant le bataillon de garde nationale à Damblain.

Joly (Nicolas), administrateur sortant réélu.

Drouot (Charles-François), maire et officier municipal de Martigny-lès-Lamarche.

Perrin (Claude-François), homme de loi à Lamarche.

C'était, pour employer une expression de nos jours, l'entrée des « nouvelles couches » dans les affaires publiques. Sept membres de l'ancienne administration seulement avaient, on le voit, été réélus. Deux autres, François de Neufchâteau et Dieudonné, qui avaient fait partie de celle de 1790 et n'avaient pas été réélus en 1791, revenaient y prendre place. Quant aux 27 autres, ils s'étaient presque tous fait remarquer par leur empressement patriotique et la vigueur de leur caractère. Plusieurs avaient exercé d'importantes fonctions, tels que Cléver et Falatieu, chefs de légion de garde na-

---

[1] Pougny (Nicolas-Joseph), né le 6 décembre 1760 à Liffol-le-Grand, en fut élu juge de paix en 1790 ; administrateur du département en 1792, il devint, en 1793, procureur-syndic du district de Mouzon-Meuse (Neufchâteau), puis, le 15 octobre 1795, juge au tribunal civil des Vosges ; en avril 1798, il redevint administrateur, puis commissaire du Directoire près le district de Neufchâteau. A l'organisation de mars 1800, il fut le premier sous-préfet de l'arrondissement de Neufchâteau. Député des Vosges au Corps législatif sous l'empire, il est mort à Neufchâteau le 1er octobre 1842.

tionale, Poirson, ancien accusateur public, ou, comme Krantz et Gouvernel, occupaient dans le département une situation prépondérante par leur fortune ou leur industrie.

Un d'entre eux, Perrin, était cependant un adversaire résolu du nouvel ordre de choses et l'on s'explique peu son élection. Membre du district de Lamarche, il avait, par son attitude très royaliste, donné lieu à de nombreuses critiques. Élu au conseil général, il ne vint pas siéger et ne donna même aucun motif. Comme des soupçons s'étaient élevés contre lui à cause de sa conduite passée, ses collègues demandèrent au district de Lamarche s'il était impliqué dans quelque procédure à raison de son administration antérieure, si les soupçons dont il était l'objet étaient fondés, s'il s'en était justifié, si enfin on pouvait le conserver au conseil général. On dut prononcer sa radiation. Quant à Hingray, au bout de quelques mois, il donna sa démission de membre du directoire et du conseil général.

Les administrations et les tribunaux de district avaient été également renouvelés. Dans presque tous, les électeurs avaient éliminé ceux des administrateurs et des juges que leur passé rattachait aux anciennes institutions et qui ne leur paraissaient pas offrir les garanties d'un dévouement absolu et sans réserves à la République. Le président du district d'Épinal, l'abbé Genay, qui avait fait si souvent profession de patriotisme, ne fut pas réélu à cause de sa qualité de prêtre. Trois anciens administrateurs du département furent nommés : Ch. Pettelot, président (ou premier juge) du tribunal de Darney; Bastien, vice-président du district de Lamarche, et Malhorty, vice-président du district de Rambervillers. Joseph Mengin, l'ancien député à la Législative, fut nommé procureur-syndic du district de Saint-Dié et Petit-Mengin, parent de l'ex-constituant, receveur du district de Remiremont.

Tous cependant étaient des hommes modérés, et s'ils accentuaient leurs idées dans le sens de la Révolution, ils ne devaient jamais en partager les violences et surent se préserver de tous excès.

CHAPITRE VIII.

La défense nationale. — Adresse du conseil relative à la mort de Capet. — Appel de 300,000 hommes; empressement des volontaires; les Vosges ont, pour la seconde fois, « bien mérité de la Patrie ». — Mission des représentants Perrin et Roux. — La principauté de Salm réunie au département des Vosges; mission des représentants Goupilleau de Montaigu, Michel et Couthon. — Falatieu est nommé général commandant en chef des gardes nationales des Vosges. — Chute des Girondins. — Tentatives de fédéralisme; Dieudonné les empêche. — Application des lois sur les prêtres insermentés; arrestations de suspects à Saint-Dié et Épinal; nouveaux troubles à Châtel et à Saint-Remy. — Le tribunal criminel des Vosges; condamnations à mort et exécutions à Mirecourt. — Condamnations de Vosgiens au tribunal révolutionnaire de Paris; acquittements. — Suppression des signes du fanatisme et de la féodalité. — Changement des noms des communes: Neufchâteau devient Mouzon-Meuse, etc. — Constitution de 1793; fête à Épinal pour son acceptation.

Le premier soin de la nouvelle administration fut d'envoyer à la Convention une adresse d'adhésion à ses décrets et de dévouement à la République. Le conseil général n'était pas le seul dans ces sentiments, car les administrateurs du district d'Épinal étant venus le saluer, l'un d'eux, Haustète, constatait que « l'incivisme du plus grand nombre des corps constitués avait rendu le renouvellement nécessaire », mais que l'œuvre était faite.

On en eut la preuve quelques jours après, lorsque le conseil général examina les comptes de l'ancienne administration présentés, le 13 décembre, par Fricot. Ils furent approuvés sans observations et le président François de Neufchâteau, en remerciant ses prédécesseurs et en les complimentant sur la façon vraiment remarquable dont ils avaient rempli leur tâche, terminait son discours par cette réflexion caractéristique : « Quelle grande leçon un roi recueillerait de ces faits, si un roi pouvait être un homme! »

L'adhésion fut plus éclatante encore lorsque, le 3 janvier, une députation de la Société des amis de la Liberté et de l'Égalité d'Épinal, composée de son président, Poirson, et des secrétaires, Thiébaut, Pellet, Douville et Drouot, vint déclarer que les citoyens de la ville prenaient l'engagement de voler à la défense des représentants de la nation, de combattre les factieux de tout genre et invitaient tous les citoyens des Vosges à les imiter. La Société donnait, en outre, lecture d'une adresse en ce sens qu'elle envoyait à la Convention et le président la félicitait de ses sentiments. A la suite de cette démarche le conseil général décrétait que l'on formerait un corps de 200 hommes pour se rendre à Paris et s'y mettre à la disposition de la Convention; les citoyens munis d'un certificat de civisme y seraient seuls admis et recevraient une indemnité de 20 sous par jour, plus 5 sous par lieue pour le voyage. Le 9, Falatieu partait pour Paris, « où sa présence est indispensable », dit le procès-verbal des séances; mais il y a tout lieu de croire qu'il allait y remplir quelque mission, soit auprès de la Convention, soit auprès des représentants des Vosges.

La nouvelle de l'exécution de Louis XVI, parvenue le 28 janvier, ne provoqua aucune protestation, ni adhésion; la plupart des membres du conseil général étaient d'ailleurs déjà retournés chez eux, et le 30 janvier la session, déclarée permanente le 18, à cause du danger de la patrie, était close définitivement. Cela n'empêcha pas toutefois les jacobins de Neufchâteau d'envoyer à la

Convention une adresse de deuil sur l'assassinat du représentant Lepelletier Saint-Fargeau.

On pouvait respirer. Les victoires de Dumouriez et de Custine venaient en effet d'éloigner pour quelque temps les dangers d'invasion. Le 15 février, c'est-à-dire tardivement, le directoire du département, présidé par François de Neufchâteau et composé de Benoist, vice-président, de Jaussaud, Bigotte, Hingray, Leroux, Poirson, Dieudonné et Claudel, membres, se décidait à envoyer à la Convention une adresse « relative à la mort de Capet », où il approuvait la Convention pour cet acte de justice, mais en ajoutant cette réserve déguisée ou plutôt cet avertissement, que, « si la tyrannie était abattue, les factions subsistent ». L'adresse se terminait par la demande d'une Constitution. Les esprits, sur ce point, étaient, on le voit, indécis et les représentants des Vosges à la Convention reflétaient bien cet état général de l'opinion, puisqu'ils se divisèrent dans leurs votes sur le procès du roi ; trois, Poullain-Grandprey, Perrin et Souhait, avaient voté la mort ; trois, Balland, Couhey et Bresson, la détention et le bannissement ; les deux autres s'étaient abstenus, Noël volontairement, Hugo par maladie.

On allait rentrer du reste dans la série des mesures militaires de défense nationale provoquées par la défaite, puis la trahison de Dumouriez, et par la retraite de Custine, où le quatrième bataillon des Vosges avait été complètement détruit ou fait prisonnier, le 30 mars, sous les murs de Francfort.

Déjà le général Custine avait réclamé 2,467 hommes pour compléter l'effectif des bataillons des Vosges et la commune de Gérardmer avait déjà offert trois hommes, à chacun desquels elle donnait 150 fr. pour leur équipement, en réponse aux réclamations. Les représentants Haussmann[1], Merlin de Thionville et Reubell, en mission aux armées du Rhin, des Vosges et de la Moselle, réquisitionnaient, depuis Strasbourg où ils se trouvaient, les biens d'émigrés pour les affecter à l'alimentation et à l'habillement des troupes. La Convention décrétait le 20 février 1793, sur le rapport de Dubois-Crancé[2] un appel de 300,000 hommes pour combler les vides de l'armée.

Le 4 mars, le directoire prenait un arrêté prescrivant la levée de 1,510 hommes, et il était obéi avec empressement ; il décerna même des éloges publics au district et à la municipalité de Bruyères pour le zèle qu'ils avaient déployé. Le curé Sébille s'était fait tout particu-

---

[1] Haussmann (Nicolas), né à Colmar en 1761 ; manufacturier au Logelbach, puis négociant en toiles à Versailles, fut député de Seine-et-Oise à la Législative et réélu à la Convention. Employé dans l'administration des vivres de l'armée, il se retira à Chaville, près de Versailles, en 1808, devint maire de ce petit village et y mourut le 21 janvier 1846. C'est l'aïeul du fameux baron Haussmann, préfet de Paris sous le second empire.

[2] Dubois de Crancé (Edmond-Louis-Alexis, marquis de), né à Charleville (Ardennes) le 17 octobre 1747, avait été successivement mousquetaire, écuyer du roi, lieutenant des maréchaux de France. Député du bailliage de Vitry-le-François aux États généraux en 1789, il se rangea parmi les partisans de la Révolution. Maréchal de camp en 1791 et administrateur du département de la Seine, il fut élu député à la Convention par les Ardennes, le Var et les Bouches-du-Rhône. Il dirigea les opérations militaires pour reprendre Lyon aux insurgés. Général de division le 21 octobre 1793, il fut membre du Conseil des Cinq-Cents et ministre de la guerre, du 14 septembre au 10 novembre 1799. Proscrit au 18 brumaire, il ne se rallia jamais à Bonaparte. Il mourut à Rethel (Ardennes) le 29 juin 1814. Le colonel Jung a consacré une grande et remarquable étude historique à cette belle figure militaire et civique de Dubois-Crancé.

lièrement remarquer à cette occasion. Il n'en était pas de même à Bulgnéville, où le maire et une partie des habitants affectaient le plus grand incivisme. Le conseil général de la commune avait suspendu le maire et convoqué les électeurs. Le maire destitué fut choisi comme président de l'assemblée électorale. Le directoire des Vosges intervint alors pour interdire l'élection des fonctionnaires suspendus.

Mais on devait revoir bientôt les jours de « la Patrie en danger ». Le 9 avril, on recevait l'odieux manifeste du général Dumouriez qui venait de passer à l'ennemi et on prenait aussitôt les mesures nécessaires. Le 12 avril, le conseil général, convoqué par décret du 18 mars, reprenait ses séances et se déclarait en état de permanence à cause du danger de la patrie.

Le président François de Neufchâteau était absent ; il était depuis plusieurs semaines parti pour Paris, où il devait peu après être emprisonné pour ses écrits[1]. Benoist fut élu vice-président par acclamation et l'on créa aussitôt un comité militaire de surveillance dont firent partie Cléver, Quinot, Pougny, Guyot, Krantz et Martel. Le surlendemain, en présence de toutes les autorités, Benoist proclamait dans un discours le danger de la patrie, et sur la proposition de Dubois, vice-procureur-général-syndic, les autorités unies aux membres du conseil général juraient « une haine implacable aux tyrans, le ralliement constant à la Convention, la soumission aux lois et de maintenir jusqu'à la mort la République, une et indivisible ». L'assistance tout en-

---

[1] Voir sa biographie détaillée à la fin du volume.

tière était debout, les bras tendus pour prêter le serment ; le plus vif enthousiasme patriotique animait tous les cœurs ; la foule innombrable des citoyens accourue dans la salle des séances acclamait les autorités et prêtait aussi le serment. On n'entendait que les cris de : Vive la liberté ! Vive la République ! qui, proférés avec une sorte de fureur patriotique, ébranlaient l'air. Ce peuple, si calme, si paisible, se dressait devant le danger et montrait la même ardeur belliqueuse que les bruyantes populations méridionales. C'est à juste titre que Poullain-Grandprey disait à la Convention, le 12 avril, qu'Épinal entier s'était levé et avait pris les armes en apprenant la trahison de Dumouriez.

La même scène se reproduisit dans chaque district, dans chaque commune et une adresse rédigée séance tenante alla porter à la Convention les résolutions inébranlables des citoyens des Vosges de rester fidèles à la Convention et de mourir plutôt que de laisser succomber la République.

Une adresse aux citoyens du département leur apprenait « la trahison infâme de Dumouriez », et on votait la création d'un comité permanent de surveillance composé d'un membre de chacun des trois corps constitués. A côté de ce comité, on prescrivait à Clovis, chef de la légion de Saint-Dié, à d'Herbel, commandant le bataillon de Charmes, tous deux anciens militaires, à l'ingénieur Navière et au juge Perrin de se concerter pour examiner quelles mesures de sûreté il convenait d'établir dans le département.

L'évêque Maudru et ses curés-doyens vinrent aussi mêler leurs voix à celles des patriotes. Maudru se félicita d'avoir pu, avec l'aide de l'administration, préserver le département des maux que l'aristocratie et le fanatisme ont causés dans plusieurs autres départements. Puis les curés prêtèrent serment et Maudru ajouta que ce serment contenait l'expression des sentiments de tout son clergé dont il était ici l'organe. C'était un langage vraiment digne et patriotique et c'est grâce à cette loyale attitude de l'évêque que les Vosges purent conjurer les malheurs religieux qui désolèrent tant d'autres départements.

L'enthousiasme patriotique était d'ailleurs général, et tel qu'aucune autre partie du territoire français n'en pouvait offrir d'exemple. Aussi, ces efforts furent-ils récompensés, par le succès plus tard, mais d'abord par cette mention civique, simple et grandiose, que le département avait déjà obtenue : « Les Vosges ont bien mérité de la Patrie. »

C'est le 27 mars que Poullain-Grandprey faisait à la tribune le récit de la manière dont les Vosges avaient exécuté la loi sur la levée des 300,000 hommes, cette loi qui fut l'origine et le prétexte de la révolte de la Vendée, et la Convention à l'unanimité décidait que, pour la seconde fois, les Vosges avaient bien mérité de la patrie.

D'ailleurs ce zèle, cette ardeur patriotique, entretenus sans cesse par les autorités et par les sociétés populaires, étaient réchauffés de temps à autre par la venue de quelques-uns de ces représentants en mission qu'on a pu ou railler ou maudire, mais qui n'en portèrent pas moins dans tous les recoins du territoire la flamme patriotique qui les embrasait, secouèrent de coupables inerties, surent faire jaillir partout, par leur parole ardente ou leur vigueur, des hommes, des chefs, des millions et sauvèrent enfin la patrie!

Ceux qui traversèrent le département des Vosges n'eurent, du reste, pas l'occasion de faire étalage de l'énergie sanglante que beaucoup de leurs collègues jugèrent nécessaire; ils remanièrent dans tel ou tel sens le personnel des administrations, aiguillonnèrent la fibre patriotique; mais ils obtinrent, plutôt de bon gré que de force, les hommes, les grains, les armes, les fourrages qu'ils devaient réquisitionner pour nos soldats, et ils n'eurent jamais à recourir aux moyens violents, qu'il n'eût pas fallu hésiter à employer dans un pareil moment, tant la population vosgienne fut prompte à satisfaire à toutes leurs demandes et disposée à tous les sacrifices.

Le 26 mars, les représentants Perrin et Roux (de la Haute-Marne)[1] arrivaient à Épinal, chargés par la Convention de presser la levée des 300,000 hommes.

Le directoire convoqua toutes les autorités pour aller présenter leurs hommages aux deux représentants du peuple, dont l'un était un enfant du pays et avait été président du département. Ils se rendirent à la maison où étaient descendus les représentants et leur offrirent, avec leurs félicitations, leur concours le plus

---

[1] Roux (Louis) était né en 1759. C'était un prêtre, curé d'un village de la Haute-Marne, qui avait prêté le serment civique. Il fut élu député à la Convention par la Haute-Marne et vota la mort du roi. Après la session conventionnelle, il devint sous-chef de bureau au ministère de l'intérieur, puis archiviste au ministère de la police. Proscrit en 1816 comme régicide, il se réfugia en Belgique et y mourut, peu après, à Huy, près de Liège, le 22 septembre 1817.

dévoué. Perrin et Roux se placèrent à la tête de la députation qui se mit en marche pour le collège, où les représentants assistèrent à la séance du directoire. Le lendemain, ils poursuivaient leur route.

En même temps qu'eux, et même un peu avant eux, d'autres représentants du peuple se trouvaient en mission dans les Vosges. C'étaient Goupilleau de Montaigu et Michel [1], auxquels fut adjoint peu après le fameux Couthon ; ils étaient chargés de présider à la réunion à la France de la principauté de Salm [2] qu'un décret de la Convention du 2 mars 1793, « sur le vœu librement émis par le peuple souverain », avait déclaré faire provisoirement partie du département des Vosges.

Ce petit pays, enclavé au milieu de la France, était par ses sentiments et ses relations autant que par sa situation tout désigné pour entrer dans la République française. Bien plus, il souffrait beaucoup de cette neutralité forcée, alors que placé à la frontière la plus menacée, on était contraint de le traiter comme un ennemi

---

[1] Goupilleau (Philippe-Charles-Aimé) était né à Montaigu (Vendée) le 19 novembre 1749 et y fut notaire et homme de loi. Procureur-syndic du district de Montaigu en 1790, il fut élu en 1791 député à l'Assemblée législative et réélu en 1792 à la Convention avec son cousin Goupilleau de Fontenay, l'ex-constituant. Tous deux votèrent la mort du roi. Sous l'empire, ils vécurent à l'écart. Goupilleau de Montaigu mourut dans sa ville natale le 1er juillet 1823.

La biographie de Michel est dans la notice sur les *Conventionnels*, à la fin du volume.

[2] M. Chevreux, l'... dit archiviste du département des Vosges, prépare la publication d'un récit détaillé et fort curieux de l'annexion de Salm à la France. Il a bien voulu en communiquer le manuscrit à l'auteur, qui engage vivement ses lecteurs à lire cette intéressante brochure.

et de lui refuser tout subside. Nous avons vu déjà en effet les difficultés qui s'étaient élevées au sujet de l'enlèvement des grains sur le marché de Raon.

Le souvenir de Voltaire, qui avait passé de longs jours auprès de Dom Calmet, le savant abbé de la riche abbaye de Senones, était resté vivant dans le pays et ne contribuait pas peu à aiguiser les sentiments libéraux et patriotiques. Le parti français n'était pas seulement la majorité, mais l'unanimité des habitants. Le prince de Salm lui-même, qui résidait à Paris, s'était jeté à corps perdu dans le mouvement révolutionnaire et de son joli hôtel du quai d'Orsay [1] il commandait militairement à tout le faubourg Saint-Germain, dont la garde nationale l'avait choisi pour chef. Plusieurs jeunes gens de Senones étaient partis avec les volontaires des Vosges, entre autres Achille Derivaux qui devait devenir colonel.

On conçoit que dans de telles conditions l'annexion à la France du pays de Salm, de l'Ober-Salm [2] ou Haut-Salm pour parler plus exactement, n'était plus qu'une question de jours.

Dans les derniers jours de décembre 1792, le 22, le corps municipal de Senones, réuni à l'Hôtel de ville, avait décidé l'envoi à Paris de vingt députés pour réclamer la libre circulation des grains sur leur territoire; ils avaient mission également de tâter la Convention sur les chances d'une demande d'incorporation à la

---

[1] Aujourd'hui le palais de la grande chancellerie de la Légion d'honneur, incendié en mai 1871 et reconstruit sur le même plan.
[2] Le Bas-Salm ou Nieder-Salm était aux confins des provinces de Liège et de Luxembourg et avait Salm pour chef-lieu.

France. Le chef du mouvement était Joseph-Augustin Tisserant.

Quelques malintentionnés le menacèrent par lettres anonymes, mais il tint bon, et les délégués partirent.

Par son décret du 15 février, la Convention réunissait à la France la principauté de Monaco et plusieurs communes qu'elle incorporait dans la Moselle, la Meurthe ou le Bas-Rhin. Mais l'article 7 de ce décret portait qu'il n'y avait pas lieu à délibérer sur la pétition de plusieurs citoyens de la principauté de Salm, « tendant à ce qu'il fût fait en faveur de ce pays exception au décret du 8 décembre 1792 concernant l'exportation des grains ».

La réponse était catégorique et ne laissait d'autre alternative qu'une réunion pure et simple à la France. Les citoyens de Senones ne demandaient pas mieux et se mirent aussitôt en devoir d'y réussir.

Le 21 février 1793 était le jour fixé pour en terminer avec les préliminaires et adresser la demande formelle de réunion à la France. A 8 heures du matin, 238 électeurs[1] de la communauté de Senones se réunissaient à l'Hôtel de ville sous la présidence du maire Pierre Mazereau et du syndic Jean-Baptiste Géhin. Les principaux notables de la ville étaient là : le sculpteur Pierre-Joseph Granddemange, l'homme de loi Nicolas-Christophe Géhin, Jean-François-Augustin Grelot, aussi homme de loi, le boucher Christian-François Desbains, Gœury, Nicolas Siméon, Jean Stouls, Joseph Comond, François Tisserant, Pierre Dennery, Jean-Joseph Jean-

---

[1] Sur 270 qu'elle comptait en totalité.

del, etc., etc. Tous étaient d'accord ; aussi le débat fut-il fort court et rédigea-t-on rapidement la délibération dont l'extrait suivant donne une idée exacte :

..... « Considérant la position topographique de cette ville relativement à la France, la nécessité d'un commerce libre avec nos voisins ; considérant enfin que notre existence tient essentiellement à notre union et à nos rapports avec la nation française si digne de l'amour de ses voisins par sa philanthropie et son attachement aux principes sacrés et inaliénables de la liberté et de l'égalité qui nous sont également chers » ; à l'unanimité on décidait qu'il était « utile et urgent de solliciter près de la Convention la réunion de la ville de Senones à la France pour faire désormais partie intégrante de la République française ».

Plusieurs communes de la terre de Salm avaient déjà exprimé des vœux analogues ; d'autres suivaient. Il fallait coordonner ces efforts et agir de concert. Une assemblée générale fut convoquée à Senones pour le samedi suivant et Senones nomma son maire, son syndic et quatre électeurs pour l'y représenter. Le résultat de cette assemblée fut l'envoi d'une adresse collective à la Convention nationale.

Avant d'accepter ce vœu si clairement exprimé, la Convention entendit le rapport de son comité diplomatique et enfin, le 2 mars, le même jour où elle décrétait la réunion de Gand à la France, elle décrétait également que « la ci-devant principauté de Salm était réunie au territoire de la République française ». Les administrations, municipalités et tribunaux devaient continuer provisoirement leurs fonctions jusqu'à leur remplacement par d'autres autorités organisées conformément aux lois générales de la République. Deux commissaires, pris dans le sein de la Convention, devaient se rendre sur-le-champ à Senones, « à l'effet d'y prendre les mesures nécessaires pour l'exécution des lois ; d'y établir la libre circulation du commerce avec les départements voisins et enfin de recueillir et transmettre à la Convention tout ce qui peut lui servir à déterminer dans le plus bref délai possible le mode d'incorporation de la ci-devant principauté ».

Le 3 mars, Goupilleau aîné et Michel, ce dernier enfant du pays, né dans la vallée de Celles, étaient désignés ; le 7, Couthon[1] demandait à partir avec eux et la Convention l'y autorisait. En attendant leur arrivée, le directoire des Vosges prenait en quelque sorte possession du pays. Le 8 mars, il ordonnait que les scellés seraient apposés sur la maison des bénédictins de Senones et sur les caisses publiques ; puis il décidait la formation à Senones d'une brigade de gendarmerie.

Le 15, les trois représentants du peuple avec leur secrétaire, J. Antoine, arrivaient à Senones, et le 19, le directoire envoyait deux de ses membres, Poirson et Dieudonné, pour les saluer et faciliter leurs opérations.

---

[1] Couthon (Georges), né à Orcet (Puy-de-Dôme) en 1756, était avocat à Clermont-Ferrand. Il était demeuré paralysé des jambes fort jeune à la suite d'une histoire romanesque. Président du tribunal du district de Clermont en 1790, il fut élu député en 1791 à l'Assemblée législative et s'y fit remarquer parmi les plus solides montagnards. Réélu à la Convention, il se fit l'ami, le collaborateur de Robespierre. Il réprima avec fermeté l'insurrection royaliste de Lyon. Il fut guillotiné, le 10 thermidor, avec Robespierre et Saint-Just (le 28 juillet 1794).

Les représentants furent reçus, comme on le pense, avec de véritables transports de joie et leur mission put s'effectuer sans la moindre résistance. Le 15 mars, Joseph Balland, homme de loi, François Devique, négociant, et Jean-Joseph Jeandel, délégués à cet effet, faisaient remise des sceaux et marteaux de la ci-devant principauté aux représentants du peuple. Un mois plus tard toutes les communes prêtaient le serment civique et l'incorporation à la France était un fait accompli. Les Vosges comptaient un dixième district. Il fut divisé en cinq cantons le 21 juin ; les chefs-lieux étaient Senones, le Puids, Plaine, Grandfontaine et Allarmont. Ces cantons, trop nombreux pour un si faible territoire, étaient trop petits et l'on en reconnut bientôt les inconvénients. La garde nationale ne put s'y organiser que difficilement.

C'est au milieu des circonstances les plus critiques que les habitants de l'ex-principauté de Salm venaient ainsi se mêler à la vie politique de la France. Partout, au nord comme aux Pyrénées et sur la Méditerranée, sur le Rhin comme en Vendée, les frontières de la République, assaillies par des milliers d'ennemis, étaient prêtes à se rompre et à livrer passage aux flots de l'invasion. Toulon était au pouvoir de l'ennemi ; l'Anjou et Lyon en pleine insurrection ; partout les armées en déroute battaient en retraite. Le département des Vosges ne se déconcerta point. Le directoire décrétait le 26 avril que tout citoyen en état de porter les armes était en réquisition permanente. Une nouvelle organisation de la garde nationale devait se former ; les compagnies de grenadiers étaient supprimées ; les citoyens de plus de 50 ans eux-mêmes étaient requis pour former des compagnies de vétérans. Des instructeurs d'artillerie, fournis par les généraux, exerçaient les gardes nationaux aux manœuvres du canon.

Enfin, pour donner une impulsion unique à l'action de la garde nationale, la Convention décréta qu'un commandant en chef serait élu, dans chaque département, par les chefs de légion et leurs adjudants généraux.

C'est le 19 mai 1793, à 5 heures du soir, que devant le conseil général, le district et la municipalité d'Épinal, le tribunal, la gendarmerie et la garde nationale, eut lieu dans la salle de la Société des Amis de la Liberté et de l'Égalité d'Épinal[1], sous la présidence de Dieudonné, l'élection du général commandant en chef les gardes nationales du département des Vosges.

Là se trouvaient Jean-Joseph Thiéry, chef de légion de la garde nationale d'Épinal, et ses adjudants généraux Charles Étienne et François L'Hôte; Nicolas Jacquot, chef de la légion du district de Bruyères, et l'adjudant général Joseph Hennequin; Joseph Falatieu, chef de la légion de Darney, et son adjudant général Charles-Gaspard Schmitt; Marc Ziza, chef, et Benoit Perrin, adjudant général de la légion de Lamarche; Grégoire Nirel (de Châtel), chef de la légion de Rambervillers, avec l'adjudant général Élophe L'Hôte et le sous-adjudant général Nicolas Perrin; Jacques Valdenaire, chef de la légion de Remiremont, et les adjudants généraux Jean-Baptiste Breton et Jean-Étienne Serrier; Joseph-Augustin Gaillard chef de la légion de Saint-Dié, avec l'ad-

---

[1] La Société siégeait dans l'église des Annonciades, aujourd'hui la chapelle du collège.

judant général Jean-Baptiste Marchal, et Arnould Canton, chef de la légion de Mirecourt, avec son adjudant général Pierre-Paul Marchal. La légion de Neufchâteau n'était pas représentée. Quant à la légion du nouveau district de Senones, elle n'était pas encore organisée, mais Benoit Kupers, commandant du bataillon de Senones, fut admis à prendre part au vote. Après avoir prêté le serment de se conformer à la loi du 11 avril sur les assignats et entendu l'allocution du procureur-général-syndic, les officiers des légions demandèrent que le commandant général ne pût être pris que parmi les chefs de légion ; le conseil général décida qu'au contraire il pouvait être élu indistinctement parmi tous les citoyens du département. Les officiers se rendirent alors dans la salle du vote et, dès le premier tour, Falatieu, chef de la légion de Darney, fut élu commandant en chef par 18 voix sur 21. Il fut proclamé au milieu des acclamations et des applaudissements de l'assemblée. C'était le plus jeune des chefs de légion des Vosges. Il n'avait que 28 ans, mais les sacrifices opportuns qu'il avait su faire à la défense nationale, en donnant des canons; son adhésion aux opinions dominantes faite à propos, et enfin sa situation de grand industriel et son titre d'administrateur du département lui assuraient une certaine prépondérance. Il déclara qu'il acceptait avec reconnaissance la charge qu'on lui offrait, mais avec une grande défiance de ses forces. Le lendemain, allant saluer le conseil général, il l'assura de tout son dévouement à la cause du peuple, au maintien de la liberté et de l'égalité; il demanda que dans toutes les communes il y eût des ordonnances pour la prompte transmission des ordres et il réclama enfin des armes et des munitions.

Le jour même, assisté de Cléver, Fleurant, Claudel et Martel, entouré de tous les officiers des légions, le nouveau commandant général fut proclamé solennellement devant le front de la légion d'Épinal, réunie sous les armes par son colonel.

Avant de se séparer, on tira au sort le numéro et le rang de chacune des légions de garde nationale des Vosges : la légion de Neufchâteau devint la première légion ; Senones, la deuxième ; Saint-Dié, la troisième ; Mirecourt, la quatrième ; Remiremont, la cinquième ; Darney, la sixième ; Rambervillers, la septième ; Lamarche, la huitième ; Bruyères, la neuvième, et Épinal la dixième. Falatieu conservait le commandement nominal de la légion du district de Darney, mais le plus ancien de ses chefs de bataillon en exerçait effectivement les fonctions.

Au milieu des préparatifs militaires de toute nature qui s'accumulaient sur la frontière de l'est, les partis politiques à Paris n'avaient pas désarmé et se livraient un combat acharné et quotidien où ils devaient succomber tour à tour. Ce furent les Girondins, moins tenaces, moins ardents, moins imprégnés aussi, il faut bien le dire, de l'âpre et puissant génie de la Révolution, qui disparurent les premiers sous les coups de la Montagne.

Le 31 mai, ils étaient mis en accusation et la Convention, par sa proclamation du 1ᵉʳ juin, annonçait la nouvelle évolution qui venait de s'accomplir.

Le département des Vosges appartenait en grande majorité à l'opinion girondine, ou plutôt aux opinions modérées, et deux de ses représentants, Bresson et Noël, étaient parmi les proscrits; Couhey parmi ceux qui protestèrent. Le 14 mai, le conseil général avait rédigé une adresse à la Convention pour faire un appel à la concorde; il y constatait qu'il n'y avait plus de gouvernement, que chacun se livrait à ses ressentiments personnels et il terminait en réclamant le vote d'une Constitution. La Convention lui avait accordé cependant la mention honorable au procès-verbal.

Le 26 mai, le département avait failli même s'engager plus loin dans la voie de la résistance. Deux délégués des autorités de Nancy, Géhin et Renaud, étaient venus prier le conseil général de faire en commun, avec celui de la Meurthe, un appel à la Convention pour la sommer de bannir toutes les haines, dissensions, rivalités et personnalités qui la déchiraient. Dieudonné, procureur-général-syndic, s'écria : « Les habitants des Vosges veulent irrévocablement la liberté; l'horreur des tyrans peut seule égaler dans leurs âmes ce sentiment profond. Ils vouent une haine aussi implacable à ceux qui veulent les asservir sous le joug du despotisme qu'à ceux qui veulent les opprimer par ambition. » — « Nous gémissons sur les débats de la Convention », ajoute-t-il, mais il faut s'en tenir à ce qu'on a fait, car le fédéralisme est à craindre et l'indivisibilité de la République serait en danger. » On n'écouta pas ces sages paroles et deux commissaires furent nommés pour se concerter avec les départements voisins afin de faire une adresse à la Convention. Mais le lendemain, Dieudonné exposait de nouveau ses inquiétudes au sujet du fédéralisme, et en présence de toutes les autorités, on rapporta les mesures adoptées la veille. Il était temps de s'arrêter et c[...] : résolution démontre le danger pour les assemblées [...] se laisser entraîner. Les Vosges l'eussent fait sans la fermeté et la clairvoyance patriotique de Dieudonné. Le département ne protesta donc point une fois l'acte accompli, s'attachant exclusivement aux préoccupations de la défense nationale et fidèle avant tout à la loi, quelle qu'elle fût. Le conseil général annonçait toutefois, le 6, à la Convention qu'il avait fait publier ses décrets du 1er juin, et dans l'adresse qui suivait, on lisait : « Les républicains du département ne veulent y voir que l'engagement que vous avez pris de consolider la liberté par une Constitution républicaine et former dans peu de jours ce lien indissoluble de tous les départements. » Et plus loin : « N'attendez de nous ni félicitations, ni flagorneries. Quand vous aurez satisfait à vos engagements, le peuple vous dira si vous avez rempli son attente et bien mérité de la Patrie. »

Il fallait quelque courage à cette époque pour parler ainsi, et le peu de chaleur de cette adhésion pouvait risquer d'être mal comprise, à un moment où la tiédeur des sentiments était parfois un arrêt de mort.

Il n'en fut rien, heureusement, grâce à l'excellente opinion qu'on avait dû concevoir du patriotisme des Vosges pour leurs innombrables sacrifices, grâce aussi peut-être aux représentants du département appartenant au parti montagnard qui purent plaider la cause de leurs compatriotes. D'ailleurs, les critiques de l'administration des Vosges étaient bien platoniques, bien anodines, alors qu'à ce même moment, plusieurs départements levaient contre la Convention l'étendard de la révolte et que les Girondins ne craignaient pas d'organiser la guerre civile sans s'apercevoir qu'ils faisaient ainsi cause commune avec les Vendéens, qu'ils pactisaient avec l'étranger. Seules les autorités de Saint-Dié firent mine de résister; elles écrivaient, le 7 juin, que c'était la Convention elle-même qui était à leurs yeux le vrai danger; le directoire finit par les calmer.

Le département des Vosges se montrait ainsi rigoureux observateur des lois, si sévères et si excessives qu'elles lui parussent, et il les appliquait avec une parfaite régularité et un zèle incontestable.

Les lois contre les prêtres insermentés et contre les émigrés avaient été ponctuellement suivies, on l'a vu; la loi des suspects devait être aussi rigoureusement observée.

On destituait comme suspects les officiers de la maîtrise des eaux et forêts de Neufchâteau. Dès le 8 avril, un comité du salut public, composé du maire Bareth, du procureur de la commune Richard jeune, de Larminach et de F. A. Laugier, était formé à Saint-Dié.

Des prêtres, étrangers au département, s'y étant introduits et occupant même des fonctions ecclésiastiques sans y être autorisés par l'évêque, on supprima leur traitement.

Le 5 mai 1793, on décrétait l'arrestation de tous les prêtres au chef-lieu du district.

Le 13 juin, un arrêté prononçait l'interdiction des costumes ecclésiastiques; le curé de Bruyères continuant par la suite à porter le costume, la municipalité est invitée à « veiller scrupuleusement à ce qu'il cesse de le faire ».

Le 17 mai, à Épinal, on incarcérait les suspects chez

les ci-devant minimes, ou bien on les laissait chez eux en surveillance. Les prêtres enfermés aux Annonciades étaient plus strictement isolés et surveillés.

Indépendamment des mesures générales, plusieurs actes d'incivisme provoquèrent des rigueurs spéciales. Lhuillier, curé de Corcieux, refusait de dire des messes si on ne le payait pas en numéraire; il fut déféré au district de Bruyères. Aubert, curé de la Bresse, dut être mis en état d'arrestation ; nous le retrouverons plus loin. Il en est de même de Joseph Henry, de la Rue-sous-Harol, qui excitait les jeunes gens à ne pas partir, et de Nicolas Enaux, de Saint-Dié, accusé d'accaparement. Le conseil général de la commune à Saint-Dié faisait arrêter dans la nuit du 19 au 20 avril, à la nouvelle de la trahison de Dumouriez, dix personnes suspectes, anciens nobles ou ex-chanoines, entre autres l'ancien constituant de Ménonville, de Bazelaire et Hugo de Spitzemberg et les faisait enfermer à l'Hôtel de ville, puis à l'évêché; le conseil général du département approuva cette mesure. Quelques jours après, la municipalité de Saint-Dié, n'ayant relevé aucun indice contre les individus arrêtés, demanda qu'ils fussent simplement consignés chez eux. Mais le conseil général s'y opposa et voulut en référer à la Convention qui maintint l'arrestation. Les districts de Mirecourt et de Rambervillers firent arrêter aussi plusieurs individus. Varroy, maire de Gruey, et trois de ses administrés furent également arrêtés comme suspects, par ordre de Bresson, procureur-syndic du district de Darney, et déférés au tribunal criminel.

A la suite de lettres suspectes, Charlot, imprimeur à Saint-Dié, fut mis en surveillance.

Le district de Bruyères ayant arrêté un nommé Rivat, de Herpelmont, déserteur du Royal-Liégeois, et la municipalité de Vagney s'étant emparée de trois déserteurs du dixième bataillon de volontaires, on « voua ces déserteurs au mépris public » et ils furent reconduits à leurs corps par la gendarmerie. J. F. Georgel le jeune, homme de loi à Bruyères, fut poursuivi en mai 1793, comme « soupçonné d'avoir fait porter à Nancy un pâté qui contenait tout autre chose que ce qu'il devait contenir ». On assurait que c'était du numéraire et une lettre pour Dumouriez ; il répondit qu'il prévenait seulement son père que Vignette, directeur des domaines à Épinal, mettait en vente le château de Bruyères. On le défera quand même au directoire du département.

Des excès de zèle ou des abus de pouvoir se commirent, sans doute ; cela était inévitable. Le Roux, administrateur du département, fut arrêté le 12 août par la municipalité d'Épinal qui le fit, contre l'ordinaire, conduire en prison par les gendarmes, comme suspect d'aristocratie et d'incivisme ; le directoire le fit relaxer, « les pièces produites jetant le plus grand jour sur sa probité et son innocence. » Le soir même il se présenta à la séance du conseil général, escorté d'une foule de citoyens qui tenaient des couronnes de chêne pour l'en décorer. Il exprima sa reconnaissance et « sa sensibilité » à ses collègues qui le reçurent avec transport, en chantant l'hymne des Marseillais.

La gendarmerie de Charmes arrêta trois ex-chanoines de Toul, Pallas, Cholet et Ducros, et trois ex-archidiacres, d'Hanonville, Thiéry de Saint-Beaussant et Guillaumé, qui se rendaient en Suisse. On décida qu'ils pourraient continuer la route. Mais comme on avait saisi sur eux 780 livres en numéraire et une grosse tabatière en or, on conserva cette somme après consentement de leur part. Le district de Mirecourt avait dénoncé, dès le 6 décembre 1791, l'homme de loi Thomas-Jean-Pierre Papigny « comme un mauvais sujet » qui allait clabaudant partout que la contre-révolution aurait lieu très incessamment ; on n'en tint pas compte.

On maintint par contre l'arrestation de Pierre-Maurice Collinet de La Salle de Chouville, homme de loi et lieutenant particulier du bailliage, propriétaire du domaine de Failloux, près d'Épinal. Parmi ses lettres saisies à la poste et examinées, il s'en trouvait une d'un nommé Grasselli, négociant à Strasbourg, adressée à Collinet de La Salle, où il lui disait qu'il lui retournait une de ses lettres « parce qu'elle avait paru trop forte et qu'elle pouvait compromettre, vu que toutes les lettres sont ouvertes et les auteurs poursuivis ». C'était la preuve que La Salle entretenait avec les émigrés une correspondance de nature à troubler la sûreté publique. On l'arrêta à son domicile, rue d'Ambrail, le 27 avril 1793, et l'on mit les scellés sur ses papiers. Amené aussitôt devant le conseil général du département, il affirma que ses lettres à Grasselli n'avaient qu'un but commercial. Pressé de questions, il finit par avouer qu'il avait envoyé 600 livres à sa sœur émigrée, Mlle de Chouville, malade, et que sur le refus de Grasselli de les transmettre, il les avait envoyées directement ; il nia toutefois énergiquement avoir cherché à faire passer du numéraire aux émigrés en échange d'assignats. Jusque-là il n'y avait rien de bien grave dans son cas. Mais Perrin et Fleurant ayant été chargés d'examiner ses papiers, ils y trouvèrent une foule de pièces écrites de sa main, des lettres qui étaient de véritables appels à l'insurrection, où « l'on ne voit que Louis XVI ». Il y en avait cinq, entre autres, adressées à un député à la Convention, pleines de menaces et cherchant à l'empêcher de faire son devoir. Le conseil général décida qu'il y avait lieu de décerner contre La Salle un mandat d'arrêt et de le traduire devant le tribunal criminel; en attendant, il devait rester détenu à la maison de justice d'Épinal. Plus tard, il fut traduit devant le tribunal révolutionnaire de Paris où nous le retrouverons.

Quant à Grasselli, on le signala au conseil général du Bas-Rhin pour qu'il pût le surveiller. L'oncle de Collinet de La Salle, de La Salle du Lémont, père du commissaire des guerres, qui habitait La Camerelle, fut aussi arrêté, le 7 mai, par le comité de surveillance d'Épinal, et ses lettres « qui montrent peu de civisme chez le père et le fils » furent saisies chez lui. Son fils fut signalé au ministre de la guerre.

Barthélemy, curé de Senonges, prévenu de propos contre-révolutionnaires, fut également traduit devant le tribunal révolutionnaire de Paris, attendu que « sa conduite n'est qu'un effort continuel pour opérer l'avilissement de la Convention et le rétablissement de la monarchie, pour empêcher les ventes de biens nationaux et le recrutement des armées ». Il fut emprisonné, le 9 mai 1793, à Épinal et de là envoyé à Paris, malgré un tardif certificat de bonne conduite qu'il produisit. Jean-Claude Clément, de Provenchères, arrêté en même temps que lui, comme son complice, fut libéré, après avoir été désarmé toutefois, le district de Darney ayant garanti son civisme.

Charpit de Courville (Joseph-Gaspard), préposé aux subsistances militaires des magasins d'Épinal et de Mirecourt, avait depuis longtemps attiré sur lui l'attention à cause de ses propos hostiles et de son attitude peu patriotique. Le 3 juin, les représentants du peuple près l'armée du Rhin prononçaient sa destitution et ordonnaient son arrestation ; mais, prévenu à temps, il put prendre la fuite.

On permit pourtant à deux détenus d'Épinal, Bœcklin et Bodeck, de se promener dans le jardin et de visiter M⁽ᵐᵉ⁾ de Montmorillon, vieille et infirme. Mais c'était rare ; toutes les pétitions demandant l'élargissement ou un peu plus de liberté étaient écartées.

Parfois même, le conseil général se montrait fort sévère ; c'est ainsi qu'il refusa à Claude-Charles de Launoy et Nicolas Martin, hommes de loi à Épinal, détenus aux Minimes, l'autorisation d'aller prendre les eaux à Plombières, « considérant que la santé des pétitionnaires n'est pas en danger, et que leur but paraît être de vouloir échapper aux mesures de sûreté prises contre eux ». Quant à la fille de Launoy, âgée de 16 ans et restée en liberté, rien ne l'empêchait d'aller aux eaux.

Il fallait d'ailleurs déployer beaucoup d'énergie, car vers le 10 juin, on remarqua un certain mouvement parmi les prisonniers, et la municipalité d'Épinal vint faire part de ses inquiétudes à ce sujet, sachant qu'en ville un mouvement s'organisait dans le même sens. Cette agitation se calma d'elle-même devant l'attitude résolue des autorités.

François Drouot, juge de paix de Coussey ; Roussel, l'ancien maire de Rambervillers, et Carant, l'ancien député, furent aussi arrêtés et emprisonnés. Le lieutenant de gendarmerie Lepaige, comme ex-noble, fut également destitué et emprisonné, malgré ses réclamations.

La petite ville de Saint-Remy, près de Raon, était divisée en deux camps, l'un soutenant le vicaire, l'autre l'instituteur. Celui-ci, Joseph George, et un nommé Nicolas Ferry, cultivateur, qui se déclarait le chef des aristocrates, avaient ameuté leurs partisans et s'étaient portés à des injures et des coups envers plusieurs membres de la municipalité. Les instigateurs de ces troubles, « animés d'intentions perverses », furent traduits devant le tribunal criminel qui les condamna à des peines légères.

A Châtel, une grande agitation régnait depuis longtemps. Le curé Clément, très remuant, était à la tête des patriotes les plus ardents et ils ne cessaient de dénoncer la municipalité et le chef de légion Nirel pour leur incivisme. Deux commissaires du département, Papigny et Gouvernel, furent envoyés, en juillet 1793, à Châtel pour ramener le calme. Après leur enquête, la municipalité fut maintenue en fonctions, mais on lui enjoignit de montrer plus de courage et d'énergie. Quant à la garde nationale, et notamment son chef, Nirel, on leur défendit d'usurper désormais les fonctions municipales.

Le 14 septembre 1793, sur la convocation du représentant Guyardin, les autorités constituées d'Épinal, réunies au conseil général, décidaient l'arrestation des suspects de la ville. On consigna ainsi plusieurs femmes et filles, les

J. FALATIEU

Commandant en chef des gardes nationales des Vosges

Coster et les Launoy, les sœurs Flavigny, anciennes chanoinesses, Montigny, Bruillard, membre du bureau de conciliation, Pierre-Antoine Launoy, Bergé, ancien conseiller au bailliage, etc. Mais presque tout se bornait à ces mesures préventives. Il y eut cependant plusieurs condamnations prononcées par le tribunal criminel du département.

Le tribunal criminel des Vosges siégeait, comme on sait, à Mirecourt. Lepaige le présida jusqu'au 28 brumaire an II (18 novembre 1793), époque où il fut destitué par le représentant Faure comme ci-devant noble. Dieudonné le remplaça le 17 frimaire (7 décembre 1793).

L'accusateur public Fournier ne put que peu de temps remplir ces fonctions, puisqu'il fut envoyé en mission à l'armée du Rhin en août 1792. Depuis le 1ᵉʳ janvier 1793, il fut suppléé dans cet emploi par Grandjean, procureur de la commune de Mirecourt, ancien juge au tribunal de cette ville. Le greffier ne changea pas; c'était Pottier, d'Harchéchamp, administrateur du département.

Quant aux juges-assesseurs, ils étaient pris à tour de rôle parmi les juges des tribunaux de district et choisis par le directoire ; leurs fonctions duraient un trimestre. Un jury, tiré au sort sur une liste de jurés dressée par le procureur-général-syndic, leur était adjoint pour les délibérations. Un peu plus tard, en vertu des ordres de la Convention, on supprima le jury.

Le tribunal criminel des Vosges fut relativement d'une bénignité remarquable, et fit peu parler de lui. Il appliqua les lois terribles de l'époque avec une visible résignation, les atténuant autant qu'il était en son pouvoir.

Il ne prononça, en tout et pour tout, que neuf condamnations à mort; toutes contre des prêtres réfractaires ou leurs domestiques.

Les premières victimes furent un vieux prêtre de 65 ans, François Rosselange, ex-curé de Villers-lès-Nancy, natif de Saint-Mihiel, et Jean-Baptiste Mengin, natif de Charmes, prêtre, administrateur de Maréville, âgé de 40 ans; ils furent condamnés à mort le 14 novembre 1793, à 9 heures du matin, et guillotinés le lendemain; leur crime était d'être rentrés en France après avoir été déportés. On les avait arrêtés à Charmes, porteurs de mèches soufrées et autres instruments « annonçant des projets liberticides ». C'est sur la place de Poussay que l'on avait construit l'échafaud pour cette exécution. On l'y dressa chaque fois, mais il n'y fut jamais en permanence.

La sœur de l'abbé Mengin, femme de Barte-Leclère, arrêtée avec son fils, sa fille et sa domestique, Marguerite Goiot, fut déférée simplement au juge de paix de Charmes. Le jugement qui statuait sur le sort des deux prêtres et de leurs coprévenus renfermait « le témoignage de la reconnaissance publique au comité de surveillance de la ville de Charmes, reconnaissance qu'il a méritée par son zèle et son courage ». Lepaige, président, Jean-Louis Lervat de Bruyères, Joseph Marchal de Mirecourt, et Nicolas-Félix Martin de Lamarche, juges, siégeaient ce jour-là au tribunal criminel et prononcèrent l'arrêt de mort.

Plusieurs mois s'écoulèrent sans condamnation capitale. Ce ne fut que le 24 germinal an II (13 avril 1794) que la guillotine se dressa de nouveau sur la place publique de Mirecourt. Deux prêtres, arrêtés par le comité de surveillance de Plombières, furent exécutés ce jour-là : Nicolas Antoine, ex-curé de Dompaire, âgé de 45 ans, et Dominique-Nicolas Claudel, vicaire du Ménil-lès-Remiremont, âgé de 65 ans.

Le 29 floréal (18 mai 1794), c'était le tour d'Anne Dosson, âgée de 30 ans, native de Docelles, domestique d'un curé.

Le 22 prairial (10 juin 1794), quatre têtes tombèrent à la fois sous le couteau de la guillotine ; ce furent les dernières. C'étaient celles de deux prêtres et de leurs domestiques, arrêtés par la municipalité de Remiremont : Joseph Rivat, curé de Varennes (Nièvre), né à la Neuveville-devant-Bruyères, âgé de 60 ans; Nicolas-Antoine Didelot[1], vicaire de Remiremont, né à Bruyères, âgé de 31 ans ; Anne-Françoise Petitjean, domestique à Remiremont, née à Belfort, âgée de 47 ans, et Jeanne-Marie Durupt, journalière à Remiremont, née au Val-d'Ajol, âgée de 37 ans. Rentrés en France, malgré la défense, ils avaient été dénoncés et aussitôt traduits devant le tribunal qui dut se montrer impitoyable.

Le nombre des condamnés se fût peut-être un peu accru sans un incident qui causa quelque émotion. Dans la nuit du 31 juillet au 1ᵉʳ août 1793, une trentaine de prisonniers enfermés dans un couvent de Mirecourt, qui servait de maison de justice pour le tribunal criminel, s'évadèrent de leur prison. Parmi eux se trouvaient deux

---

[1] C'était le frère d'un autre abbé Didelot, né à Bruyères en 1770, qui était alors réfugié en Bavière et devint plus tard curé de Pouxeux. Il composa un volumineux manuscrit, très précieux, qui est le livre d'or des vieilles familles de Remiremont, et que l'on conserve à la mairie de cette ville.

émigrés, le comte d'Hennezel et Colin, qui eussent, sans doute, été envoyés à l'échafaud. Aucun ne fut repris. On accusa, non sans raison probablement, la municipalité de Mirecourt d'avoir favorisé leur fuite.

Il n'y eut, dans les Vosges, ni commission militaire, ni tribunal révolutionnaire ambulant, comme en Alsace ou dans d'autres contrées. Cependant, un des deux tribunaux révolutionnaires créés à Strasbourg le 15 octobre 1793 — l'autre était celui d'Euloge Schneider — fit une excursion dans les Vosges. Sa présence est signalée à Mirecourt le 24 frimaire an II (14 décembre 1793), où il prononça un jugement qui condamnait le capitaine Roquer, commandant le 1ᵉʳ bataillon des grenadiers de Saône-et-Loire, déclaré homme suspect, à être enfermé jusqu'à la paix dans la maison d'arrêt de Mirecourt. Roquer avait été surpris faisant une partie de piquet dans un café ; on le considéra comme joueur de profession, et, comme tel, suspect ; plus tard, il fut relâché et réintégré dans son grade[1].

On ne trouve pas d'autres traces de ce tribunal, moins sanglant que son congénère, inspiré par Schneider. C'est peut-être celui-là que présidait l'adjudant général Chasseloup[2].

Il n'y aurait pas eu d'autre sang vosgien répandu que celui des neuf victimes exécutées à Mirecourt. Mais plusieurs accusés, on s'en souvient, avaient été traduits devant le tribunal révolutionnaire de Paris qui

[1] Voir Berriat Saint-Prix : *la Justice révolutionnaire*, 1ʳᵉ édition, page 224 ; ouvrage exact et impartial, malheureusement inachevé par suite de la mort de l'auteur.
[2] C'est le futur général comte de Chasseloup-Laubat, inspecteur général du génie.

se montrait beaucoup moins clément que le tribunal criminel des Vosges. Onze y furent condamnés à mort ; un bien plus grand nombre furent cependant acquittés.

Le premier en date qui fut frappé par « le glaive de la loi » fut Collinet de La Salle de Chouville que nous avons vu arrêter, au mois d'avril, par la municipalité d'Épinal. Le délit de correspondance avec les émigrés, d'envoi d'argent, de menaces à un représentant du peuple, fut bien constaté. On lui reprocha, en outre, un projet d'adresse aux communes de Lorraine, les appelant, comme celles de Normandie, à l'insurrection contre la Convention. Condamné à mort, le 1ᵉʳ août 1793, il fut exécuté le même jour, à 7 heures du soir; il n'avait que 39 ans.

Puis vint le fougueux curé de Senonges, l'abbé Nicolas-François Barthélemy. C'était surtout un cerveau mal équilibré. On l'avait vu prêter, puis rétracter, à trois reprises, le serment ecclésiastique ; enfin, il l'avait prêté mais avec restrictions. Maintenu en fonctions, il avait refusé de lire les mandements de l'évêque Maudru et donnait lecture en chaire des décrets de la Convention en haussant les épaules ou en invectivant les représentants, comme il le fit à l'occasion de la mort du roi. Le jour de la fête du patron de la commune, il avait abandonné brusquement la procession au milieu de la rue et s'en était allé en emportant le saint sacrement. Le scandale fut grand et c'est à la suite de ces faits qu'il fut signalé au directoire des Vosges qui le fit transférer à Paris. Il ne nia rien de ce qui lui fut reproché ; mais pour le fait de la procession, il prétendit que ceux de ses paroissiens en armes qui accompagnaient la procession étaient mortsivres. L'excuse ne fut pas considérée comme suffisante et il fut condamné à mort le 12 octobre 1793. Il refusa l'assistance du confesseur assermenté qu'on lui offrait et n'accepta qu'un crucifix qu'on lui mit sur les genoux et qu'il contempla sans mot dire jusqu'au pied de la guillotine; il fut exécuté le lendemain 13 octobre.

C'est un des représentants des Vosges qui vint ensuite dans cette marche funèbre : le conventionnel Noël, condamné comme partisan et complice des Girondins. Il périt le 8 décembre 1793, en compagnie de Mme du Barry [1]. Il avait 66 ans.

Un autre prêtre des Vosges, déféré également au tribunal révolutionnaire, l'abbé Georges Aubert, curé de La Bresse fut plus heureux que Barthélemy. Il fut acquitté le 26 novembre 1793 (6 frimaire an II), bien qu'accusé de propos fanatiques « tendant à empêcher le recrutement et de paroles de nature à discréditer les assignats ». Le même jour, montait à l'échafaud le général Lamorlière qui avait commandé un moment l'armée du Rhin et reçu en cette qualité les bataillons de volontaires des Vosges. Un autre officier supérieur, le colonel Laurent Migot, du 4e dragons, qui était de Bulgnéville, fut condamné à mort et exécuté le 24 janvier.

Le 14 janvier 1794 (25 nivôse an II) comparurent les membres de la municipalité et du tribunal de Mirecourt accusés de fédéralisme et de modérantisme : J.-B. Salles, négociant, ex-maire; Remy Poirot, curé constitutionnel; Charles Aubert et Nicolas Papigny, ex-avoué. Leur condamnation paraissait certaine et le jugement était même

---

[1] Voir la *Notice sur les conventionnels* à la fin du volume.

déjà signé par le président Dumas. Ils furent cependant acquittés. Hippolyte Leroux, officier de santé, juge de paix de Saint-Menge et administrateur du district de Mirecourt, avait déjà été acquitté le 10 janvier. Ils avaient été défendus par Guyot, l'éminent jurisconsulte vosgien. Joseph Marchal, juge au tribunal, n'avait même pas passé en jugement par suite de maladie.

Pour terminer la nomenclature des personnes appartenant au département des Vosges qui furent exécutées pendant la période révolutionnaire, il nous reste à citer quatre condamnations prononcées par le tribunal révolutionnaire de Paris au moment de la Terreur et trois après la mort de Robespierre; enfin une prononcée à Strasbourg par la commission militaire et une au Mans.

Un nommé Joseph Arnould, dit la Tempête, soldat au premier bataillon du 18e de ligne, ancien compagnon meunier à Mirecourt, âgé de 28 ans et natif d'Ubexy, fut condamné et exécuté le 27 ventôse (17 mars 1794).

Jean-François Durand, de Neufchâteau, âgé de 25 ans, gendarme à pied à la 32e division, à l'armée du Nord, malade à l'hôpital du Gros-Caillou, fut quand même condamné et exécuté le 15 floréal (4 mai 1794).

Puis ce fut François Lallemand, capitaine au 11e bataillon des Vosges, âgé de 23 ans, né à Attigny, condamné le 2 thermidor, exécuté le même jour (20 juillet 1794); et l'abbé Jean-Nicolas Voyant, ex-curé de Bonneval (Seine-et-Oise), né à Tendon, âgé de 37 ans, condamné et exécuté le 7 thermidor.

Le 9 thermidor, Jean-Antoine Lhuillier, homme de loi, ex-agent des biens du prince de Condé, agent national de la commune de Lassigny, âgé de 45 ans, né à

Bruyères, montait sur l'échafaud comme complice de Robespierre et membre de la fameuse commune de Paris.

Il y était suivi de près par Léopold Nicolas, imprimeur, 355, rue Saint-Honoré, à Paris, et juge au tribunal révolutionnaire, jacobin fameux, l'un des gardes du corps de Robespierre, âgé de 37 ans, né à Mirecourt, qui était guillotiné le 12 thermidor.

Le nommé Pierre Graveleau, natif d'Épinal, ancien tailleur de pierre, âgé de 17 ans et demi, soldat au 55ᵉ d'infanterie, fut fusillé à Strasbourg, le 2 floréal an II (21 avril 1794), par verdict de la commission militaire, création de Saint-Just et de Lebas.

Citons encore Léopold Renaudin, luthier à Paris, né à Saint-Remy, près de Raon, juré au tribunal révolutionnaire, qui fut exécuté avec Fouquier-Tinville et comme complice, le 17 floréal an III (6 mai 1795).

Enfin un vigneron de Mirecourt, nommé Pernon (René-Nicolas), âgé de 26 ans, qui avait été incorporé dans le 7ᵉ bataillon de volontaires des Vosges et dirigé sur la Vendée, passa à l'ennemi et servit comme soldat dans l'armée vendéenne. Arrêté à Saint-Denis-d'Orques, dans la Sarthe, le 27 septembre 1793, on le trouva porteur d'une belle montre d'or, volée sans doute sur quelque champ de bataille. La commission militaire de Sablé le déclara suspect et le condamna à l'internement jusqu'à plus ample informé, le 13 décembre 1793. Mais le tribunal criminel de la Sarthe le reprit; il fut condamné comme « brigand » et fusillé au Mans le 23 nivôse an II[1] (12 janvier 1794).

[1] Henri Chardon: *Les Vendéens dans la Sarthe*; tome III, pages 111 et 113.

Nous avons ainsi la liste complète des Vosgiens qui périrent sur l'échafaud pendant la tourmente révolutionnaire. Le chiffre n'en est que de vingt-deux, le moins élevé peut-être de tous les départements de France. Neuf furent guillotinés à Mirecourt, condamnés par le tribunal criminel des Vosges; onze à Paris, condamnés par le tribunal révolutionnaire, et deux enfin au Mans et à Strasbourg.

On peut encore comprendre sur cette liste l'ex-capucin Joseph Fleurance, dit le père Barthélemy, né à Gérardmer. Déporté avec les autres prêtres réfractaires, il rentra en 1795, mais on dut le déporter de nouveau et il mourut de la peste, à 44 ans, à Sinnamari dans la Guyane, le 10 janvier 1799.

Ce n'était pas seulement aux personnes que l'on s'attaquait; l'esprit nouveau, irrité par les résistances, en voulait également aux choses extérieures, emblèmes, insignes, devises et noms qui lui rappelaient un passé à jamais détesté, cause des malheurs présents.

Dès le 26 avril 1793, le directoire des Vosges prenait un arrêté qui prescrivait la disparition, dans la huitaine, « des images, noms et inscriptions qui peuvent rappeler à la postérité, la royauté, la féodalité et la superstition.

« Ces noms seront remplacés par d'autres *analogues à la liberté et à l'égalité* (sic) et rappelleront le souvenir des grands hommes qui ont bien mérité du genre humain.

« Les sceaux qui contiendraient des empreintes contraires à la Révolution seront détruits.

« Les communes dont les noms renfermeront une signification royale ou féodale seront tenues de choisir d'autres noms.

« Sont exceptés les monuments des arts qui sont déclarés propriétés nationales et mis sous la sauvegarde du peuple. »

Telles étaient les principales dispositions de cet arrêté, qui fut notifié aussitôt à toutes les communes du département. Celle de Ban-le-Duc, dans le district de Saint-Dié, n'en avait pas attendu la publication pour modifier son nom ; depuis le 31 janvier 1793, elle s'appelait Ban-sur-Meurthe ; c'est la seule qui ait gardé jusqu'à nos jours le nom qu'elle s'était donné, la première entre toutes les communes des Vosges, par ce temps de rénovation.

On parait avoir mis du reste peu d'empressement à obéir aux prescriptions de cet arrêté. C'est seulement le 9 juillet 1793 que le conseil général de la commune de Neufchâteau prend une délibération pour changer son nom féodal en celui de Mouzon-Meuse, et c'est le 25 juillet suivant que le directoire des Vosges la ratifie, en termes trop curieux pour ne pas être cités en entier :

« Considérant que les gens de la ville de Neufchâteau ne peuvent mieux faire que de donner à leur commune un nom qui, par l'heureuse union des éléments qui le composent, rappelle sans cesse à ses habitants les présents des deux rivières dont les eaux bienfaisantes fertilisent leurs campagnes et font éprouver le doux sentiment de la reconnaissance ;

« Applaudit à la fierté républicaine » de cette délibération et approuve le changement de nom de Neufchâteau en celui de Mouzon-Meuse.

Ces éloges dithyrambiques qui, dans le langage du temps, nous paraissent si étranges, produisirent leur effet. La commune de Châtel se piqua d'émulation et copia servilement l'idée de la municipalité de Neufchâteau en s'appelant Durbion-Moselle ; Sainte-Marguerite, près de Saint-Dié, suivit le même système et devint Meurthe-Fave.

Saint-Dié ne se transforma en Ormont, empruntant ainsi le nom de la montagne qui l'avoisine, qu'à la fin de floréal an II (mai 1794), et Remiremont mit plus de temps encore à déguiser le souvenir de Saint-Romaric en Libremont.

Voici la liste de quelques autres communes qui changèrent aussi leurs noms :

Champ-le-Duc devint Champ-sur-Lizerne ; Saint-Léonard, Léonardmont ; Colroy-la-Grande, La Grande-Fave (débaptisée sans doute à cause de la syllabe *roy*) ; La Croix-aux-Mines, Sade-aux-Mines ; Saint-Michel, Belmont ; Saint-Blaise-la-Roche, La Roche-Blaise ; Saint-Nabord, Roche-Libre, et enfin, en février 1794, Saint-Étienne-lès-Remiremont laissa là son appellation chrétienne pour prendre le joli nom de Valmoselle, qu'il aurait bien pu conserver.

Les monuments eurent peu à souffrir. Aucune manie de destruction ne s'empara des partisans de la Révolution dans les Vosges. D'ailleurs, qu'eussent-ils eu à détruire ? Il n'y avait pas, comme à Strasbourg, une cathédrale, merveille de l'art gothique, avec son long cortège de statues de saints, de rois et de chevaliers ; il n'y avait pas même, comme à Nancy, la statue du roi Louis XV ou les tombeaux des anciens ducs. Louis XIV s'était chargé, cent ans auparavant, de détruire les forteresses féodales,

---

[1] Elle se trouvait sur la place Stanislas, où elle a été remplacée depuis par la statue du dernier souverain de la Lorraine, qu'on y voit aujourd'hui.

Pauvre en monuments de tout genre, le département des Vosges n'offrait pas une bien riche proie aux iconoclastes et il ne s'en serait sans doute pas rencontré beaucoup sur son territoire. Il n'y avait que les abbayes et les couvents et tous les bâtiments en étaient vendus comme biens nationaux ou utilisés pour quelque service public.

Il n'y eut d'autres destructions que celles des titres féodaux. On en avait brûlé déjà beaucoup en 1791 et 1792, mais quelques-uns avaient échappé à ces autodafés ; bien peu survécurent après. Le 19 avril 1794, l'exécuteur criminel de Mirecourt brûlait au pied de l'arbre de la liberté tous les actes et titres féodaux déposés au tribunal du district.

Cependant la Constitution, si vivement réclamée par le directoire des Vosges à la Convention, venait d'être terminée le 24 juin. C'est celle qui est connue sous le nom de Constitution de 1793 et ne fut jamais appliquée. A peine née, il fut décidé qu'elle ne deviendrait la loi fondamentale de la République qu'à la paix.

Le 11 juillet 1793, on reçut à Épinal ce nouvel acte constitutionnel et le directoire en fit aussitôt la proclamation ; à 11 heures du matin, le canon convoqua au Champ-de-Mars toutes les autorités constituées et les citoyens d'Épinal ; des tambours parcoururent la ville pour annoncer, à son de caisse, la cérémonie ; les cloches sonnèrent et le canon tonna lorsque le vice-président du département, Benoist et les administrateurs, marchant en tête des corps constitués, précédés de la bannière de la Fédération, se rendirent au Champ-de-Mars où les attendait une foule considérable. Le procureur-général-syndic promulgua la Constitution au milieu des applaudissements et des cris de Vive la République. Puis le cortège parcourut les deux villes et les faubourgs en chantant l'Hymne de la liberté et des hymnes civiques. Sur les places on s'arrêtait pour lire de nouveau l'acte constitutionnel. Le lendemain on convoquait les assemblées primaires pour voter sur l'acceptation ou le rejet de cette Constitution. Elle reçut l'approbation de la grande majorité.

A Paris, on voulut célébrer l'anniversaire de la journée du 10 août et la Convention avait décidé que la fête de la Fédération aurait lieu ce jour-là au Champ-de-Mars.

Plus de 400 députés des divers départements se rendirent à Paris pour y assister. Le département des Vosges en envoya comme les autres. Le doyen des fédérés des Vosges, Nicolas Laurent, délégué du canton de Docelles, vieux soldat d'infanterie, reçut des Parisiens une médaille frappée en l'honneur du 10 août, pour être déposée aux archives du département. Le 22 août, Laurent en faisait la remise solennelle au directoire, qui faisait placer la médaille dans la salle de ses séances, à côté du modèle de la Bastille qu'avait offert Palloy, et du tableau de la déclaration des droits de l'homme gravée sur une pierre de la Bastille, que le même Palloy avait envoyée, le 30 juillet précédent, pour remplacer « celle qui portait l'effigie du traître Louis ».

Mais le département des Vosges voulut aussi avoir cette année sa fête de la Fédération. Le 29 juillet, le directoire arrêtait que le 10 août, on célébrerait cette fête à Épinal, dans tous les chefs-lieux de district et dans toutes les communes.

On venait précisément de nommer un nouveau président du directoire en remplacement de François de

Neufchâteau qui avait donné sa démission. C'était Quinot qui fut élu, le 16 juillet, malgré ses refus persistants sur lesquels il fut contraint de revenir.

Le 10 août 1793, à 8 heures du matin, les délégués à la Fédération, à raison d'un par canton, deux pour les cantons chefs-lieux de district, se rassemblèrent dans la salle des séances du conseil général pour célébrer l'anniversaire de la journée qui, l'année précédente, avait vu renverser la monarchie. Quatre administrateurs du département, Gérardin, Benoist, Krantz et Lecomte, doyens d'âge du conseil général, eurent la garde du livre de la Constitution pendant toute la cérémonie.

Le cortège se dirigea d'abord vers la place de la Fontaine [1], où les autorités et la garde nationale s'étaient réunies. Parvenus près de la Fontaine, les délégués, armés de piques, s'arrêtèrent et le président Quinot prononça un discours qui retrace bien la physionomie à part de cette fête civique, si différente de celles qui l'avaient précédée. On n'y parlait plus d'union, de paix, de bonheur, de fraternité. « Ce n'est donc que sur le tombeau du traître Louis, disait Quinot, que nous avons réellement secoué nos fers ! » Puis s'adressant à la Convention, il poursuivait : « Montagne sacrée, c'est toi qui, en précipitant de ta sommité les foudres d'un peuple justement en colère, as écrasé cette secte impie de conspirateurs qui préparaient le fédéralisme, la nutrition du germe des rois ! » La haine même se faisait place en ce jour et mêlait ses accents à ceux de la joie civique.

Après des libations, il y eut un nouveau discours,

---

[1] C'est, croyons-nous, la place de l'Atre actuelle, mais nous ne saurions l'affirmer.

puis le cortège se remit en marche. Il passa sous la porte du Boudiou, suivit le quai des Bons-Enfants, revint sur la place de Grève, s'arrêta au quartier militaire, prit ensuite la Grande-Rue, celle d'Entre-deux-Ponts, la rue Haute et arriva ainsi sur la place de la République[1].

Un bûcher y avait été élevé où l'on avait déposé plusieurs attributs de la féodalité et « divers titres récognitifs de droits féodaux » extraits par la municipalité des études de notaires. Après un discours de Dieudonné, procureur-général-syndic, le président Quinot, les présidents du district et du tribunal d'Épinal et les députés des cantons mirent le feu au bûcher qui s'embrasa en un instant.

Le cortège reprit alors la rue d'Arches pour se rendre à l'autel de la Patrie. Quinot, dans un discours, proclama l'acceptation de la Constitution par toutes les communes du département, puis, faisant former en un faisceau les piques des députés des cantons, il remit à chacun d'eux un exemplaire de l'acte constitutionnel qu'ils présentèrent au peuple.

Les morts du 10 août ne devaient pas être oubliés dans cette fête. Le président du district d'Épinal dépose sur l'autel de la Patrie une urne cinéraire commémorative ; Quinot la salue, la couronne de chêne, puis la remet aux fédérés qui la saluent à leur tour et la déposent au pied de l'autel.

Les élèves du collège s'avancent, précédés du principal qui harangue les autorités. Un élève dépose sur l'autel la croix du mérite en usage dans les classes et la somme destinée à acheter les prix ; ils offrent le tout

---

[1] La place des Vosges.

aux citoyens malheureux. De longs applaudissements accueillent cette généreuse jeunesse, et le président leur décerne des couronnes de chêne « en récompense de leur conduite, de leur assiduité, de leurs talents ».

On revient alors dans le même ordre à la salle des séances du directoire; les administrateurs saluent tous les corps et tous les citoyens qui ont concouru à la fête. En même temps, on délivre des secours à deux aveugles, à un vieillard et à sa femme.

Comme on était loin des jours paisibles de la première Fédération, où toutes les mains se serraient avec effusion, où tous les cœurs fraternisaient, où les yeux mouillés de larmes de bonheur, on n'entrevoyait qu'un avenir de paix et de prospérité ! Les temps étaient bien changés, et les circonstances terriblement critiques. Une semaine avant la fête, on avait appris que Strasbourg était mis en état de siège et manquait de vivres. Les représentants en mission près l'armée du Rhin lançaient chaque jour des réquisitions pour le blé, l'orge, l'avoine, dont la pénurie était extrême dans le département. On ne pouvait qu'en demander aux départements voisins. Le 7 août, deux députés de la commune de Strasbourg venaient d'écrire au conseil général pour dépeindre la triste situation de leur ville dépourvue de subsistances. On distribuait ce qui restait de fusils et de piques dans les magasins. Partout, une animation fiévreuse excitait les esprits. La Fédération du 10 août 1793 fut une courte trêve dans la guerre des partis et dans celle avec l'étranger, mais cette fête n'eut pas de lendemain. La patrie, de nouveau et plus gravement que jamais en danger, réclamait le concours de tous ses enfants.

CHAPITRE IX

La levée en masse. — Pressantes et incessantes réquisitions des représentants et des généraux; résistances. — Mission du représentant du peuple Guyardin. — Départ de la première classe du contingent. — Massacre de Saint-Dié. — La disette; réponses aux réquisitions. — Le « général » Bigotte. — Ralentissement de l'ardeur patriotique. — Le gouvernement révolutionnaire. — La famine; l'invasion.

La Convention nationale comprit — ce sera son éternel honneur devant l'histoire — que tout devait céder à la nécessité de sauver la France et qu'il n'y avait pas trop de tout un peuple pour chasser les armées de presque toute l'Europe. Sur le rapport de Barère, elle décrétait, le 16 août 1793, le principe de la levée en masse : « Le peuple français déclare, par l'organe de ses représentants, qu'il va se lever tout entier pour la défense de son indépendance, de sa liberté, de sa Constitution et pour délivrer son territoire de la présence des despotes et de leurs satellites. »

Par ses décrets du 23 août et du 7 septembre, elle régularisait cette grande mesure de salut public. « Dès ce moment, jusqu'à celui où les ennemis auront été chassés du territoire de la République, tous les Français sont en réquisition permanente pour le service des armées. » Elle décidait que la première classe des citoyens, celle des jeunes gens de 18 à 25 ans, non mariés ou veufs sans enfants, serait immédiatement appelée à l'activité.

Ces volontaires — on les appelait encore ainsi — devaient se réunir aux chefs-lieux de district et y former un bataillon de neuf compagnies. Chaque bataillon recevrait un drapeau portant le nom du district avec cette légende: « Le peuple français, debout contre les tyrans ! »

C'étaient 543 bataillons, plus de 450,000 hommes, qui devaient sortir ainsi, d'un seul coup, des entrailles mêmes de la nation.

Les représentants du peuple aux armées du Rhin et de la Moselle n'avaient pas attendu ces décrets pour faire réquisition de la jeunesse des frontières. Le 6 août, à Metz, J. B. Lacoste et Guyardin arrêtaient que chacun des départements de la Moselle, de la Meurthe, des Vosges, de la Meuse, de la Haute-Marne, de l'Aube, du Bas et du Haut-Rhin fournirait 1,200 hommes d'infanterie, plus un dixième de cavaliers et un cinquième de canonniers. Le 17 août, ils proclamaient la levée en masse.

Le département des Vosges, tout en faisant remarquer qu'il était épuisé, se mit de suite en demeure de fournir son contingent. A Gérardmer cependant, Krantz et Jacques Michel, désignés comme commissaires, rencontrèrent une grande résistance. Ils furent insultés et menacés ; la masse des citoyens était bonne, mais égarée par des agitateurs malveillants. Bigotte fut envoyé auprès de ses collègues pour faire une dernière tentative ; pleins pouvoirs lui étaient donnés pour exécuter la réquisition et pour que force restât à la loi. Les jeunes garçons de Gérardmer avaient émis la prétention de faire concourir les hommes mariés à la formation des bataillons, ce qui était contraire à la loi, et cependant Gérardmer comptait 120 garçons et il ne fallait que 19 volontaires pour le canton. Le directoire applaudit au patriotisme et à la noble énergie que les garçons du district de Bruyères, bien différents de ceux de Gérardmer, avaient manifestés en se soumettant à la réquisition et les cita comme exemple. Il adressa en outre une proclamation pour leur dire « qu'on était surpris de voir qu'il n'y en avait pas un à Gérardmer sur lequel la voix de la Patrie fût assez pressante pour le déterminer à marcher à son secours »; la proclamation se terminait par ces mots : « qu'on se rappelait avec attendrissement les preuves multipliées de patriotisme que la commune de Gérardmer avait montrées dans les précédentes levées et qu'on aimait à se persuader qu'on n'aura pas à gémir sur un moment d'erreur. »

Enfin, tout finit par se faire avec ordre.

Les appels se succédaient du reste avec une effrayante rapidité. Le 24 août, une dépêche des représentants Ruamps et Milhaud annonçait que le tocsin sonnait dans le district de Wissembourg que l'ennemi attaquait sur plusieurs points. Le conseil général des Vosges pressait en hâte la levée des réquisitionnaires et prescrivait qu'ils se rendraient sur-le-champ à Lunéville, Strasbourg ou Colmar, sous la conduite des adjudants-généraux des légions. On invitait les militaires retraités à fournir le concours de leurs lumières et de leur expérience. Toutes les communes, sur la route d'Épinal à Sainte-Marie-aux-Mines, devront avoir un homme prêt à partir en courrier. On ne laissera qu'un homme par famille de cultivateurs.

Le 26 août, les représentants Lacoste et Guyardin annoncent que l'invasion a commencé dans le district de Wissembourg. Le 27, une lettre du général Landremont, commandant en chef l'armée du Rhin, réquisitionne 25,000 quintaux de foin, 24,000 sacs d'avoine qui devront être le 13 septembre à Schlestadt ou à Colmar. Le même jour, une proclamation de Milhaud, Ruamps et Borie, retraçant les crimes des envahisseurs et surexcitant les courages, est affichée dans Épinal. Le 28, l'alarme va toujours croissant. Une lettre du général Landremont apprend que son armée est attaquée depuis cinq ou six jours et qu'elle a repoussé ces attaques, mais elle est à bout de forces. « Ne marchez pas, mais volez; accourez de toutes parts et vous sauvez la Patrie », dit la lettre de Landremont. Le directoire des Vosges active encore la levée, mais il prévient les représentants qu'on demande plus à ses administrés qu'ils ne le peuvent et que c'est vouloir les décourager. Ses séances durent jusqu'à une heure de la nuit. Le 30, une lettre de Villemanzy, commissaire-ordonnateur en chef de l'armée du Rhin, vient accélérer le versement des denrées et fournitures de toutes sortes.

Le représentant Mallarmé, envoyé pour presser la levée de la première classe, n'avait fait que traverser les Vosges; le 30 août, le représentant du peuple Guyardin[1] arrive à Épinal.

---

[1] Guyardin (Louis) était né à Dommarien (Haute-Marne) en 1758 et fut d'abord conseiller au bailliage de Langres. Président du tribunal criminel, il fut élu député de la Haute-Marne à la Convention, et vota la mort du roi. Après la session, il redevint président du tribunal criminel, puis juge au tribunal d'appel de Dijon. Secrétaire général de la préfecture de Seine-et-Marne, il fut élu, en mai 1815, par ce département, membre de la Chambre des représentants. Proscrit en janvier 1816 par la loi des régicides, il se réfugia en Suisse, à Fribourg, et mourut presque en y arrivant, en 1816.

Les administrateurs Bigotte et Claudel vont aussitôt lui présenter les hommages du conseil. Guyardin revient avec eux à la séance et prend place au bureau. Il remercie des témoignages de respect et de dévouement qui lui sont offerts, et convoque pour l'après-midi une séance où assisteront toutes les autorités. Là, il expose quelle est la situation, quelles sont les mesures à prendre et se fait rendre compte de ce qui s'est fait. Le lendemain 31, une proclamation, signée de Guyardin, couvre les murs d'Épinal :

« A la voix de la Patrie, vous vous êtes tous levés ; l'amour de la liberté et la haine des tyrans ont enflammé votre courage..... Déjà vos colonnes sont en marche ; quelques-uns de vous hésiteraient-ils ?..... L'on parle de règles, de formes, dans le mouvement révolutionnaire que les citoyens des frontières ont pris d'eux-mêmes à la première nouvelle des tentatives de l'ennemi..... Suivez l'élan du patriotisme qui vous guide ; que rien ne vous arrête ; les représentants du peuple vous attendent au champ du combat ; vos administrateurs y conduisent vos pas..... La République entière, instruite de votre dévouement, met en vous ses plus chères espérances. La reconnaissance publique vous attend.... »

De son côté, le général Landremont, commandant en chef l'armée du Rhin, écrivait de Wissembourg : « Arrivez, braves républicains ! Je vous attends à bras ouverts. »

On conçoit l'effet que produisirent ces ardentes paroles jetées au milieu de l'effervescence générale. Partout les colonnes de réquisitionnaires s'organisaient, ayant à leur tête les procureurs-syndics ou des administrateurs des districts. Benoist était parti pour Strasbourg, auprès des représentants du peuple de l'armée du Rhin, et Brocard vers les représentants de l'armée de Metz, tandis que Dieudonné va rendre compte au Comité de salut public et que le brigadier de gendarmerie Valance prévient en toute hâte les représentants de l'arrivée des renforts.

Pourquoi faut-il que ce bel élan patriotique se soit laissé détourner, égarer par de perfides conseils et ait marqué cette glorieuse époque de l'unique tache de sang qu'ait vue le département des Vosges pendant la Révolution !

Tandis que les contingents des districts d'Épinal, de Darney, de Neufchâteau, de Lamarche et de Mirecourt se dirigent sur Lunéville et de là sur Haguenau, et que celui de Remiremont va par Thann et Colmar gagner Strasbourg, les districts de Bruyères, Saint-Dié, Rambervillers et Senones se forment à Saint-Dié pour descendre par Sainte-Marie-aux-Mines et Schlestadt en Alsace et remonter sur Strasbourg et Haguenau. Dès le 28 août, le départ s'accomplissait sans incidents notables, et le général Landremont écrivait qu'on lui signalait l'avant-garde vosgienne. Les représentants Milhaud[1], Borie et Ruamps, de leur côté, disaient : » C'est toujours avec une nouvelle satisfaction que nous apprenons les efforts généreux que les administra-

---

[1] Le même qui, devenu général de division de cavalerie, conduisit la charge légendaire des cuirassiers à Waterloo. Né à Arpajon (Cantal) le 18 novembre 1766, il mourut à Aurillac (Cantal) le 8 janvier 1833.

teurs et les administrés républicains des Vosges font pour contribuer au salut de la République..... Nous approuvons vos mesures sages et salutaires..... et nous attendons avec impatience l'arrivée des braves montagnards des Vosges. »

Partout les jeunes gens dits de la première classe étaient en route; quelques-uns même déjà en Alsace. Ceux du district de Saint-Dié, les plus proches de la frontière, avaient franchi les Vosges le 28 août, emportant tout ce qui restait de fusils de guerre dans la ville. Fatale imprudence qu'on regretta peu de jours après ! Il n'y eut de difficultés qu'à Xertigny, où Guilgot aîné et Fleurant rencontrèrent une certaine opposition, mais la municipalité exprima bientôt ses regrets de s'être plainte.

Le 27, de nouvelles demandes des représentants, plus pressantes encore, étaient arrivées. Le procureur-syndic du district de Saint-Dié, aidé d'un administrateur du département et d'un commissaire, activait le départ de la jeunesse et la réunion des subsistances.

Le 29 août, un second commissaire leur était adjoint, et le même jour, une partie des citoyens de la première classe, précédés de leurs magistrats municipaux, accompagnés de leurs parents, arrivaient à Saint-Dié; c'était le contingent du district de Senones. Un convoi de farines et de pain les suivait.

Le 30, les réquisitionnaires du district qui manquaient encore arrivèrent et les autorités procédèrent aussitôt à leur organisation. Aucun désordre ne résulta de cette agglomération inaccoutumée. Toutefois, le commandant de la garde nationale crut sage de faire circuler quelques patrouilles qui n'eurent aucun trouble à réprimer. Le calme continua dans la journée du 31 août; mais déjà les passions fermentaient. Quelques volontaires parlaient, avant de partir, de s'emparer des détenus, disant bien haut qu'ils ne voulaient pas laisser un ennemi derrière eux, alors qu'ils allaient présenter leurs poitrines à d'autres ennemis [1]. Cependant tout se passa en paroles; les patrouilles continuèrent à circuler sans rencontrer d'agitation et la nuit s'acheva aussi paisiblement.

Le dimanche, 1er septembre, la foule était grande dans la ville et on remarqua dès le matin un mouvement plus considérable que la veille. Les jeunes recrues allaient partir et leurs parents, leurs amis, leurs femmes étaient venus pour recevoir leurs derniers adieux. Les auberges étaient combles; les lieux publics encombrés; des scènes vraiment attendrissantes eurent lieu. Mais, comme il arrive presque toujours en pareil cas, chacun tint à «arroser les adieux», et comme le dit un document de l'époque[2], «les ressources en consolation qu'offre la table ne furent que trop recherchées». La matinée se passa sans autre incident que l'animation causée par toute cette foule qui buvait, mangeait et se répandait par la ville. On ne concevait aucune crainte.

Soudain, vers une heure et demie, une foule bruyante

---

[1] Comme à Paris, juste un an, jour pour jour, auparavant, alors qu'on massacrait les détenus dans les prisons. (Journées des 1er, 2, 3 et 4 septembre 1792.)

[2] Procès-verbal dressé par la municipalité, le 8 septembre 1793. (Archives de la ville de Saint-Dié.) C'est une relation très complète et qui paraît exacte et impartiale des événements. L'auteur l'a suivie pas à pas pour son récit.

fit irruption à travers les rues, criant que la classe ne partirait pas pour l'armée et protestant qu'en tous cas, le directoire et les administrateurs du district seraient contraints de partir aussi. Cette foule, égarée par de perfides suggestions, alla toujours grossissant. Le vin échauffait les têtes ; la vue d'épouses et de mères en larmes exaltait encore les esprits. En outre, beaucoup de jeunes soldats, exaspérés de partir, soit lâcheté, soit faiblesse, se laissèrent entraîner dans ce tumulte et la foule, toujours criant et poussant, arriva jusqu'à l'hôtel de ville. Les membres du conseil général de la commune arrivaient précisément à cette heure et se réunissaient dans la salle de leurs séances, qui touchait à celle du directoire du district [1].

Le maire, Bareth, et les officiers municipaux ne perdirent pas la tête ; ils expédièrent sur-le-champ l'ordre au commandant de la garde nationale de prendre les plus grandes précautions pour rétablir le calme ; le district, de son côté, décida que sa présence était indispensable et resta en séance.

La foule, un moment arrêtée par cette ferme contenance, changea alors d'objet ; les clameurs ne cessèrent pas, mais ce ne fut plus seulement les détenus qu'on réclamait, on exigeait aussi des armes et des piques. Le directoire voulut temporiser et, afin de ne rien livrer, demanda un sursis jusqu'au lendemain pour statuer. Toujours mobile, la foule y consentit et s'écoula sans résistance.

Mais quelques individus parurent tout à coup armés

---

[1] Au deuxième étage de la mairie, où est aujourd'hui la bibliothèque.

de piques, de fusils qu'ils s'étaient procurés on ne sait où, ni comment. Ils prirent la tête de la colonne en brandissant leurs armes et en poussant de nouveau leur cri : « Qu'on nous livre les détenus ! » Des cris furieux retentissent. Sans se laisser émouvoir par ce redoublement de clameurs, le procureur de la commune, Nicolas-François Martin, et les officiers municipaux se mêlent à la multitude et l'exhortent au calme, au respect des personnes, des lois et des propriétés. Leurs appels à l'humanité ne sont pas entendus et leurs efforts restent inutiles devant le déchaînement aveugle de cette foule bigarrée d'hommes, de femmes, d'enfants qui se rue, comme poussée par une force instinctive, vers les bâtiments de l'évêché ! Huit prisonniers s'y trouvaient, comme on sait, incarcérés depuis le mois d'avril, dans l'aile orientale, sous la surveillance d'un concierge[1]. En un clin d'œil, une des portes est enfoncée et la foule se précipite dans les cours, envahit les chambres et commence aussitôt le pillage, malgré la présence du vicaire épiscopal et des magistrats qui tentaient un suprême effort.

Heureusement que le bruit du tumulte avait donné l'éveil aux détenus ; sans trop savoir de quoi il s'agissait, ils avaient cru prudent de se cacher et, se frayant un passage, ils escaladèrent le mur du jardin d'où ils purent

---

[1] C'étaient Hugo de Spitzemberg, Thibault de Menonville, Jean-Joseph-Louis-Nicolas de Thumery, Esprit-Louis Geoffroy, Charles-Dominique de Bazelaire, Philibert de Rozières, Jean-Louis-Christ de Rouot et Pierre-Charles-Hyacinthe-Dominique Abram. Les deux autres, emprisonnés en même temps qu'eux, Michel-Laurent Larminach et Joseph Christophe fils, avaient été élargis à la fin de mai 1793.

gagner la campagne. Il était temps; quelques minutes de plus et ils ne l'auraient pu. Quand l'émeute eut visité toutes les pièces et qu'elle eut trouvé les tables encore dressées, des objets de prix, montres, portefeuilles trainant partout, lorsqu'elle vit que sa proie lui échappait, sa fureur en fut redoublée. On fit main basse sur tout ce que l'on trouva, mais le vol succédant au pillage ne satisfaisait pas l'avidité des envahisseurs. La soif du sang les excitait autant que celle de l'or.

Durant ces scènes de dévastation, les autorités restées libres cherchaient par tous les moyens à rétablir l'ordre. La générale battait et les citoyens commençaient à se rendre à leur poste. Mais la sédition croissait d'instant en instant, s'irritant de chaque résistance, de chaque déception. Des bandes parcouraient la ville; elles forçaient les tambours à se taire, s'emparaient des deux canons de la cité. Un officier de la compagnie des canonniers, connu comme patriote, François Ribeaucourt, voulut s'opposer à l'enlèvement des canons et menaça de charger et de tirer; on l'insulta et il n'eut que le temps de se sauver pour éviter les violences qui l'attendaient. On le chercha inutilement pour le tuer. Le commandant de la garde nationale lui-même, Silice, fut insulté et menacé. L'autorité était devenue impuissante et ne pouvait même plus tenter un dernier effort.

Il était quatre heures et le pillage de l'évêché durait toujours, lorsqu'une troupe d'émeutiers rentra triomphalement en ville, trainant avec elle un prisonnier. Tandis que la plupart s'attardaient à l'évêché, quelques-uns, des plus ardents, s'étaient mis à la poursuite des détenus fugitifs et au bout d'une demi-heure de course, vers trois heures, à la lisière de la forêt, à peine à un quart de lieue de la ville, ils trouvèrent un homme qui se cachait ; ils se saisirent de lui et lui enlevèrent ses pistolets que plus tard on ne retrouva pas.

C'était l'ancien commandant de la garde nationale, Louis-Charles-Toussaint Hugo, seigneur de Spitzemberg [1]. Il était connu pour sa haine violente contre les patriotes ; deux de ses fils avaient émigré et servaient dans les armées étrangères [2]. Lui-même avait tenu en maintes circonstances des propos injurieux et proféré des menaces contre le peuple. Aussi son impopularité était extrême, aussi bien à Saint-Dié qu'à Colroy-la-Grande où se trouvait son château de Spitzemberg.

Cet incident concentra de suite l'attention des insurgés.

D'ailleurs l'évêché était entièrement saccagé et les pillards grossirent à chaque pas les rangs de l'escorte qui entourait le malheureux Hugo.

Prévenus aussitôt de cet événement, les officiers municipaux se portèrent au-devant de la multitude et lui firent de nouveau entendre la voix de la raison et de l'humanité, mais sans plus de succès qu'auparavant. Ils ne parvinrent point à dégager Hugo ; mais à force d'instances, ils obtinrent pourtant qu'on le conduirait en prison à la mairie. La foule, au milieu des clameurs, se dirigea de ce côté. Mais à quelques pas de la porte, l'exaltation allant toujours croissant, un cri de mort, poussé sans doute au hasard, par quelque inconscient ou quelque agent provocateur, s'élève du sein de

---

[1] Hugo était né à Saint-Dié en 1736 ; il avait donc 57 ans.
[2] Ils ne revinrent en France qu'en 1814, dans les rangs des alliés, où ils servaient comme généraux.

la foule qui le répète. Hugo est empoigné par ceux qui le tenaient. Les administrateurs du district, le procureur et les membres du conseil général de la commune, Henry, J. J. Laurent, Phulpin, Demontzey, Saint-Dizier, Laugier, Mahu, Febvrel, Lotz, Blaison, etc., s'interposent ; ils couvrent le prisonnier de leurs corps ; ils supplient cette foule affolée de les écouter, d'avoir confiance en eux. Rien n'y fait. Ils sont écartés, bousculés, repoussés. Hugo, arraché de leurs mains, est entraîné hors de la mairie. On le promène dans les larges rues de la ville, sous les coups et les injures. Son supplice fut long ; on l'emmena jusque près d'une chapelle située hors de la ville, à un endroit nommé Périchamp[1]. Là, ses bourreaux le mutilèrent, puis lassés d'avoir prolongé son agonie, par pitié peut-être, ils finirent par le tuer. Il était six heures du soir.

Ce n'est pas tout. Les assassins, leur œuvre accomplie, voulurent rentrer en ville avec la preuve de leurs exploits. On ramassa le cadavre d'Hugo après l'avoir dépouillé, puis on le hissa sur un chariot. La bande se groupa tout autour ; à la lueur des torches et au son de la musique, l'horrible cortège rentra dans Saint-Dié, avec toute la pompe d'un triomphe.

Arrivés devant la maison d'Hugo, dans la Grand'Rue[2], les insurgés jetèrent le cadavre dans le vestibule, puis montant dans les appartements, ils brisèrent ou volèrent[3] tout ce qui s'y trouvait.

---

[1] Dans l'espace compris entre la ville et le grand séminaire, à peu près où s'élèvent aujourd'hui les casernes.

[2] En face l'hôtel de la Poste actuel.

[3] Parmi les voleurs de cette journée, se trouvaient les ancêtres

Cependant les autorités ne restaient pas inactives. Deux commissaires du département, Billardot et Loyal, s'étaient joints à elles et tous se concertaient à la mairie sur les mesures à prendre. Mais l'isolement persistait autour d'eux ; les citoyens qui n'avaient pas bougé pendant l'émeute continuaient à rester chez eux pour la plupart ; le corps de garde était abandonné ; presque toutes les armes étaient prises. Le tumulte n'était d'ailleurs pas apaisé et les insurgés menaçaient les gens d'humeur pacifique qui ne les imitaient pas. Un ancien chanoine, Métry, malade depuis longtemps, était descendu dans la rue par curiosité. A quelques pas de chez lui, il est terrassé, dépouillé et jeté dans un cachot.

Enfin, vers neuf heures, soit lassitude, soit dégoût, soit retour à la raison, le calme parut se rétablir. Deux membres du conseil réussirent à expulser de la maison d'Hugo une vingtaine de voleurs qui s'y prélassaient ; ils fermèrent la porte et remirent les clefs au juge de paix.

Quant au commandant de la garde nationale, ils eurent beau le solliciter, il répondit qu'il n'y avait rien à faire et qu'un essai de résistance ne serait pas seulement inutile, mais dangereux.

La nuit fut calme ; les autorités siégèrent sans désemparer à la mairie, mais s'y agitèrent dans le vide, puisqu'aucune force n'était entre leurs mains.

---

de gens, aujourd'hui fort oublieux de ces événements, dont je tairai le nom, mais qui ne devraient pas oublier l'origine de leur fortune. C'étaient ceux-là qui se plaignaient que les tailleurs, les « parmentiers » comme on disait alors, n'eussent pas fait à leurs habits de plus larges poches !!

Elles ne purent prendre aucune mesure pour empêcher le renouvellement des scènes déplorables de la journée. Vers minuit, deux habitants de Robache se présentèrent à la mairie et rapportèrent le bruit qui courait parmi les leurs, dont l'exaltation et la violence avaient été remarquées, qu'un jeune soldat avait été attiré dans la maison du chanoine Friant, puis assassiné ; ils exigeaient une enquête.

La municipalité s'y prêta volontiers ; le maire, accompagné de deux citoyens et suivi des hommes de Robache, se rendit au logis de Friant, mais, comme il fallait s'y attendre, les perquisitions ne firent rien découvrir.

Il était permis d'espérer que la nuit, ayant passé sur la folie de la veille, aurait fait tomber l'exaltation et même qu'on trouverait les coupables confus et repentants. Il n'en fut rien.

Le 2 septembre au matin, la bande se reforme et se dirige de nouveau chez Hugo pour y boire, y manger et détruire ce qui restait. Le pillage de la veille s'était limité aux objets de prix, aux bijoux ; le 2, ce fut la dévastation et l'orgie qui succéda. Dans la cave, on trouva quantité de bouteilles de vins étrangers ; elles furent bientôt vidées et le délire des insurgés n'en fut que plus intense. Une sorte de rage s'empara d'eux ; ils arrachèrent les portes, les volets, les fenêtres et les jetèrent par les ouvertures béantes ; puis ils s'en prirent aux parquets, aux grilles ; tout fut détruit, brisé, mis en pièces avec une indicible fureur. Le désordre était à son comble, lorsque les magistrats municipaux accourent et exhortent encore la foule à la sagesse. Vains efforts ! on les insulte, on les menace et peu s'en faut que certains d'entre eux ne payent de leur vie leur dévouement.

Cependant les tambours de la garde nationale battent le rappel. Deux compagnies de la première classe et les deux compagnies formées par la jeunesse de la ville répondent avec assez d'empressement à l'appel et elles pensent que leur exemple déterminera le reste des deux bataillons de la ville. Mais ceux-ci ne suivent que bien lentement, et à dix heures du matin, le nombre des retardataires était plus considérable que celui des citoyens prêts à marcher.

L'œuvre de destruction étant achevée chez Hugo, il fallut un nouvel aliment à la rage dévastatrice des bandits. Cette fois il était clair que ce n'était plus l'égarement momentané d'une foule, mais un plan bien arrêté de vol et de pillage qui les guidait. Ils se portèrent sur la maison du maréchal de camp Thibaut de Menonville, l'ancien constituant de 1789, l'un des détenus de l'évêché qui avait pu s'évader la veille. Le pillage s'y organisa instantanément, avec une précision qui dénote que le plan en était mûri à l'avance. Des trainards de la garde nationale se joignent même aux pillards.

Le bruit court tout à coup que le tocsin sonne dans tout le district ; que les habitants des montagnes, s'armant de leurs fourches et d'autres engins, descendent en masse sur Saint-Dié pour y venger le massacre de leurs jeunes gens qu'ils y croient assassinés, et pour détruire la ville. Ribeaucourt, l'officier de canonniers, qui avait failli être tué la veille en défendant ses pièces, était, paraît-il, l'auteur de cette marche désordonnée des villages de la montagne où il était allé semer l'alarme. Cela devait lui coûter cher.

Il fallait conjurer ce nouveau péril; le conseil général de la commune courut au-devant des paysans pour les éclairer. Quelques-uns rétrogradèrent en apprenant la vérité, mais le plus grand nombre, sous prétexte de se convaincre par leurs propres yeux de la réalité des faits, se répandit dans tous les quartiers de la ville, pénétrant dans toutes les maisons, s'y faisant servir à boire et à manger, exigeant même qu'on leur donnât de l'argent. Puis ils veulent des armes; ils en cherchent partout, même chez les meilleurs patriotes. Ce n'était là qu'un prétexte; ils choisissent de préférence la maison de Ribeaucourt, celle de la veuve Abram, de l'ex-chanoine Friant, de Bazelaire le jeune, de Geoffroy, de la veuve Colin d'Hurbache, de Crevoisier, de la veuve Thumery, et les livrent à un pillage régulier et complet. Mais la maison d'Hugo les attire de nouveau; l'imagination populaire y faisait supposer d'immenses trésors enfouis dans des souterrains. En effet, la bande parvient à déterrer de riches objets et de l'or, ainsi que des armes, dit-on. Chez Thibaut de Menonville, comme partout, du reste, ils burent le vin qu'on avait oublié, comme s'ils avaient besoin d'exciter leur ardeur.

Le désordre est à son comble par toute la ville devant cette populace déchaînée que rien ne peut maîtriser ni calmer. On craignit même un moment que l'incendie ne vînt ajouter ses horreurs à celles dont on était témoin; on tenta de l'allumer en divers endroits; des mèches soufrées étaient, paraît-il, déposées à l'écart; quoi qu'il en soit, on évita ce dernier danger ; aucun incendie n'eut lieu.

L'évêque Maudru et son clergé voulurent essayer alors si l'appareil de la religion aurait quelque influence sur ces fous furieux. Ils sortirent processionnellement [1], revêtus de leurs habits sacerdotaux et parcoururent les rues, mais ces cérémonies ne touchèrent pas ces sauvages encore altérés de sang.

Il leur fallait en effet la tête de Ribeaucourt. Sa profession d'ancien huissier de la ci-devant maîtrise du chapitre depuis douze ans le désignait suffisamment à la haine de ceux qu'il avait dû poursuivre et le nombre en devait être grand dans la foule.

En outre on l'accusait, comme nous l'avons vu, d'avoir fait charger les canons contre la foule, ce qui était faux ; enfin, on affirmait, bien qu'on ne pût que le supposer, qu'il était l'auteur et le propagateur des bruits d'assassinat qui avaient précipité sur la ville les gens de la montagne. Ce n'était pas assez ; on l'accusa d'être un aristocrate déterminé et quelques-uns prétendirent l'avoir vu fouler aux pieds la cocarde nationale. Déjà sa maison avait été pillée, mais il avait pu s'enfuir. On apprit malheureusement qu'il avait été arrêté dans sa fuite à Senones, et emprisonné par quelques habitants des villages voisins. Alors la multitude se porta vers la salle du directoire du district où se trouvaient le juge de paix Richard, les administrateurs avec les autres autorités constituées.

---

[1] N'oublions pas que ceci se passe à la fin de 1793 et l'on voit que l'exercice du culte catholique était absolument libre et son pouvoir encore respecté.

Il était quatre heures du soir ; pendant plus d'une heure, les magistrats résistèrent à la pression de la foule et se débattirent au milieu des vociférations, des menaces ; plusieurs fois ils durent détourner les armes dirigées contre eux ; le juge de paix Richard, en cherchant à apaiser les plus ardents, faillit périr. Un voiturier, Antoine Prince, qui s'était affublé d'une épée, s'efforça, mais en vain, de l'en percer; enfin ils cédèrent et la foule extorqua un mandat d'amener contre Ribeaucourt.

A ce moment (il était cinq heures), on annonce l'arrivée des jeunes gens de la première classe du district de Bruyères qui rejoignaient l'armée du Rhin. On délègue à leur rencontre le conseil général de la commune pour les solliciter de prêter leur concours au rétablissement de l'ordre. Ces braves jeunes gens y consentent volontiers.

A six heures du soir ils font leur entrée en ville ; leur présence seule suffit pour ramener le calme et la nuit se passa sans tumulte comme la précédente.

Mais on n'était pas au terme de ces scènes lamentables. Pendant la soirée, les soldats du bataillon de Bruyères furent en butte aux tentations et aux excitations des rebelles. Les plus faibles d'entre eux et quelques malintentionnés allèrent grossir les rangs des insurgés qui se renforcèrent encore avec des citoyens et même des citoyennes de la ville de Saint-Dié. On devait s'attendre pour le lendemain à de nouveaux désordres.

Le matin du 3 septembre se leva sur des scènes de dévastation ; les maisons déjà pillées l'étaient encore et on attaquait celle d'un officier municipal accusé d'avoir favorisé l'évasion des détenus.

C'était un mardi, jour du marché de chaque semaine, et dès le point du jour une foule nombreuse des villages environnants envahissait la ville, augmentant encore l'animation et le désordre. La municipalité était toujours désarmée ; aucun secours ne lui était arrivé depuis trois jours. Elle usa encore des seuls moyens en son pouvoir : la persuasion, l'appel aux bons sentiments. Deux de ses membres, Pierre Mahu fils et l'avocat François-Antoine Laugier, parcoururent les rues, à sept heures du matin, et lurent une proclamation éloquente aux « frères, amis, concitoyens » pour chercher à arrêter le mal. On accourait au son de caisse, on écoutait la lecture de la proclamation et c'était tout. Mahu et Laugier allèrent ainsi dans tous les quartiers, lisant à haute voix la proclamation, mais sans aucun succès.

Alors le conseil épiscopal renouvela sa démarche de la veille. A neuf heures du matin, revêtus de tous leurs ornements, escortés par les autorités et par un grand nombre de bons citoyens, l'évêque, ses vicaires et tous les prêtres de la cathédrale s'avancèrent dans les rues en adressant des prières à l'Éternel pour appeler ses bénédictions sur la ville. Ce cortège imposant ne produisit aucun effet ; c'étaient des coups de fusil qu'il eût fallu pour mettre fin à ces désordres.

Le bataillon de Bruyères était parti pour Schlestadt au lever du jour, laissant en arrière quelques rôdeurs. Le pillage continuait sans rencontrer d'obstacles.

Vers onze heures, les autorités, malgré leurs infructueuses tentatives, voulurent encore essayer de la conciliation. Plusieurs officiers municipaux, décorés de leurs écharpes, auxquels s'étaient joints quelques maires des campagnes venus au marché et revêtus aussi de leurs insignes, se réunirent à l'hôtel de ville aux administrateurs du district. De là, ils se répandirent par toute la ville, donnant lecture d'une seconde proclamation adressée cette fois aux « citoyens et citoyennes », à laquelle ils joignaient les plus vives prières, les plus pressantes exhortations. Cette fois, ils parurent être plus heureux. Le pillage s'arrêtait faute d'aliments, il n'y avait plus rien à dévaster. Les meneurs s'en allaient avec leur butin ; les autres, les faibles et les égarés, commençaient à réfléchir et à revenir à la raison. A midi, le succès paraissait complet.

Mais cette journée devait encore être marquée par un fatal et tragique événement.

A deux heures et demie, une charrette escortée de dix gendarmes à cheval arriva au grand trot ; elle amenait de Senones l'infortuné Ribeaucourt chargé de chaînes, en vertu du mandat d'arrêt décerné la veille contre lui. A ce spectacle, les passions de la foule se réveillent. Une multitude se rassemble devant la maison commune et réclame à grands cris la mort de Ribeaucourt. Les magistrats municipaux s'avancent aussitôt et parlementent avec la foule ; ils parviennent à introduire Ribeaucourt dans l'hôtel de ville qui devait lui servir de prison et à fermer la grille de fer qui en défend l'entrée. La gendarmerie, jugeant son rôle terminé, se retira alors au milieu de l'étonnement général. La foule enhardie revint rapidement à la charge. Une poussée a lieu, les assaillants ont vite forcé la grille ; ils arrivent jusqu'au cachot, en tirent Ribeaucourt, qu'ils accablent de coups et le blessent même grièvement. Quelqu'un parle de le sauver; il est de suite terrassé et jeté dehors. On entraîne Ribeaucourt anéanti et on le conduit à l'endroit même où l'on immolait Hugo deux jours auparavant. Là on l'égorge et l'on abandonne son cadavre défiguré, après l'avoir entièrement dépouillé.

Au même instant, survenaient les jeunes gens de la première classe du district de Rambervillers, précédés de deux de leurs administrateurs. On les disait animés de mauvaises dispositions et l'on redoutait que leur venue ne fût l'occasion de nouveaux troubles. Une nombreuse députation se rendit au-devant d'eux avec le commandant de la garde nationale. Ils promirent, au contraire, de concourir au rétablissement de l'ordre et tinrent parole. La mort de Ribeaucourt devait être le dernier et sanglant épisode de ces scènes de désolation.

Le lendemain matin, 4 septembre, le représentant du peuple Guyardin, accouru d'Épinal avec le président du directoire du département, descendit en ville; il y fit une longue excursion; la nuit avait été calme, de nombreuses patrouilles circulaient; Guyardin put se convaincre que tout était fini. Il harangua pourtant les habitants, ainsi que le président du département, afin de dissiper les derniers restes d'effervescence et de colère et s'occupa ensuite de ramener le bon ordre, d'établir les responsabilités et de recréer une force publique sérieuse en prévision du retour de pareilles fureurs. Le 8, des troupes, mandées de Schlestadt, envoyèrent des détachements pour garder la ville. Les officiers municipaux, encore troublés, craignaient que le désordre renaquît, mais Guyardin les rassura et l'arrivée de cinquante chasseurs à cheval et de cent volontaires était de nature à en imposer aux malveillants. On rapportait du reste un certain nombre d'objets pillés.

La population n'avait plus d'armes ; deux juges du tribunal avaient dû rendre les leurs le couteau sur la gorge ; les agents de l'administration forestière avaient été également désarmés par la force. Il fallait tout reconstituer. Guyardin s'y employa avec activité et y parvint en peu de jours. Il fit dresser procès-verbal des événements par le corps municipal et en adressa une copie au directoire du département, une autre au Comité de salut public.

Les criminels ne furent jamais punis, ni découverts. A cette époque, d'autres préoccupations plus graves absorbaient les esprits. Il ne fut question de l'affaire de Saint-Dié qu'une seule fois à la Convention, à la séance du 26 janvier 1794[1]. Sur la demande de Poullain-Grandprey et de Perrin, la Convention suspendit pro-

---

[1] Séance du 7 pluviôse an II ; présidence de Vadier :

Poullain-Grandprey. — Au commencement de septembre dernier (vieux style), il éclata dans la commune de Saint-Dié un mouvement contre-révolutionnaire occasionné par la levée en masse. Les patriotes s'y opposèrent ; de là naquit un mouvement révolutionnaire : les aristocrates ont été punis ; mais comme les poursuites se continuent et que les patriotes pourraient devenir victimes, je demande que le comité de législation fasse demain le rapport dont il est chargé à cet égard, ou qu'à défaut de ce rapport, les poursuites soient suspendues.

Perrin. — J'appuie cette proposition et j'assure la Convention que dans ce mouvement qui était purement révolutionnaire, l'aristocratie a été victime de ses complots.

Goupilleau. — Il faut charger les représentants du peuple qui se trouvent sur les lieux, de prendre des renseignements sur cette affaire.

Perrin. — Un représentant du peuple a été envoyé exprès à Saint-Dié et il a trouvé le résultat que je viens d'énoncer.

visoirement toutes poursuites et chargea son comité de législation de faire incessamment un rapport. On n'en entendit plus parler. Il demeure à peu près acquis pourtant que ce furent les habitants de Robache qui jouèrent le plus g[rand rô]le dans ces tristes jours. Le souvenir de ces scènes [est] demeuré vivant dans les esprits et il n'y a pas bien longtemps encore que les anciens habitants de Saint-Dié disaient parfois de quelques-uns des leurs : « Il est de la bande de septembre ! »

A la suite de ces événements, Guyardin prit, le 7 septembre, un arrêté qui prescrivait aux prisonniers évadés de l'évêché de Saint-Dié de se rendre à Épinal :

..... « Considérant qu'un des prétextes les plus spécieux que les malveillants aient employés pour exciter la fureur des citoyens qui se sont laissés égarer, a été que les personnes suspectes qui étaient détenues en cette ville étaient mal gardées et pouvaient exécuter des projets contre-révolutionnaires après le départ de la masse des citoyens pour la frontière ;

« Que le lieu de la retraite de ces gens suspects est ignoré ; qu'il serait trop rigoureux de vaincre en ce moment la répugnance qu'ils doivent avoir d'entrer à Saint-Dié et celle de leurs familles et des bons citoyens à les y voir ramener ;

« Que, cependant, en garantissant la sûreté de leurs personnes contre toute violence criminelle, il est nécessaire de les réintégrer en état d'arrestation.....;

« Il est enjoint aux personnes qui étaient en état d'arrestation dans le ci-devant évêché de Saint-Dié et s'en sont évadées le 1er de ce mois, de se rendre dans la huitaine à Épinal se présenter à la municipalité, sous peine d'être déclarées émigrées. »

Les prisons d'Épinal dans les ex-couvents des Annonciades ou des Minimes, n'étaient pas bien effrayantes assurément ; l'ennui de la détention et l'isolement seuls les rendaient plus maussades. Les prêtres et les suspects qui y étaient enfermés sans communications avec le dehors, pouvaient cependant, trois heures par semaine, voir leurs familles et la surveillance n'était pas des plus sévères.

Aucun des évadés pourtant, ainsi qu'il fallait s'y attendre, ne se soumit à l'injonction du représentant du peuple.

Guyardin revint, le 10 septembre, de Saint-Dié à Épinal, où il expédia quelques affaires ; sur la dénonciation de la Société d'Épinal, il mit en demeure Guilgot, maire d'Épinal, de prouver que son fils n'était pas émigré, et destitua Marchal, procureur de la commune d'Épinal ; Maudheux, Leroux-Douville et Maurice, officiers municipaux, ainsi que Firmin, juge de paix, et son assesseur Monière. Ils furent réintégrés, un mois après, à la demande générale, surtout parce que Maudheux « a constamment donné depuis la Révolution des preuves de patriotisme ». Le 12, Guyardin annonçait au conseil général que sa mission était terminée et recevait, avant de prendre congé, « les témoignages de satisfaction que sa présence, son patriotisme et sa popularité ont procurée aux administrateurs et aux citoyens du département ». Avant de partir, cédant aux instances du conseil général, il consentait à surseoir à la fourniture de 176,000 sacs d'avoine et 175,000 quintaux de foin réquisitionnés l'avant-veille et qu'on était dans l'impossibilité de livrer.

On était, en effet, de plus en plus dépourvu. Le ministère de l'intérieur avait bien ordonné à la Meurthe et à la Haute-Saône d'envoyer 12,000 quintaux de blé pour les districts de Saint-Dié, Remiremont, Senones et Bruyères où la disette régnait. Mais ce fut inutile. C'était bien peu d'ailleurs, surtout pour Remiremont où l'on ne pouvait plus fabriquer de pain, ainsi que dans la plupart des communes du district, et les autorités faisaient part de leurs craintes pour « les suites terribles du désespoir à redouter ». Aussi, les districts de Mirecourt et de Mouzon-Meuse furent-ils requis, le 24 septembre, de fournir chacun au district de Remiremont 50 réseaux de blé ou de seigle.

Le district et surtout la ville de Saint-Dié étaient également menacés par la famine ; la faute en était imputable au district de Mirecourt qui négligeait d'envoyer les 500 réseaux de blé qu'il était requis de fournir. La population de Saint-Dié était d'ailleurs de beaucoup accrue par l'arrivée de plusieurs dépôts de l'armée du Rhin et la présence d'un grand nombre d'ouvriers occupés au magasin d'habillement, équipement et campement qu'on avait établi dans la ville.

A Bruyères, il fallait faire garder la ville par des dragons et de la gendarmerie les jours de foire.

La disette s'accroissait de jour en jour et la situation devenait des plus affligeantes.

L'été avait été trop sec, et à l'automne la récolte du sarrazin et des pommes de terre ayant manqué, on s'était rejeté sur le blé et le seigle, déjà si rares.

Le 18 septembre, le conseil général recevait une lettre du Comité de salut public, signée de Billaud-Varennes, Carnot, Prieur de la Côte-d'Or, Barère et Prieur de la Marne, qui applaudissait aux dispositions prises et au civisme des administrateurs des Vosges. Le procureur-général-syndic Dubois recevait, de son côté, une lettre de Jean-Bon-Saint-André et de Billaud-Varennes qu'il avait avisés de la marche des « braves républicains levés dans les Vosges », lettre où ces représentants disaient : « Nous voyons avec plaisir que les administrateurs des Vosges sont pénétrés des sentiments qui distinguent les vrais républicains. »

Ces éloges étaient mérités, mais quelque hommage que l'on rendît à l'énergie des Vosges, on ne les en accablait pas moins de réquisitions ; la famine était extrême dans les districts de la montagne où, en temps ordinaire même, la récolte était insuffisante pour la consommation des habitants. Il y avait alors 290,456 habitants dans le département, dont 124,396 dans les districts de la montagne, ils n'avaient des vivres que pour un mois, et dans les villes pour huit jours seulement. Les districts agricoles, ceux de la plaine, avec un sol plus fertile, plus riches en grains, apportaient une mollesse et une mauvaise grâce évidente à secourir leurs voisins. Le district de Mirecourt notamment montra la plus coupable inertie et le plus féroce égoïsme pour cette œuvre de solidarité et de fraternité. Les arrêtés n'étaient pas obéis, pas plus que les ordres du ministre de l'intérieur. Le 26 septembre, il fallait renouveler expressément l'ordre d'alimenter les districts désignés. On créait un comité des subsistances, mais en vain. Le 28, Poirot, commissaire des guerres de la 4ᵉ division militaire, et Colin, agent principal de l'administration des subsistances dans les Vosges, arrivaient à Épinal, par mission du commissaire ordonnateur en chef de l'armée du Rhin. On déléguait aussitôt Colin vers tous les districts pour accélérer le versement, dans les magasins, du blé, des avoines et du fourrage. Mais cela ne devait pas profiter au département.

Pour comble de malheur, les départements limitrophes, qui avaient, comme nous l'avons vu, aidé un peu à l'alimentation, commençaient à s'y refuser. Un commissaire, Prosjean, envoyé de Besançon par les représentants Bernard de Saintes et Bassal, venait déclarer que le Doubs ne pouvait pas fournir de grains et que d'ailleurs il était invraisemblable que les Vosges en fussent dépourvues. Le conseil général lui exposa la triste situation et l'invita à parcourir tous les districts, dans l'espoir qu'il acquerrait « la conviction douloureuse que les besoins dans la moitié du département sont tellement pressants qu'il y aurait barbarie à ne pas accorder les secours les plus prompts ». Cette mission demeura sans résultats.

Les représentants du peuple aux armées, sans se soucier de cette détresse, continuaient à réquisitionner sans mesure. Le 29, on recevait réquisition de 200,000 quintaux de foin et de 119,952 sacs d'avoine pris sur la récolte de l'année. Le conseil général obéissait, mais il envoyait Krantz à Metz, auprès de Soubrany, Richard et Ehrmann, représentants à l'armée de la Moselle, porteur d'une lettre de plaintes, où il constatait que le département était littéralement épuisé et qu'on l'exposait à de grands malheurs en exécutant les réquisitions. « Nous vous disons, citoyen représentant, la vérité toute nue. Nous vous prions, *nous vous conjurons*, d'envoyer un citoyen intelligent et patriote qui ait *toute votre confiance* pour parcourir notre département et vérifier les faits que nous venons de mettre sous vos yeux. » Krantz devait ensuite aller à Paris vers le ministre de l'intérieur et lui exposer la pénurie des subsistances. Falatieu y partait aussi dans le même but. Plus tard, on écrivait encore aux représentants : « Nous trahirions nos devoirs, si nous ne vous répétions pas qu'il est urgent de remplacer dans le département des Vosges les blés fournis aux armées. » Épinal même manquait de vivres. Mais les représentants restaient sourds à ces doléances et pressaient par l'envoi constant de commissaires le versement des fournitures. Ceux de l'armée du Rhin accusaient les administrateurs d'avoir trompé Guyardin en lui faisant suspendre la levée des subsistances. Ceux de l'armée de la Moselle écrivaient qu'on les informait que le département avait fixé à 60 livres le prix du quintal de blé, et le conseil général protestait et demandait le nom de « l'infâme calomniateur qui a fait une semblable dénonciation ».

Enfin, à bout d'efforts, le conseil général décidait que tous les districts agricoles devaient fournir chaque semaine, jusqu'au 15 novembre, 3,000 quintaux de blé, méteil, seigle ou orge aux autres districts et il refondait en un seul arrêté tous ceux pris précédemment pour les subsistances militaires. En prévision de l'hiver, où la circulation serait interrompue dans la montagne, on créait dans les districts agricoles des greniers de prévoyance.

On lançait une adresse aux mères de famille, aux jeunes filles et à « toutes personnes du sexe » pour les inviter à faire de la charpie.

On requérait aussi des bidons, marmites et autres ustensiles de campement pour les bataillons de volontaires ; un autre jour, c'était de la paille. On requérait les cuirs et même les cordonniers. Le 26 octobre, les représentants Saint-Just et Lebas, arrivant à Strasbourg, exigeaient que tous les grains requis jusqu'alors fussent versés dans les douze jours. Il fallait verser d'un seul coup 22,867 sacs de froment, 39,363 sacs d'avoine, 33,963 quintaux de foin. Le conseil général envoyait partout vingt commissaires, choisis moitié parmi les Jacobins, moitié dans le conseil même, pour presser l'exécution de cet arrêté, mais Dubois partait en même temps pour Strasbourg représenter l'impossibilité de s'y soumettre. Rien n'y faisait. L'inflexible rigueur de Saint-Just, nécessaire à ce moment, il faut bien le dire, n'admettait ni excuses, ni retards.

La situation empirait en effet d'heure en heure. Les lignes de Wissembourg venaient d'être forcées et le général Carlenc, commandant en chef l'armée du Rhin, réclamait de nouveaux renforts. Le 20 octobre, un gendarme apportait une lettre de la municipalité de Schlestadt annonçant que, la veille, l'ennemi avait passé le Rhin à Marckolsheim. C'était l'invasion. On s'imagine l'effet de cette terrible nouvelle. Toutes les autorités se réunirent et le conseil général prit en leur présence l'arrêté suivant :

« Considérant que l'invasion subite de la terre de la

liberté par les satellites de la tyrannie commande les mesures les plus promptes pour arrêter sa marche, sauver les magasins, garantir le département des incursions auxquelles il pourrait être exposé ;

« Requiert tous les citoyens de se munir d'armes de toutes espèces pour marcher au premier signal. »

On ordonne aussi de battre et moudre tous les blés et l'on prévient les départements voisins. Le soir, une nouvelle lettre démentait la nouvelle de l'invasion, mais le conseil n'en persistait pas moins dans ses mesures du matin.

L'exaltation des esprits était extrême et l'on vit un des membres du conseil général, Joseph Bigotte, paisible laboureur de Punerot, prononcer un discours ardent où, entraîné par la fureur patriotique qui l'animait, il improvisait tout un plan de défense. « Il faut changer absolument le système de guerre, disait-il, il faut armer les bataillons de piques, les conduire aussitôt à l'ennemi, forcer ses retranchements, l'épouvanter et l'écraser sous le poids de l'impétuosité française et du génie républicain. » C'était l'idée de la « marche torrentielle en avant » que nous avons vue se reproduire plus tard en aussi terrible occurrence. Bigotte demandait, en outre, à être envoyé auprès des représentants du peuple à Strasbourg pour leur faire part de ses idées et solliciter « le commandement d'une portion quelconque de l'armée qu'il croit être en état de conduire à la victoire ».

Ce brave Bigotte avait souvent été en butte aux railleries de ses collègues pour son nom autant que pour sa naïveté ; aussi, malgré la gravité des circonstances, sa fougueuse proposition fut-elle accueillie en souriant et comme son ardeur intempérante pouvait devenir gênante on accéda volontiers à son désir, et on l'envoya à l'armée du Rhin. « Considérant, disait le conseil général dans un arrêté rédigé avec le plus ironique sang-froid, considérant que le Génie de la liberté forme les héros ; que, de même qu'il développa à l'instant des talents supérieurs dans Guillaume Tell, il peut réserver le citoyen Bigotte aux entreprises les plus heureuses ; nous applaudissons à son zèle et à son enthousiasme, et déclarons lui accorder un congé de quinze jours pour aller conférer avec les représentants sur le projet qu'il vient d'exposer, et dans le cas que ceux-ci adopteraient ce projet, Bigotte restera à leur disposition. » Le rédacteur du procès-verbal de la séance du 17 octobre où fut pris cet arrêté, écrivit malicieusement en marge du registre, pour résumer la discussion : « Bigotte est général ! »

On conçoit l'accueil qu'il rencontra auprès du rigide Saint-Just et du vaillant Lebas. Le 11 novembre, il était de retour au conseil général et, depuis, on n'entendit plus parler de lui, ni de ses fameux plans de campagne. Il quitta peu après, 21 pluviôse (9 février 1794), l'administration du département pour devenir administrateur du district de Mouzon-Meuse ; le directoire lui témoigna ses regrets de le voir partir et le remercia d'avoir montré un «zèle de vrai républicain et beaucoup d'intelligence».

Mais toutes ces réquisitions, toutes ces alarmes, tous ces efforts sans cesse renouvelés et toujours infructueux avaient fini par émousser la fibre patriotique et par épuiser les courages. Un sentiment d'immense lassitude et de découragement succédait à l'entrain et à l'abnégation des premiers temps. L'esprit public qui n'était pas entretenu par la presse et n'était que faiblement soutenu par des sociétés populaires sans relief et sans influence, s'affaissait graduellement. Les mœurs politiques s'affaiblissaient du même coup. Le district de Mouzon-Meuse, notamment, était presque réduit à l'impuissance. Il se déclarait « physiquement et moralement incapable de remplir les fonctions multipliées qui lui incombaient ». Seul, le procureur-syndic Panichot était à la hauteur de ses fonctions, travaillant jour et nuit, à la place des administrateurs ou malades ou incapables. Il était lui-même fatigué et ayant été élu juge au tribunal sur ces entrefaites, il profita de l'occasion pour céder la place de procureur-syndic à Pougny qui, du reste, s'avouait franchement incapable de la remplir. Panichot dut, peu après, reprendre ces fonctions.

On n'obéissait plus aux réquisitions. La Société populaire d'Épinal réclamait la création d'une force armée pour les faire exécuter, et le directoire du district demandait à être autorisé à employer la force contre les communes récalcitrantes. Le club de Remiremont, ville où l'on manquait absolument de pain, allait plus loin encore et demandait que l'on créât une armée révolutionnaire, « qui porterait dans le cœur de tous les égoïstes une terreur salutaire ». Un arrêté des représentants daté du 24ᵉ jour du 1ᵉʳ mois de l'an II (24 vendémiaire), créant une armée révolutionnaire, ne rencontrait d'ailleurs que peu d'empressement dans les Vosges, malgré les efforts de Gobert, Delloye et Delteil, commissaires civils, chargés de la recruter.

On décida, le 17 novembre, que dans chaque district

on désignerait tous les mois cent gardes nationaux, « d'un patriotisme bien prononcé », dont cinquante au chef-lieu et cinquante dans les communes, pour assurer l'exécution des réquisitions. On ne devait faire appel au concours de l'armée révolutionnaire que si cette force était insuffisante. Mais le conseil général ne se serait résigné qu'à la dernière extrémité à amener dans le département les soldats tapageurs de l'armée révolutionnaire. Aussi s'adressait-il à ses concitoyens pour flétrir et faire taire « l'égoïsme, l'agiotage, toutes les viles passions de l'intérêt personnel ».

Les partisans de la contre-révolution, bien que moins actifs qu'en Alsace, se remuaient assez vivement. Le libraire Claude Bourguignon, d'Épinal, déposait au conseil général un libelle qu'on avait semé par les rues, intitulé : *Journal de Louis XVI et de son peuple, ou le Défenseur de l'autel, du trône et de la patrie*. Cet écrit, « plein de principes subversifs », était adressé à la Convention et l'on en saisissait chez le libraire Laurent de nombreux exemplaires. Les prêtres surtout abusaient de leur influence d'autrefois pour paralyser l'administration. A Paris même, on accusait les Vosges de modérantisme et le numéro 311 du *Journal des Hommes libres* disait, dans son supplément, que c'était François de Neufchâteau qui gouvernait les Vosges. Le conseil général envoya à l'auteur un démenti, affirmant que, depuis le mois de janvier 1793, François de Neufchâteau avait quitté l'administration et le département (il était alors emprisonné à Paris), et disant : « Quelle étrange idée vous êtes-vous donc faite de notre département ? »

Quoi qu'il en soit, le découragement était réel et la désaffection gagnait. Plusieurs administrateurs ou officiers municipaux avaient été dénoncés ou même arrêtés par les comités de surveillance. Partout, enfin, il existait un relâchement évident de l'action gouvernementale et patriotique.

Il faut bien croire que ce sentiment était à peu près universel en France, puisque la Convention résolut de le faire cesser.

Déjà, pour réveiller l'opinion et mettre fin aux intrigues des prêtres, les représentants Milhaud et Guyardin avaient rendu, à Strasbourg, le 17 brumaire (7 novembre 1793), un arrêté où :

« Considérant qu'il est urgent de montrer que les ressources de la République sont aussi inépuisables que la rage des tyrans est impuissante et voulant employer les dépouilles du fanatisme pour éteindre la guerre impie dont il est lui-même la principale cause », ils restreignaient l'exercice du culte dans les bâtiments des particuliers et ordonnaient la disparition sur les rues, places et chemins de tout signe extérieur d'opinion religieuse. Cet arrêté prescrivait, en outre, que les ornements « scandaleux » (*sic*) d'or et d'argent seraient enlevés de tous les temples et édifices et apportés sur l'autel de la Patrie.

Voilà pour les objets matériels; quant aux ecclésiastiques eux-mêmes, l'arrêté portait que « les ministres qui, par l'acte sublime du mariage ou par le concours de leurs lumières, briseront le bandeau de l'erreur, apprendront au peuple la sainte vérité et tâcheront de réparer les maux affreux que l'hypocrisie de leurs prédécesseurs a vomis sur la surface de la terre, seront regardés comme des apôtres de l'humanité et recommandés à la générosité nationale ». Quant aux autres prêtres, ils seraient déportés.

C'était une mesure bien anodine. Aussi la Convention entendait-elle, à la fin de vendémiaire, un vigoureux rapport de Saint-Just qui concluait à ce que « le gouvernement fût révolutionnaire jusqu'à la paix » Le 14 frimaire (4 décembre 1793), elle décrétait cette grande mesure de salut public. Le rapport de Saint-Just parvint à Épinal le 27 vendémiaire [1] et fut bien accueilli par les administrateurs du département, qui en ordonnèrent l'impression.

Ce furent les représentants du peuple Faure [2] et Foussedoire qui devaient activer et surveiller dans les Vosges la mise en action du gouvernement révolutionnaire. Avec eux, l'espoir et l'énergie allaient renaître ; l'esprit public un moment abattu, allait rebondir avec plus de vigueur pour prendre les mesures terribles qui devaient sauver la patrie.

---

[1] Douzième jour du 1er mois de l'an II, comme on disait alors ; les noms du calendrier républicain n'étaient pas encore désignés.

[2] Balthazard Faure était député de la Haute-Loire à la Convention ; il était maire de Brioude et juge au tribunal du district. Il vota la mort du roi. Faure siégea obscurément au Conseil de Cinq-Cents, à celui des Anciens, puis au Corps législatif jusqu'en 1803. Il devint alors greffier de la justice de paix de Toul, d'où il passa greffier du tribunal de première instance de Saint-Jean-de-Losne, dans la Côte-d'Or ; il y mourut vers 1815.

CHAPITRE X.

Les représentants du peuple B. Faure et Foussedoire en mission dans les Vosges. — Dubois, procureur-général-syndic. — Épuration des administrations et des tribunaux. — Messe funèbre à Épinal pour les frères d'armes morts à la défense de la patrie. — Clôture du conseil général. — Nouvelle administration du département. — Reprise des lignes de Wissembourg. — Acte de dévouement civique de 16 habitants de Saulxures; le représentant Hérault de Séchelles à Colmar. — Acte de dévouement de 5 habitants de Ramonchamp. — Célébration du décadi. — L'Être suprême et la déesse Raison. — Nouvelles réquisitions. — Fête de la Fédération et victoire de Fleurus. — Le 9 thermidor. — Les Jacobins d'Épinal. — Missions des représentants Michaud et Bailly. — Fin de la Terreur. — Le pont d'Épinal est emporté par les glaces. — Réunion du canton de Schirmeck au département des Vosges. — Rétablissement du directoire des Vosges.

Le représentant Faure arriva à Épinal le 5 frimaire au soir (25 novembre 1793). Il venait de Mirecourt où, sur la dénonciation de la Société populaire dite des Montagnards, du procureur de la commune de Mirecourt et du comité de surveillance, il avait renouvelé les autorités, et envoyé au tribunal révolutionnaire de Paris l'ancien maire, le curé et plusieurs juges, qui furent d'ailleurs tous acquittés[1]. On les accusait d'avoir consenti à la réascension des cloches des églises. Il avait aussi, auparavant, à Sarreguemines, destitué cinq officiers du 6e bataillon des Vosges qui avaient abandonné leur poste.

En outre, il avait autorisé la ville de Mirecourt à établir une taxe de 50,000 livres « sur les riches égoïstes,

---

[1] Jugement du tribunal révolutionnaire de Paris du 21 et du 25 nivôse an II (10 et 14 janvier 1794). Ils échappèrent par miracle, car leur dossier aux Archives nationales renferme la minute de leur condamnation signée par le président du tribunal Dumas et le greffier Pesme. On s'explique peu que, dans ces conditions, ils aient été acquittés.

les célibataires et les contre-révolutionnaires à l'effet de satisfaire aux besoins pressants de la commune ». Le 14 nivôse an II (3 janvier 1794), Mirecourt demandait à la Convention de sanctionner cette autorisation.

Le matin du 6 frimaire, une députation se rendit chez Faure lui porter les hommages du conseil général. A dix heures, il vint en personne présider la séance et fut reçu par des acclamations. C'était un homme d'un certain âge, qui passait pour un ardent montagnard. Il annonça qu'il venait procurer des subsistances au département et demanda quels moyens on comptait employer. Après un exposé de la situation par Dieudonné, procureur-général-syndic, Faure prit immédiatement un arrêté qui requérait les départements de la Haute-Saône et de la Meurthe, et en seconde ligne ceux de la Côte-d'Or, de la Haute-Marne, de la Meuse et de l'Aube, de fournir sans délai des grains et subsistances aux Vosges ; le même arrêté portait à 150 par district le nombre des gardes nationaux qui constituaient la force armée révolutionnaire. Quant aux refus d'obéir aux réquisitions, ils devaient être jugés révolutionnairement par le tribunal criminel du département. Les applaudissements réitérés du conseil accueillirent cette mesure énergique de Faure et il sortit accompagné de tous les administrateurs. Le soir, il présidait la Société populaire.

Le résultat ne se fit pas longtemps attendre. La Haute-Saône et la Meurthe fournissaient, le 28 frimaire, 98,000 quintaux de blé qui furent, séance tenante, répartis entre les districts. La Meuse réunissait aussi 10 voitures de grains à Gondrecourt et des commissaires partaient presser l'envoi des autres départements. Il n'était que temps; car de nouveaux arrêtés des représentants Lacoste, Baudot et Lémane [1] pleuvaient, requérant vivres, fourrages et voitures et pressant la fabrication des souliers.

Faure s'occupa aussitôt après de la régénération des autorités qui lui parut, comme à Mirecourt, indispensable. Il était accompagné d'un ancien curé constitutionnel de Sainte-Marie-aux-Mines, Aubert (Jean-Baptiste-Dieudonné), natif de Saint-Dié, qui était devenu membre de la Propagande de Strasbourg. On le taxait d'opinions hébertistes. Il devint ensuite officier de police à l'armée du Rhin et agent national de Bitche.

Il employa aussi Nicolas Fournier, l'ancien membre du conseil général, qu'il appelle « un patriote éclairé et vrai révolutionnaire ».

Le 15 frimaire (5 décembre), Faure, guidé par Aubert, destituait de leurs fonctions trois membres du directoire, Le Comte, A. B. Claudel et Le Roux, qui, dit l'arrêté, « n'ont pas les moyens suffisants de remplir cette place », Claudel à cause de sa santé, Le Roux parce qu'il était arrêté, et Le Comte, véhémentement suspecté d'incivisme. Le Comte avait été dénoncé, au mois de septembre, par la Société populaire de Rambervillers, comme ayant cherché à détourner des administrateurs, et notamment Flayeux, de remplir leurs fonctions; il avait réussi à se disculper. Depuis lors, Flayeux, élu juge de paix de Fraize, avait donné, le 1er frimaire,

---

1. Lémane ou Lehmann; c'était un député du nouveau département de Mont-Terrible à la Convention.

sa démission d'administrateur du département ; Le Comte le suivit de près. Il accepta sa destitution. Quant à Claudel, il déclara qu'il n'avait accepté la place d'administrateur que par déférence pour le vœu de ses concitoyens, mais qu'il se retirait volontiers. C'était un bon républicain, un collègue franc et loyal, un citoyen plein de probité », mais seulement trop âgé pour avoir l'énergie nécessaire. Aussi le directoire lui vota-t-il des regrets en se séparant de lui. Faure les remplaça par Deguerre (Antoine), juge au tribunal de Remiremont, Tisserand (Joseph-Augustin), juge au tribunal de Senones, et Rossignol (Joseph-Théodore-François), officier municipal à Mouzon-Meuse.

A Mirecourt, Faure avait destitué tous les juges du tribunal du district; l'un d'eux, Marchal, siégeait à ce moment au tribunal criminel; il y fut remplacé par Alexis Mathis, nouveau juge du tribunal de Mirecourt. Cependant Lepaige, président du tribunal criminel destitué, et Marchal venaient de prononcer la condamnation à mort des prêtres Rosselange et Mengin, la première condamnation capitale dans le département. Le président du tribunal criminel, Lepaige, que Faure avait destitué depuis le 11 brumaire, fut remplacé le 28 par Dieudonné, et celui-ci fut remplacé par Dubois, comme procureur-général-syndic. Dubois devait exercer ces fonctions quelques jours à peine.

Les opérations de Faure furent, dans la suite, vivement critiquées par le représentant Lacoste avec qui il avait eu des démêlés et qui l'accusa d'avoir substitué partout des contre-révolutionnaires aux patriotes et tué l'esprit public dans les Vosges. C'était l'ancien député à la Législative, Carant, qui s'était plaint violemment d'avoir été destitué, et fit à ce propos grand étalage de patriotisme. Mais Faure se défendit et de Lamarche on lui écrivait que « s'il fallait ressembler à Carant pour être républicain, il ne l'était pas »; on se montra très sévère pour Carant qui, d'ailleurs, fut également tenu à l'écart par Foussedoire, par Michaud et par Bailly, représentants qui succédèrent à Faure dans les Vosges.

A Saint-Dié, il destitua le maire Bareth et le remplaça par l'ancien constituant Petitmengin. Ce furent les seules traces du passage de Faure dans le département. D'autres l'accusèrent, au contraire, d'excès révolutionnaires et d'avoir pactisé avec les hébertistes. Il eût été bien empêché de le faire dans les Vosges où Hébert ne rencontrait aucun partisan.

Le 10 frimaire, le conseil général avait célébré, avec la municipalité d'Épinal, la cérémonie du décadi, jour férié substitué au dimanche. Le 20, à la fête du décadi devait s'ajouter, sur l'initiative de la compagnie des canonniers d'Épinal, une cérémonie funèbre en l'honneur des frères d'armes morts à la défense de la patrie; le conseil général invité avait accepté de se rendre auprès de la Société populaire pour prendre part à la cérémonie. Mais arrivé là, on l'informa qu'une des parties de la cérémonie funèbre consistait en une messe à l'église paroissiale. Le conseil général, « considérant que les corps constitués ne sont spécialement d'aucun culte particulier et que la liberté des cultes est libre » (sic), décida qu'il ne pouvait assister en corps à la messe funèbre, tout en laissant chacun de ses membres libre de s'y rendre individuellement ou de s'abstenir, et les membres du conseil se dispersèrent aussitôt au milieu des autres citoyens.

C'était d'ailleurs le dernier acte de l'existence du conseil général. Le 29 frimaire, en effet, un courrier apportait la loi du 14, créant le gouvernement révolutionnaire et supprimant dans les départements le conseil général et le procureur-général-syndic. A midi, Dubois, dernier procureur-général-syndic, faisait déclarer la session close et les membres du conseil se séparaient. A la même heure, le directoire du département enregistrait la loi du 14 frimaire; Dubois et le président Quinot déclaraient qu'ils cessaient toutes fonctions et descendaient du fauteuil, puis l'on clôturait les procès-verbaux. Le directoire des Vosges avait vécu.

Le 1er nivôse an II, les membres qui avaient composé le défunt directoire se réunissaient dans la salle des séances et, en exécution de la loi du 14 frimaire, se constituaient en « Administration du département des Vosges ». C'étaient Benoist, Jaussaud, Bigotte, Poirson, Deguerre, Tisserand, Rossignol et D. Dubois. Charles-François Grandjean, agent national de la commune de Mirecourt, vint y siéger, trois mois plus tard, à la place de Bigotte. On devait nommer un président pour un mois au plus ; Benoist fut choisi pour nivôse. Dès la première séance, la nouvelle administration adhéra par une adresse à la Convention à la « lettre sublime » du comité de salut public sur le gouvernement révolutionnaire.

Comme si la fortune avait attendu la création du gouvernement révolutionnaire, elle revenait se fixer sur les drapeaux de la France à l'heure même où il s'établissait dans tous les départements. La reprise des lignes de Wissembourg par le général Hoche concorda avec la prise de Toulon par le chef de bataillon d'artillerie Bonaparte. Ce fut le don de joyeux avènement de la nouvelle administration.

Pour ses débuts, l'administration des Vosges eut à enregistrer, le 4 brumaire, un bel acte de civisme de la part de seize habitants de Saulxures (de Saussure, comme on disait alors). Deux voitures de fourrages impatiemment attendues par l'armée, se trouvaient arrêtées, faute de chevaux, dans cette commune. Seize sans-culottes de Saulxures, pères de famille, se présentèrent aussitôt et s'attelèrent à tour de rôle aux voitures qu'ils traînèrent par des chemins difficiles, trempés par une pluie continuelle, jusque Colmar, à 22 lieues de chez eux. Ils mirent quatre jours à franchir cette distance. Lorsque leur présence fut signalée, le représentant du peuple Hérault de Séchelles[1] qui, avec son collègue Ehrmann (du Bas-Rhin), se trouvait alors à Colmar, décida que les Jacobins se transporteraient avec lui au-devant d'eux. Ils donnèrent l'accolade fraternelle « à ces braves et respectables républicains », et leur exprimèrent « les sentiments d'admiration dont ils étaient pénétrés ». « Nos fils, répondirent ceux-ci avec

---

[1] Hérault de Séchelles (Marie-Jean), né à Paris en 1760, appartenait à une vieille famille de la magistrature. Avocat général au Parlement de Paris en 1785, il embrassa avec ardeur les idées nouvelles, fut juge au tribunal de cassation, député de Paris à l'Assemblée législative, député de Seine-et-Oise à la Convention et commissaire du Gouvernement (procureur général) près le tribunal de cassation. Il périt sur l'échafaud avec son ami Danton, le 5 avril 1794.

la simplicité de la vertu, versent leur sang aux frontières, ne sommes-nous pas trop heureux de travailler pour eux-mêmes en même temps que pour la République ? » Hérault-Séchelles ne voulut pas qu'ils allassent jusque Strasbourg et leur fit accepter une légère indemnité pour tout le temps pendant lequel ils avaient négligé leurs travaux. Ces braves gens étaient d'ailleurs exténués ; pendant leur voyage, ils n'avaient rencontré partout que le plus froid accueil ; on allait même parfois jusqu'à leur refuser la nourriture et à les insulter sur les routes. Aussi la chaleur avec laquelle la Société populaire de Colmar les accueillit les toucha vivement. Hérault-Séchelles porta ce fait à la connaissance de la Convention le 29 brumaire (19 novembre 1793). Il disait que c'était « avec attendrissement qu'il s'empressait de transmettre un trait sublime de vertu républicaine » ; la lecture de sa lettre à la séance excita dans la Convention le plus vif enthousiasme. Le représentant Gossuin fit décréter qu'un uniforme national au complet, avec l'équipement, serait fourni, aux frais de la patrie, à chacun de ces « courageux républicains », et mention honorable de leur conduite et de leur dévouement fut faite au procès-verbal.

La gravure s'empara de cet exploit et le popularisa. Il existe une estampe de cette époque[1]. Elle représente l'arrivée à Colmar de ces seize « hommes libres qui re-

---

[1] La mairie de Saulxures-sur-Moselotte garde une de ces gravures qui témoigne du patriotisme de ses habitants et consacre la mémoire des 16 généreux citoyens de 1793. M. Claude, sénateur, et son neveu, M. Paul Claude, ont bien voulu m'en offrir une copie que nous reproduisons.

BELLE ACTION DE 16 HABITANTS DE SAULXURES, LE 20 FRIMAIRE AN II; LEUR ARRIVÉE A COLMAR.
(D'après une gravure du temps, offerte par M. Louis Jouve à la mairie de Saulxures)

cueilleront les hommages de la postérité » et l'accueil qui leur fut fait par Hérault en grand costume de représentant du peuple. Les habitants de Saulxures doivent garder fièrement les noms de leurs aïeux d'alors : Adam (Nicolas-Romari) ; Lambert (Jean-Nicolas) ; Laheurte aîné (Joseph) ; Laheurte jeune (Joseph-Jean) ; Lambert (Jean-Baptiste-Dominique) ; Trichelieu (Bernard) ; Laheurte (Jean-Nicolas) ; Noël (Jean-Nicolas) ; Antoine (Nicolas) ; Mathieu (Joseph) ; Mathieu (François) ; Grandemange (Nicolas) ; Lambert (François) ; Grandemange (Guérin) ; Lambert (Marin) et Grandemange (Sébastien)[1].

Le représentant Hérault de Séchelles écrivit aussi une lettre de félicitations à ces bons citoyens et chargea l'administration des Vosges de la leur transmettre ; ce qu'elle fit, le 6 nivôse, en y joignant ses propres félicitations pour « le civisme dont ils ont donné la preuve la plus éclatante ».

Quelques jours après, en ventôse an II, cinq habitants de Ramonchamp, Antoine (Nicolas-Romary), Antoine (Jean-Jacques), Hinglé (Jean-Nicolas), Fass et Crusset (François), se dévouèrent pour aller chercher à Vesoul, à 15 lieues, 12 quintaux de froment destinés à l'armée, qu'ils traînèrent à force de bras jusque Colmar, faisant ainsi encore 31 lieues et revinrent après au pays. Cet acte et celui de Saussure (*sic*) furent relatés

---

[1] J'ai laissé aux noms l'orthographe qui leur est donnée actuellement, mais en 1793, chacun de ces noms avait conservé sa forme primitive. Les Laheurte, d'origine espagnole (venus par la Franche-Comté), écrivaient leur nom Lahurte ; Grandemange était resté Grande-Manche ; quant à Trichelieu, ne se serait-il pas transformé en Truchelut ?

dans les *Annales de la République*, où étaient inscrits tous les exploits militaires et civiques, et Thibeaudeau en donna lecture à la Convention le 13 messidor (1er juillet 1794).

Le décadi 10 pluviôse, les administrateurs se joignirent à la Société populaire et à la municipalité pour inaugurer le temple de la Raison dans l'église paroissiale d'Épinal. Mais cette cérémonie se fit sans enthousiasme et sans pompe. Seule, la fête décadaire s'y célébra régulièrement chaque décade en présence des autorités, mais avec une froideur marquée.

La cathédrale de Saint-Dié fut aussi érigée, le 8 février 1794, en temple de la Raison.

Chaque ville du reste adopta le nouveau culte.

A Bruyères, une jeune fille de 17 ans, d'une des meilleures familles du pays, remarquable par sa beauté [1], représenta la déesse Raison dans les cérémonies de l'époque.

L'évêque Maudru avait été déposé de ses fonctions épiscopales, et comme il ne se soumettait pas, on l'envoya à Paris pour comparaître devant le tribunal révolutionnaire ; il fut enfermé à la Conciergerie. Heureusement pour lui, le 9 thermidor survint, alors qu'il allait passer en jugement, et il fut mis en liberté. Dès janvier 1795, il rentrait à Saint-Dié et réinstallait partout le culte catholique. En messidor et thermidor an III, lui et beaucoup d'autres prêtres, Pierrat, Lévrier, Rothiot, Frichelet, faisaient acte de soumission aux lois, afin de pouvoir exercer leur ministère.

---

[1] C'était Thérèse V....., plus tard femme de Nicolas G.....; elle est morte à Bruyères en 1841.

Il y eut peu d'abjurations de prêtres dans le département. La première qui se produisit fut celle d'Armand Ihler, curé de Thann (Haut-Rhin), qui, dès le 23 frimaire, abjura ses titres ecclésiastiques ; le 29, ce fut Nicolas Marchal, curé de Regnévelle, qui renonça à la prêtrise, et le 11 pluviôse, Antoine-Remy Villemin, ancien minime, fit la même déclaration. Leur exemple ne fut pas suivi.

Pour procéder simultanément à l'installation du gouvernement révolutionnaire et au changement des autorités constituées, la Convention avait décidé l'envoi de 58 représentants du peuple dans les départements. Le 12 pluviôse (31 janvier 1794), le représentant Foussedoire[1], parti le 9 de Paris, arrivait à Épinal où Dubois et Poirson lui présentèrent les hommages de l'administration. Il se rendit aussitôt à la salle des séances et se plaça au fauteuil du président, puis il exposa le but de sa mission et donna les interprétations qu'on sollicita de lui sur divers articles de la loi du 14 frimaire.

Mais la victoire, en revenant sous nos drapeaux, n'avait pas mis un terme aux besoins des armées et aux exigences des représentants. Lacoste et Baudot écrivaient, le 7 ventôse, pour hâter l'envoi des subsistances ; l'officier qui apportait leur lettre devait attendre vingt-quatre heures la livraison, « sinon, disait la lettre, nous serons forcés de vous considérer comme des ennemis de la République et de vous traiter comme tels ». L'adminis-

---

[1] Foussedoire (André) fut élu député de Loir-et-Cher à la Convention et vota la mort du roi. Il vécut à l'écart sous l'empire, fut proscrit en 1816 et mourut en 1825, en Suisse, sous un faux nom ; il se faisait appeler M. de la Montinière.

tration ordonna le versement immédiat des grains, toutes affaires cessantes, mais elle pria Foussedoire d'intervenir auprès de ses collègues Lacoste et Baudot pour obtenir des adoucissements. Jaussaud accompagna Foussedoire à Metz auprès des représentants ; ils partirent le 13 ventôse ; le 17, Lecocq, inspecteur des fourrages de l'armée du Rhin, réclamait le versement de toutes les denrées ; le 18, un autre commissaire, Barescut, arrivait dans le même but ; il était suivi le 21 par Humbert, commissaire aux subsistances. Aussi, le 22, l'administration des Vosges perdit patience et se plaignit à Lacoste et à Baudot. Mais il fallut obéir. Lecocq alla en personne à Escles et à Gruey qui refusaient de livrer leurs grains et réussit à les obtenir.

Partout on fut contraint d'ordonner aussi des coupes extraordinaires de bois pour subvenir aux besoins de la marine et de l'armée ; quelques dévastations y furent commises par des particuliers à la faveur du désordre.

Les sommations des représentants du peuple continuant avec la même fréquence, l'administration lança une proclamation pour presser les approvisionnements. « Frères et amis, disait-elle....., que les égoïstes surtout n'espèrent pas échapper à la vengeance des lois ! » Un nouvel arrêté réquisitionnait 6,000 cordes de bois de chauffage ; un autre interdisait toute espèce de pâtisserie.

En même temps, on envoyait à la trésorerie générale des armées, 8 caisses pleines de l'argenterie des paroisses d'Épinal, Darney, Senones, Rambervillers et Libremont.

L'exécution des hébertistes et d'Anacharsis Cloots, puis l'exécution de Danton, de Camille Desmoulins, d'Hérault de Séchelles et de leurs amis, qui eurent lieu sur ces entrefaites, ne causèrent pas beaucoup d'émotion. Ils ne comptaient, ni les uns ni les autres, de partisans réels dans les Vosges, où les personnages de la Révolution à Paris ne furent jamais qu'imparfaitement connus et où d'ailleurs l'engouement aveugle pour les personnes est chose rare. Cependant, pour les hébertistes, l'administration du département se crut obligée d'envoyer, le 3 germinal, une adresse à la Convention où elle disait : « Une nouvelle conspiration se tramait contre la liberté du peuple français, vous l'avez découverte et vous l'avez aussitôt anéantie. Vous avez encore une fois sauvé la patrie..... Agréez, législateurs, l'expression de notre profonde reconnaissance. » Pour Danton, elle ne bougea pas ; bien que l'acte de civisme des habitants de Saulxures ait attiré, peu auparavant, l'attention des Vosges sur Hérault de Séchelles.

Cependant l'armée avait encore besoin de renforts et, le 13 germinal, Foussedoire lançait de Saint Dié, où il se trouvait alors, un arrêté qui rappelait à leur poste tous les volontaires en congé, même ceux qu'on avait rendus à leurs familles pour les travaux des champs. Un arrêté du représentant Gillet, daté de Longwy, ordonnait la même mesure.

De nouvelles réquisitions survenant, on ordonna des visites domiciliaires (6 floréal); deux administrateurs, Rossignol et Tisserand, accompagnèrent dans cette visite Dufort, administrateur général des subsistances, chargé de l'opérer avec la municipalité d'Épinal.

En même temps, il fallait veiller à des troubles qui avaient éclaté à Lamarche, où l'on dut envoyer des hussards pour rétablir l'ordre et surtout réprimer un véritable brigandage dans les forêts de Ville-sur-Illon qui appartenaient à l'émigré Canon. Des gens des villages voisins s'y étaient installés en armes avec leurs bêtes. Les forestiers avaient voulu les en faire partir ; on les avait insultés et chassés. Des patrouilles dirigées contre ces gens avaient été menacées et désarmées. Le 11 floréal (30 avril), 50 chasseurs à cheval partirent d'Épinal et pénétrèrent dans les bois, où ils s'emparèrent, non sans peine, des principaux coupables qui furent livrés à la justice. Les communes d'Escles, Void-d'Escles et Monpautey[1] furent désarmées pour prévenir le retour de ces désordres.

Le gouvernement révolutionnaire s'était d'ailleurs établi sans résistance dans le département des Vosges, où il n'avait pas changé grand'chose au genre de vie habituel et Foussedoire n'avait pas eu à faire usage des pleins pouvoirs qui lui étaient dévolus. Tout au plus avait-il eu à destituer quelques fonctionnaires, tels que les membres des municipalités d'Éloyes et de Jarménil pour la négligence qu'ils avaient apportée dans la répartition du contingent de leurs communes pour les foins, « compromettant ainsi le salut public et provoquant une sévérité exemplaire ». Il les avait même fait déclarer suspects et enfermer dans la prison de Libremont. Il avait eu aussi à renouveler le comité révolutionnaire de surveillance de Libremont qui n'était pas régulièrement constitué et dû accepter la démission de Bégel, commissaire national près le tribunal du district, « attendu qu'il se

---

[1] Monpautey ou Maupotel, aujourd'hui écart de la commune d'Escles.

reconnaît incapable par son défaut de connaissance des lois anciennes ». Il mit même en liberté plusieurs détenus, après avis de la Société populaire, qu'il consultait toujours partout où il allait.

A Mirecourt, il n'avait pas usé de plus de rigueur, malgré le peu de zèle que ce district avait déployé; il s'était borné à combler les vacances qui s'étaient produites, en nommant François Clément agent national de la commune et en introduisant dans le conseil général du district des patriotes éprouvés: Estivant, Guyot et François-Pierre Mersey, de Saint-Menge. Il maintint en fonctions toutes les autres autorités, tant du district que de la municipalité. C'est sans doute sur ses indications que Muguin, membre du comité de surveillance de Mirecourt, fut nommé peu après (10 juin 1794) juré au tribunal révolutionnaire de Paris, où siégeait déjà un autre Vosgien, le luthier Renaudin.

Foussedoire ne sévit nulle part et son arrêté le plus révolutionnaire, qu'il signa à Belfort le 11 floréal, alors qu'il avait déjà quitté les Vosges, ne l'est réellement que dans les termes et ne le fut pas dans l'application.

« Considérant, y disait-il, que le moyen le plus assuré pour établir avec succès le gouvernement révolutionnaire est d'éloigner des autorités constituées les hommes tièdes, pusillanimes, fanatiques ou méchants », il ordonne aux agents nationaux des districts des Vosges de faire des tournées pour l'épuration, où ils procéderont autant que possible en présence du peuple ou des sociétés populaires, et il ajoute que leurs décisions ne seront que provisoires et soumises à la ratification. Cet arrêté, si sévère en apparence, fut d'ailleurs lettre morte.

Foussedoire quitta les Vosges sans avoir commis le moindre excès, en y laissant le souvenir d'un homme calme, juste et modéré. La Société populaire d'Épinal lui écrivit, le 26 prairial, après son départ, une lettre de remerciements et de félicitations à laquelle il répondit qu'il se rappelait toujours avec attendrissement les marques d'amitié et de confiance et surtout le « républicanisme pur et ardent » de la Société populaire d'Épinal. Aussi, c'est lui qu'on chargea, avec Perrin, de défendre le département devant la Convention qui l'accusait d'inertie et d'insouciance. Deux modifications importantes eurent lieu cependant, au cours de sa mission, dans le personnel du département: Jean-Baptiste-Antoine de Mesny fut nommé payeur général du département et Christophe Denis, l'inamovible secrétaire général, qui avait perdu deux de ses fils à la guerre, donna sa démission, le 4 floréal, parce que, disait-il, il négligeait son étude de notaire qu'il tenait depuis 1770, mais en réalité parce qu'il avait été sommé par le comité révolutionnaire d'opter entre ces deux fonctions. Un des chefs de bureau de l'administration, Bizot, le remplaça d'abord provisoirement, puis son fils, Fauste Denis, chef du 1ᵉʳ bureau, fut élu à sa place, le 7 messidor (25 juin 1794), bien qu'il n'eût pas 25 ans accomplis ; mais la Convention l'autorisa à accepter.

Le 8 prairial (27 mai), on apprenait que la Convention avait décrété le culte de l'Être suprême, et on lui envoyait une adresse de félicitation et d'adhésion. Nouvelle adresse, huit jours après, pour déplorer les tentatives d'assassinat de Cécile Renault contre Robespierre, de Ladmiral contre Collot d'Herbois et fêtant l'Être suprême. Perrin fut chargé de présenter cette dernière à la Convention et de dire que les Vosges remerciaient « la Providence qui veille sur le destin de la France ».

Le 20 prairial (8 juin) était le jour fixé pour célébrer à Épinal la grande fête de l'Être suprême, semblable à celle que l'on célébrait aux Tuileries, à Paris, le même jour, sous la présidence de Robespierre. Dès la veille à 9 heures du soir, et le matin à 4 heures, trois coups de canon et des sonneries de cloches annoncèrent la cérémonie. Au lever du soleil, fifres et tambours de la garde nationale groupés d'abord autour de l'arbre de la liberté, donnèrent des aubades par toute la ville. Les maisons étaient décorées de verdure et de fleurs. La population tout entière s'était massée à 8 heures et demie sur deux lignes, formant la haie, depuis le grand pont jusqu'à la grande fontaine, les hommes sur la droite tenant des branches de chêne, les femmes à gauche ayant à la main des guirlandes de fleurs. Les vétérans ouvraient la marche ; les autorités, auxquelles on avait mélangé des femmes et des enfants ornés des couleurs nationales, venaient ensuite ; le reste des vétérans suivaient. La gendarmerie avait pris la tête du cortège, suivie des canonniers et de la garde nationale. Derrière les autorités venaient les jeunes citoyens avec leur musique et un chœur de chanteurs des deux sexes portant des corbeilles de fleurs pour en parer et honorer la nouvelle divinité ; les troupes de ligne, infanterie et cavalerie, fermaient la marche. A 9 heures, au son des cloches et du canon, le cortège se mit en route ; la musique exécutait des fanfares sonores et le chœur chantait un hymne à la Nature. On arriva ainsi au Boudiou, puis par le faubourg des Bons-Enfants, la rue ci-devant Léopoldbourg, on parvint à la place de la République. Là, on entoura l'arbre de la liberté et l'on chanta un hymne en son honneur. Puis le cortège monta la rue d'Ambrail, redescendit par les Forts et s'arrêta à l'autel de la Patrie, où un peuple entier entonna la *Marseillaise*. Du Cours on prit la rue du Collège pour revenir au Temple où l'on chanta un hymne à la divinité. Tisserand, président de l'administration, prononça un discours qui fut suivi d'une prière à l'Être suprême et à la Nature. Une illumination générale termina la fête.

Le 26 messidor (14 juillet), l'administration et les citoyens fraternisaient pour célébrer de concert, à peu près de la même façon, sous la présidence de Rossignol, la fête de la Fédération. C'était la dernière fête de la Révolution qui en a tant vu, tant célébré, de si différentes comme objet, de si identiques comme cérémonial, dont si peu ont réussi. Quelques jours auparavant (15 messidor), la nouvelle de la victoire de Fleurus avait été saluée à Épinal par une explosion de joie. On l'annonça à son de caisse dans les rues et à 2 heures les citoyens se réunissaient au Temple de l'Éternel pour le remercier du succès de nos armes. A la sortie, la foule se porta vers l'autel de la Patrie où la fête s'acheva au milieu des danses, des chants et des hymnes patriotiques.

La bataille de Fleurus et la fête de l'Être suprême furent les derniers triomphes de Robespierre et de ses partisans. Malgré l'accueil qui y fut fait dans les Vosges, la chute de Robespierre ne souleva aucune agitation.

Le 9 thermidor, deux jours après que les représentants Perrin et Projean étaient arrivés à Épinal, Robespierre et ses amis, dont deux, Saint-Just et Couthon, bien connus des Vosges, étaient mis hors la loi par la Convention et ils périssaient sur l'échafaud, le 10, au moment où les Spinaliens célébraient le décadi dans le temple de l'Être suprême, sous la présidence de Grandjean. Ce soir-là aussi, un banquet frugal devait réunir au Champ-de-Mars, devant l'autel de la Patrie, les membres de la Société populaire ; mais on l'avait ajourné à cause de la rareté des vivres.

Ce n'est que le 16 que la nouvelle officielle des événements du 9 thermidor parvint à Épinal. On refusait presque d'y croire et le 18 seulement, on rédigea à la Convention l'adresse obligatoire de félicitations qui disait : « Vous avez encore une fois sauvé la Patrie, recevez l'expulsion (*sic*)[1] de notre reconnaissance et le serment que nous renouvelons. De nombreux tyrans, avides de domination, avaient formé, sous le manteau du patriotisme et sous le masque de la vertu, l'horrible dessein de ravir en un jour au peuple français la liberté qu'il a conquise par six années d'efforts, de sacrifices et de courage..... Votre énergie a conjuré l'orage..... Ainsi ont péri et périssent tous les tyrans... »

L'administration du district de Mouzon-Meuse écrivit, le 21, à la Convention pour la féliciter « d'avoir terrassé le nouveau tyran et ses complices ».

La Société des Jacobins ne s'exécuta que le 20, mais elle le fit en termes emphatiques dans une adresse rédigée par Tisserand : « Vous avez bravé les poignards et la mort.... D'une main courageuse vous venez de préci-

---

[1] Probablement l'explosion.

piter de la roche tarpéienne les nouveaux tyrans ; vous nous avez vengés de leurs outrages et vous avez encore une fois sauvé la liberté. »

Du reste, dès ce moment déjà, la Société populaire, ou club des Jacobins, commençait à être désertée par le plus grand nombre des adhérents. Souvent on était contraint de lever la séance, faute d'assistants. Le 14 fructidor, Robinot demandait qu'on prit des mesures contre les absents sans excuses, et on ajournait toute décision. Il n'y avait plus guère que les nouveaux venus qui eussent conservé quelque zèle et fussent exacts aux séances ; ce n'étaient pas les plus lettrés, si l'on en juge par l'orthographe un peu fantaisiste qui domine dès lors dans les procès-verbaux de la Société. Un nommé André Biard, négociant, est devenu secrétaire et il mentionne, le 30 fructidor an II, l'élection comme président du club de Jacques Perrin, président au « tribunal judicières » (sic) du district. Il fallut l'arrivée du représentant Michaud pour redonner à la Société un peu de vie pendant quelques jours.

L'esprit public s'améliorait cependant chaque jour à cette époque, si l'on en croit Denis, l'ancien secrétaire général du département, qui, à la séance du club du 20 messidor, constate avec joie que, depuis le 1er, la messe qui se célébrait encore à huis clos dans l'ancienne église paroissiale a totalement cessé d'avoir lieu, et cela sans soulever de plaintes. Les écoles sont très fréquentées même le dimanche, les décadis sont célébrés et presque partout on ne chôme plus les dimanches. Toute cette évolution s'est accomplie par la force de la persuasion et sans troubles ; la tranquillité règne dans nos murs. Il terminait en faisant hommage à la Société populaire des progrès que la raison fait chaque jour à Épinal et qui sont dus « à l'instruction que la Société se fait un devoir de propager ».

Mais tout cela ne signifiait pas grand'chose et l'on ne pouvait nier, depuis le triomphe de nos armes et la mort de Robespierre, un ralentissement sensible dans la marche de la Révolution. Une commission militaire ambulante, créée par les représentants Hentz et Goujon, sous la présidence de l'adjudant général Chasseloup, de l'armée de la Moselle, pour rechercher les contre-révolutionnaires et les juger, n'eut pas occasion de fonctionner dans les Vosges. On se serait cru revenu à une époque moins agitée, sans la disette des grains qui persistait et les arrêtés des représentants en mission qui continuaient à paraître, mais cette fois pour des objets secondaires.

Au milieu des agitations de cette époque, les Vosges devaient être partout renommées pour leur quiétude relative, car l'illustre poète Jacques Delille, dont la femme était Vosgienne[1], vint chercher un asile à Saint-Dié, et c'est là qu'en 1794, en pleine Terreur, il acheva sa traduction de l'*Énéide* en vers français ; on montre encore la petite maison qu'il habitait.

Malheureusement, la famine était aussi menaçante qu'aux moments de la patrie en danger. Épinal n'avait que du très mauvais pain, et le quart, la moitié au plus de ses habitants pouvaient en obtenir chaque jour. Ormont, Libremont et Bruyères étaient réduits à l'extrémité ; partout on y manquait de pain. Le sarrasin, à

[1] C'était une demoiselle Vaudechamp, née à Mandray en 1772 et qui mourut en 1831.

peine coupé, était battu et enlevé. La détresse paraissait sans remède. Et toujours de nouvelles réquisitions, ou des injonctions rappelant sévèrement l'inexécution des réquisitions précédentes, accablaient le département.

Le représentant du peuple Michaud [1], qui opérait dans la Meurthe, vit ses pouvoirs étendus au département des Vosges où il arriva à la fin de vendémiaire an III [2]. Déjà plusieurs arrêtés signés par lui, à Toul ou à Nancy, avaient été exécutés dans les Vosges, notamment celui du 4 vendémiaire sur les prêtres réfractaires, dans lequel, « averti que la présence de ci-devant prêtres dans les communes où ils exerçaient, influe sur les esprits faibles et crédules, que dans les Vosges le fanatisme excite des

---

[1] Michaud du Doubs (Jean-Baptiste), né à Pontarlier (Doubs) le 17 avril 1759, était fils du maire de cette ville et homme de loi. Il fut élu d'abord administrateur du département du Doubs, puis en 1791, député à l'Assemblée législative où il siégea au côté gauche. Réélu à la Convention, il vota sans réserves la mort de Capet, remplit plusieurs missions importantes et devint, de 1795 à 1798, membre du Conseil des Cinq-Cents. Il fut alors président du tribunal criminel du Doubs, de 1798 à mars 1799, où il fut élu député au Conseil des Anciens. Après le 18 brumaire, il refusa de se rallier à Bonaparte et vécut dans la retraite jusqu'à la loi du 12 janvier 1816 contre les régicides. Il fut alors proscrit et se réfugia en Suisse avec sa fille unique, modèle de dévouement. Il vécut dans le Valais, à Monthey, avec ses anciens collègues Descamps et Maribon-Montaut. C'est là qu'il mourut le 29 novembre 1819.

Il était cousin du général Michaud, qui commanda en chef l'armée du Rhin.

Un jeune érudit pontissalien, M. Jules Mathez, a publié, en 1883, une très intéressante notice sur le conventionnel Michaud et découvert son portrait relégué dans un grenier de la mairie de Pontarlier. Nous lui sommes redevables des renseignements qui précèdent.

[2] Il logeait à Épinal, chez Raiglon, aubergiste, où il dépensa, pendant son séjour, 499 fr. ; voir son compte rendu à la Convention.

agitations qui pourraient devenir dangereuses pour la tranquillité », il autorisait les districts à faire démolir les ci-devant chapelles situées hors des murs et prescrivait l'éloignement des prêtres à 4 lieues au moins de leurs anciennes paroisses; une exception pouvait être faite cependant en faveur des prêtres mariés, infirmes ou septuagénaires, « dont la présence ne nuit point aux progrès de la raison ». Mais ils devaient néanmoins être remplacés dans les fonctions publiques.

Michaud avait été envoyé dans la Meurthe pour mettre fin au régime de la Terreur, mais dans les Vosges il eut plutôt à réveiller l'esprit public et à secouer l'inertie de certaines administrations. A peine arrivé, il se mit en devoir, par son arrêté du 2 brumaire an III (23 octobre 1794), de renouveler les autorités empreintes de tiédeur politique: le directoire du district d'Épinal, où Denis père et Guilgot aîné remplacèrent Villemin et autres; le conseil général de la commune d'Épinal, d'où Michaud exclut les anciens prêtres et nobles de Rozières, Parnigot, ou ceux qui étaient trop âgés, et nomma à leur place des patriotes résolus; les tribunaux de district et bureaux de conciliation, où il fit la même opération sur les ci-devant. Enfin, il renouvela le comité révolutionnaire de surveillance d'Épinal et y plaça 12 révolutionnaires éprouvés, parmi lesquels François-Léonard Égal, Pierre Charton, Henri Félix, Charles Didelot et Le Marquis père.

Un mois après [4 frimaire (24 novembre 1794)], d'après les renseignements pris sur la conduite politique du citoyen Perrin, juge au tribunal du district d'Épinal, desquels il résulte qu'il s'est montré le partisan des opinions superstitieuses qui ont agité la commune d'Épinal,

Michaud le destituait et le remplaçait par Andreux ; toutefois, il n'était pas mis en arrestation.

Chavane, président du tribunal de Darney, fut nommé au directoire du département en remplacement de Tisserand, resté juge à Senones, et J. B. Pierre Hamart prit sa place à la tête du tribunal de Darney ; Chavane, d'ailleurs, refusa le nouveau poste qu'on lui offrait.

Un autre arrêté du 26 brumaire (16 novembre) prescrivait la célébration des fêtes décadaires avec plus d'assiduité. Il exigeait que les autorités y parussent avec leurs insignes, accompagnées de la garde nationale et des sociétés populaires ; on devait y faire des discours de morale et l'agent national de la commune y donnerait lecture des lois et des nouvelles. Enfin, il ordonnait que tous les chefs-lieux de canton auraient un club ou société populaire où les instituteurs conduiraient leurs élèves ; celles-ci devaient empêcher le colportage des livres « propres à entretenir le peuple dans les erreurs de la superstition » et surveiller strictement les ci-devant prêtres, « et tous autres dépravateurs de l'opinion publique ».

A cette époque, beaucoup de clubs avaient déjà disparu dans les Vosges. Le club des Jacobins à Rambervillers, qui ne s'était ouvert, dans la grande salle de l'hôtel de ville, que le 12 novembre 1792, avait cessé ses séances. Comme tous ceux des Vosges, il fut d'une insigne modération quoique affilié aux Jacobins de Paris et de Metz. Le président en fut Blampain, président du tribunal. Ce club poussa même la tolérance jusqu'à ne pas vouloir gêner, par ses séances, la liberté du culte catholique, en siégeant à l'église. Les plus grandes discussions eurent trait à la question des grains et eurent lieu avec le club de Bruyères qui se plaignait avec humeur que Rambervillers arrêtât les blés qui étaient destinés à Bruyères. L'existence de ce club fut donc courte ; il expira de consomption au cours de l'année 1794[1].

A côté de mesures dictées par la nécessité, Michaud signa plusieurs arrêtés de mise en liberté. Non seulement il fit sortir des prisons de Mirecourt les sœurs hospitalières de Libremont et de Plombières qui devaient aller soigner les habitants du Val-d'Ajol, atteints par une grave épidémie de dyssenterie ; mais il libéra également une dizaine de femmes ou jeunes filles détenues à Épinal.

Michaud, d'ailleurs, ne faisait rien sans consulter les sociétés populaires et suivait presque toujours leurs avis pour les nominations de fonctionnaires. Le 26 brumaire (16 novembre 1794) à 4 heures et demie du soir, il alla en personne présider la séance du club d'Épinal, où il fut accueilli par les cris de : Vive la République ! Vive la Convention ! Claude-François Miquel, juge au tribunal du district, qui présidait, lui céda le fauteuil et, au milieu d'un profond silence, Michaud énonça le but de sa mission et manifesta l'intention d'épurer la Société. Mais auparavant, afin que tous les citoyens de la ville fussent présents à cet acte, la Société se transporta au temple de l'Être suprême où l'on tint la séance. Michaud fit alors renvoyer de la Société les ci-devant prêtres et nobles, puis il déclara la Société populaire dissoute. Se tournant alors vers le peuple qui emplissait l'enceinte du temple,

[1] M. le Dr A. Fournier a publié, dans le tome VII des *Documents rares ou inédits sur l'histoire des Vosges*, de très intéressants extraits des séances du club de Rambervillers.

il lui demanda de désigner un citoyen « prononcé pour la Révolution et au niveau des circonstances sur les opinions religieuses ». Miquel fut désigné ; il s'adjoignit aussitôt Jean-Joseph Thiéry jeune pour l'assister et ils durent, séance tenante, constituer le noyau d'une nouvelle société en choisissant deux autres citoyens. Ces 4 nouveaux membres devaient à leur tour en choisir 4 ; ces 8 en nommeraient 8 autres et ainsi de suite jusqu'à ce qu'il y eût 32 sociétaires qui procéderaient alors à la réception des candidats. La séance fut ensuite levée et le représentant reconduit aux cris répétés de : Vive la République ! Vive la Convention nationale !

Le lendemain, le noyau de la Société populaire était constitué et alla saluer le représentant Michaud, qui lui enjoignait de se compléter et décidait que, pour être membre de la Société, il fallait au moins 26 suffrages sur 32 votants. On alla vite en besogne et le décadi, 30 brumaire, au matin, « la Société populaire régénérée » comptait 336 membres qui s'assemblèrent sous la présidence de Pierre-Marie Jacquel, marchand de fer, doyen d'âge, et élurent pour président Dieudonné Dubois, l'ancien procureur-général-syndic, et pour secrétaire, Georges-Bernard Bizot, chef de bureau au département. Ils prêtèrent le serment : « Je jure haine aux tyrans ; je jure de ne reconnaître d'autres maîtres de la République que la loi, de maintenir la liberté et l'égalité ou de mourir en les défendant. » Tous les membres répétèrent ce serment après eux. L'après-midi, le représentant Michaud vint présider la séance et procéda à l'épuration du directoire du département. Deguerre, accusé par le club de Remiremont, d'avoir fait destituer Lecomte pour prendre sa place, s'en disculpa et fut maintenu en fonctions, ainsi que Jaussaud et Benoist, qui ne rencontrèrent pas d'opposition. Poirson fut accusé d'avoir écrit une lettre contre les autorités d'Épinal et d'avoir terminé une autre lettre par ces mots : « Vive la République ! Douville, Maudheux, etc., ne sont plus : la tranquillité règne à Épinal. » Il s'en défendit et il fut maintenu, ainsi que Rossignol, Dubois, Grandjean et Denis fils.

On agit de même pour l'administration du district, les tribunaux et le conseil général de la commune. La Société rendit le meilleur compte « du zèle et de la conduite morale et politique » de l'ex-noble Rozières et du curé Parnigot, mais, comme nous l'avons vu plus haut, le représentant tint bon et les remplaça. Quand l'opération fut terminée, Michaud prononça un discours où il dit qu'il avait vu avec plaisir l'épuration de la Société, d'où « l'on avait chassé deux sortes de fanatiques, les trompeurs et les trompés », sans qu'il y ait de défaveur jetée sur les non-admis. Il se félicita ensuite de la tranquillité, de l'esprit d'union et de fraternité qui régnait à Épinal, exhorta le comité révolutionnaire à exercer ses fonctions avec zèle et courage, à n'avoir pas d'autre boussole que la loi et à se mettre en garde contre les fausses dénonciations. La séance fut levée à 7 heures, au chant des hymnes patriotiques et des cris de : Vive la République ! Vive la Représentation nationale ! Le représentant du peuple fut reconduit, jusqu'à son logement, par le peuple en masse qui le saluait de ses acclamations.

Pour faire partie de la Société, il fallait avoir 21 ans, mais à 16 on pouvait être affilié, si l'on avait donné des « preuves d'attachement ». On payait 25 sous de droit d'entrée, plus 25 sous par an. Tous militaires blessés étaient reçus sans autre formalité. La Société envoya, le 7 frimaire (27 novembre), une adresse à la Convention, en signe d'adhésion, et chargea les représentants Perrin, Michaud et Foussedoire de la présenter.

Parmi les membres du club des Jacobins d'Épinal, ainsi régénéré, on relève des noms bien connus ou qui existent encore dans la ville :

Dieudonné Maudheux, officier municipal ; Fauste Denis fils, secrétaire général ; Nicolas Legros, chef de bureau ; Léonore Pierse, homme de loi ; Charles-Ambroise Peudefer, notaire ; Léopold Conus, chef de bureau ; François Vosgien, homme de loi ; Jean-Dominique Marchal, imprimeur ; Pierre-Marie Thouand fils ; Nicolas Thouand, marchand de vins ; Jérôme Quinet, commissaire des guerres [1] ; Nicolas-Joseph Guilgot, négociant ; Jean-François Thierry ; Louis Demarne, ferblantier ; Pierre Pierrot, cordonnier ; Claude-Joseph Roger, commandant de gendarmerie ; Alexandre-Louis-Edme Vignette, directeur de l'enregistrement ; Joseph Mougin, secrétaire général du district ; Nicolas Pétot, marchand ; Robert Mesny, payeur général ; Louis-Dagobert Vosgien, homme de loi ; Jacques-Joseph Marchal, agent national de la commune ; Nicolas Boyé, tanneur ; Nicolas Mougeot, homme de loi ; Jean-Joseph Pellet, marchand ; Pierre Guilgot, chandelier (*sic*) ; Léonard-Joseph Jeandidier, receveur de l'enregistrement ; Dominique

---

[1] C'est le père de l'illustre historien et philosophe Edgar Quinet. Le commissaire des guerres Quinet, fils du maire de Bourg, quitta l'armée après le 18 brumaire et se retira dans son pays natal, à Bourg-en-Bresse, où naquit en 1803 Edgar Quinet.

Lambert, charpentier; Joseph Berher, brasseur; Claude-François Bédel, menuisier; Jean-François Villemain, teinturier; Joseph Vançon, huissier; Claude-François Nicolas, cordonnier; J. B. Charton fils; Nicolas Robinot, jardinier; Jean-Joseph Pensée, huissier; Nicolas-Sébastien Brocard, aubergiste; Joseph Rattaire, instituteur; Charles-Noël Colin, directeur de la poste; Georges-Jacques Boucher; Sébastien Deblaye, négociant; François Deblaye, officier de volontaires; Joseph Lamarche, adjudant général; Jean-Joseph Pinot, chamoiseur; Nicolas-François Pellerin fils, contrôleur des postes; Jean-Charles Pellerin, cartier[1]; Charles Cléver, cultivateur; Noël Nicolas, chapelier; Pierre Guilgot, huissier; Sébastien Barroué, cordonnier; Nicolas Brocard et Joseph Villiet, propriétaires de papeteries; Cléry, commandant des invalides; J. B. Bombard; Génin, maître de la poste aux chevaux; Joseph Guilgot, arpenteur; Joseph-Philippe Pétronin, maçon; Christophe Denis, notaire; Charles-Jean Beaurain[2], architecte-arpenteur; Nicolas Clément, agent national du district; Quirin Tihay, serrurier; Nicolas Marulaz, marchand de draps; Joseph Mougeot, huissier; Charles Maldamé, marchand de fer; Nicolas Bombard, marchand, etc., etc.

Le club comptait en outre 17 jeunes gens de 13 à 17 ans, parmi lesquels François Louis, commis au départe-

---

[1] Né en 1756, mort en 1836; ce fut lui le créateur de l'imagerie populaire d'Épinal, qui conquit si vite tant de réputation en France et que son petit-fils dirige encore aujourd'hui avec talent et succès.
[2] C'est lui qui a dressé le curieux plan d'Épinal en 1789, que son petit-fils, architecte à Paris, a eu l'excellente idée de reproduire cette année.

ment, 17 ans ; Jean-François Pellet, 13 ans[1] ; François Claudel, 16 ans, etc.

Le représentant Michaud présida pendant quelque temps les séances de la Société, ce qui leur redonna une certaine animation, et il y fit part des mesures qu'il prenait pour combattre la disette. Grâce à lui, les districts de Mouzon-Meuse et de Mirecourt se décidèrent enfin à fournir le nécessaire aux districts de la montagne. Aussi, lorsque Michaud paraissait, il était accueilli par les plus vifs applaudissements.

La Société établit une nouvelle formule de serment ainsi conçue : « Je promets, foi d'homme libre, et devant l'auteur de la nature, d'exécrer tous les rois et tous les tyrans ; d'aimer et de défendre la République une et indivisible ; d'être dévoué à ma patrie, de maintenir les droits de l'homme et la constitution républicaine, de servir la Révolution jusqu'à ce que ses ennemis soient réduits au néant ; d'obéir aux lois ; de respecter les législateurs et les autorités constituées ; de concourir aux progrès de la raison, du patriotisme et de la fraternité ; d'être juste et bienfaisant ; de dénoncer enfin, sans crainte et sans passion, les agitateurs, accapareurs, modérés et tous les ennemis publics. » Mais ce serment terrible ne tirait pas à conséquence et aucun club ne fut plus modéré, plus inoffensif, plus débonnaire que celui d'Épinal. Dès le 20 nivôse (9 janvier 1795), on supprimait de cette formule les mots « dénoncer les modérés » qui parurent excessifs.

---

[1] C'était le futur *Barde des Vosges*, né à Épinal en 1782, mort à Épinal, le 13 février 1830.

Malgré ce regain de jeunesse et de vie, la Société populaire ne fit plus que se traîner péniblement et inutilement pendant quelques mois. Déjà le 20 frimaire (10 décembre 1794), l'élection du bureau ne pouvait avoir lieu, faute de membres présents; le 25 nivôse, il n'y avait que 26 sociétaires présents. Le président lui-même, Dubois, ne paraissait pas. Le 5 pluviôse (24 janvier 1795), il ne se trouvait dans la salle que le président, le secrétaire et un seul sociétaire ; ils se retirèrent attribuant à la glace et au grand froid l'absence de leurs collègues. Pour la même raison, on n'avait pu célébrer, le 2 pluviôse, la fête du 21 janvier, le chemin qui menait à l'autel de la patrie, étant obstrué par les neiges, malgré l'invitation faite à la municipalité de le rendre praticable.

La Société ne faisait plus que languir ; on avait beau sommer les absents d'expliquer leurs motifs ; rien n'y faisait. Le 30 pluviôse, les rares membres présents brûlaient l'image de Marat et l'annonçaient à la Convention, et l'on enlevait de la salle le buste de Lepelletier Saint-Fargeau. Le 10 ventôse (28 février 1795), l'insouciance devenant de plus en plus grande, on adressait une proclamation aux sociétaires pour les inviter à venir. Mais ce nouvel appel ne fut pas écouté. Le trésorier n'avait plus un sou en caisse pour s'abonner aux journaux. Le 30 germinal (17 avril), le président Robinot constate qu'il faut « raviver l'activité des séances qui sont nulles depuis plusieurs décades par l'abandon presque général ». Il parle dans le vide. Le 30 floréal (19 mai), il n'y a que le président et les secrétaires ; les 10 et 20 prairial, personne.

La Société prolongea ainsi son existence précaire jusqu'au 30 prairial an III (18 juin 1795), où elle prononça sa dissolution. Il n'y avait ce jour-là que le président et les secrétaires, qui, « considérant que depuis plusieurs mois les séances sont désertes et que le petit nombre des citoyens qui s'y rendent ne peuvent rien y faire d'utile ; que cet abandon spontané n'est vraisemblablement que momentané »... « que depuis plusieurs décades on ne reçoit plus le Bulletin de la Convention ; que le petit nombre des citoyens présents ne peut frayer aux dépenses », déclarent clore le registre des délibérations et le déposer aux archives de la Société, « jusqu'à ce que les citoyens qui la composent jugent convenable d'activer leurs séances [1] ».

Il n'y avait alors pas un sol en caisse et la Société redevait 396 livres 8 sols à plusieurs de ses trésoriers. Denis ferma les portes de la salle dont il garda les clés. On ne devait jamais les rouvrir. Ainsi finit la Société populaire des Jacobins d'Épinal qui, comme les nations heureuses, n'a pour ainsi dire pas d'histoire et n'a laissé du moins aucune trace sanglante dans les annales du département.

A ce moment, Michaud était parti depuis longtemps reprendre son poste à la Convention. Le représentant Bailly [2], qui avait été envoyé dans les départements du

---

[1] Ce registre est déposé actuellement à la Bibliothèque municipale d'Épinal, où l'obligeance de M. Ohmer et celle de M. Lecomte m'ont permis de le consulter.
[2] Bailly (Edme-Louis-Barthélemy), né à Troyes (Aube), en 1760, entra dans la congrégation des prêtres de l'Oratoire et y devint professeur de belles-lettres à leur célèbre collège de Juilly (Seine-et-Marne). Ayant adhéré à la constitution civile du clergé, il fut adopté comme prêtre patriote par le département de Seine-et-

Haut et du Bas-Rhin, du Mont-Terrible, du Jura et des Vosges, l'avait remplacé ; il arriva à Épinal le 23 frimaire an III (13 décembre 1794) et adressa aussitôt une proclamation aux citoyens : « ... Le règne de la Terreur n'est plus ! celui de la justice lui succède ... »

Dans les autres départements, Bailly avait eu mission d'arrêter l'élan révolutionnaire ; il n'eut rien de semblable à accomplir dans les Vosges. Tout au plus eut-il à faire exactement observer la cérémonie du décadi et à empêcher que beaucoup de citoyens célébrassent les ci-devant dimanches et jours de fêtes et cessassent tout travail ces jours-là. Mais l'arrêté en ce sens, qu'il prit le 30 frimaire, ne fut guère respecté.

Il se rendit pourtant, le 25 frimaire, à la Société populaire pour la féliciter de ses sentiments. Mais ce fut pour rendre à Jacques Perrin ses droits de citoyen, tout en maintenant l'arrêté de Michaud qui l'avait exclu du tribunal « pour s'être mis à la tête du parti qui demandait des messes ». Perrin obtint sa grâce, parce que son attitude « n'avait en rien empêché les progrès de la raison et la destruction du fanatisme qui expire en cette commune ». Cinq jours après, Bailly le nommait assesseur au bureau de paix et faisait voter par la Société une adresse qu'il devait porter à la Convention. Il alla ensuite à Rambervillers, à Saint-Dié et dans plusieurs

---

Marne, qui le nomma député à la Convention, où il vota pour la réclusion du roi, tout en proclamant qu'il méritait la mort. Il remplit plusieurs missions, notamment en Alsace. Député aux Cinq-Cents, il devint, après le 18 brumaire qu'il approuva, préfet du Lot (mars 1800) et fut créé successivement baron de l'empire et officier de la Légion d'honneur ; il fut révoqué en 1814. Bailly mourut à Rouen, des suites d'un accident de voiture, en juillet 1819.

autres districts. A Saint-Dié, il changea le maire, Demontzey, et le remplaça par J. B. Antoine, ainsi que le procureur de la commune, Richard jeune, qu'il remplaça par Mathias Blaison. Il nomma Dieudonné administrateur du département, à la place de Chavane, non acceptant. Le 18 nivôse (6 février 1795), il autorisait les districts à laisser dans les communes les prêtres qui avaient montré un attachement constant à la Révolution.

Le gouvernement révolutionnaire venait d'ailleurs d'être abrogé par la Convention et les administrateurs du département demandaient au comité de salut public quelles étaient dès lors leurs fonctions. La loi du 1ᵉʳ ventôse (19 février) leur répondit en réduisant à 5 le nombre des administrateurs. Sur le refus des députés des Vosges à la Convention de désigner ceux qui devaient sortir du directoire, on allait procéder au scrutin, lorsque Grandjean et Poirson se retirèrent volontairement; il restait encore 6 membres; on vota, et Deguerre fut choisi pour sortir. Le 24 ventôse, Rossignol, Benoist, Jaussaud, Dubois et Dieudonné composèrent seuls l'administration du département avec Denis fils, pour secrétaire général; chacun d'eux devait présider à tour de rôle, pendant une décade.

L'ère révolutionnaire proprement dite était décidément close. Elle ne se manifesta plus que par une lettre du représentant Cavaignac pressant l'envoi des réquisitions de grains, à laquelle on répondit que la détresse était trop grande pour qu'on y parvint. Depuis le 13 nivôse d'ailleurs, on ne devait plus faire de réquisitions et l'on liquidait les anciennes. Un arrêté du représentant Féraud[1], du 29 nivôse, réquisitionnait 2,010 voitures pour le service de l'armée du Rhin, chargée d'assiéger et de reprendre Mayence. Les Vosges devaient en fournir 400. On souscrivit encore à cette exigence qui ne devait pas être tout à fait la dernière. Mais celles qui suivirent pendant quelques mois encore, ne devaient être ni aussi fréquentes, ni aussi pressantes.

Les derniers jours de l'époque révolutionnaire furent marqués, pour Épinal et pour le département des Vosges, par deux événements d'un caractère bien différent. Dans la nuit du 7 au 8 pluviôse (26 au 27 janvier 1795), une débâcle subite des glaces rompit et emporta par la violence du choc une arche du pont qui reliait la grande et la petite ville à Épinal; les ponts de Jarménil et de Charmes furent aussi endommagés, mais moins gravement. Toute communication était interrompue entre les deux quartiers d'Épinal et l'ingénieur Navière fut aussitôt chargé de rétablir la circulation et de réparer le pont. On ne put agir qu'avec lenteur et un mois après, les travaux n'étaient pas encore achevés.

L'autre événement, plus heureux et surtout plus flatteur, fut un accroissement de territoire pour les Vosges. La Convention, par une loi du 30 pluviôse, parvenue dans les Vosges le 6 ventôse (24 février 1795), ordonna la réunion au département des Vosges de neuf communes du Bas-Rhin qui avaient jusqu'alors fait partie du district

---

[1] Assassiné quelques jours après dans la salle des séances de la Convention, lors de l'insurrection du 1er prairial an III. Sa tête sanglante, placée au bout d'une pique, fut présentée au président Boissy d'Anglas, qui la salua et résista courageusement aux insurgés.

de Benfeld-Schlestadt[1] : Schirmeck, Rothaw, Neuweiler, Natzweiler, Russ, Wisch, Wildersbach, Waldersbach et Bærenbach. Elles formèrent un canton qui fut incorporé dans le district de Senones, beaucoup plus faible comme étendue et comme population que les autres districts.

Un des premiers actes du directoire nouveau fut de féliciter la Convention d'avoir résisté à l'émeute du 12 germinal : « Nous avons frémi d'horreur en voyant les complots parricides que des scélérats avaient osé former contre la représentation nationale », et de protester, en termes un peu trop déclamatoires, de son dévouement à la Convention.

Quelques jours plus tard, le 28 germinal (17 avril 1795), la Convention réorganisait par une loi les administrations des départements que les représentants en mission devaient avoir reconstituées dans l'espace de deux décades. Benoist était nommé procureur-général-syndic provisoire et Jaussaud, président. Le directoire envoyait en même temps (6 floréal - 25 avril) une adresse à la Convention pour la remercier de lui avoir rendu ses fonctions : « Nous nous étions vus dépouillés sans regrets parce qu'en vous défiant de nos forces et de nos lumières, nous avons dû croire que cette mesure extraordinaire était utile au salut de la République. »

Comme il n'y avait plus de représentants du peuple en mission dans les Vosges, ce fut le comité de législation de la Convention qui réorganisa le directoire des Vosges ; le 11 floréal, la lettre du 4, par laquelle il l'au-

---

[1] Le chef-lieu du district et le siège de l'administration étaient à Benfeld ; mais le tribunal de ce district siégeait à Schlestadt.

nonçait, parvenait à Épinal. Dieudonné était nommé procureur-général-syndic; Benoist, Jaussaud, Rossignol, Deguerre et Poirson étaient de nouveau administrateurs du département, et la Convention leur donnait pour collègues Jean-Louis Thomas, administrateur du district de Saint-Dié; Kéringer, administrateur du district de Bruyères, et Papigny, ex-juge au tribunal de Mirecourt. Papigny et Thomas refusèrent d'abord, puis finirent par accepter. Plus tard (3 fructidor-20 août), Monière, administrateur du district d'Épinal, remplaça Thomas, démissionnaire. Chaque administrateur devait à son tour être président du directoire pendant un mois; celui qui devait présider le mois suivant faisait fonctions de vice-procureur-général-syndic. Dans une adresse aux citoyens du département, le 15 floréal (4 mai 1795), le nouveau directoire résumait l'œuvre de la Révolution dans les Vosges et constatait avec joie qu'on n'y avait pas vu d'exécutions, ni ressenti de troubles malgré les efforts qu'on avait tentés pour en faire naître. L'adresse se terminait toutefois par le sage conseil de se méfier des prêtres et des émigrés.

On était enfin sorti de la période des périls et des réquisitions, où chaque jour, chaque heure étaient marqués par de patriotiques angoisses et par d'accablants sacrifices. Le département des Vosges les avait acceptés avec une ardeur patriotique sans égale, mais il sortait ruiné de cet effort. Il était temps pour lui de retrouver le calme, l'ordre et les bienfaits d'une administration régulière qui devaient lui rendre la prospérité et donner un nouvel essor à son commerce et à son industrie.

CHAPITRE XI

Fin de l'ère révolutionnaire ; apaisement des esprits. — Réfection des routes ; missions des représentants Périès et Garnier de l'Aube. — Troubles à Luxeuil et à Fougerolles ; le représentant Saladin ; la garde nationale des Vosges aide au rétablissement de l'ordre. — Les parents d'émigrés exclus des fonctions publiques. — Fin de la Convention. — Élections au Conseil des Cinq-Cents et au Conseil des Anciens ; élection de l'administration départementale, du tribunal civil. — Le Directoire. — Élections de l'an V ; de l'an VI ; de l'an VII ; de l'an VIII. — Adresse de félicitations au général Victor. — Manœuvres contre-révolutionnaires. — Procès des *cardinaux*. — Le 18 brumaire. — Desgouttes, premier préfet des Vosges. — Nouvelles administrations. — La place Royale, à Paris, devient « place des Vosges » en récompense d'un nouvel acte patriotique du département. — Conclusion.

Le nouveau directoire se donna pour mission expresse de mettre fin aux désordres inévitables qu'avait entraînés la Révolution et d'assurer au département les bénéfices du nouvel ordre de choses.

Les forêts, qui couvraient la plus grande superficie du département et constituaient sa principale richesse, avaient beaucoup souffert pendant ces années terribles ; les besoins de la patrie y avaient fait pratiquer des abatages d'arbres considérables et les dilapidations des communes ou des particuliers avaient encore augmenté les dégâts. La dispersion ou, pour mieux dire, la suppression ou l'impuissance des agents du service forestier avaient fait le reste. Depuis le 2 nivôse, un arrêté du représentant Bailly avait interdit d'y faire des coupes extraordinaires. Le 13 germinal, le directoire des Vosges réorganisait la surveillance des forêts avec ce qui restait des anciens fonctionnaires des maîtrises d'eaux et forêts ; l'ordre se rétablit ainsi peu à peu.

D'autre part, le directoire réclamait du comité d'instruction publique à la Convention, l'établissement d'une école centrale (lycée) à Épinal, et il était fait droit à sa requête. Il faut dire d'ailleurs que, même au plus fort de la tempête révolutionnaire, l'instruction n'avait pas été négligée dans le département, et l'on a pu voir le dévouement, en particulier, des professeurs du collège d'Épinal.

La gendarmerie était aussi réorganisée; un nouveau commandant, Roque, de la 18º légion, était envoyé dans les Vosges. Une partie des gendarmes était encore détachée en Vendée ou à l'armée de l'Ouest avec le maréchal des logis Sarrien; ils en revinrent le 1ᵉʳ messidor.

On décidait, le 23 floréal, une réorganisation de la garde nationale. L'ancien maire d'Épinal, Guilgot, était chargé d'apurer les comptes des dépenses faites par les communes. Enfin, on ordonnait de dresser un état de tous les habitants pour s'assurer qu'il n'y avait ni émigrés ni prêtres. Cette mesure était loin d'être inutile et, faute de l'avoir prise, le département de la Haute-Saône vit, comme on le verra plus loin, une révolte éclater sur son territoire.

Les passages incessants des troupes et des convois avaient, comme on le conçoit, défoncé et raviné les routes qu'on n'avait pas le loisir de réparer et d'entretenir au fur et à mesure des dégâts. A plusieurs reprises, l'administration avait chargé les ingénieurs de veiller à la réfection des routes, mais les circonstances ne l'avaient qu'incomplètement permis. Le directoire prescrivit de remettre toutes les routes en état et nomma des ingénieurs là où l'emploi était vacant. On employa les prisonniers de guerre à ces travaux, et l'on reconstruisit en même temps le pont des Quatre-Nations à Épinal. La Convention elle-même se préoccupa de cet état de choses et le représentant Périès [1] fut chargé d'une mission dans tous les départements frontières pour faire procéder d'urgence aux réparations des routes. Lorsqu'il parvint à Épinal, le 8 messidor (26 juin 1795), il trouva l'œuvre partout entreprise et sur bien des points accomplie. Il assista à la séance du directoire et lui témoigna sa satisfaction sur l'état des routes du département si promptement transformées et réparées.

Le représentant Garnier (de l'Aube) [2], en mission près des salines de Dieuze, Moyenvic, etc., envoyait au département un arrêté fixant le prix du sel. Une épizootie sur les bêtes à cornes, qui sévit dans le district de Senones, put être soignée convenablement. La démonétisation des assignats s'accomplissait sans difficultés. Bref, l'ordre renaissait dans toutes les branches, un peu négligées, de l'administration. Enfin, le directoire, éclairé par l'expérience récente, se préoccupait de donner plus de développement et d'extension à l'agriculture du département. Une adresse aux citoyens fut même faite le 27 messidor (15 juillet) pour en exposer la nécessité : « Il faut enfin, disait-elle, régénérer l'agriculture », et l'on faisait distribuer dans tous les districts l'excellent « Almanach du cultivateur », rédigé par le représentant

---

[1] Périès du Gief (Joachim), né à Mirande en 1759, était maire d'Auch, lorsqu'il fut nommé député du Gers à la Convention. Il est mort en 1832.

[2] Garnier-Berthelin (Antoine-Marie-Charles), né à Troyes en 1759, fut d'abord homme de loi et procureur de la commune de sa ville natale. Ami de Danton, il fut élu député de l'Aube à la Convention et vota la mort du roi. Il mourut en 1812

Romme[1], un des esprits les plus élevés, les plus savants et les plus généreux de la Convention.

Mais il était dit que l'on ne pourrait pas encore s'occuper sans désemparer de ramener le bien-être chez ces malheureuses populations et que de nouveaux troubles les attendaient. Heureusement, les Vosges n'en éprouvèrent que le contre-coup.

Le directoire de la Haute-Saône avait toléré la présence à Luxeuil et à Fougerolles de nombreux prêtres insermentés qui ne dissimulaient en rien leur hostilité. Ils célébraient l'office divin, comme si rien n'était changé pour eux et provoquaient de nombreux rassemblements. Impatienté à la longue de ces bravades, le directoire envoya, le 26 floréal (15 mai 1795), des gendarmes pour y mettre fin ; un prêtre plus remuant que les autres fut arrêté à Fougerolles et conduit au district à Luxeuil. Ses partisans se soulevèrent aux cris de : « Vive le roi ! Il nous faut une Vendée et un roi ! » et les mutins voulurent se porter sur Luxeuil pour le délivrer. Mais la fraction républicaine des citoyens de Fougerolles tenta de s'y opposer. La querelle s'envenima : une véritable bataille en résulta et plusieurs citoyens furent blessés dans cette rixe, mais aucun dangereusement. Les insurgés alors

---

[1] Romme (Gilbert), né à Riom (Puy-de-Dôme) en 1750, était un professeur de mathématiques et de physique des plus distingués ; il cultivait en même temps des propriétés qu'il avait à Gimeaux. Élu député du Puy-de-Dôme à la Législative, il fut réélu à la Convention, y siégea à la Montagne, vota la mort du roi et prit la plus grande part à la création du système métrique et à la réorganisation de l'enseignement. Proscrit avec Goujon, Soubrany, Bourbotte, Duquesnoy, « les derniers Montagnards », il se suicida, après sa condamnation à mort, pour ne pas monter sur l'échafaud (18 juin 1795).

continuèrent leur marche. Mais la nouvelle de leur approche s'était répandue dans Luxeuil : la générale battait, le tocsin sonnait et les citoyens s'apprêtaient à les recevoir. Les rebelles se tinrent prudemment dans les bois voisins sans oser s'avancer jusqu'à la ville ; le représentant du peuple Saladin [1], qui parcourait alors la Haute-Saône, alla les y trouver accompagné des autorités, et leur porta des paroles de paix. Une décharge de fusils fut la seule réponse des insurgés à cette démarche ; ni le représentant, ni personne autour de lui ne furent blessés. Mais on n'avait plus à compter désormais sur la conciliation. Saladin rentra à Luxeuil pour organiser une force armée. En même temps, il envoyait Jean-Hubert Poignant, administrateur de la Haute-Saône, vers le directoire des Vosges pour raconter les troubles excités par les prêtres et se concerter avec lui afin de réunir sans délai à Plombières une force armée considérable. Poignant arriva le 30 floréal, à sept heures du soir, à Épinal, et se présenta aussitôt au directoire, porteur d'une lettre de Saladin et de sa proclamation. Saladin demandait aussi qu'on lui envoyât un administrateur des Vosges pour coopérer à la répression des troubles et que le district de Remiremont se transportât à Plombières pour présider à l'organisation des renforts, en surveiller et en presser l'envoi. Le directoire décida qu'il fallait prendre les mesures les plus promptes « contre le tocsin de la guerre civile ». Il n'avait sous la main que la gendarmerie et deux détache-

---

[1] Saladin (Jean-Baptiste-Michel) fut d'abord juge au tribunal du district d'Amiens. Député de la Somme à l'Assemblée législative, il fut réélu à la Convention par la Somme et la Marne. Rallié à Bonaparte, il est mort à Paris en 1813.

ments de cavalerie à Mirecourt et à Rambervillers; la garde nationale était sans armes. Enfin, après avoir entendu le chef d'escadron de gendarmerie Roque et le commissaire des guerres Quinet, le directoire ordonna l'envoi de la gendarmerie et de la cavalerie; la garde nationale d'Épinal dut fournir quarante hommes prêts à marcher; les gardes nationales de Remiremont et de Plombières reçurent l'ordre de se porter, la première sur Plombières, la seconde sur le Val-d'Ajol et l'administrateur Rossignol eut mandat de les diriger et d'aller se joindre au représentant Saladin.

Pendant ces préparatifs, les séditieux, toujours contenus et cernés dans les bois qui environnent Luxeuil, commençaient à mourir de faim : la peur d'un châtiment exemplaire les envahissait; ils savaient que les gardes nationales de la Haute-Saône et des Vosges étaient sous les armes et en marche, que des troupes de ligne accouraient du Doubs. Aussi, lorsque toutes ces forces se présentèrent pour les entourer, ils se soumirent sans résistance. On emprisonna les meneurs et les autres furent libres de retourner chez eux. Le représentant Saladin se loua fort des gardes nationaux de Remiremont et de Plombières et accorda des éloges particuliers au très grand zèle de la gendarmerie des Vosges.

Sur ces entrefaites, la nouvelle des événements du 1er prairial, de l'envahissement de la Convention et de l'assassinat du représentant Féraud, arriva, le 8, à Épinal et y causa une indescriptible émotion, tant les esprits étaient encore anxieux des menaces de guerre civile qui venaient de se révéler dans la Haute-Saône. Le directoire envoya de suite une adresse à la Convention où il disait que « l'indignation du peuple était à son comble. Périssent les traîtres ! » et que la Convention soit sauvée [8 prairial (27 mai 1795)].

Le représentant Saladin partageait sans doute l'inquiétude publique, car il envoya de Vesoul un courrier extraordinaire pour demander la présence auprès de lui d'un ou deux administrateurs des Vosges, « afin de prévenir les attentats ». Jaussaud et Dieudonné, désignés par leurs collègues, partirent aussitôt et arrivèrent le soir même à minuit à Vesoul, où ils trouvèrent encore Saladin qui devait partir pour Besançon. Le 9 prairial, Saladin reçut le matin des nouvelles de Paris qui apprirent que « les scélérats qui ont attenté à la dignité, à la sûreté et à l'intégralité de la représentation nationale » avaient succombé ; il fit part de ces bonnes nouvelles aux délégués des Vosges, et les complimenta sur leur empressement.

Jaussaud et Dieudonné passèrent la journée du 9 avec les administrateurs de la Haute-Saône et ne purent repartir de Vesoul que le 10, à cause du manque de chevaux. Ils rapportaient à Épinal les félicitations de Saladin pour l'adresse du directoire des Vosges à la Convention.

Les Vosges furent préservées de pareils désordres et elles le durent à la sagesse de leurs administrateurs. En effet, le directoire sut si bien temporiser et user à propos tantôt de la sévérité, tantôt de la persuasion, qu'il évita toute échauffourée. Le district d'Ormont lui avait signalé que la tranquillité était menacée par le fanatisme qu'attisait l'ex-évêque Maudru, déposé de ses fonctions depuis longtemps déjà. Le directoire estima que des mesures de rigueur immédiates ne feraient qu'envenimer les choses et il réclama de nouveaux renseignements. Tout s'apaisa sans bruit.

A Ormont, également, une dénonciation fut lancée contre Thumery, ex-chanoine de Saint-Dié, qui d'abord enfermé à Épinal, puis déporté à Rochefort, avait été relâché et était revenu se fixer à Ormont. Il s'y conduisait avec infiniment de circonspection et de prudence, mais cependant il exerçait le culte dans son domicile, ne cachait pas son intolérance et par son esprit de prosélytisme excitait les campagnes. Le directoire, avant de sévir, le signala à la Convention et l'affaire se termina ainsi. La justice du directoire des Vosges était, du reste, égale pour tous et il n'hésita pas à remettre l'ancien prêtre Duguenot en possession de dix-sept jours de vignes à Mirecourt, dont la vente comme bien national avait été annulée par la Convention. En outre, dès le 20 fructidor (6 septembre 1795) il commençait les radiations d'émigrés.

Il lui fallait aussi parer aux réquisitions, devenues plus rares, mais trop lourdes encore pour le département. Le 14 fructidor (31 août 1795), on recevait une réquisition pour fournir 300 voitures garnies d'échelles et de cordes afin de vider les magasins; le 25, c'était 400 voitures en plus qu'il fallait. Cette fois, le directoire perdit patience et écrivit à la Convention « pour démontrer, lui disait-il, que vous venez de commettre envers le département des Vosges la plus criante des injustices ».

Le 2 vendémiaire, il recevait de Strasbourg un arrêté des représentants Fricot et Reubell, en mission à l'armée du Rhin, qui requérait 20,000 quintaux de grains; mais on voyait bien qu'un homme au courant de la situation du département avait libellé la réquisition, car, grâce à l'influence de Fricot probablement, l'arrêté spécifiait que c'étaient les districts agricoles des Vosges qui seuls devaient fournir les grains. Ce fut d'ailleurs la dernière réquisition. La Convention avait enfin terminé son œuvre. Le 13 fructidor, son adresse aux Français pour présenter la nouvelle Constitution était distribuée à Épinal et le directoire convoquait les assemblées primaires, le 20 du même mois, pour approuver la Constitution. Elle le fut à la presque unanimité des votants, mais avec beaucoup d'abstentions.

Avant de se séparer cependant, la Convention voulut frapper un dernier coup sur les factions royalistes renaissantes et elle décida que les pères, fils, oncles, neveux et époux d'émigrés ou alliés au même degré ne pourraient exercer des fonctions publiques. Deux administrateurs des Vosges se trouvaient frappés par ce décret : Deguerre, neveu d'un émigré, et Kéringer, oncle d'un garde-marteau des forêts à Sarreguemines qui avait émigré. Ils se retirèrent, mais le directoire tint à leur exprimer ses regrets de ne pouvoir faire d'exception en leur faveur, car « ils n'ont cessé de donner des preuves de leur patriotisme et de leur haine contre les scélérats qui ont abandonné leur patrie ». [4 vendémiaire an IV (25 septembre 1795)]. En l'absence de représentants du peuple, le directoire décida qu'ils seraient remplacés par Bourgaut, homme de loi à Remiremont, et Claude, homme de loi à Bruyères.

Cependant, les royalistes à Paris exploitaient le mécontentement causé par les dernières mesures prises par la Convention et le 13 vendémiaire (4 octobre) une insurrection faillit renverser la Convention et détruire son œuvre, si le général Bonaparte, alors presque inconnu, n'avait foudroyé les rebelles, à coups de mitraille, sur les marches de l'église Saint-Roch.

La proclamation de la Convention apportant, le 18, la nouvelle de la conspiration du 13 vendémiaire, ne paraît pas avoir beaucoup ému l'opinion dans les Vosges ; le directoire ne se crut pas obligé d'attester une fois de plus son « horreur des scélérats », suivant l'expression qui lui était favorite. Toutefois, il obéit, le 23 vendémiaire, au décret dicté par les événements qui créait une garde départementale pour la sécurité du Corps législatif institué par la nouvelle constitution. La garde nationale des Vosges devait fournir un contingent de 91 hommes, à raison d'un par chacun des 66 cantons, plus 25 fournis par les plus forts cantons. Le 1er brumaire, les gardes nationaux choisissaient ceux de leurs camarades qui devaient être incorporés dans les grenadiers de la représentation nationale; le 10, ceux-ci étaient passés en revue à Charmes par d'Herbel et le commissaire des guerres Gueullette et, le 12, ils partaient pour Senlis où devait se faire l'organisation en compagnies.

Les électeurs étaient assemblés en ce moment même à Épinal pour élire les députés des Vosges au Conseil des Anciens et au Conseil des Cinq-Cents, ainsi que de nouveaux administrateurs et de nouveaux juges. Les assemblées primaires étaient convoquées pour le 20 brumaire afin de nommer les juges de paix et leurs assesseurs, ainsi que les administrations municipales. Le 3 brumaire (24 octobre), le directoire des Vosges clôturait brusquement le registre de ses délibérations, cédant la place à une nouvelle administration.

La Convention, elle aussi, avait achevé sa tâche et s'était séparée le 30 vendémiaire an IV (21 octobre 1795), laissant le Gouvernement de la France aux cinq membres du Directoire exécutif.

Jamais rien d'aussi grand n'a paru dans le monde. La Convention avait accompli de gigantesques travaux; elle avait tout à la fois sauvé la République des ennemis du dehors et de ceux du dedans; créé de toutes pièces une organisation nouvelle; ranimé le goût des lettres et des arts; ramené l'ordre dans l'armée et dans les finances, la sécurité dans le pays; doté la science de magnifiques institutions; ébauché ce Code de justice qu'un homme devait usurper à son profit comme tant d'autres choses; elle laissait, en un mot, la France grande et libre, sauvée de l'invasion étrangère, digne de se diriger elle-même, assez sage et assez puissante pour le faire. La Convention pouvait fièrement répondre à ses détracteurs : « Vous aviez provoqué la lutte; c'est moi seule qui l'ai soutenue et terminée. » (Octobre 1795.)

N'eût-elle d'ailleurs d'autre gloire que celle d'avoir sauvé la patrie, elle mérite de vivre révérée à jamais dans la mémoire des hommes.

La nouvelle loi électorale décidait que le département des Vosges aurait à nommer sept députés, dont cinq pris parmi les conventionnels; il devait élire en outre une liste supplémentaire de quinze membres de la Convention où les Conseils puiseraient pour compléter les deux tiers des conventionnels qui, aux termes de la Constitution, devaient entrer dans la composition du Corps législatif.

Les 300 électeurs des Vosges se réunirent le 20 vendémiaire an IV (11 octobre 1795) à Épinal, sous la présidence du doyen d'âge, Gabriel Febvey, de Remiremont. Dès le lendemain, après avoir choisi Denis pour président, ils élisaient, au milieu des applaudissements, les cinq conventionnels Poullain-Grandprey par 227 voix, Perrin par 203, Fricot par 199, Balland par 189 et Souhait par 184. Venaient ensuite Cherrier avec 91, Couhey avec 71, Bresson avec 67, puis d'autres conventionnels, étrangers au département, avec un faible chiffre de suffrages. On élut ensuite les quinze autres conventionnels supplémentaires: Cambacérès obtint 331 voix; Merlin de Douai, 221; Boissy d'Anglas, 198; Mollevault, 185; Lanjuinais, 152; Barras, 127. Le lendemain, à un second tour de scrutin, furent nommés : Sieyès par 171 voix; Bailly par 165; Cherrier par 164; Lesage (d'Eure-et-Loir) par 147; Henri Larivière par 139; Génissieu par 137; au troisième tour, Carnot fut élu par 176 voix, Baudin par 156, Couhey par 117. Restaient à élire deux députés que les électeurs pouvaient choisir indistinctement parmi tous les citoyens. Dieudonné Dubois fut élu, au premier tour, par 191 voix et Lepaige, l'ancien président du tribunal criminel destitué par Faure, fut élu, au deuxième tour, par 181 voix. Jean-Claude Chevalier, notaire à Mirecourt, fut élu ce même jour, par 176 voix, haut-juré du département près la haute cour nationale. Chose étrange, c'était parmi les représentants des Vosges appartenant à la Montagne qu'on avait élu les députés et, pour la liste supplémentaire, les électeurs avaient choisi de préférence des modérés, des gens de la Plaine ou du Marais, sauf Merlin de Douai et Carnot.

Le même corps électoral devait élire les cinq membres

de l'administration départementale. Le 23, Dieudonné fut élu administrateur par 193 voix; Nicolas-François Bruillard, d'Épinal, par 140; Joseph Kéringer, qui avait dû, quelques jours auparavant, résigner ces mêmes fonctions, par 148; Nicolas Géhin, de Senones, par 94; ensuite Charles-Simon Hulme, procureur-syndic du district de Lamarche, et Jean-Claude Thirion, notaire à Mirecourt, eurent chacun 60 suffrages. Thirion, étant le plus âgé, se trouvait élu, mais il déclara qu'Hulme était plus capable que lui et donna, séance tenante, sa démission.

Il fallut alors organiser le tribunal civil du département.

Charles Aubert (de Charmes), président; Charles-François Delpierre (de Mirecourt), accusateur public, et Pottier (d'Harchéchamp), greffier du tribunal criminel, furent réélus aux mêmes fonctions au tribunal civil.

Les 22 juges élus furent :

Papigny (Nicolas-François-Amand), juge au tribunal du district de Mirecourt, par 260 voix;

Jeandidier (Charles-Stanislas), juge au tribunal de Bruyères, 245;

Courtois (Jean-Robert), juge au tribunal de Libremont, 237;

Chavanne (Jean-Louis), juge au tribunal de Darney, 228;

Boulanger (Nicolas), administrateur du district de Rambervillers, 225;

Lemolt (Charles), homme de loi à Lamarche, 215;

Grosbert (Nicolas), juge au tribunal de Mirecourt, 214;

Pougny (Nicolas-Joseph), procureur-syndic du district de Mouzon-Meuse, 212 ;

Haxo (François), juge au tribunal d'Ormont, 208 ;

Renard (Jean-Baptiste), juge au tribunal d'Ormont, 200 ;

Perreau (Jean-Baptiste), juge au tribunal de Lamarche, 198 ;

Philippe (Nicolas), juge au tribunal d'Épinal, 196 ;

Barret (Honoré), administrateur du district de Darney, 187 ;

Gérard (Antoine-Alexis), juge de paix de Rambervillers, 174 ;

Dérivaux (Charles-Joseph), commissaire national près le tribunal de Senones, 164 ;

Andreux (Jean-Baptiste), juge au tribunal d'Épinal, 155 ;

Estivant (Claude-Charles), homme de loi, administrateur du district de Mirecourt, 142 ;

Clément (Joseph), juge au tribunal d'Ormont, 140 ;

Blaise (Maurice), administrateur du district de Libremont, 140 ;

Gérardin (Nicolas-Étienne), de Bulgnéville, président du tribunal de Mouzon-Meuse, 140 ;

Benoist (Pierre-François), de Rambervillers, administrateur du département, 79 ;

Collet (Joseph-François-Antoine), de Bruyères, 73.

Blaise donna sa démission, ne se reconnaissant pas capable ; il fut remplacé aussitôt par Deguerre (Antoine), de Libremont, élu par 140 voix.

Les 5 juges suppléants furent :

Marchal (Jacques-Joseph), commissaire national près le tribunal d'Épinal, élu par 146 voix ;

Perrin (Jacques), ex-juge du tribunal du district d'Épinal, homme de loi, 136;

Thiéry, homme de loi, assesseur du juge de paix d'Épinal, 117;

Balland (Joseph), administrateur du district de Senones, 64;

De Lorrey (François-Xavier), de Mirecourt, ex-lieutenant-général du bailliage de Charmes, 54.

Le 26 vendémiaire, les opérations électorales étaient terminées. Le président Denis prononçait un remarquable discours : « Citoyens des Vosges, rappelons-nous sans cesse que nous sommes les ainés de la Révolution et que nous tenons un rang distingué parmi les enfants de la patrie; de retour dans nos foyers, ranimons les âmes tièdes; éclairons celles égarées par les instigations des ennemis du nouvel ordre de choses et persuadons à tous que la République ne peut plus rétrograder, parce que les Français l'ont juré et qu'ils périront jusqu'au dernier pour la maintenir..... En nous séparant, répétons les cris délicieux : Vive la Liberté et l'Égalité ! Vive la République ! »

Peu de temps après, François Haxo remplaçait Aubert comme président du tribunal civil. François de Neufchâteau revenait dans les Vosges comme commissaire du Directoire exécutif près l'administration du département, fonction analogue à celle confiée plus tard au préfet. Lorsqu'il devint ministre de l'intérieur, il y fut remplacé par Dieudonné. Jean-Baptiste Antoine était président de l'administration centrale du département et Christophe Denis, président de l'administration municipale ou maire d'Épinal.

Nous passons rapidement sur les années du règne du Directoire qui, dans les Vosges, ne furent que fort peu fertiles en événements. Il n'y a guère qu'à enregistrer les changements dans les administrations. Notons toutefois l'ouverture d'une école centrale ou lycée à Épinal, le 21 prairial an IV (9 juin 1796); elle était installée dans les bâtiments du collège et compta à son début 36 élèves.

Cependant dans les derniers mois de 1796, le retour des prêtres réfractaires, émigrés ou déportés, qui rentraient en foule par la Suisse fit renaître des tentatives de trouble et de désordre, et Perrin dut signaler au Conseil des Cinq-Cents, le 8 janvier 1797, ces hommes qui venaient « agiter le flambeau de la discorde civile » et arracher les Vosges « à la parfaite tranquillité » dont elles jouissaient.

Quelques mois auparavant (février 1796), la ville d'Épinal avait été l'objet d'un témoignage public de satisfaction pour la promptitude qu'elle avait mise à verser sa part de l'emprunt forcé; elle fut citée comme exemple aux autres municipalités.

L'administration centrale pouvait hardiment répondre, comme elle le fit au ministre de l'intérieur, en retraçant ce qu'avait fait le département, son esprit, ses sacrifices et en constatant que s'il y avait beaucoup de mécontents ou de citoyens fatigués par les secousses multipliées, leur dévouement, qui s'était manifesté non par des adresses pompeuses et des phrases ampoulées, mais par des actions utiles, était toujours prêt. On désirait ardemment un changement de situation, ajoutait-elle, et surtout la paix, mais on n'irait pas jusqu'à fomenter des troubles.

Le 20 germinal an V (9 avril 1797), au bruit du canon qui annonçait les victoires d'Italie, les électeurs se réunirent dans l'église du ci-devant collège, sous la présidence de Joseph Peltier, de Portieux, doyen d'âge. Il y avait à nommer deux députés au Conseil des Cinq-Cents. Poullain-Grandprey, membre sortant du Conseil des Anciens, fut élu par 150 voix et François Haxo, président du tribunal civil, le fut, au second tour, par 119 voix; mais il refusa à cause de sa santé et fut remplacé par Antoine-François Delpierre jeune, commissaire du Directoire exécutif près l'administration municipale de Valfroicourt, l'ancien député à la Législative, qui obtint 154 voix.

Fricot, membre sortant du Conseil des Cinq-Cents, fut élu haut-juré par 126 voix.

Il y avait aussi à remplacer trois administrateurs du département, sortant par le sort : Nicolas Clément fut réélu par 141 voix; Nicolas Welche[1], de Senones, fut élu par 175 et Nicolas-François Delpierre aîné, commissaire du Directoire exécutif près le canton extérieur de Mirecourt, par 109.

Depuis les élections de l'an IV, 7 membres du tribunal civil étaient démissionnaires. On élut à leur place François-Léopold Bresson, de Lamarche, qui revenait de l'armée, par 192 voix; Léonore Piers, d'Épinal, par 150; Claude-François Bourdot par 147; Claude-

---

[1] Welche (Nicolas), né à Senones en 1772, fut successivement administrateur du département, le 12 avril 1797; chef de division au ministère de l'intérieur, secrétaire général de la préfecture des Vosges, le 25 avril 1800. Il devint plus tard député des Vosges, puis maire de Nancy, où il mourut en 1844.

Antoine Deville par 119 ; Cherpitel par 114 ; Claude-François Rapin, de Bruyères, par 99 ; et Joseph Balland, de Senones, réélu par 91 voix. Quatre juges suppléants furent nommés en même temps : Georges-Bernard Bizot, chef de bureau à l'administration centrale à Épinal, par 141 voix ; Jean-Baptiste Pommier par 91 ; François-Pierre Mersey, de Saint-Menge, par 81 et Alexandre Lengellerie, d'Épinal, par 78.

« .....Élançons-nous vers un avenir plus riant, dit, en clôturant la séance, le président Antoine Delpierre ; je vois l'horizon politique se découvrir : la détonation de nos triomphes éclaircit le nuage qui nous dérobait la paix ; et quand nous jouirons de ses douceurs et de la plénitude de notre gloire, il n'y aura plus d'êtres assez malheureux pour s'occuper encore de complots, de haines et de vengeances. »

Peu de temps auparavant, François de Neufchâteau offrait son « poème des Vosges » à l'école centrale du département, la priant de recevoir « le portrait en petit, la miniature, que j'ai osé faire de nos montagnes ».

Le 20 germinal an VI (9 avril 1798), nouveau renouvellement partiel. C'est Nicolas Aubry, de Bains, qui présida comme doyen d'âge l'assemblée électorale, tenue à l'église du collège. Perrin est élu président et Panichot, de Vouxey, secrétaire ; ils prêtent le serment de « haine à la royauté et à l'anarchie, de fidélité et d'attachement à la République et à la Constitution de l'an III ». Il y avait à nommer un député au Conseil des Anciens, deux au Conseil des Cinq-Cents. Jean-Baptiste Perrin fut élu député aux Anciens par 254 voix sur 268 votants. Richard (Nicolas-François-Joseph)[1], président du tribunal criminel, et Jean-Nicolas-Alexandre Panichot (de Vouxey) furent élus députés aux Cinq-Cents, l'un par 172, l'autre par 253 voix. Le même jour, Julien Souhait, député sortant, fut élu haut-juré par 251 voix; Hugo (de Valfroicourt) fut élu, par 178 voix, président du tribunal criminel à la place de Richard, nommé député; Derazey, accusateur public par 224, et Pottier réélu greffier par 234 voix. Pougny, administrateur sortant, fut aussi réélu par 257 voix. On se sépara au chant de la Marseillaise.

Aux élections du printemps de 1799, Delpierre ainé ut élu député au Conseil des Cinq-Cents, à la place de

---

[1] Richard (Nicolas-François-Joseph) était né le 14 août 1753, à Remiremont, d'une des plus anciennes familles de cette ville où elle s'était établie en 1650 et où ses membres avaient toujours exercé, auprès du Chapitre, des fonctions administratives ou judiciaires. Docteur en droit de l'Université de Strasbourg en 1771, avocat à la cour souveraine de Lorraine la même année, il alla peu après s'établir avocat à Saint-Dié. En 1779, il fut nommé juge tutélaire au siège de la Pierre-Hardie; en 1782, procureur fiscal au buffet d'Étival et en même temps sonrier ou chef de police du Chapitre de Saint-Dié. Élu, en 1790, procureur de la commune de Saint-Dié, il fut délégué des Vosges à la fête de la Fédération de Strasbourg, devint président de la Société des Amis de la Constitution en 1791, juge de paix en novembre 1792 jusque 1798; en 1794, il cumula cette fonction avec celle de président du directoire du district d'Ormont. Le 2 janvier 1793, la Convention le nomma juré au tribunal révolutionnaire de Paris qui fut dissous, trois mois après. Président du tribunal criminel des Vosges, le 10 février 1798, il fut élu député aux Cinq-Cents où il fit partie de la commission de surveillance de la trésorerie; il fit établir un tribunal de commerce à Mirecourt. Nommé sous-préfet de Remiremont après le 18 brumaire (9 germinal an VIII), il mourut en fonctions le 17 juin 1813.

M. Alfred Richard, aujourd'hui avocat à Remiremont, qui a bien voulu me communiquer ces renseignements, est son arrière-petit-fils.

D. Dubois, sorti par la voie du tirage au sort et nommé commissaire de la trésorerie ; Dieudonné remplaça Lepaige comme membre du Conseil des Anciens.

Ces quatre années pendant lesquelles le Directoire exerça le pouvoir furent dépourvues, dans les Vosges, de tout événement, même de tout intérêt. Toute l'attention se portait sur les armées qui, en Italie, sur le Rhin, puis en Égypte, remportaient avec Hoche, Bonaparte, Kléber et Moreau, une éclatante série de victoires.

Parmi les généraux qui se signalaient alors par leur valeur, le département des Vosges comptait un de ses enfants, le général Victor. Bien qu'il eût depuis longtemps quitté le pays et qu'il eût même abandonné son nom de famille, Victor-Claude Perrin était quand même un enfant des Vosges dont le département était fier. Né à Lamarche le 7 décembre 1764[1], il avait parcouru tous les échelons de la hiérarchie militaire. Encore quelques années et l'Empire allait lui donner le bâton de maréchal de France et le titre de duc de Bellune conquis sur le champ de bataille.

Aussi l'administration centrale des Vosges lui adressa-t-elle, dans une lettre dithyrambique, rédigée sans doute par François de Neufchâteau, les plus chaleureux éloges en apprenant les exploits de l'armée d'Italie dont il pouvait revendiquer une large part. « ..... Nous vous avons suivi des yeux sur la carte d'Italie, à la tête de votre division, affrontant tous les périls, moissonnant partout

---

[1] Maréchal de France en 1807, après la bataille de Friedland, pair de France et ministre de la guerre sous la Restauration, le maréchal Victor mourut à Paris, le 1er mars 1841.

des lauriers..... et parcourant Rome pour donner à son peuple l'idée d'un général français républicain.....

« Nos vœux vous demandaient toujours prudent dans vos démarches, toujours terrible dans les combats.....

« Le département des Vosges va donc vous compter au nombre des défenseurs qu'il s'honorera d'avoir vus naître..... il s'appropriera en quelque sorte les témoignages d'estime et de reconnaissance que vous doivent la République et son gouvernement. »

La lettre le félicitait ensuite, lui « le meilleur des fils », sur ses sentiments de piété filiale, lui qui déposait « ses couronnes aux pieds d'un respectable père », et elle le priait de se hâter de venir à Épinal pour qu'on lui payât « le tribut des sentiments auxquels il a droit ». Le général Victor répondit de Crémone, le 29 vendémiaire an VI (20 octobre 1797), une lettre de remerciements où il manifestait les sentiments les plus républicains et se montrait fort touché du souvenir de ses compatriotes vosgiens.

Des lettres du ministre de la police générale Duval, suivies de celles de Fouché, son successeur, vinrent en l'an VII et en l'an VIII, prescrivant d'intercepter la circulation dans le département des journaux hostiles, inspirés par les Anglais. On ne put que leur répondre qu'aucun journal, de cette espèce ou d'une autre, ne s'imprimait dans le département. Cependant, au début de l'an VI, un libelle ou plutôt une tragédie, intitulée : *la Mort de Louis XVI,* répandue à profusion dans le département, avec d'autres écrits fanatiques et contre-révolutionnaires, avait causé une certaine sensation dans les Vosges. L'imprimeur Antoine Hœner l'aîné fut chargé de faire une enquête chez tous ses confrères du département pour savoir qui avait pu l'imprimer. Il alla chez la veuve Vivot (née Geneviève Galle), vieille femme de 68 ans, tenant depuis 33 ans une imprimerie à Bruyères, avec un fils de 42 ans, Michel Vivot, qu'il soupçonnait plus spécialement; mais il ne trouva rien, bien qu'il eût soumis à d'habiles interrogatoires l'ouvrier imprimeur Mathias Pétry, jeune garçon de 18 ans, et Nicolas Fetet, propriétaire des papeteries de Laval. Il ne trouva rien non plus chez Gabriel (René), imprimeur à Rambervillers, ni chez Étienne Dubiez à Remiremont, Thomas fils à Saint-Dié, Bresson à Darney, Bouillon à Mirecourt, la veuve Abert à Neufchâteau, Monnoyer et la veuve Caron. Il conclut que les libelles avaient dû être imprimés dans la Meurthe.

Un grand procès criminel vint un peu plus tard agiter et passionner l'opinion : c'est celui connu sous le nom de « procès des cardinaux ». Par sa date, il dépasse la limite que nous nous sommes imposée, puisqu'il eut lieu en 1804, mais les événements qui y donnèrent naissance se sont passés de l'an II à l'an VIII et fournissent un nouveau trait à la peinture de cette époque.

« Les cardinaux » étaient le surnom donné aux trois frères Arnould, petits marchands de vin à Vittel, où ils vivaient dans une maison isolée, avec leur mère Agnès Chassard. Robustes, violents et sournois, depuis dix ans ils terrorisaient littéralement les environs. On se contait à l'oreille les disparitions de voyageurs qui avaient couché chez la veuve Arnould; on se disait tout bas les cris, les plaintes qui sortaient souvent de cette maison maudite, toujours fermée; mais aucun n'osait accuser la famille Arnould. Une jeune servante qui avait vu assassiner un individu n'en voulut jamais parler. Un des frères cependant, François Arnould, ayant, le 17 mai 1792, assassiné le garde forestier Floriot qui avait dressé contre lui un procès-verbal, fut traduit devant le tribunal criminel, mais il ne fut condamné qu'à un an de prison et put recommencer ses exploits. Ils fussent sans doute restés toujours impunis, si le hasard n'avait fait découvrir, le 20 ventôse an XII (10 mars 1804), au fond d'une carrière située en face de la maison Arnould, six crânes humains et un grand nombre d'ossements. Dans le jardin Arnould, des fouilles amenèrent la découverte d'autres squelettes; la veuve Arnould, deux de ses fils, François et Sébastien, et sa fille Thérèse furent arrêtés. L'autre fils, Joseph, et la femme de François, Thérèse Haltier, furent arrêtés plus tard; quant à leur beau-frère, Duvaux, il fut témoin à charge dans le procès; le malheureux qui n'avait pas voulu tremper dans les crimes dont il était témoin, avait failli un jour être étranglé par François Arnould.

Le procès devant le tribunal dura 8 jours, mais on ne put parvenir à connaitre les victimes, voyageurs de passage dans le pays, qu'on présuma être des marchands de bœufs du Morvan. Le 19 thermidor an XIII (6 août 1804), dans la nuit, Agnès Chassard, veuve Arnould, ses trois fils et sa fille, femme Duvaux, furent condamnés à mort. Thérèse Haltier qui avait montré quelque pitié et fait échapper plusieurs victimes fut condamnée à vingt ans de réclusion et à l'exposition pendant six heures, attachée à un poteau, sur une des places publiques d'Épinal.

Le 29 fructidor (15 septembre 1804), la guillotine avait été dressée sur l'avant-cours à Épinal; une foule énorme était accourue pour voir la fin des « cardinaux ». Les trois fils et la fille moururent les premiers; la mère, Agnès Chassard, malgré ses 70 ans, vit sans faiblir les têtes de ses quatre enfants rouler sous le couteau de la guillotine. « Quelle boucherie ! » dit-elle seulement et elle se livra à l'exécuteur.

Le coup d'État du 18 brumaire an VIII (8 novembre 1799) mit fin à la République, dont le nom seul subsista pendant quelques années encore. Une nouvelle organisation vint modifier, une fois de plus depuis 10 ans, l'administration du département, en créant les préfectures et sous-préfectures. Le représentant Vallée fut d'abord envoyé en mission dans les Vosges et Delpierre jeune dans la Meurthe, après le 18 brumaire, pour stimuler le zèle des populations. Vallée arriva à Épinal le 18 frimaire (8 décembre 1799). C'est sans doute à l'annonce de sa visite prochaine qu'est due l'adresse par laquelle l'administration centrale des Vosges, le 13 frimaire (3 décembre), offrait aux Consuls « l'expression de sa sincère reconnaissance et faisait le serment solennel de fidélité à la République une et indivisible, fondée sur les bases immuables de la liberté, de l'égalité et du système représentatif ».

Pour toute récompense, elle fut supprimée quelques jours après et on lui substituait un préfet, le 16 ventôse an VIII (6 mars 1800). Desgouttes, ancien commissaire de Genève près la République française, était nommé préfet du département des Vosges. Il était alors malade à Paris où il fut retenu pendant plusieurs semaines. Le 24 floréal seulement (13 mai), à 5 heures du soir, il arrivait à Épinal.

Des décrets ultérieurs lui donnèrent pour secrétaire général Nicolas Welche, de Senones, chef de la première division au ministère de l'intérieur (6 floréal-25 avril), et pour conseillers de préfecture, l'ancien député à la Législative Mengin, avec Charles Delpierre et Bruillard (d'Épinal), ex-administrateur du département. Depuis le 8 germinal (28 mars), les sous-préfectures nouvellement créées étaient pourvues de leurs titulaires. Un ancien militaire, Céran-Lebrun, était nommé à Mirecourt; l'ancien juge du tribunal civil, Bizot, était nommé à Saint-Dié; Richard, qui sortait du Conseil des Cinq-Cents, était envoyé à Remiremont, et enfin Pougny, commissaire du Directoire près le district de Neufchâteau, était maintenu à ce poste avec le titre de sous-préfet.

Les municipalités étaient également renouvelées : Denis, l'ancien secrétaire général, restait maire d'Épinal et le notaire Arragain devenait maire de Saint-Dié, mais pour peu de temps, et Ferry[1], son prédécesseur, lui succédait bientôt.

Quant au tribunal criminel du département, Hugo,

---

[1] Ferry (François-Joseph), né à Saint-Dié en 1770, devint maire de cette ville le 12 septembre 1797 jusque mars 1800, le redevint peu après et le resta jusque décembre 1816. Il mourut à Saint-Dié le 25 février 1817.

C'est le grand-père de M. Jules Ferry, l'éminent président du Conseil des ministres, et de M. Charles Ferry, ancien préfet et député.

l'ancien conventionnel, en restait le président (22 prairial-10 juin) et était en même temps juge au tribunal d'appel établi à Nancy ; il conservait Derazey pour accusateur public.

Des tribunaux civils étaient créés dans chaque arrondissement : Lemolt fut nommé président du tribunal d'Épinal ; Estivant, de celui de Mirecourt, avec l'ex-constituant Chantaire pour commissaire du Gouvernement ; Febvrel, de celui de Saint-Dié ; Thouvenel, de celui de Remiremont ; et Poullain-Grandprey, l'ex-conventionnel qui venait d'être proscrit pour sa résistance à Bonaparte, trouvait sa grâce dans sa nomination de président du tribunal de Neufchâteau, où on lui donnait pour commissaire du Gouvernement, Panichot, l'ancien député aux Cinq-Cents.

Désormais, tout se tait ; tout est bien fini pour de longues années dans le département des Vosges, qui ne sera plus qu'une unité muette dans la main de Bonaparte. L'esprit public n'existe plus, et c'est avec passivité, mais sans ardeur, que le département livrera sans cesse ses jeunes gens et son or pour subvenir aux folies guerrières de l'Empire.

Déjà même le général Lecourbe, commandant en chef l'armée du Rhin, et le directeur du génie de cette armée, le général de Léry, ont requis des Vosges 600 travailleurs pour les travaux de Vieux-Brisach et du pont de Kehl. Le général Gilot, qui commandait alors la 4e division militaire à Nancy, lui enjoint d'obéir. Mais le ressort est brisé.

C'est toutefois par un dernier et superbe acte de dévouement patriotique que le département des Vosges couronna la période révolutionnaire et conquit une fois de plus l'admiration de la France.

A peine au pouvoir, Bonaparte résolut de donner à son nom une illustration nouvelle; la guerre avec l'Autriche se préparait et il organisait à Dijon, avec 60,000 hommes sous le nom d'« armée de réserve », les forces destinées à descendre brusquement en Italie pour y écraser les Autrichiens. Mais il lui fallait, malgré ses répugnances, recourir aux procédés de la République et surexciter l'enthousiasme patriotique pour avoir à foison des hommes, des canons, de l'argent. Il lança le 17 ventôse an VIII (7 mars 1800) une proclamation[1] appelant 30,000 Français aux armées et signait un décret portant que le département qui, à la fin de germinal (20 avril), aurait payé la plus forte partie de ses contributions, aurait ainsi bien mérité de la patrie et que son nom serait donné à la principale place de Paris.

Ce fut le département des Vosges qui obtint le premier rang; au 20 germinal, il ne devait rien sur l'arriéré et avait payé plus de la moitié des contributions de l'an VIII, soit en 6 mois, les 13 vingtièmes des contributions d'une année.

Gaudin, ministre des finances, le proclama dans un rapport aux Consuls. La Meurthe, la Meuse, la Haute-Saône venaient ensuite.

Le même décret disait, dans son article 4, que les dix départements qui auraient fourni le plus de conscrits devaient être proclamés comme « les plus sensibles à

---

[1] Après délibération du Conseil d'État et lecture au Corps législatif, par Boulay de la Meurthe.

l'honneur et à la gloire nationale ». Les Vosges étaient encore parmi ceux-là, avec la Haute-Marne, la Moselle, le Bas-Rhin, la Haute-Saône. Sur 6,916 hommes que le département devait fournir, 6,446 avaient rejoint.

Le premier Consul décida que la proclamation solennelle du département des Vosges comme ayant le mieux mérité de la patrie, aurait lieu le jour anniversaire de la fondation de la République et qu'une grande fête serait célébrée ce jour-là à Paris et dans tous les départements à la fois. Le même jour, au milieu des fonctionnaires accourus de tous les départements « pour représenter la grande famille française », devaient avoir lieu à l'Hôtel des Invalides le transfèrement des restes mortels de Turenne, sauvés du pillage de la basilique de Saint-Denis, et la pose, par Bonaparte en personne, de la première pierre d'un monument qu'on projetait d'ériger sur la place des Victoires, à Kléber et à Desaix, morts le même jour (14 juin), l'un au Caire sous le poignard d'un fanatique, l'autre tué sur le champ de bataille de Marengo, au moment où il venait d'assurer la victoire.

Le ministre de l'intérieur, Lucien Bonaparte, dans une lettre aux préfets, du 28 fructidor an VIII, leur disait : « ....Vous voudrez donc bien proclamer, solennellement à la fête du 1er vendémiaire, le département des Vosges..... Tous les Français sont dévoués à la Patrie, tous font des efforts pour la servir, mais il est juste que ceux qui, dans ce grand concours de sacrifices, occupent le premier rang obtiennent un témoignage éclatant de la reconnaissance nationale. »

Ce programme fut exécuté de point en point, le 1er vendémiaire an IX (21 septembre 1800). Le nom des Vosges fut répété à la même heure, dans tous les chefs-lieux de département, au bruit des canons, au milieu des bravos, comme celui du pays le plus patriote. Le matin même, sur l'ordre de Frochot, préfet de la Seine, et du secrétaire général Étienne Méjean, l'architecte Molinos[1] changeait la dénomination de la place Royale en celle de « place des Vosges », consacrant ainsi l'arrêté du premier Consul, en même temps que le patriotisme des Vosges et des Vosgiens.

Cette place et la rue qui y conduit conservèrent le nom des « Vosges » jusqu'au 27 avril 1814 où on la débaptisa de nouveau; quelques mois après (14 février 1816), on y rétablissait la statue équestre de Louis XIII. Depuis, malgré les réclamations des Vosgiens, malgré les vœux réitérés émis par le conseil général, la place donnée aux Vosges en toute propriété n'en porta plus le nom. Ce ne fut que le 14 mars 1848 que, sur l'ordre du gouvernement provisoire de la République[2], le maire de Paris, Garnier-Pagès, restitua à la place Royale le nom des Vosges ; c'était bien réellement une restitution, et l'on devait vraiment cet acte de justice au département.

Cependant on n'était pas à bout de transformations, et le deuxième Bonaparte, devenant empereur en 1852,

---

[1] Le même qui avait présidé à la translation des dépouilles de Molière et de La Fontaine au cimetière du Père-Lachaise.

[2] Une députation de Vosgiens conduite par M. Henri Boulay de la Meurthe, composée de MM. Albert Montémont, poète ; Maurice Aubry, banquier; Nicolas Garcin, avocat ; Jouttar, avocat; Perrin, Lormont, Berger et Laurent, était allée trouver le vénérable Dupont de l'Eure pour obtenir ce changement de nom et revendiquer le droit imprescriptible des Vosges.

reniant la promesse de son oncle, enleva encore à la place des Vosges l'inscription que ce département avait obtenue au concours. Ce ne fut que le 16 septembre 1870 que la municipalité parisienne, par un arrêté du maire, Étienne Arago, rétablit définitivement, et pour toujours cette fois, il faut du moins l'espérer, le nom de place des Vosges « qui signifie patriotisme et dévouement », nom que nos ancêtres avaient si vaillamment conquis le droit d'inscrire sur les plaques de la ville de Paris.

N'était-ce pas là en effet le digne couronnement et la juste récompense de ces dix années d'efforts, de courage, de désintéressement, d'abnégation que nous avons cherché à retracer?

Comme les peuples qui n'ont point d'histoire, heureux les pays qui n'ont pas de révolutions, surtout au cœur d'une Révolution ! Sous ce rapport, les Vosges, on peut le dire, ont été privilégiées, et elles le durent exclusivement à la conformation de leur sol et aux qualités natives de leur race : le plus bel éloge que l'on en puisse faire, c'est de montrer ce qui s'y accomplit à cette époque si tragique, si sanglante, en d'autres endroits.

Mon seul désir c'est que ceux qui ont lu le récit de ces patriotiques efforts aient senti, comme moi, battre leur cœur d'attendrissement et d'admiration devant tant de simplicité et de grandeur et qu'à ce souvenir ils se trouvent plus fiers encore d'être Vosgiens !

APPENDICE

LES
Conventionnels vosgiens[1]

Les Vosges eurent à nommer huit représentants à la Convention nationale; plus trois députés suppléants. Poullain de Grandprey, François de Neufchâteau, Hugo, Perrin, Noël, Souhait, Bresson et Couhey furent élus représentants du peuple; Balland, Cherrier et Martin furent élus suppléants. Quelques semaines après, Fricot était élu quatrième suppléant. Tous devaient siéger à la Convention.

POULLAIN DE GRANDPREY (Joseph-Clément) était né à Lignéville[2], le 23 décembre 1744, d'une famille de petite noblesse; son père était maître particulier des eaux et forêts.

Il eut une enfance maladive et ne quitta point la maison paternelle pour faire ses études. Chose à noter, c'est un secrétaire de Voltaire qui lui servit de précep-

---

[1] Cette notice a paru pour la première fois dans les *Annuaires des Vosges* pour 1882 et 1883, de M. Léon Louis. Elle est reproduite ici, rectifiée et augmentée d'après des documents récents.

[2] Dans le canton de Vittel.

teur, lorsque, déjà plus avancé en âge, il put étudier les humanités et la rhétorique.

Plus tard il alla faire sa classe de philosophie au collège de Pont-à-Mousson. Il en sortait à peine, à dix-huit ans, lorsque son père mourut. Sa résolution fut bientôt prise et il devint avocat au bailliage de Mirecourt, où il plaida avec distinction puisqu'on lui confia successivement les fonctions d'assesseur criminel ou conseiller du roi au présidial de Mirecourt, puis de juge-prévôt de Bulgnéville. Il donna dans ces deux fonctions des preuves touchantes de son amour de la justice et de l'humanité. Le village de Mandres-sur-Vair, incendié en 1781, lui doit sa reconstruction, et il avait de lui-même supprimé la torture un an avant sa suppression officielle. D'un esprit cultivé, tout imprégné de la philosophie du siècle, ouvert à toutes les idées généreuses qui fermentaient alors dans les cerveaux, Poullain-Grandprey [1] accueillit avec enthousiasme les préludes de la Révolution. Délégué des bailliages des Vosges pour l'élection aux États généraux, il fut un des 28 électeurs du Tiers-État qui, réunis à Mirecourt, envoyèrent quatre des leurs pour les représenter aux États généraux qui devaient être, peu après, la grande Assemblée constituante. Ceux-ci, réunis à Nancy avec les députés des autres parties de la Lorraine, sous la présidence du chevalier de Boufflers, avant leur départ pour Versailles, le choisirent pour secrétaire de leurs délibérations.

Dès lors, il joua un rôle dans tous les événements qui

---

[1] Il supprima très vite la particule de son nom.

marquèrent cette période. A la formation des gardes nationales, il fut élu commandant du bataillon de Bulgnéville, et c'est en cette qualité qu'il participa à la confédération des gardes nationaux vosgiens à Épinal, le 7 mars 1790. Il y fut désigné pour être un des rédacteurs du pacte fédératif.

Peu après, il devint maire de Bulgnéville ; puis, lors de la nouvelle organisation du territoire, il fut élu procureur-général-syndic du nouveau département, fonctions qui correspondaient à peu près à celles de préfet dans l'organisation moderne.

Président de l'assemblée électorale chargée d'élire les députés à l'Assemblée législative (septembre 1791), il refusa de se laisser nommer député et voulut se consacrer entièrement à l'administration. Ce n'était pas une tâche facile et il eut l'occasion d'y rendre d'importants services. D'un caractère ferme et conciliant, il apaisa tous les mouvements qui se produisirent. Ce fut lui qui présida à la clôture de l'insigne chapitre des dames nobles de Remiremont. Partout où on lui signalait quelque effervescence, il accourait pour l'apaiser, et c'est ainsi qu'il put empêcher bien des excès contre les personnes et les propriétés. Il protégea notamment le célèbre abbé Georgel (de Bruyères), inquiété à cause de ses relations avec le fameux cardinal de Rohan.

Quand éclata la guerre, c'est encore à lui qu'échut l'honneur d'organiser ces bataillons de volontaires des Vosges qu'il enflamma de son amour patriotique, et qui demeurent une des gloires de notre département. En quelques semaines, 13 bataillons étaient sur pied, équipés, armés et partaient à la frontière du Rhin. Vers cette même époque (août 1792), il sauva la vie à un jeune capitaine d'état-major, aide de camp du général Victor Broglie, que la garde nationale de La Chapelle-aux-Bois, pleine de défiance à l'égard des étrangers, avait arrêté au moment où il portait des dépêches à son général. On l'amena prisonnier à Épinal et la foule allait peut-être se porter à quelque extrémité, quand Poullain-Grandprey fit enfermer le jeune officier et calma le peuple. Ce jeune capitaine se nommait Desaix et devait mourir huit ans plus tard, général en chef sur le champ de bataille de Marengo, entouré d'une gloire immortelle.

Poullain-Grandprey était donc tout désigné pour représenter les Vosges, lorsqu'il fut élu à la Convention, et cette fois il ne se déroba point au vœu de ses concitoyens.

FRANÇOIS DE NEUFCHATEAU[1], élu le second, n'accepta pas.

HUGO (Joseph), avocat et notaire à Mirecourt, avait été élu dès l'organisation du 6 juin 1790 administrateur du département, puis membre du directoire, et s'y était fait remarquer par sa capacité au travail. Il était né à Mirecourt en 1747. Sa femme était la sœur des Delpierre et il maria sa fille à son neveu Émile Delpierre, conseiller à la cour de Metz, fils de Delpierre jeune, le député à la Législative. Malade, presque aveugle, lors du procès de Louis XVI, il ne paraît plus pendant la période con-

---

[1] Voir plus loin sa notice biographique.

ventionnelle. Plus tard, il devint juge au tribunal civil des Vôsges, président du tribunal criminel en 1798, puis juge au tribunal d'appel de Nancy le 10 juin 1800, et fut maintenu conseiller à la cour impériale en 1811 ; il prit sa retraite comme conseiller à la cour royale de Nancy le 7 mars 1816 et fut nommé conseiller honoraire. Il mourut à Valfroicourt le 15 septembre 1825.

Perrin (Jean-Baptiste), le « prince Perrin », comme on l'appela par la suite, était fils de petits cultivateurs, né à Damas-devant-Dompaire en 1754, mais fort jeune il s'était établi négociant à Épinal, puis se fit homme de loi.

Commandant de la garde nationale d'Épinal en 1789, il fut élu, le 6 septembre 179 , administrateur des Vosges, puis président du directoire du département le 14 décembre, poste qui équivaut à celui de président du conseil général dans notre organisation actuelle. Un de ses frères était juge au tribunal du district d'Épinal et avait été procureur de la commune d'Épinal.

Noël (Jean-Baptiste) avait été désigné aux électeurs, moins par sa situation et les services qu'il avait pu rendre, que par la mort d'un fils[1], tué glorieusement en combattant l'invasion, au siège de Landau, le 18 août 1792, dans le 2e bataillon de grenadiers nationaux de l'armée du Rhin.

Noël était né à Remiremont[2] le 24 juin 172 , et y avait exercé la profession d'avocat au parlement et

---

[1] Un autre de ses fils était maire de Remiremont.
[2] Où sa famille existe encore.

d'officier principal du chapitre. Officier municipal en février 1790, il occupait, depuis juin 1790, le poste de procureur-syndic du district de Remiremont, poste assez marquant, qui mettait dans sa main les attributions diverses que possède de nos jours un sous-préfet. C'était le doyen d'âge de la députation des Vosges et presque celui de la Convention.

SOUHAIT (Joseph-Julien), avocat à Saint-Dié, était né à Raon-l'Étape le 9 janvier 1759. Son père, maître des eaux et forêts, avait une nombreuse famille et vint de bonne heure s'établir à Saint-Dié. Sa mère était une demoiselle Derivaux, de Senones.

Il avait d'abord été officier municipal, puis nommé maire de Saint-Dié le 15 novembre 1790.

BRESSON (Jean-Baptiste-Marie-François) appartenait à l'une des plus anciennes et des meilleures familles de Lorraine anoblies autrefois. Établis à Darney et à Lamarche, depuis de longues années, les Bresson étaient véritablement les bienfaiteurs du pays. Le père du conventionnel avait rang d'écuyer et était lieutenant-général du bailliage et subdélégué de l'intendance, et son oncle, principal du collège de Lamarche à Paris, avait fondé l'hospice de Darney que l'on voit encore dans le haut de la ville.

Né à Darney le 15 août 1760, François Bresson[1] était avocat lorsque la Révolution arriva.

---

[1] Le conventionnel Bresson est le grand-oncle paternel de M. Édouard Bresson, le sympathique député de l'arrondissement de Mirecourt, conseiller général du canton de Darney.

Élu administrateur du directoire de son district le 16 juin 1790, il était nommé, l'année suivante, le 3 septembre 1791, député suppléant à la Législative. C'était, pour ainsi dire, un poste d'attente, et, un an après, les électeurs l'envoyèrent siéger à la Convention, où nous allons voir le rôle simple et noblement courageux qu'il y joua.

COUHEY (François) était, avant la Révolution, avocat à Neufchâteau; il y était né le 7 mars 1752. Il remplissait depuis deux ans les fonctions de juge au tribunal du district de Neufchâteau, lorsqu'il fut élu à la Convention, le dernier de la liste.

Le premier suppléant était BALLAND le jeune (Charles-André), d'une famille de cultivateurs de Sainte-Hélène, où il était né le 15 février 1761; il exerçait la profession d'homme de loi. Procureur-syndic du district de Bruyères le 16 juin 1790, il avait été nommé, le 4 septembre 1791, suppléant à la Législative, où il ne siégea pas. Élu encore comme suppléant à la Convention, il ne put y siéger qu'à la suite du refus de François de Neufchâteau.

Tels étaient les hommes que les Vosges envoyaient à la Convention.

Tous ou presque tous allaient se rallier sincèrement à la République, et les plus fermes d'entre eux devaient même siéger à la Montagne, mais dans sa fraction la plus modérée. Si aucun d'entre eux ne devait jouer un rôle brillant dans les événements qui se préparaient, aucun non plus ne devait faiblir, et, Montagnards ou

Girondins, ils surent tous faire leur devoir avec une simplicité et un courage vraiment remarquables. Tous façonnés déjà aux affaires publiques par les divers postes qu'ils avaient occupés pendant les trois premières années de la Révolution, ils devaient se rendre utiles dans les travaux qui s'imposaient à la nouvelle Assemblée et dans les missions que plusieurs d'entre eux eurent à remplir.

A peine élus, les représentants du peuple durent partir pour Paris. Poullain-Grandprey et Souhait allèrent habiter ensemble, près du club des Jacobins, rue de la Sourdière, d'abord, puis rue de Grenelle-Saint-Germain, dans la maison numérotée alors 1,113; Perrin et Bresson demeurèrent n° 1, rue de Louvois; Couhey, 580, rue Helvétius (ancienne rue Sainte-Anne); Balland, au numéro 999 de la rue du Bac, après avoir demeuré un instant rue Saint-Honoré, 335, en face de l'Église de l'Assomption, la maison voisine de celle de Robespierre, et Noël, dans la petite rue Saint-Nicaise, à côté des Tuileries.

II.

La Convention prit d'une main vigoureuse les rênes du gouvernement, et sous son énergique impulsion on vit bientôt s'améliorer la situation.

Elle put dès lors se consacrer à l'œuvre de haute justice que la Législative lui avait léguée, en emprisonnant le roi et en le suspendant de ses pouvoirs. Une commission de 21 membres fut chargée d'instruire le procès de Louis XVI, de réunir toutes les pièces et de rédiger un rapport à l'Assemblée. En outre, deux de ses membres étaient chargés de communiquer à l'accusé les 107 pièces qui l'inculpaient, de l'interroger et en même temps de lui permettre, avec son avocat Tronchet, de préparer ses moyens de défense. Poullain-Grandprey fut un des vingt et un et aussi un des deux commissaires qui remplirent, dans la nuit du 16 décembre 1792, cette délicate mission; il s'en acquitta avec une urbanité parfaite, peut-être excessive, et qui provoqua quelques plaintes. Quand le procès du roi fut terminé et que les représentants eurent à rendre leur jugement, voici comment se prononcèrent les conventionnels vosgiens.

Sur la première question posée : « Louis Capet, ci-devant roi des Français, est-il coupable de conspiration contre la liberté et d'attentat contre la sûreté générale de l'État? » la députation des Vosges fut unanime, comme la Convention elle-même, et déclara que Louis était coupable. Seul, Noël, par un scrupule de conscience, d'ailleurs fort louable, refusa de se prononcer : « J'ai l'honneur d'observer, dit-il, que mon fils était grenadier au bataillon des Vosges ; il est mort sur les frontières en combattant des ennemis que Louis est accusé d'avoir suscités contre nous. Louis est cause première de la mort de mon fils ; la délicatesse me force à ne pas voter. »

N'était-ce pas reconnaître implicitement et de la façon la plus touchante la culpabilité de l'ex-roi ?

Poullain-Grandprey fit remarquer qu'il était regrettable d'établir une confusion de pouvoirs et d'être en même temps juges et accusateurs, mais il vota cependant.

Sur le second point : « Le jugement qui sera rendu sur Louis sera-t-il soumis à la ratification du peuple, réuni dans ses assemblées primaires ? » Souhait, Bresson, Couhey, Balland et Poullain-Grandprey se prononcèrent pour l'affirmative ; seul, Perrin, répondit non. Quant à Noël, il se récusa de nouveau d'après les motifs qu'il avait énoncés lors du premier appel nominal, et ne prit pas part non plus au scrutin suivant.

Enfin, pour le troisième vote, objet aujourd'hui encore de tant de colères : « Quelle peine Louis, ci-devant roi des Français, a-t-il encourue ? » les représentants des Vosges se séparèrent en Montagnards et Girondins, en votant, les uns la mort du roi, les autres simplement sa détention.

Poullain-Grandprey parla le premier: « Je dis : Louis étant déclaré coupable mérite la mort ; mais je demande qu'il soit sursis à l'exécution jusqu'à l'acceptation de la

Constitution, ou jusqu'au moment où les ennemis envahiraient notre territoire. »

Balland fut assez peu net dans son vote : « L'intérêt public commande que le tyran n'ait jamais de successeur. Ainsi je vote, quant à présent, pour sa détention, sauf à le bannir ou à le faire mourir, si le peuple le veut. » Il était, comme on voit, prêt à toutes les solutions.

Perrin qui se montra le plus énergique de tous, dit brièvement : « Je prononce la peine de mort. »

Souhait fut moins résolu, quoique votant d'ordinaire avec Perrin : « Je vote pour la mort, mais je demande qu'elle soit suspendue jusqu'à la ratification de la Constitution. En attendant cette époque, je demande la détention. »

Couhey, timidement, dit : « Je vote pour la détention et je demande que Louis soit banni trois ans après la paix. »

Bresson vint le dernier : « Je demande que Louis soit détenu jusqu'à l'époque où la tranquillité publique permettra de le bannir. »

Hugo, malade, ne vota pas.

Au total, trois membres avaient voté la mort avec ou sans conditions, et trois avaient préféré la détention[1].

---

[1] Il nous a paru intéressant de relever la façon dont se répartirent les votes des représentants des autres départements d'Alsace ou de Lorraine : dans la Meurthe, 5 pour la mort, 5 pour la réclusion; dans la Moselle, 4 pour la mort, 2 pour la réclusion (Merlin de Thionville en mission) ; dans la Meuse, 1 pour la mort, 7 pour la réclusion ; dans le Bas-Rhin, 3 pour la mort, 2 pour la réclusion (Rühl absent); dans le Haut-Rhin, 4 pour la mort, 2 pour la réclusion (Reubell absent). Ceux de la Haute-Marne furent 6 pour la mort, 1 pour la réclusion, et ceux de la Haute-Saône, 4 pour la mort, 5 pour la réclusion.

Quatre-vingts ans après ce verdict, les passions qu'il souleva ne sont pas encore apaisées, et il est bien téméraire de vouloir approuver ou blâmer le jugement de la Convention. Elle jugea dans le for de sa conscience et ce n'est pas à nous à scruter les motifs qui dictèrent sa décision. Elle proclama le roi coupable, ouvrit le Code, le Code de la vieille monarchie, n'y trouva que la peine de mort et l'appliqua.

A partir de la mort du roi, les groupes, dans la Convention, furent plus tranchés qu'auparavant entre la Montagne et la Gironde. Les députés des Vosges qui faisaient cause commune avec les Montagnards, Perrin Souhait et Poullain-Grandprey, se tinrent cependant sur la réserve et ne furent jamais parmi les persécuteurs. On affirme même que Poullain-Grandprey déplora amèrement la mort du roi qu'il avait votée; on s'appuie pour affirmer ce fait sur le témoignage de Falatieu, alors colonel chef de la légion de la garde nationale du district de Darney, qui passa avec lui la journée du 21 janvier 1793. Nous ne pouvons contester ce point, ce serait une preuve des sentiments d'humanité de Poullain-Grandprey, mais rien de plus.

Aucun des conventionnels vosgiens ne marcha avec les exaltés et tous votèrent, deux mois après l'exécution de Louis XVI, le décret d'accusation contre Marat, qui avait insulté la Convention. Mais la rivalité de la Montagne et de la Gironde touchait à sa fin.

Bresson protesta, seul des Vosges, le 19 juin, contre la mise en accusation de ses amis; mais Noël et Couhey furent aussi parmi les vaincus de la journée du 31 mai 1793, qui vit disparaître les Girondins. Mis hors la loi, le 30 octobre, Noël s'enfuit de Paris vers Belfort, pour de là gagner le Jura, après s'être abrité plusieurs jours chez des amis dévoués. Bresson put, avec quelques amis, enlever une planche de l'estrade de l'Assemblée et se tint caché un jour ou deux dans ce singulier asile, tandis qu'au-dessus de sa tête le plancher résonnait sous les pas de ses collègues qui venaient de lancer contre lui un arrêt de proscription. Enfin, on parvint à lui faire passer des habits et il put s'échapper de Paris. Il se retira à Contrexéville et, proscrit, y vécut fort secrètement jusqu'à la mort de Robespierre : on ne l'inquiéta point. La seule tracasserie qu'il eut à subir consista en quelques visites domiciliaires ; il se réfugiait alors dans un tonneau et le lieutenant de gendarmerie qui dirigeait les perquisitions et était de ses amis, Lepaige, se contentait de le piquer avec une épingle à tricoter par les trous faits à la futaille afin de lui permettre de respirer. Il put enfin obtenir sa réintégration et revint siéger à la Convention (8 décembre 1794).

Couhey, dénoncé par Chabot, qui l'accusa d'avoir applaudi à l'arrêté d'un comité insurrectionnel de Montpellier réclamant la dissolution de la Convention, fut décrété d'arrestation, le 9 juillet 1793. Il voulut se justifier et se précipita à la tribune, mais il ne put même obtenir la parole. On l'envoya à l'Abbaye, où il resta plusieurs mois détenu. Plus tard, mis en liberté, il retourna siéger quand même, et fut traité de *Tartufe* en pleine séance de la Convention, par le représentant Carpentier (du Nord).

Noël avait été moins heureux. Arrêté à Montbéliard, le 5 frimaire an II (25 novembre 1793), par le représentant du peuple Bernard¹ de Xaintes, dit Pioche-Fer, en mission dans le Doubs et la Haute-Saône, il fut aussitôt expédié au tribunal révolutionnaire de Paris pour y être jugé. Le représentant Bernard le fit précéder par cette lettre au moins étrange adressée à Fouquier-Tinville, le fameux accusateur public² :

Montbéliard, le 5 frimaire an II de la République une et indivisible.

Bernard de Xaintes, représentant du peuple,
au citoyen accusateur public près le tribunal révolutionnaire de Paris.

Je t'envoie, citoyen, les papiers trouvés sur le député Noël, décrété d'accusation, et les procès-verbaux de sa capture et interrogatoire. Je le fais conduire dans les prisons de Paris. Je n'ai pas besoin de te le recommander. Tu as trop bien travaillé ses camarades et tu aimes trop l'égalité pour ne pas lui donner les mêmes soins. Vive la République! lui voilà un ennemi de moins.

Salut et fraternité.

BERNARD.

Fouquier-Tinville ne le fit pas languir dans les cachots; le 17 frimaire (7 décembre), il subit un premier interrogatoire devant le juge Douzé-Verteuil, un ancien prêtre. Quand celui-ci lui reprocha d'avoir fui, Noël répondit qu'ayant vu condamner à mort sans exception tous les

---

¹ Bernard des Jeuzines (André-Antoine) était né à Xaintes ou Saintes (Charente-Inférieure) en 1750. Avocat, président du tribunal du district de Saintes, député à la Législative, réélu à la Convention, il vota toujours avec les Montagnards. Magistrat sous l'Empire, il fut proscrit en 1816 et mourut dans l'île de Madère en 1818.

² Archives nationales, carton W, 300-308, pièce 8.

députés traduits devant le tribunal, parmi lesquels il connaissait pourtant plusieurs bons citoyens, il avait cru à une véritable liste de proscription sur laquelle les jurés n'avaient plus qu'à choisir les victimes qui devaient être sacrifiées, et il se décida à chercher une retraite « pour attendre le moment où il espérait que la voix de l'innocence pourrait se faire entendre et obtenir la justice qu'on ne peut lui refuser sans crime ». Cette courageuse réponse n'eut pas le succès qu'elle méritait. On lui reproche ensuite de ne pas s'être soumis au décret d'accusation, et il réplique, non sans fondement, qu'il a d'abord attendu le résultat d'une pétition qu'il avait adressée à la Convention pour savoir les motifs qui avaient pu le faire comprendre dans ce décret, motifs qu'il ne pouvait s'expliquer. Lorsqu'on ajoute qu'il devait donner l'exemple de l'obéissance à la loi, comme beaucoup de ses collègues qui lui paraissaient innocents, il fit remarquer, avec une certaine ironie, que tout citoyen peut se laisser juger par contumace, et qu'il serait inouï que, sur ce point, un député fût traité plus rigoureusement.

Le juge Douzé-Verteuil cherche alors à lui faire désigner la maison où il se réfugia d'abord à Paris. Il s'y refuse énergiquement, ne voulant pas compromettre ses hôtes. Quand on veut lui faire avouer ses relations avec certains Girondins, il nie en avoir connu aucun autrement que « pour les avoir ouïs parler à l'Assemblée »; il affirme n'avoir jamais assisté aux réunions chez Valazé où, suivant l'accusation, on tramait des complots, et n'avoir même pas fréquenté Mollevault, Hardy, Savary, représentants du peuple, qui lui semblaient irréprochables. Puis, s'animant peu à peu, Noël répudie toute accusation de fédéralisme, assurant qu'il a toujours été d'avis que, pour se sauver contre tant d'ennemis, la France devait rester unie ; il proteste contre les bruits de faction du duc d'Orléans dans laquelle on veut l'englober, il ne la connait point et ne sait si elle a existé ; enfin il atteste que les discordes l'ont toujours affligé et qu'il n'a cessé de prêcher la conciliation.

Questionné sur la journée du 31 mai, il ne craint pas de dire que ceux que l'on chassa ce jour-là de la Convention ne lui paraissaient pas coupables et qu'il attend la preuve de leurs crimes pour les condamner.

Ces fières réponses ne pouvaient le sauver. On ne lui tint pas compte de ce qu'au lieu d'aller, comme tant d'autres, à Caen organiser la guerre civile, il s'était contenté de chercher un abri ; on ne lui tint compte ni des sacrifices qu'il avait faits à la patrie, ni de la franchise de son attitude, ni de son âge. Toutefois, comme il demandait un sursis jusqu'à ce qu'il pût se procurer les pièces justificatives qu'il avait adressées au président de la Convention, on lui accorda jusqu'au lendemain à une heure de l'après-midi. Le 8 décembre 1793, ce délai étant expiré et les pièces n'étant point parvenues, Noël comparaissait devant le tribunal. Les débats ne furent pas longs ; on lut, pour tout réquisitoire, l'acte d'accusation rendu contre lui, il fut aussitôt condamné à mort, comme « complice de la conspiration contre l'unité et l'indivisibilité de la République ».

Deux heures après, il montait, à l'appel de son nom, sur la charrette qui conduisait les condamnés de la Conciergerie à la place de la Révolution.

Et à côté de qui s'y trouvait-il? Sa compagne d'échafaud était Mme Du Barry, et avec elle les banquiers Van Deniver, le père et les deux fils, ses amants, condamnés la veille à onze heures du soir. Cette royale maîtresse, toujours belle malgré l'âge, ne pouvait se résigner à la mort. Elle pleurait et suppliait, tendant ses beaux bras nus serrés par une corde qui les déchirait ; c'était la première fois que ses yeux, ces yeux admirables, noyés de larmes, ne purent obtenir ce qu'elle désirait. Le peuple qui entourait la charrette l'accablait d'invectives, lui faisant payer en une heure son luxe insolent et son pouvoir de courtisane.

Noël qu'elle n'aperçut même pas, déploya beaucoup de fermeté : il ne cessa de haranguer le peuple, malgré les clameurs de Vive la République! qui étouffaient sa voix. « Ses gestes annoncèrent sa mortification, dit un témoin oculaire, mais on ne put saisir un seul mot de ce qu'il disait. » A cinq heures du soir, sa tête tombait sous « le glaive de la loi ».

Spectacle terrible, sans doute, mais que l'on ne saurait juger indépendamment du milieu dans lequel il se passait.

A partir de ce moment, la députation des Vosges est muette. Cherrier, deuxième suppléant, vient prendre la place de Noël.

CHERRIER [1] (Jean-Claude de) était né à Neufchâteau le 5 février 1752, et y exerçait les fonctions de

---

[1] Son nom a été écrit ou orthographié de différentes façons, tantôt Chérière, tantôt Chevrier.

lieutenant-général du bailliage. Il fut élu député aux États généraux par le Tiers-État des bailliages des Vosges réunis à Mirecourt en mars 1789, et il avait siégé pendant toute la durée de l'Assemblée constituante.

Cherrier était devenu, une fois la Constituante dissoute, président du tribunal de Neufchâteau, où les électeurs vinrent le chercher de nouveau pour en faire un député suppléant à la Convention.

Il complétait ainsi la députation vosgienne, mais il l'imita dans le silence qu'elle garda jusqu'au 9 thermidor. Bresson et Hugo ne siégeaient plus depuis plusieurs mois; Balland et Couhey ne venaient que rarement; Poullain-Grandprey, malade, après quelques vives discussions avec ses collègues Montagnards, notamment avec Legendre, le fameux boucher-député, ne se sentit plus en sûreté et demanda un congé pour cause de santé. On le lui accorda et il alla vivre dans une retraite des environs de Paris. Il dut cependant en sortir lors du procès de Marie-Antoinette, dont il avait les papiers en sa possession. Seuls, Perrin et Souhait, d'accord avec la majorité de la Convention, continuèrent à remplir leur mandat.

Poullain-Grandprey fut aussi l'auteur du nouveau Code forestier qu'a adopté la Convention.

Perrin fut chargé de plusieurs missions dans les départements, dont il s'acquitta avec une rare fermeté. Dans les Ardennes, le Nord et le Pas-de-Calais, puis dans la Haute-Marne et les Vosges, avec son collègue Roux, il assura et surveilla les opérations du recrutement. Dans le Gard, l'Hérault et l'Aveyron, il renouvela les autorités après le 9 thermidor, et chassa le terroriste

Courbis, maire de Nîmes en 1793. Le 2 novembre 1794, la Convention approuvait sa conduite. Quelques mois auparavant, le 10 août, il avait été désigné pour lever les scellés apposés sur les papiers de Robespierre, mais il était alors déjà en route pour sa mission dans le Midi et ne put accepter.

Membre du comité de sûreté générale, il déploya une grande énergie contre les insurrections de germinal et de vendémiaire an III.

Cependant, après la chute de Robespierre, les députés proscrits ou timides revinrent à leur poste. Poullain-Grandprey fut, à son tour, envoyé en mission par les thermidoriens à Lyon et dans les départements voisins pour épurer les administrations publiques de tous les jacobins qui pouvaient s'y trouver encore. On doit lui savoir gré de n'avoir pas fait étalage, comme tant d'autres, d'un fanatisme réactionnaire qui leur faisait frapper sans pitié les meilleurs républicains. Au contraire, Poullain-Grandprey, animé sans cesse d'un grand esprit de conciliation, ne craignait pas de faire appel à tous, lorsqu'il s'agissait de rétablir l'ordre [1].

C'est ainsi que trouvant sans emploi, à Lyon, l'adjudant général Duphot [2], rayé des cadres de l'armée comme suspect de jacobinisme, il l'occupa aussitôt. Une sédition armée ayant éclaté au Puy, à Yssingeaux et dans tout le département de la Haute-Loire, Poullain-Grandprey

---

[1] C'est pendant son séjour à Lyon que Poullain-Grandprey, veuf de sa première femme, contracta un second mariage.

[2] Duphot, devenu général de division et aide de camp de Joseph Bonaparte, devait périr, quelques années après, assassiné à Rome, dans une émeute papaline contre les républicains.

organisa une colonne mobile avec deux demi-brigades d'infanterie et un escadron du 8ᵉ dragons, en confia le commandement à Duphot, et, de concert avec lui, apaisa la révolte sans effusion de sang et avec une célérité remarquable.

Ce mouvement concordait sans doute avec l'insurrection des royalistes contre la Convention au 13 vendémiaire. On sait comment Barras et Bonaparte l'écrasèrent à Paris, pendant que Poullain-Grandprey la réprimait plus pacifiquement dans le Forez et le Velay.

Les deux derniers suppléants, Martin et Fricot, furent aussi appelés à siéger à la Convention, en remplacement d'Hugo et de Bresson qui ne siégeaient plus. Mais Martin, sous prétexte qu'il était malade, ne se rendit pas à cet appel et ne siégea point.

Martin (Nicolas-Félix) était né à Darney en 1758. Sa mère était une demoiselle Pettelot ; marié à une demoiselle Bresson, il était ainsi parent du conventionnel. Avocat, puis conseiller au bailliage de Lamarche avant la Révolution, il fixa sa résidence à Morizécourt. Officier municipal de Lamarche en février 1790, il fut élu, le 10 juin suivant, administrateur du département, et quelques mois après, en octobre, juge au tribunal du district de Lamarche. Lors de la suppression des tribunaux, il redevint homme de loi.

Il fut, de 1798 à 1800, président de l'administration municipale du canton de Lamarche, puis se retira à Morizécourt. Il fut maire de cette commune, de juillet 1802 à décembre 1812. Devenu veuf, il vécut obscur rentier pendant la fin de l'Empire et les années de la Restauration. Martin mourut à Morizécourt, à l'âge de 71 ans, le 10 février 1829.

FRICOT (François-Firmin) était né à Belfort, le 11 octobre 1746, d'une famille d'origine lorraine ; son père était receveur des revenus du comté de Belfort.

Avocat au conseil souverain d'Alsace en 1767, il devint procureur du roi au bailliage de Remiremont en 1776. Il avait été élu, en mars 1789, député des bailliages des Vosges aux États généraux et siégea jusqu'à la fin de l'Assemblée constituante. Comme tous les députés des Vosges, il signa le fameux serment du Jeu de Paume. Pendant la session, il avait été élu administrateur du district et juge au tribunal de Remiremont. A son retour, il fut nommé administrateur du département le 6 septembre 1791. Élu haut-juré en septembre 1792, il devint, quelques jours après, le 24 septembre, président du directoire du département des Vosges, par suite du départ de Perrin pour la Convention. Le 11 novembre suivant, l'assemblée électorale réunie à Saint-Dié l'élut député suppléant à la Convention, à la place de Balland qui avait dû siéger, dès le premier jour, par suite du refus de François de Neufchâteau.

Le 2 juillet 1795, il prit séance à la Convention. Fricot remplit peu après une mission assez importante en Alsace, et notamment dans le Haut-Rhin. Il y fit preuve de sagesse et de modération.

III.

Tous les conventionnels des Vosges, sauf Martin et Hugo, continuèrent à faire partie des assemblées législatives : Perrin, Fricot, Bresson, Balland et Souhait entrèrent au Conseil des Cinq-Cents; Couhey, Cherrier et Poullain-Grandprey passèrent au Conseil des Anciens. Néanmoins, le rôle politique de la plupart d'entre eux était terminé. On sait combien d'ailleurs furent effacés et pâles les débats de ces deux Assemblées à côté de ceux de leur grande et terrible mère, la Convention. Lors du renouvellement partiel de 1797, Balland, Cherrier, Fricot et Couhey firent partie de la série sortante et ne furent point réélus; Balland et Couhey devinrent, presque aussitôt, juges au tribunal de cassation ; Cherrier fut nommé contrôleur des postes à Metz, et Fricot, de nouveau haut-juré, le 12 avril 1797. Il fut, le 20 mai suivant, nommé consul de France à Ancône, mais y resta peu de temps. L'année suivante, ce fut Bresson qui renonça à la vie politique et retourna dans les Vosges, où il exerça les fonctions de juge au tribunal civil des Vosges, auxquelles il fut nommé en 1800.

Cherrier fut réélu, l'année suivante, député au Conseil des Cinq-Cents, mais cette fois par le département de la Moselle, et il y siégea jusqu'au 18 brumaire.

Fricot fut nommé ensuite, le 19 juillet 1797, secrétaire général du ministère de l'intérieur, sous le ministre Le Tourneux qui succédait à François de Neufchâteau, mais il n'occupa cette importante fonction que jusqu'au 22 octobre 1797 (30 vendémiaire an VI). Il devint alors caissier de la loterie nationale, avec un traitement de 12,000 fr.

Perrin passa au Conseil des Anciens, dont il fut bientôt élu président. Souhait, seul des anciens conventionnels vosgiens, demeura au Conseil des Cinq-Cents où bientôt vint le rejoindre Cherrier, ainsi que nous l'avons vu.

L'année 1799 amena cependant une sorte de fièvre inconnue depuis quatre années.

L'invasion menaçait de nouveau le sol de la patrie, tandis que Bonaparte retenait en Égypte nos meilleurs généraux et nos meilleurs soldats. Poullain-Grandprey, appuyé par le général Jourdan, retrouva toute l'ardeur patriotique de 1792, et en termes enflammés, il proposa d'inviter le Directoire à proclamer « la Patrie en danger ». Son appel fut entendu, et, en quelques semaines, Masséna, vainqueur à Zurich, opposait une infranchissable barrière à l'armée de Souwarow.

C'est à ce moment qu'apparut, pour jouer le rôle de sauveur, Bonaparte, fuyard d'Égypte, où il n'avait plus de gloire à recueillir, et prêt à faire naître toutes les occasions pour s'emparer du pouvoir suprême à la place du Directoire. Le coup d'État du 18 brumaire an VIII dispersa le Conseil des Cinq-Cents, à l'aide de celui des Anciens, et le lendemain Bonaparte était premier Consul.

Poullain-Grandprey et Souhait protestèrent énergiquement contre l'attentat triomphant. Grandprey surtout fut aussi véhément contre Bonaparte qu'il l'avait été contre la Terreur. Serviteur inébranlablement fidèle de la loi, il n'avait pu en accepter la violation de quelque part qu'elle vînt, ni se résigner à tenir compte des circonstances qui pouvaient motiver un tel acte ou se prêter à une capitulation que sa conscience réprouvait. Cette noble fermeté donne un grand caractère à la figure de Poullain-Grandprey, et, devant cette résistance du patriote à l'oppression consulaire, on se prend à moins blâmer son attitude un peu plus faible à la Convention, quand il s'agissait de sauver à tout prix la Patrie.

Circonvenu, trompé peut-être sur la véritable portée du mouvement, Perrin fut un des chauds approbateurs du 18 brumaire; c'était d'ailleurs un corrompu, s'il faut en croire le témoignage d'un contemporain, l'indomptable jacobin Buonarotti[1]. Lorsqu'il habitait Épinal, il se tenait presque constamment dans sa belle propriété de Bellevue, au bord de la Moselle, asile discret où il pouvait mener à sa guise l'existence fastueuse et variée d'un pacha.

Il fut brillamment récompensé de son adhésion. Tandis que Poullain-Grandprey, exclu des Assemblées politiques[2], emprisonné d'abord et presque proscrit, était

---

[1] Quarante ans plus tard, le vieux Buonarotti, arrière-petit-fils de Michel-Ange, parlant des députés des Vosges, qu'il avait connus, à M. Arthur Ballon, que la mort a enlevé récemment, lui disait, en parlant de Perrin : « C'était un corrompu et un jouisseur. » L'excellent et regretté M. Ballon m'a maintes fois conté cette conversation. On sait d'ailleurs quel sens avait le mot « corrompu » dans la bouche des robespierristes.

[2] La proposition de Boulay de la Meurthe, un complice de Bonaparte, qui fut adoptée, portait : « Ne sont plus membres de la représentation nationale, pour les excès et les attentats auxquels ils se sont constamment portés..., les individus ci-après nommés », et parmi eux, Poullain-Grandprey, l'un des premiers. Pour qui connaît les actes de Poullain, cet arrêté est simplement odieux.

contraint de s'en aller à La Rochelle, dans la Charente-Inférieure, résidence obligatoire qu'on lui imposait, Perrin, membre de la commission de Constitution, élaborait cette œuvre hybride qui s'appelle la Constitution de l'an VIII. Lorsqu'elle fut rédigée et acceptée, Perrin fut un des principaux acteurs chargés de la mettre en activité. Membre du Corps législatif qui succédait au Conseil des Cinq-Cents, il en fut nommé président par 215 voix sur 241 et devint ainsi l'un des collaborateurs dévoués de Bonaparte. Cherrier siégea avec lui au Corps législatif, à partir de 1807, après avoir été, de 1801 à 1807, sous-préfet de Neufchâteau.

Quant à Souhait, qui s'était d'abord joint à Poullain-Grandprey pour protester contre le renversement de la Constitution, il se tint quelque temps à l'écart, puis, se ravisant, il accepta l'emploi de receveur des contributions directes du Nord, qu'il échangea peu après contre celui de receveur général en Hollande. C'est là un acte de faiblesse que l'on serait en droit de blâmer s'il ne l'avait racheté, cinq ans après, par un autre acte vraiment courageux et qui dut lui coûter d'autant plus à accomplir, qu'il renonçait, en s'y décidant, à tous les avantages que sa précédente concession lui avait fait obtenir. En effet, lorsque lassé du consulat, Bonaparte voulut devenir empereur, Souhait fut un des trop peu nombreux citoyens qui votèrent résolûment *non* au registre ouvert pour recueillir les adhésions à l'Empire. Cet acte de courage civique, surtout de la part d'un fonctionnaire, ne pouvait passer inaperçu ni rester sans répression ; Souhait dut rentrer dans la vie privée, ce qu'il fit sans regrets et sans ostentation. Abusé un instant sur les projets de

Bonaparte, il revenait de son erreur et l'expia dignement.

Poullain-Grandprey, lui, avait fini par rentrer en grâce. Interné d'abord à La Rochelle, où, disait l'arrêté des Consuls, « il était tenu de résider, pour être ensuite conduit et retenu dans tel lieu de ce département qui sera indiqué par le ministre de la police », Poullain-Grandprey avait perdu, par le même arrêté, tous ses droits civiques. Il était, en outre, dessaisi de l'exercice de tout droit de propriété. C'était la confiscation se greffant sur la détention. Heureusement pour lui, il rencontra dans cet exil un homme de bien et de courage, le savant Montgolfier, qui lui ouvrit toute grande sa maison et adoucit, par les soins de l'amitié, les souffrances de la proscription. Au bout de quelques mois, d'ailleurs, il put revenir dans les Vosges.

Le général Bernadotte, qui l'avait connu et apprécié, le désigna au choix de Bonaparte et, après de longues hésitations, celui-ci se décida à nommer Poullain-Grandprey président du tribunal civil de Neufchâteau. Il put accepter ce poste sans abdiquer son indépendance.

Balland qui, nous l'avons vu, était devenu, avec Couhey, juge au Tribunal de cassation, fut moins bien traité, malgré sa parfaite docilité. Lors du remaniement de l'organisation judiciaire en 1800, Bonaparte le relégua (22 prairial an VIII) comme juge au tribunal d'appel de Nancy, récemment fondé[1]. Balland considéra, à juste titre, cette nomination comme une disgrâce et il ne l'ac-

---

[1] Titre correspondant à celui de conseiller à la cour impériale.

cepta point. Le 16 juillet 1801, il donnait sa démission. Il revint mourir à Paris, quelques années après, en 1811, sans emploi, sans fortune et oublié de tous.

Quant à Couhey, nommé, lui aussi, juge au tribunal d'appel de Nancy en 1800, il y fut maintenu conseiller à la cour impériale le 23 février 1811. Il y siégea jusqu'à la Restauration. Mais lors de la nouvelle investiture du 7 mars 1816, il ne fut pas maintenu. Il demeurait alors, 46, place de la Carrière. Il mourut sans doute à Nancy, mais à une date que nous ne pouvons préciser.

Cherrier, qui fut député au Corps législatif pendant la fin de l'Empire et le commencement de la Restauration, mourut, non dans sa propriété de Bazoilles qu'il habitait, mais à Neufchâteau le 7 mai 1823 [1].

Fricot dut quitter sa place de caissier de la loterie le 22 mars 1802, et se retira dans des propriétés qu'il possédait, sans doute du chef de sa femme, dans l'arrondissement de Montargis (Loiret). Il y vécut jusqu'à la Restauration et fut alors nommé procureur du roi au tribunal de Sarreguemines ; mais il n'accepta pas ce poste, qui l'éloignait de son nouveau domicile. Le 21 avril 1819, il était nommé juge de paix du canton de Château-Renard (Loiret), qu'il habitait. C'est là, dans l'exercice de ces fonctions, qu'il mourut, à 84 ans, le 7 août 1829 ; il comptait alors plus de 33 ans de services publics.

Une ordonnance royale du 1ᵉʳ septembre 1819 l'avait

---

[1] Cherrier a laissé un fils, l'historien Claude-Joseph de Cherrier, né à Neufchâteau en 1785, mort en 1872, qui fut membre de l'Institut.

autorisé à changer son nom de Fricot en Frécot. Le capitaine d'infanterie Frécot (Alexis-Firmin), né à Saint-Étienne-lès-Remiremont le 2 juillet 1777, mort célibataire à Remiremont le 27 avril 1862, que nous avons tous connu en retraite à Remiremont, était un de ses fils. Son petit-fils, inspecteur général des ponts et chaussées, commandeur de la Légion d'honneur, est mort à Nancy, à 69 ans, le 30 mai 1884[1].

Nous avons déjà vu mourir Noël, Balland, Hugo, Cherrier, Fricot et Martin; la trace de Couhey se perdre après sa sortie de la vie publique. Il ne reste plus qu'à voir comment Poullain-Grandprey, Perrin, Bresson et Souhait achevèrent leur destinée.

L'épopée guerrière de l'Empire se déroulait pendant que les grands citoyens qui l'avaient rendue possible en créant de toutes pièces une armée et une administration, expiraient dans l'exil ou végétaient dans quelque infime emploi que leur jetait, comme une aumône, César victorieux. Seul des conventionnels vosgiens, Perrin resta quelque temps l'un des grands favoris du gouvernement impérial. Il fut président du Corps législatif à plusieurs reprises, comme François de Neufchâteau fut président du Sénat. Puis il sortit du Corps législatif et ne fut plus que simple conseiller général des Vosges, malgré l'appui efficace qu'il avait donné, dès la première heure, à Bonaparte.

---

[1] Je dois tous les renseignements relatifs à Fricot à l'obligeance de M. Puton, directeur de l'École nationale forestière, qui a bien voulu recueillir auprès de M. Holtz, ingénieur en chef des ponts et chaussées à Nancy, gendre de M. Frécot, tous les papiers de famille qui m'ont permis de compléter cette notice.

Un jour, cependant, le colossal empire s'écroula sous les efforts de l'Europe entière, et l'on vit une vieille dynastie, servie par des amis plus arriérés encore, et préoccupés de chimériques espoirs, s'installer dans l'édifice construit par Bonaparte, et substituer partout ses créatures aux siennes. Bresson, qui avait été modestement juge au tribunal civil des Vosges, puis s'était retiré chez lui, ne perdit pas toutefois à cette restauration, il devint chef de la division des fonds au ministère des affaires étrangères, tandis que ses anciens collègues, Perrin et Poullain-Grandprey, allaient rejoindre Souhait dans la vie privée.

Cela dura peu. Moins d'un an après, Bonaparte s'échappait de l'île d'Elbe; et rentrant aux Tuileries, après une marche triomphale à travers la France, il y ramenait ses serviteurs fidèles.

A cette nouvelle, la Sainte-Alliance des rois et des empereurs se reforme contre la France. De tous les coins de la vieille Europe s'élève un concert de malédictions et de rage. C'est en vain que Bonaparte affirme son amour pour la paix ; en vain qu'il tente quelques avances à ces mêmes libéraux qu'il proscrivait autrefois et se fait esquisser par eux une Constitution moins despotique que la sienne, l'Europe ne désarme pas.

Cet homme, qui est né dans la guerre, a vécu et grandi par elle, est condamné à la faire sans cesse pour y trouver enfin le terme de son orageuse existence.

Mais cette fois, du moins, la nation est avec lui. C'est une nouvelle invasion qui se prépare et chacun s'apprête à montrer aux émigrés et à leurs amis, les étrangers, que les fils des volontaires de 1792 n'ont rien oublié non plus, et qu'ils ne sont point dégénérés.

Tous les départements frontières équipent et arment des cohortes de gardes nationales; les régiments affaiblis se retrouvent au complet; les cadres rompus, épuisés, se reforment comme par enchantement avec les officiers en demi-solde. En un mois, une armée entière surgit des entrailles mêmes du pays, armée qui peut affronter une fois de plus la sanglante loterie des batailles.

Les Vosges, on le présume, ne furent pas les dernières dans ce mouvement d'enthousiasme patriotique. Des corps francs composés d'une généreuse et bouillante jeunesse s'organisèrent comme par miracle, et sous la conduite de chefs expérimentés, Rouyer, Vadet et Brice, partirent faire la guerre de partisans dans les défilés des montagnes; quelques-uns même au delà du Rhin, et jusque sous les murs de Mayence. Tous les regards se tournent alors vers les grands patriotes qui, par leur indomptable vigueur, ont vaincu la première invasion. Poullain-Grandprey est élu par les Vosges, le 5 mai 1815, membre de la Chambre des représentants, où la confiance de ses collègues l'appelle à siéger au comité de Constitution. Perrin prend en main l'organisation des forces militaires du département. Il devait succomber à la tâche.

Déjà, par ses efforts, la garde nationale avait pris une tournure vraiment martiale et, pleine d'ardeur, ambitionnait de renouveler les merveilles de la République. Chaque jour de nouveaux bataillons s'armaient, et Perrin, rempli d'une véritable fièvre patriotique, se redressant de toute sa haute et large stature, les passait aussitôt en revue, les haranguait, leur faisait partager son belliqueux civisme. Le 26 avril 1815, il était sur le Cours d'Épinal, en train de surveiller les manœuvres des gardes nationaux ; il se multipliait, selon son habitude, et les exhortait ; on le vit soudain pâlir et chanceler ; il poussa un dernier cri de Vive l'Empereur ! et tomba mort dans les bras des officiers qui l'escortaient. Les émotions et les angoisses avaient brisé ce grand cœur de patriote, qui rachetait ainsi, par un zèle patriotique tout juvénile, ses faiblesses politiques et son aveuglement [1].

Il ne vit pas du moins le désastre de Waterloo, qui eut lieu quelque temps après, écroulement de ses suprêmes espérances ! A Paris, l'honnête et ferme Poullain-Grandprey, qui s'était montré, comme à la Convention, un vrai patriote, lutta en vain contre les intrigues des Fouché et des Talleyrand. Les Bourbons remontèrent sur le trône ; la Chambre des représentants fut dissoute après quelques semaines à peine d'existence, et Poullain-Grandprey reprit tristement le chemin des Vosges, navré des trahisons auxquelles il venait d'assister.

---

[1] Perrin, marié à une demoiselle Gouvernel dont il fut veuf de bonne heure, était le père de Mme Doublat ; M. Doublat était alors receveur général des Vosges ; Perrin est, par conséquent, l'arrière-grand-père de M. Alfred Doublat, qui était encore, il y a quelques années, conseiller général des Vosges. Perrin fut inhumé au cimetière d'Épinal. A la suite de péripéties curieuses, que nous connaissons, la pierre tumulaire qui recouvrait ses restes sert aujourd'hui de tombe aux religieuses du Très-Saint-Sauveur. On peut la voir, dans le haut du cimetière, contre le petit mur ; c'est une simple borne de pierre, surmontée d'une croix à branches de fer.

IV

Les royalistes ne revenaient pas de leur nouvel et court exil, éclairés et mûris par l'expérience, avec des sentiments de pardon et de conciliation. Ils ne rêvaient au contraire que vengeances à assouvir, et quiconque avait servi son pays pendant les Cent-Jours passait, à leurs yeux, pour le dernier des traîtres, tandis que ceux qui rentraient en croupe des Cosaques et sous la protection des Prussiens, leur paraissaient des patriotes immaculés. Singulière morale que celle des partis, qui peut obscurcir même la grande image de la Patrie !

Les plus hautes et les plus nobles victimes, Ney, Brune, Murat, Labédoyère, et bien d'autres illustres généraux, payèrent de la vie leur fidélité à la France et au drapeau tricolore. Parmi les grands fonctionnaires de l'Empire chargés de la haine des royalistes et désignés à leurs coups, se trouvait La Valette, qui avait été, avant et pendant les Cent-Jours, directeur général de l'administration des postes et conseiller d'État. La Valette avait épousé une demoiselle de Beauharnais, et cette demi-parenté avec Bonaparte, dont il avait été en outre l'aide de camp en Italie, avait fait de lui un des principaux instruments du régime qui venait de succomber; on ne l'oublia pas. Traduit devant la cour d'assises de la Seine, le 20 novembre 1815, comme accusé d'avoir usurpé des fonctions publiques et préparé le retour de « l'usurpateur », le comte de La Valette fut, après deux courtes audiences, condamné à la peine de mort. C'est en vain que sa vaillante femme avait intercédé auprès du roi et de la duchesse d'Angoulême pour obtenir la grâce de son mari; elle n'avait rencontré qu'un refus obstiné, sec, et presque dur, la clémence n'étant pas alors de saison. Elle cherchait à gagner du temps par un pourvoi en cassation, mais il fut rejeté le 19 décembre et l'exécution fut fixée au 21. Il n'y avait plus une minute à perdre; il fallait risquer une tentative d'évasion, que l'on se chargeait de faire aboutir. Mais une fois sorti de prison, où se cacherait le condamné pour se soustraire aux recherches furieuses de la police? Où pourrait-il attendre l'instant propice qui lui permettrait de gagner la frontière et de concerter cette fuite? Quel homme généreux et inaccessible à la peur oserait s'intéresser à cette grande infortune, au risque de détourner sur sa propre tête les odieuses cruautés de l'époque?

Dans les temps d'exception, il y a des vertus d'exception. Cet homme rare se rencontra; ce fut Bresson, l'ancien conventionnel des Vosges, qui avait conservé sa place de chef de division au ministère des affaires étrangères et qui, après avoir facilité et aidé toutes les démarches de Mme de La Valette, lui offrit sa maison comme asile. Fonctionnaire du gouvernement, il savait quelle écrasante responsabilité il assumait; c'était sa position et sa vie qu'il mettait en jeu sans hésitation, comme sans forfanterie. On ignora longtemps, en effet, la part qu'avait prise Bresson à l'évasion de La Valette et les récits du temps n'en font pas mention. C'était par modestie plus encore que par prudence, car, peu d'années après, quand il eût pu se faire gloire de son dévouement vraiment admirable, il le tut aussi soigneusement qu'aux jours de la persécution, et ce ne fut que par l'indiscrétion d'un ami et les mémoires de La Valette que l'on sut le noble rôle joué par Bresson en cette occasion.

Un des collègues de Bresson aux affaires étrangères, Baudus [1], avait souvent entendu Mme Bresson répéter qu'elle avait fait le vœu de sauver un proscrit politique, si jamais le ciel lui en fournissait le moyen, parce que son mari n'avait dû son salut, aux jours de la Terreur, qu'au dévouement d'un homme qui lui était jusqu'alors inconnu et l'avait caché pendant deux ans, à ses risques et périls, dans les Vosges. Baudus, très lié avec La Valette, avait été témoin du désespoir de sa femme. Il alla trouver Mme Bresson et la trouva ravie de saisir l'occasion de remplir son engagement. Le 20 décembre 1815, Mme de La Valette, accompagnée de sa fille, une enfant de douze ans, et de sa gouvernante, fut admise à la Conciergerie, dans le cachot de son mari, pour lui faire ses derniers adieux. Quelques moments après, deux femmes, dont l'une, le mouchoir sur les yeux, se soutenait à peine, et une jeune fille passèrent devant le guichet du geôlier et s'éloignèrent sans éveiller l'attention : « Pauvre femme ! » murmura seulement le concierge en voyant Mme de La Valette s'en aller brisée par la douleur. Quelques heures plus tard, on monta dans la chambre du prisonnier ; on

---

[1] Baudus (Jean-Louis-Amable), né à Cahors en 1761, avait été avocat du roi à la sénéchaussée de cette ville, puis procureur-général-syndic du Lot en 1791 ; il émigra en 1792 et servit dans l'armée de Condé. Son père fut guillotiné le 5 juillet 1794. De retour en France en 1814, il fut nommé employé au bureau de la traduction des journaux étrangers au ministère des affaires étrangères. Baudus est mort le 17 septembre 1822.

ne trouva que Mme de La Valette revêtue des vêtements de son mari, qui s'était enfui sous les siens. Une chaise à porteurs envoyée par Baudus et Bresson l'avait attendu à la porte du Palais de Justice et conduit jusqu'à un cabriolet, où un autre ami s'était déguisé en cocher. Il était huit heures du soir ; la pluie tombait à torrents ; la voiture arriva jusqu'au coin de la rue Plumet [1]. Baudus attendait là ; il emmena aussitôt La Valette au ministère des affaires étrangères, situé alors rue du Bac [2], où Bresson et sa femme l'accueillirent avec une générosité et une délicatesse sans pareilles et le cachèrent dix-huit jours. Décrire l'explosion de rage qui éclata alors chez les royalistes qui voyaient s'échapper leur proie est impossible ; pendant plusieurs jours, ce ne fut au Parlement et dans la presse que vociférations sauvages ; la police fouillait Paris de fond en comble, tandis que le peuple souriait, applaudissant tout bas à l'admirable subterfuge conjugal qui venait de sauver La Valette.

Pendant ce temps, celui-ci réfugié chez Bresson sur qui les soupçons ne pouvaient peser, respirait librement. Le conventionnel qui avait affronté les périls de la Terreur et qui, lui aussi, avait trouvé dans sa femme une compagne admirable de dévouement et de courage, couvrit de sa protection le condamné, inquiet seulement du sort de sa femme qu'on gardait en prison à sa place, et qui, acquittée plus tard, perdit à moitié la raison dans les souffrances de la captivité. La Valette resta dans l'hospitalière retraite de Bresson depuis le 20 décembre,

---

[1] Aujourd'hui rue Oudinot.
[2] Dans l'ancien hôtel du marquis de Galliffet, l'aïeul du général.

jour de son évasion, jusqu'au 7 janvier 1816, caché à tous les regards. Plus d'un argousin passa bien près sans doute, sans flairer que dans un petit appartement du ministère des affaires étrangères vivait paisible, sauvé par un homme de cœur, le proscrit que guettait l'échafaud. La situation, toutefois, ne pouvait se prolonger sans danger. Bresson mit La Valette en relation avec trois officiers anglais dont il était sûr, Hutchinson, Wilson et Bruce. Le 8, La Valette portant l'uniforme de général anglais, sortait de Paris en cabriolet avec le général Wilson et passait le lendemain la frontière de Belgique. De Mons, il gagna la Bavière, où il habita dans l'une de ses propriétés, jusqu'à l'annulation de l'inique jugement qui l'avait frappé.

La deuxième Restauration s'était accomplie pendant ce temps et le nouveau régime avait dû faire quelques sacrifices à l'esprit révolutionnaire, consentir, par exemple, à la présence d'une Chambre des députés, très limitée dans ses attributions et recrutée par un corps électoral trié avec soin, mais où enfin le principe parlementaire était sauf. Si peu parfaite que fût l'institution, il y avait une Chambre des députés. La première Chambre, élue en août 1815, est celle qui porte dans l'histoire le nom de « Chambre introuvable », tant à cause de l'exagération de ses doctrines que des hommes, curieux débris du passé, qui la composaient. Les Vosges, cependant, ne s'abandonnèrent pas complètement à la royauté comme tant d'autres contrées. L'ancien conventionnel Cherrier fut élu député, et Poullain-Grandprey faillit passer contre Cuny, un magistrat, qui ne l'emporta sur lui que de quelques voix. Mais, c'était le dernier effort d'un pays patriote contre une monarchie à qui il ne pouvait pardonner, surtout, d'avoir été ramenée par les Cosaques.

D'ailleurs, peu de mois après, Poullain-Grandprey était proscrit, comme il l'avait été déjà par l'Empire et par la Terreur.

Une ordonnance royale visant ceux que l'on appelait alors les « votants », c'est-à-dire ceux qui avaient voté dans le procès du roi, expulsait du territoire français tous les conventionnels qui s'étaient prononcés pour une condamnation à mort, même avec restrictions.

Les deux survivants « régicides » de la députation des Vosges à la Convention, Poullain et Souhait, s'en allèrent en exil; Souhait se fixa en Belgique et Poullain-Grandprey se retira à Trèves. Les habitants de cette ville lui réservaient un accueil des plus bienveillants; à peine arrivé, il reçut le titre de « bourgeois » de la ville, et bientôt il fut élu par les magistrats eux-mêmes président de chambre à la cour d'appel.

Cet exil fut, du reste, relativement court, et en 1820, Grandprey put rentrer en France, où on lui rendit sa pension de 1,700 fr. qu'on lui avait supprimée. Il se livra dès lors exclusivement, comme François de Neufchâteau, aux travaux de l'agriculture dans ses propriétés, et s'éteignit paisiblement au vieux château de Grandprey, à Graux [1], le 6 février 1826.

---

[1] Dans le canton de Coussey. Sa tombe s'y voyait encore récemment dans le parc. Elle a été transportée, il y a quelques mois (1883), dans le cimetière du village, par les soins pieux de son petit-fils, M. Clément de Grandprey, inspecteur général des forêts.

La proscription fut plus longue pour Julien Souhait, qui n'avait cependant voté la mort de Louis XVI qu'avec les mêmes restrictions que Poullain-Grandprey ; il ne rentra en France qu'après la révolution de juillet 1830 et s'établit à Nancy. Ses dernières années furent consacrées aux œuvres de bienfaisance dans les Vosges ; il y employa une bonne part de sa grande fortune. Souhait mourut à Nancy le 12 décembre 1842. Il était le dernier survivant des conventionnels vosgiens.

Bresson, en effet, était mort depuis dix ans, après avoir pris sa retraite de chef de division aux affaires étrangères. Il était allé vivre ses derniers jours près d'un de ses frères, curé de Meudon. Dans cette cure, toute pleine encore du souvenir de son joyeux prédécesseur Rabelais, l'abbé Bresson, doux, aimable et spirituel prêtre de l'ancien temps, menait une vie paisible et gaie qui n'avait rien de l'hypocrisie et des rigueurs du clergé nouveau. Il pensait qu'on pouvait nourrir une foi fervente et servir son Dieu sans renoncer pour cela aux charmes de l'amitié, de la causerie, de l'esprit et de la gaieté. Il aimait, dans sa conversation et dans ses lettres [1], à montrer cet atticisme, cette saine gaieté gauloise qu'il possédait à un si haut degré.

C'est dans sa petite maison de campagne du hameau des Moulineaux, au Bas-Meudon, sur les bords de la Seine, que Bresson expira doucement le 11 février 1832.

Outre les douze conventionnels vosgiens proprement

---

[1] M. Ed. Bresson, député, possède un grand nombre de ses lettres qui sont de petits chefs-d'œuvre de bonne humeur.

dits, il y eut à la Convention trois autres représentants du peuple qui, pour ne pas avoir été élus par les Vosges, n'en sont pas moins, par leur naissance et leur famille, de véritables Vosgiens : ce sont les conventionnels Ferry, Michel et Derazey.

FERRY (Claude-Joseph) était né à Raon-l'Étape en 1756. Il avait quitté tout jeune sa ville natale pour devenir professeur à l'École d'application du génie, alors à Mézières[1]. Dès le début de la Révolution, il en embrassa les idées avec une grande ardeur, et dans cette patriotique cité se montra aux premiers rangs des patriotes. Jeune, ardent, éloquent de cette éloquence rude et parfois incorrecte, mais puissante, que donne à ses défenseurs l'esprit de la liberté, il se fit bientôt remarquer aux sociétés populaires.

Ses amis des Ardennes le portèrent à la Convention nationale où il fut élu, en septembre 1792, avec Dubois-Crancé, Robert et Mennesson, comme lui fidèles jacobins et vrais patriotes.

A peine siégeait-il qu'on le chargea de missions auprès des armées, où il devait retrouver, comme officiers, de nombreux élèves de l'école du génie.

Il fut envoyé à l'armée du Rhin avec Haussmann, Reubell et Duroy. Le général Custine était entré dans le Palatinat et venait, en trois semaines, de conquérir Spire, Worms, Mayence et Francfort.

Ferry s'appliqua à répandre dans les populations rhénanes les principes de la Révolution française; avec ses

---

[1] Les bâtiments servent aujourd'hui à la préfecture des Ardennes.

collègues, tant au club que dans les campagnes, il fit une propagande très active et contribua pour beaucoup au vote en faveur de la République qu'émirent ces populations, et à la réunion d'une Convention à Mayence qui décréta l'annexion à la France de tous les pays du Rhin.

Mais bientôt Custine dut battre en retraite, abandonnant le terrain conquis; il le fit sans combattre, avec une précipitation regrettable, et chercha un refuge fort en arrière, jusque sous les murs de Wissembourg. La Convention qui n'entendait pas pareille conduite dans les opérations militaires aurait sans doute sévi, et justement, contre Custine, mais fort heureusement pour lui, Ferry et Haussmann prirent sa défense, présentèrent sa fuite non comme une panique, ce qu'elle était réellement, mais comme une retraite en bon ordre devant un ennemi supérieur en nombre; ils garantissaient qu'aussitôt son armée reconstituée, Custine reprendrait la campagne. La Convention les crut et Custine fut provisoirement maintenu.

Dans le procès du roi, Ferry, très simplement et brièvement, en vrai montagnard, dit : « Je vote pour la mort. » Il vota également contre la proposition de soumettre au peuple la ratification du jugement.

Ferry ne paraît plus à la tribune pendant le reste de la période conventionnelle, où il se conduit d'ailleurs en solide montagnard jusqu'à l'insurrection de vendémiaire. Il remplit d'importantes missions à l'intérieur et en Corse, en 1793, pour la défense nationale. Il établit notamment, à Bourges, une fonderie de canons qui existe encore. Non réélu au Conseil des Cinq-Cents, ni à celui des Anciens, il fut nommé examinateur à l'École polytechnique qu'il avait contribué à fonder. Il conserva ses fonctions jusqu'à la fin de l'Empire et se retira ensuite dans les propriétés de sa femme où l'ordonnance royale de 1816 contre les régicides vint le surprendre et l'envoyer en exil. Il revint en 1830 et c'est alors que David d'Angers modela du vieux conventionnel un des plus beaux médaillons qu'il ait faits[1]. Ferry mourut paisiblement dans un âge très avancé, à Liancourt (Oise), le 1ᵉʳ mai 1845.

MICHEL (Pierre) était né, le 4 mars 1745, à Celles-sur-Plaine, où il était connu sous le sobriquet de « lô nar Michel », le noir Michel.

Sa maison s'y voyait encore récemment et n'a été démolie que pour la construction des écoles[2].

Établi homme de loi à Lunéville, il fut élu député à la Convention par le département de la Meurthe, le 7ᵉ sur 8, et siégea à la Montagne. Toutefois, dans le procès du roi, il ne vota que pour la détention et le bannissement de Louis XVI; il vota également pour la ratification du jugement par le peuple.

Il fut envoyé avec Couthon et Goupilleau pour présider à l'annexion à la France de l'ex-principauté de Salm. Sa qualité d'enfant du pays le servit beaucoup en

---

[1] L'auteur possède une copie de ce médaillon; la tête intelligente, énergique et bonne tout à la fois du conventionnel Ferry est gravée avec un relief et une expression de vie remarquables.

[2] M. N. Claude, l'éminent sénateur des Vosges, appartient à la famille du conventionnel Michel. Je lui dois, ainsi qu'à son neveu, M. Paul Claude, de précieux renseignements.

cette circonstance et lui permit de remplir avec succès les vues de la Convention qui, on le voit, savait choisir ses hommes et les utiliser, suivant leurs capacités.

Membre du Conseil des Anciens jusqu'en 1797, il devint, paraît-il, en 1800, procureur près le tribunal civil de l'arrondissement de Château-Salins, séant à Vic, et fut maintenu dans cette fonction en 1814.

Mais cette indication biographique nous paraît erronée. En effet, le procureur impérial de Vic, en 1814, s'appelait bien Michel, mais ses prénoms étaient Nicolas-François. En outre, le conventionnel Michel aurait eu près de 70 ans à cette époque. Ne serait-ce pas plutôt un fils du conventionnel ?

Quant à celui-ci, nous ne savons ce qu'il est devenu. On assure qu'il mourut en exil pendant la Restauration. Il n'était pourtant point un régicide.

Derazey (Jean-Joseph-Eustache) était né à Ville-sur-Illon, petite ville alors importante, en 1750.

Nommé commissaire à terrier[1] à Châtillon-sur-Indre, il s'y trouvait au moment de la Révolution et y resta jusqu'à la suppression de sa fonction en mars 1790; ensuite il fut élu député de l'Indre à la Convention. Il y siégea obscurément, dans les rangs de la *Plaine*, parmi

---

[1] Les fonctions de *commissaire à terrier* n'ont plus d'analogues dans l'organisation actuelle ; c'était l'agent chargé de tenir le registre, le *terrier*, où figuraient toutes les redevances dues aux seigneurs pour leurs terres et d'en percevoir les droits. Le receveur d'enregistrement et le percepteur des contributions directes correspondent à peu près, à notre époque, à ce qu'étaient, sous l'ancien régime, les commissaires à terrier, dont ils se sont partagé les attributions.

ce groupe d'hommes timorés et indécis qui ne comprenaient rien aux événements qui se passaient autour d'eux et regrettaient le calme du despotisme au milieu des hasards tumultueux de la liberté. Derazey vota pour la réclusion de Louis XVI, « sauf à effectuer, dit-il, sa déportation quand les circonstances le permettront ». Peu confiant dans son droit de juge, il s'était prononcé pour la ratification de l'arrêt par les électeurs.

A l'expiration des pouvoirs de la Convention, Derazey ne fut d'abord pas réélu, et on le nomma consul à Civita-Vecchia. Mais élu presque de suite au Conseil des Anciens, il ne partit pas pour l'Italie, siégea jusqu'au 20 mai 1797, où il fit partie de la série sortante. Nommé alors juge au Tribunal de cassation, le 2 décembre 1798, il conserva ce haut poste judiciaire jusqu'à la réorganisation de la magistrature après le 18 brumaire, et il fut alors nommé juge à la cour d'appel d'Orléans (9 juin 1800). Mais il quitta bientôt ses fonctions pour se retirer dans son pays natal; sa santé affaiblie l'y contraignait. Derazey mourut à Bains le 15 août 1810[1].

Telle est la vie des quinze personnages, nés dans les Vosges ou représentant ce département, qui siégèrent à l'immortelle Convention nationale. Si aucun d'eux ne fut réellement un grand homme, plusieurs, Poullain-Grandprey, François de Neufchâteau, Perrin, furent des politiques éminents et tous furent d'honnêtes gens, ardemment et profondément patriotes avant tout, in-

---

[1] Son fils, Jean-Nicolas Derazey, procureur général près la cour criminelle d'Épinal et conseiller général, fut élu député des Vosges, en août 1815, à cette Chambre qui porte dans l'histoire le nom de Chambre introuvable.

tègres, modérés, et avec une certaine allure indépendante qui tranchait sur le reste de la domesticité impériale.

On les voudrait peut-être plus grands, plus éloquents, plus indomptables dans leur fierté républicaine; on ne saurait les souhaiter meilleurs et plus patriotes.

FRANÇOIS DE NEUFCHATEAU

François de Neufchâteau[1]

François de Neufchâteau n'est qu'un homme de
second ordre; il semblait désigné, par ses qualités
comme par ses défauts, à des rôles de demi-teinte.
Il fallait à sa nature modeste et recueillie une sorte
de demi-jour qui n'effarouchât point sa paupière; un
petit cercle où il pouvait déployer à l'aise les grâces de
son talent et le charme de son esprit. Les grands cadres révolutionnaires ne seyaient pas à sa physionomie;
il lui fallait l'horizon restreint et la lumière discrète d'un
salon, d'un cabinet de travail, d'une académie, ou bien
le riant décor des campagnes vosgiennes où tout respire
le bien-être et la paix.

Toutefois, dans cet esprit timide et de faible enver-
gure, il y avait une certaine virilité. Homme de l'ancien
régime, ayant occupé sous l'ancienne monarchie de hauts
emplois, pensionné par le roi, François de Neufchâteau,
s'il avait eu l'esprit étroit, aurait pris peur en 1789, et
au lieu de suivre le courant, se serait cantonné dans cet

[1] Cette notice biographique a paru, pour la première fois, dans
l'*Annuaire des Vosges* de M. Léon Louis pour 1881; elle est reproduite ici considérablement augmentée et rectifiée.

isolement, cette bouderie absurde où presque tous ses pareils se laissèrent entraîner sans réflexion. Mais François de Neufchâteau était du peuple ; il était fils de ses œuvres et il en était fier. Ce n'est pas lui qui, comme tant de manants parvenus, eût consenti à renier son humble origine et qui, parce qu'il s'était frotté aux habits dorés de la cour, eût fait bon marché de l'habit de drap grossier de ses compagnons d'enfance.

Nicolas-Louis François, c'est le simple nom sous lequel on le connut longtemps, était né à Saffais, un hameau pittoresquement bâti au sommet d'une petite colline enserrée entre la Meurthe et la Moselle, à quelques lieues de Lunéville. Quoi qu'on puisse croire, il n'est pas, on le voit, natif des Vosges. Il naquit le 17 avril 1750.

Son père était un pauvre maître d'école de village ; mais on lui attribue une plus haute et moins légitime paternité que celle du bon *magister* de Saffais, son vrai père devant la loi [1].

C'était un homme déjà mûr quand survint la Révolution, susceptible par conséquent de n'en pas subir les entrainements et de ne pas trop céder à l'enthousiasme. Son éducation, ses relations, ses fonctions passées semblaient d'ailleurs le garantir pleinement de ce côté ; aussi son adhésion aux doctrines rénovatrices de la Révolution fut-elle sagement réfléchie, pesée, et il ne l'accorda qu'à bon escient.

Comme presque tous les hommes célèbres du dix-

---

[1] Sa mère, Madeleine Gillet, mourut en 1774 ; son père quitta alors Saffais et devint fermier du magasin à sel et contrôleur à Saint-Martin de Vrécourt.

huitième siècle, comme Voltaire, comme la plupart des génies révolutionnaires, comme Robespierre lui-même, François eut pour premiers maîtres les jésuites. C'est dans leur collège de Neufchâteau qu'il fut élevé et qu'il suivit studieusement les leçons de ces instituteurs renommés.

L'Université n'existait pas encore à cette époque et les meilleures écoles étaient celles où l'on avait gardé pieusement la tradition des méthodes enseignantes de la vieille scolastique et de la Renaissance; les écoles des jésuites étaient de celles-là. Aussi, ceux qui y puisèrent les principes de la science et surent profiter de l'enseignement littéraire qu'on y recevait, devinrent sans peine des hommes éminents, et même, quand ils purent secouer les préjugés, inévitablement mélangés à l'enseignement purement scolaire, ce furent des esprits réellement supérieurs.

Le jeune François fut un des brillants élèves des jésuites de Neufchâteau; ses succès d'écolier dépassèrent même les limites de son collège. Il n'avait que douze ans lorsque Voltaire, en vacances sans doute chez son amie, l'aimable marquise du Châtelet, lut de ses poésies, les goûta et lui adressa de vifs éloges. A quinze ans, en 1765, présenté par M. d'Hénin-Liétard, prince d'Alsace, qui avait pour lui une affection toute paternelle, il était admis membre de l'Académie de Dijon.

Diverses productions littéraires, vers ou prose, dont le mérite dépassait un peu le niveau des travaux du même genre dans les classes, attirèrent l'attention sur lui. Bien en cour chez le prince d'Alsace, chaudement appuyé, selon l'usage, par les bons pères, il s'acquit vite une petite réputation locale qui, après avoir franchi les murs du vieux collège, s'étendit bientôt au delà, si vite même que deux ans après celle de Dijon, en 1767, les Académies de Lyon et de Marseille le recevaient dans leur sein. On doit croire que le patronage de Voltaire ne fut pas étranger à ces faciles succès. Le puissant écrivain, en effet, avait un véritable engouement pour François et il lui adressait, en 1766, une de ses plus jolies épîtres :

>Si vous brillez à votre aurore,
>Quand je m'éteins à mon couchant;
>Si dans votre fertile champ
>Tant de fleurs s'empressent d'éclore,
>Lorsque mon terrain languissant
>Est dégarni des dons de Flore;
>Si votre voix jeune et sonore
>Prélude d'un ton si touchant,
>Quand je fredonne à peine encore,
>Les restes d'un lugubre chant;
>Si des Grâces qu'en vain j'implore,
>Vous devenez l'heureux amant;
>Si ma vieillesse déplore
>La perte de cet art charmant
>Dont le dieu des vers vous honore,
>Tout cela peut m'humilier ;
>Mais je n'y vois point de remède,
>Il faut bien que l'on me succède
>Et j'aime en vous mon héritier.

Il y avait là de quoi tourner la tête d'un jeune garçon de seize ans, plus abondant en précoces promesses qu'en véritable sève poétique.

Ce n'étaient pas seulement les instituteurs de sa jeunesse qui étaient fiers de ce jeune homme, la ville elle-même s'en enorgueillissait. En 1769, les représentants de la cité prirent une délibération approuvée par le roi qui déclarait que la ville de Neufchâteau adoptait le jeune François et que celui-ci devait s'appeler désormais François de Neufchâteau. Fait unique peut-être dans l'histoire d'une ville et d'un homme! Ainsi, ce n'est pas, comme tant d'autres, par caprice, ou pour avoir été député d'une ville ou pour se distinguer de quelque homonyme que François adjoignit à son nom celui de Neufchâteau, c'est à la suite d'un acte public, d'une sorte de régularisation d'état civil.

Une fois qu'il eut pris ce nom, il ne le quitta plus et n'en changea pas même au plus fort de la Révolution, quand sa petite ville adoptive eut, par ordre, troqué le sien contre celui de Mouzon-Meuse.

Ses études terminées, François, doué surtout d'un goût délicat, tourna ses regards vers l'éloquence, à laquelle il paraissait avoir jusqu'alors préféré la poésie. Comme sa province natale lui offrait peu de ressources de ce côté, sur le conseil et avec l'appui de ses protecteurs ordinaires, en 1770, il se fit admettre avocat au barreau de Reims. Déploya-t-il dans l'exercice de cette profession de grands talents oratoires? C'est ce que nous ignorons. Mais il est à présumer qu'il y révéla certaines aptitudes, si l'on en juge par le choix qui fut fait de lui, moins d'un an après, comme avocat du roi au bailliage de Vézelise. C'était pour un jeune homme de 21 ans un poste honorable, mais il l'occupa peu de temps. Après s'être fait recevoir docteur en droit, il alla s'établir avocat à Paris. C'est là qu'il connut une ravissante jeune fille de 16 ans dont il devint follement épris. Malheureusement, c'était la fille d'un danseur de l'Opéra, la nièce du fameux Préville, l'acteur de la Comédie-Française, parenté que l'on regardait alors comme déshonorante. Rien n'arrêta François, et le 9 janvier 1776, il épousait Marie-Magdeleine-Henriette Dubus, fille mineure de défunt Nicolas-François Hyacinthe, officier chez le roy (sic); il demeurait alors rue Saint-Germain l'Auxerrois, et sa fiancée, rue Bourbon-Villeneuve[1]. Les témoins étaient Jean Dubus, bourgeois de Paris, rue Saint-Jacques, paroisse Saint-Séverin, oncle de la mariée, et Pierre Louis Dubus (dit Préville), officier et pensionnaire du Roy, faubourg Saint-Martin, paroisse Saint-Laurent, aussi oncle. Un autre parent était le célèbre chirurgien Pelletan qui avait épousé une autre demoiselle Dubus. Dans l'acte de mariage qui a été retrouvé il y a quelques années, le père de François de Neufchâteau est dénommé Nicolas François, receveur des fermes du Roy.

Les jeunes époux allèrent demeurer rue Bourbon-Villeneuve. Hélas ! ce bonheur fut de bien courte durée. Trois mois après, le 18 avril 1776, la pauvre jeune femme mourait à Paris ; elle avait dix-sept ans un mois et demi[2]. On l'inhuma dans un caveau de l'église Saint-Germain-l'Auxerrois.

On tint cependant rigueur à François de Neufchâteau de ce que l'on considérait comme une mésalliance; il fut rayé du tableau de l'ordre des avocats et ne put acquérir une charge d'avocat aux conseils du roi qu'il convoitait. Il lui fallut retourner en province. Un peu le

[1] Aujourd'hui rue d'Aboukir.
[2] C'est donc à tort que la biographie Michaud place ce mariage en 1775, et fait mourir d'ennui, à Mirecourt, la jeune épouse.

mérite, un peu la protection aidant, il put acheter quelques semaines après la charge de lieutenant-général civil et criminel au bailliage royal et présidial de Mirecourt.

C'était alors le plus chargé des bailliages qui devaient, quelques années plus tard, former le département des Vosges, et le titre de lieutenant-général près ce siège faisait de François de Neufchâteau un des magistrats les plus en vue dans la région. Être investi, à 25 ans, de si importantes fonctions, même en supposant à la faveur une large part dans cet avancement rapide, témoigne de réelles et solides qualités.

Il put là, au milieu de ses occupations, se distraire de sa douleur, mais il ne délaissait pas pour cela la poésie, et le 12 novembre 1778, le régiment de cavalerie de la Reine, en garnison à Mirecourt, célébrant par une messe et une fête la naissance du dauphin, premier enfant de Louis XVI et de Marie-Antoinette[1], François de Neufchâteau chantait au banquet, sur l'air de la *Bataille d'Ivry*, des couplets galants et fort bien tournés :

>   Courage, messieurs de la Reine,
>   Vous vous signalez aujourd'hui ;
>   Pour votre auguste souveraine,
>   Du ciel vous implorez l'appui.
>   Un colonel semblable
>   Vaut bien que l'on se mette en frais ;
>   Puisqu'à vos yeux tout le rend adorable,
>   Son rang, son sexe et ses attraits.

---

[1] C'est ce fils qui mourut au début de la Révolution, en 1789.

Voyant ces braves militaires
Demander tous que l'Éternel,
Sensible à leurs justes prières,
Fasse accoucher leur colonel,
　　La ville tout entière
　　S'y joint avec empressement ;
Lorsqu'il s'agit d'une reine si chère,
Nous sommes tous du régiment.

. . . .

Que les détails de cette fête
Sont charmants pour de bons Français !
Un aimable objet fait la quête.
Ah ! je lui réponds du succès.
　　Tous les cœurs, sur ses traces,
　　Grossiront la quête, à leur tour ;
Il fallait bien qu'à la fête des Grâces
Le frère quêteur fût l'Amour.

Sa réputation, bien établie dans son pays, gagnait de proche en proche, car, en 1780, sur la demande expresse du gouverneur de la province de Lorraine, François devenait subdélégué de l'intendance de Lorraine, emploi qu'il cumula avec celui de lieutenant-général civil et criminel. Il échangea, trois ans après, ce double titre contre les fonctions de procureur général du roi au conseil du Cap-Français. Par quels services spéciaux se trouva-t-il désigné pour ce poste de magistrature coloniale ? Il n'est guère possible de l'expliquer et il faut croire qu'il dut surtout à des recommandations bienveillantes d'être remarqué par le ministre de la marine de cette époque, le maréchal de La Croix, marquis de Castries, qui le transplanta ainsi des montagnes vosgiennes à Saint-Domingue. On ne peut le suivre dans ce voyage en Afrique, et si consciencieusement qu'il s'acquitta de son mandat, il ne put guère se signaler à ses concitoyens. Il n'occupa du reste que quatre ans cet emploi lointain, car en 1787, la cour royale ou conseil souverain du Cap-Français était supprimée, et François de Neufchâteau revenait dans sa patrie où l'attendaient les félicitations du ministère, et une pension de 3,000 francs, bien qu'il fût loin de l'âge de la retraite. On y ajoutait le titre de conseiller honoraire au conseil supérieur de Saint-Domingue, titre honorifique qu'il conserva jusqu'à la Révolution.

Mais il ne devait pas toucher au port avant d'éprouver quelques vicissitudes, et de même que la France, pour conquérir la liberté, dut combattre vingt ans et subir un ouragan de six années, de même François de Neufchâteau, avant de pouvoir entreprendre une nouvelle carrière, fut en butte aux coups de la fortune et faillit périr. Il revenait, ayant hâte de revoir les rivages de la patrie, de se reposer dans le calme des sites vosgiens, pressé de retrouver amis et famille, lorsqu'une tempête vint s'abattre sur le vaisseau qui le portait; le navire sombra et avec lui tout le petit pécule amassé au delà des mers et, perte plus irréparable, les chers manuscrits composés dans les loisirs du magistrat. Fidèle, en effet, au culte des belles-lettres, comme tous les libres esprits de ce grand XVIIIe siècle, François de Neufchâteau consacrait ses rares instants de repos à ses études de prédilection, à la poésie, et déjà à cette science de l'agriculture qui devait charmer ses derniers jours. Il rapportait des peintures poétiques de la nature tropicale qui venait de l'enivrer de ses enchantements ; il rapportait diverses plantes, fleurs, légumes, qu'il voulait acclimater ; des mémoires administratifs, judiciaires ou agronomiques ; tout fut perdu. Il ne survécut au naufrage que quelques lambeaux d'études qu'il retrouva enfouies dans un coin de sa mémoire, tels que les *Études du magistrat* et un *Discours sur la disette du numéraire à Saint-Domingue et les moyens d'y remédier*. Mais la joie de fouler du pied le sol natal, l'accueil qu'il reçut à Paris et en Lorraine firent promptement oublier à François ce mécompte, léger en somme, et l'affectueuse estime de ses concitoyens l'eut vite consolé de la cruauté des flots.

Cependant la Révolution couvait sourdement ; les cerveaux bouillonnaient ; les cœurs s'agitaient et ces signes précurseurs d'un bouleversement prochain, que Voltaire et Jean-Jacques Rousseau avaient pressenti, devenaient visibles pour les moins perspicaces. Les États-Généraux sont convoqués ; la mêlée s'engage. A ce premier moment de la Révolution, il est difficile de distinguer dans la masse un peu confuse des partisans des réformes, ceux qui devaient plus tard devenir les défenseurs acharnés de la République, ou ceux qui, s'arrêtant à la première étape, devaient laisser les autres continuer leur route, ou ceux enfin qui, transfuges de la cause populaire, devaient l'attaquer même par derrière et renverser son œuvre.

François de Neufchâteau devait être un juste milieu entre les uns et les autres. Mais, répétons-le, rien alors ne permettait à un simple coup d'œil de bien définir ces nuances.

C'est dans le territoire qui forma dans la suite le

département de la Meurthe, que François de Neufchâteau s'était retiré ; c'est là qu'il entra en relations avec les inspirateurs du mouvement, particulièrement avec les amis de Necker. Il dut jouer un certain rôle dans les débats et les intrigues qui préludèrent, dans les provinces, à la constitution des États-Généraux : rédaction des cahiers, étude des vœux, des moyens, choix des représentants.

Il ne fut pourtant élu que député suppléant par les délégués des communes du bailliage de Toul, tandis que de Cherrier, son ancien collègue comme lieutenant-général de Neufchâteau, était élu député par le tiers-état du bailliage de Mirecourt.

Son rôle fut néanmoins assez marquant et un vif incident vint encore le mettre en lumière. Il se trouvait, le 6 août 1789, réuni près de Toul, avec 44 députés des communes du bailliage pour examiner la suite à donner aux plaintes contenues dans les cahiers de doléances. Après la séance, les députés dînaient paisiblement, quand un détachement du régiment Royal-Normandie et la maréchaussée envahirent la salle, déclarant que cette réunion était illicite, et emmenèrent prisonniers François de Neufchâteau, Quinot, Bigot et Chenin et les traînent à pied jusque Toul où ils les promènent dans les rues. On les prend pour des bandits, au milieu de ce déploiement de forces. Le lieutenant du Roi à Toul les fait enfermer et mettre au secret, et le lendemain, à une heure du matin, les envoie à Metz pour être jugés prévôtalement.

François de Neufchâteau proteste avec énergie ; il invoque son titre de député suppléant qui le rend inviolable, sa qualité d'ancien magistrat. Peines perdues! On traite les quatre délégués en criminels d'État, comme coupables d'un attroupement illicite. A six heures du matin, ils arrivent à Pont-à-Mousson. C'était l'heure du marché; les paysans entourent le cortège, croyant qu'on avait arrêté de ces brigands qui coupaient les récoltes sur pied, dont on annonçait alors la présence partout et qu'on ne voyait nulle part.

Mais François de Neufchâteau est reconnu; on veut le délivrer; il n'avait qu'un signe à faire, tant le peuple murmurait. Heureusement que Bouillé, qui commandait à Metz, prévenu de l'acte inouï de son subordonné de Toul, envoie à leur rencontre Courtois, prévôt-général de la maréchaussée, et son lieutenant, Coste, pour leur rendre la liberté. Trois des prisonniers retournèrent aussitôt chez eux, mais François de Neufchâteau voulut aller jusque Metz, où Bouillé l'invita à dîner et lui présenta des excuses. François ne demanda pas de punition pour le lieutenant du Roi à Toul et se contenta de faire ordonner que la réunion que l'on avait dispersée si violemment serait reprise. Le 13 août, elle eut lieu de nouveau. A son retour, sur tout son passage, François de Neufchâteau fut accueilli par de véritables acclamations.

Est-ce le demi-échec électoral qu'il éprouva, ou toute autre raison plus plausible qui le décida à venir demeurer près de sa ville d'adoption? On l'ignore. Mais il y était depuis plus d'un an, en 1790, quand l'Assemblée constituante, voulant briser les cadres de l'ancienne monarchie, décréta la division du territoire français en 86 départements. François de Neufchâteau fut commissaire du Roi pour la formation du département des Vosges.

Aussi obtint-il un poste important dans la nouvelle administration en 1790. Vosgien lui fut préféré pour l'emploi de président du directoire départemental et il en ressentit quelque dépit. Il dut se contenter du titre, plus modeste, d'administrateur du département, et plus tard des fonctions gratuites de juge de paix du canton de Vicherey, où il avait fixé sa résidence.

Il avait fait preuve de sérieuses qualités organisatrices; quant à son talent de parole; il était depuis longtemps apprécié. Aussi, lorsqu'en septembre 1791, la Constituante céda la place à l'Assemblée législative, François de Neufchâteau fut élu député des Vosges, le huitième de la liste, par 255 voix sur 425 électeurs; il l'emportait sur Balland, mais après trois tours de scrutin.

Dès l'ouverture des travaux de la nouvelle assemblée, le mérite du député vosgien était si universellement reconnu qu'on le chargea de suite de soins et de travaux de premier ordre. Il fut nommé membre du comité de législation, qui le choisit comme rapporteur. Le 16 novembre 1791, il déposait son rapport. Les députés Gallois et Gensonné venaient de déposer le leur où ils retraçaient les conspirations des prêtres dans l'Ouest, leur turbulence, leurs prédications anti-patriotiques et où ils laissaient entrevoir l'éventualité d'une révolte prochaine des populations fanatisées de la Vendée, du Bocage et de l'Anjou. D'autres législateurs, appartenant aux pays ainsi aveuglés, assombrirent encore les couleurs du tableau présenté par Gallois et Gensonné en fournissant des détails d'une authenticité incontestable. Après treize jours de discussion et une impétueuse harangue d'Isnard, l'Assemblée législative adoptait le projet de décret de François de Neufchâteau « relatif aux troubles excités sous prétexte de religion » (29 sept. 1791). « Il s'agit de savoir, avait dit François de Neufchâteau, si l'on réclame la liberté de faction ou la liberté de conscience ! » Et dans le préambule de son projet, entre autres considérants, il ajoute « que la religion n'est pour les ennemis de la Constitution qu'un prétexte dont ils abusent et un instrument dont ils osent se servir pour troubler la terre au nom du ciel ». « Leurs délits mystérieux échappent aisément aux mesures ordinaires, constate-t-il aussi ; on n'a pas de prise sur leurs cérémonies clandestines dans lesquelles leurs trames sont enveloppées et par lesquelles ils exercent sur les consciences un empire invisible. » Mais « il importe de discerner le citoyen paisible et de bonne foi du prêtre remuant et machinateur qui regrette les anciens abus et ne peut pardonner à la Révolution de les avoir détruits ».

François de Neufchâteau propose en conséquence « de grandes mesures politiques pour réprimer les factieux qui couvrent leurs complots d'un voile sacré », et en même temps il invite à sévir « sévèrement contre les fonctionnaires publics dont la tiédeur dans l'exécution de la loi ressemblerait à une connivence tacite avec les ennemis de la Constitution ».

L'Assemblée approuve ses conclusions, adopte successivement les dix-huit articles de son projet qui frappe des peines les plus graves, prison ou détention, « les ecclésiastiques convaincus d'avoir provoqué la désobéissance à la loi et aux autorités constituées ».

N'est-il pas curieux de relire, quatre-vingts ans après, ce que pensaient des cabales cléricales d'alors ces hommes qu'on peut taxer, sans exagération, de *modérantistes* ?

Après ce grand succès dans la question des prêtres réfractaires, François de Neufchâteau se voua entièrement à son œuvre du comité de législation civile et criminelle. Entre autres travaux, il convient de citer son rapport tendant à ce qu'on procédât à la vente des biens nationaux par petits lots, afin de favoriser les cultivateurs pauvres. Voilà en germe les futures études rurales de François !

Le 26 décembre 1791, il fut élu président de l'Assemblée nationale, mais il n'occupa le fauteuil que jusqu'au 6 janvier 1792 ; rien de saillant ne s'accomplit pendant sa présidence. Élu une seconde fois président, dans les derniers jours d'existence de la Législative, il eut à remplir, aux Journées de septembre, la pénible et dangereuse mission d'aller dans les prisons pour empêcher les massacres et d'exhorter les assassins à rentrer dans l'ordre. On sait qu'il échoua. Ce fut lui encore qui, en cette même qualité, installa la Convention nationale et lui souhaita la bienvenue [1].

François de Neufchâteau avait été réélu à la Convention. Mais il ne crut pas devoir accepter, alléguant son

---

[1] Dans la salle du Manège, sur la terrasse des Feuillants, au jardin des Tuileries, emplacement où passe aujourd'hui la rue de Rivoli et où une plaque commémorative rappelle la proclamation de la République.

état de santé. Les événements du 10 août, en broyant un trône séculaire, l'avaient, sinon épouvanté, du moins profondément surpris ; et bien que le département des Vosges ne comptât point parmi les plus exaltés, François était distancé et son opinion ne représentait plus la moyenne du corps électoral vosgien. Il est préférable pour lui, d'ailleurs, qu'il n'ait pas siégé dans cette immortelle Assemblée.

Quel rôle eût-il pu jouer ? Ses instincts, ses idées, son éducation, l'écartaient de la Montagne et l'auraient classé dans ce groupe d'individus indécis qui se confinaient au centre, le Marais comme on disait, qui, dociles à toutes les fluctuations de la fortune, soutinrent tour à tour, puis abandonnèrent avec une égale absence de conviction, les Girondins, ensuite Danton, puis Robespierre, enfin les thermidoriens. Sa loyauté, peu satisfaite de ce jeu de laquais, aurait fini sans doute par se révolter, et l'exil ou la mort eussent été ses seuls refuges. Il semble l'avoir compris, car il importe d'ajouter que, s'il ne siégea pas à la Convention, ce n'est pas seulement parce que les esprits avaient marché et ne le jugeaient plus digne de cette situation, mais surtout parce qu'il l'avait ainsi jugé lui-même en n'acceptant pas le mandat de député que lui renouvelaient les suffrages de ses concitoyens.

Le 3 septembre 1792, il avait en effet été élu, à Mirecourt, député à la Convention, le deuxième de la liste, par 413 voix sur 433, à la presque unanimité des votants.

Mais il donna immédiatement sa démission, basée sur des raisons de santé, et fut remplacé par le premier suppléant, Balland, le même qui avait été son concurrent évincé aux élections pour la Législative.

Quoi qu'il en soit, ce n'était pas un vaincu du 10 août, tant s'en faut; s'il refusa, le 6 octobre 1792, le portefeuille de ministre de la justice que lui offrit la Convention, après la démission de Danton, ce fut plutôt à cause de son état de santé fortement altérée par de multiples travaux que par esprit de bouderie et de protestation.

Il écrivait au président de la Convention : « ...Il m'eût été doux de pouvoir jouir de cet honneur, au moment où la République, que j'ai tant désirée, est établie sur le succès de nos armes, en même temps que sur la sagesse de nos lois; mais l'état de ma santé m'a déjà fait renoncer à l'honneur bien plus grand de siéger dans la Convention nationale. Je prie la Convention de me permettre de retourner dans ma retraite où je consacrerai encore ma plume et mes pensées au bien de ma patrie »; et il joignait à sa lettre un certificat de médecin.

Réélu en novembre 1792 administrateur des Vosges, il fut aussitôt nommé président du directoire du département des Vosges, emploi à peu près équivalent à celui de président du conseil général dans notre organisation actuelle.

Mais sa véritable occupation à cette époque, ce fut l'amour des lettres, de la poésie, qu'il n'avait jamais abandonnées et où les loisirs de la politique lui permirent de se retremper.

Toutefois, il avait été trop intimement et trop directement mêlé aux choses de la Révolution, trop lié avec ses principaux acteurs, pour que ses écrits ne se ressentissent pas quelque peu de cette fréquentation et des passions de l'homme public. Cela lui causa certains désagréments, comme on va le voir.

Jusqu'alors, il n'avait publié que des poésies légères sous les titres variés de *Poésies diverses, Poésies fugitives*, entre autres une épitre à Voltaire, qui avait salué ses débuts, *Sur le mois d'Auguste ;* et de plus une *Anthologie morale*.

Sous son nom avaient paru également quelques notices dans le *Nécrologe des hommes célèbres*, où il avait pour collaborateurs Palissot et Poinsinet de Sivry, ainsi que des *Contes moraux en vers*. Quelques travaux spéciaux étaient aussi sortis de sa plume, tels que le *Recueil authentique des anciennes ordonnances de Lorraine ;* une étude sur l'*Origine ancienne des principes modernes*, et un traité de *Lecture du citoyen*, qu'il devait compléter plus tard par sa *Méthode pratique de lecture* et son *Discours sur la manière de lire les vers*. Ajoutons une sorte de pastiche de l'*Émile* de Jean-Jacques Rousseau, intitulée *Institution des enfants ou Conseils d'un père à son fils ;* c'était son unique bagage littéraire à ce moment.

Il voulut aborder la carrière théâtrale, et si son coup d'essai ne fut pas un coup de maitre et ne dévoila pas en lui un puissant génie scénique, on peut affirmer tout au moins que cette tentative fut une des plus bruyantes et presque des plus tragiques qu'on puisse rencontrer dans les annales du théâtre. Ce début, ou mieux cet unique essai, fut la fameuse pièce de *Paméla ou la Vertu récompensée*.

C'est sans doute pour en hâter et en surveiller la

représentation qu'il quitta les Vosges au commencement de 1793 et vint s'installer à Paris.

Sa pièce fut représentée au théâtre de la Nation, ainsi qu'on avait baptisé la Comédie-Française, à la fin d'août 1793. Si nous en croyons les journaux et les mémoires du temps, et les remarquables tableaux de la *Société française sous la Révolution* par MM. Edmond et Jules de Goncourt, cette innocente pièce suscita les plus violentes clameurs, de véritables orages dès son apparition, et fit fermer les portes du théâtre et coffrer l'auteur et ses interprètes. Qu'était-ce donc que cette comédie qui, au milieu des plus redoutables préoccupations, parvenait à détourner, à occuper l'attention et à passionner l'opinion?

Je suis forcé de m'en rapporter pour cela aux jugements des contemporains, car je n'ai pu me la procurer, je l'avoue en toute sincérité, assez tôt pour la lire et l'analyser.

Autant qu'il semble, c'était un inoffensif mélodrame; la scène se passait en Angleterre et un lord Arthur quelconque y roucoulait avec une Paméla. Ce n'est donc pas la contexture même de la pièce qui pouvait indisposer les « patriotes brûlants et éclairés » comme ils s'appelaient. Mais, à chaque instant, un vers contenait une allusion aux choses du jour, plus ou moins involontaire, plus ou moins sensible, mais que le public malicieux saisissait au passage et saluait de ses applaudissements. François nous apprend que sa pièce fut composée en 1788 et lue au Lycée en 1789; les allusions qu'on y crut découvrir n'étaient donc pas dans la pensée du poète, et seulement dans les susceptibilités chatouilleuses ou les intentions frondeuses des divers spectateurs.

La dédicace n'avait rien de provocateur pourtant, et l'auteur ne semble pas y prévoir les incidents que son œuvre amènera. Il la dédie à la belle Élisabeth Lange qui en jouait le principal rôle, la même actrice qu'une opérette, célèbre dans ces dernières années, la *Fille de Madame Angot*, a rendue si populaire.

> C'est ma statue, animez-la ;
> Vous ferez vivre mon ouvrage ;

lui disait galamment le poëte en se comparant à Pygmalion ; mais il faut croire que Mlle Lange l'anima trop, à moins que ce ne soit Fleury ou Dazincourt ou tout autre premier sujet, car la salle l'accueillit avec une faveur mêlée de récriminations, d'attaques et de fureurs, qui nous paraissent maintenant bien exagérées.

La jeunesse dorée réactionnaire, encore timide à cette heure où l'échafaud était en permanence, n'en applaudissait pas moins chaleureusement ce vers médiocre :

> Ah ! les persécuteurs sont les plus condamnables !

Il faut dire aussi qu'à ces manifestations contre-révolutionnaires ripostaient immédiatement les apostrophes des patriotes et que chaque spectacle finissait par une bataille générale entre le parterre et les galeries.

La foule accourait au spectacle et la brillante société, plus nombreuse alors à Paris qu'on ne pourrait le croire, se pressait au balcon et aux loges pendant que la file de ses équipages faisait une queue interminable aux alentours du théâtre.

Le Comité de salut public avisa, et, autant pour éviter des troubles que pour céder aux dénonciations des clubs, il prononça, le 29 août, l'interdiction du drame si contesté et si exploité, et le public déjà entré dans la salle fut prié d'en sortir. Ce ne devait être tout d'abord qu'une suspension.

Un auteur ne se résigne qu'à regret à voir étouffer son enfant; aussi François de Neufchâteau, à qui tout ce bruit autour de son nom était loin de déplaire, s'empressa-t-il de faire les modifications qui lui parurent indispensables, exigées, et porta à la hâte son manuscrit corrigé aux sévères censeurs du Comité de salut public.

Le Comité reconnut que les rectifications nécessaires avaient été faites et autorisa la reprise des représentations.

Ce sacrifice avait été dur pour le poète; de sa Paméla qui était noble, il avait dû faire une roturière, « et sans doute elle y gagnera », remarque ironiquement François; quant aux vers qui avaient si fort offusqué, ils étaient tous amputés impitoyablement. Comme dit l'auteur, avec une douce raillerie, « la liberté est ombrageuse, un amant doit avoir égard aux scrupules de sa maîtresse; et j'ai d'ailleurs fait aux principes de notre Révolution tant d'autres sacrifices d'un genre plus sérieux que celui de deux mille vers n'est pas digne d'être compté. » Eh bien, malgré ces coupures douloureuses, la pièce, affrontant la rampe le 2 septembre, n'eut pas un meilleur sort. La fatalité s'était attachée à ses flancs, et tandis que les uns l'applaudissaient avec frénésie, les autres ne la trouvant pas davantage civique, s'indignaient, interpellaient les acteurs, bousculaient les claqueurs, intriguaient près des autorités pour la faire supprimer.

Ces derniers l'emportèrent et un nouvel arrêté du Comité de salut public, en date du 3 septembre 1793, interdit définitivement la *Paméla* du citoyen François de Neufchâteau. Comme on voulait éviter l'esclandre qui, huit mois auparavant, avait marqué l'interdiction de l'*Ami des lois* du citoyen Laya et nécessité l'intervention de Santerre, général en chef des gardes nationales parisiennes, l'arrêté fut notifié le matin, et pour mieux empêcher la résurrection des scandales des jours précédents, le Comité décida l'arrestation de l'auteur et des comédiens, coupables de tirades subversives. A dix heures du matin, François de Neufchâteau était jeté aux Madelonnettes, une vieille et maussade prison, près du Temple, et avec lui Fleury, Molé, Dazincourt et autres artistes masculins de la Comédie-Française. A la même heure, la gracieuse Élise Lange et douze autres actrices, telles que Mlles Contat et Raucourt, étaient enfermées à Sainte-Pélagie. Le Comité où Barras pourtant ne siégeait pas encore, fut indulgent pour le sexe faible et les relâcha presque toutes après quelques jours de détention. Le 25 septembre, Mlle Lange s'envolait hors des murs de Sainte-Pélagie, pour rejoindre ce prince d'Hénin qui avait été le tuteur de l'enfance de François et qui, en vieil habitué de la Comédie, était devenu un de ses applaudisseurs jurés, en même temps que l'adorateur des divinités des coulisses.

François de Neufchâteau voyait donc sombrer sa pièce et aussi son avenir de dramaturge, car il détruisit aussitôt — c'est lui qui nous l'apprend, — une seconde pièce, imitée de Goldoni, qui avait pour titre *Paméla mariée*. Mais il sombrait du moins avec l'ancienne Comédie-Française et eut le rare privilège d'être le dernier auteur joué par elle. C'était une mince consolation dans sa captivité.

La prison ! Ce n'était déjà pas d'une gaieté folle, malgré les divertissements de tout genre qu'imaginaient les captifs pour tromper les ennuis de la claustration. Mais une fois entré, on ne savait ni quand, ni comment l'on sortirait. Il y avait en perspective le fameux tribunal révolutionnaire, et bien que François y comptât parmi les jurés un compatriote, Renaudin [1], il se garda bien de réclamer sa comparution et se résigna à « siffler la linotte », comme on disait alors, et à attendre paisiblement la fin, tout en alignant des rimes et en ébauchant des scénarios.

Pourtant François de Neufchâteau ne pouvait passer pour un adversaire bien ardent. Il avait même composé un *Hymne à la Liberté*, pour l'inauguration de son temple dans la section de l'Observatoire, en la ci-devant église Saint-Jacques, le 16 novembre 1793

---

[1] Louis-Léopold Renaudin, juge au tribunal révolutionnaire, était né en 1750, à Saint-Remy, près de Raon-l'Étape. Établi luthier à Paris, il fut un des principaux partisans de Robespierre. Traduit comme complice de Fouquier-Tinville devant le tribunal, il fut condamné à mort et exécuté en 1795.

(26 brumaire an II); cette pièce a vraiment un certain souffle.

> Par toi ce temple est épuré,

disait-il à la déesse Liberté, et dans le troisième couplet, débordant de lyrisme, il chantait :

> Longtemps nos crédules ancêtres
> Laissèrent usurper leurs droits,
> Liés de l'étole des prêtres,
> Courbés sous le sceptre des rois.
> Qu'aux accents de ta voix
> Tombent les sceptres et les mitres!

Plus loin, il déplorait la mort de Marat qui venait de tomber sous le poignard de Charlotte Corday :

> Quel crime, ô ciel! etc., etc.

L'auteur était en prison quand on chanta cet hymne tout à fait dans le goût du jour. Mais il eut beau chanter, on le laissa sous les verrous. Il fallut le 9 thermidor pour le délivrer.

Sorti des Madelonnettes, il trouve au pouvoir les hommes de sa nuance; on le choie, on l'exalte, et dès le rétablissement du tribunal de cassation, il est nommé l'un des juges de la Cour suprême.

La Convention a fini sa tâche et se sépare, laissant derrière elle le Directoire. Le nouveau Gouvernement charge François de Neufchâteau d'une mission spéciale d'organisation et de pacification avec le titre de commissaire du Directoire près l'administration centrale des Vosges, titre qui remplaçait à peu près celui de procureur-général-syndic. Il occupa près de deux ans cette fonction.

A cette époque, en 1795, tout se reconstituait peu à peu. L'Institut, ou pour mieux dire l'Académie française, avait disparu dans la tourmente comme toutes les autres institutions royales. On la réorganisa; depuis cinq ans, la mort y avait creusé de nombreux vides et François de Neufchâteau, qui était en réalité un des hommes de lettres les plus remarquables du moment, fut nommé, d'abord membre correspondant de la section des lettres, puis, en 1797, membre de l'Académie française, pour y occuper le sixième des quarante fauteuils [1], en remplacement du marquis Aimar de Nicolaï.

François de Neufchâteau se trouvait ainsi le premier, le seul Vosgien devenu membre de l'Académie française. Aucun autre Vosgien ne l'est devenu depuis, et encore n'était-il pas né Vosgien!

Le Directoire était désuni; ses ministres l'étaient davantage encore et quelques-uns appartenaient même au parti royaliste. La fraction républicaine du Directoire voulut mettre fin à cette situation en éloignant les ministres suspects, et le 16 juillet 1797 (28 messidor an V), François de Neufchâteau était désigné comme ministre de l'intérieur, au lieu de Bénezech. C'est pendant son court passage au ministère qu'il prépara le décret qui ne fut promulgué que par son successeur et qui créa les archives départementales. Il prescrivait en effet la réunion aux chefs-lieux de tous les documents concernant le département (5 brumaire an V).

---

[1] C'est celui qu'occupe aujourd'hui M. Alexandre Dumas fils.

Même dans toutes ces hautes fonctions, il n'oubliait ni son pays, ni la poésie. C'est, en effet, à cette époque qu'il publia son *Poème des Vosges*, composé en 1795, assez médiocre il faut le dire, mais enfin c'est la seule œuvre poétique inspirée par nos montagnes qui méritaient un peu mieux [1]. Le 11 novembre 1796, il faisait hommage de son poème à l'école centrale (lycée) du département. « Recevez, je vous prie, y disait-il, le portrait en petit, la miniature que j'ai osé faire de nos montagnes. » Les professeurs le remercièrent de cet envoi : « Vous avez su joindre à la beauté des vers cette manière pittoresque de peindre qui, en plaçant les objets sous les yeux, vous les fait, pour ainsi dire, palper », et ils réclamèrent la publication de son ouvrage : *Leçons des écoles primaires*, qui, « feuilletées bientôt par les enfants des Vosges, vous donneront auprès d'eux le titre d'ami des petits montagnards. » Cette œuvre ne vit jamais le jour ; les professeurs terminaient en l'assurant que « personne n'est plus sensible que nous à la gloire que vos ouvrages répandent sur le département des Vosges ».

Aussi lorsqu'il fut nommé ministre de l'intérieur et, plus tard, membre du Directoire, l'École centrale lui adressait une lettre de félicitations exubérante où, l'appelant François tout court, elle lui rappelait que « Cicéron, consul, en sauvant la patrie des fureurs de Catilina, éclairait en même temps son siècle par ses

---

[1] Il est assez curieux de noter que nos belles montagnes, avec leurs sites variés et pittoresques, n'inspirèrent que de médiocres poètes, tels que François de Neufchâteau et le *barde des Vosges*, Pellet lui-même. Nous ne parlons pas, bien entendu, des purs grotesques.

immortel souvrages » et lui affirmait qu'il avait toujours servi de modèle aux Vosgiens.

L'introduction dans le ministère de républicains plus accentués n'avait pas abattu l'ardeur des factions royalistes, qui continuaient à conspirer. Le directeur Barras fit partager sa manière de voir à ses collègues Reubell et La Réveillère-Lépeaux et l'on décida l'expulsion du Directoire des deux membres qui paraissaient gagnés au royalisme, Carnot et de Barthélemy, ainsi que la transportation des députés du Conseil des Cinq-Cents et du Conseil des Anciens qui complotaient ouvertement la destruction de la République. A l'instigation de Barras, le général Augereau fut chargé de la besogne, et le 18 fructidor an V (4 septembre 1797), la France en se réveillant apprit qu'une nouvelle révolution venait de s'accomplir et qu'elle n'avait plus à craindre désormais les muscadins et les collets noirs. Cinq jours après, le 9 septembre, les deux Conseils réunis élisaient François de Neufchâteau et Merlin de Douai, membres du Directoire[1], de préférence à leurs concurrents, les généraux Masséna et Augereau, qui obtinrent cependant un grand nombre de voix. C'était la première fois qu'on remarquait la tendance des militaires à s'immiscer dans les affaires de la politique intérieure du pays et peut-être, comme l'insinue Thiers, eût-il mieux valu, pour en imposer aux armées et balancer l'influence naissante de Bonaparte, placer au Directoire une grande renommée militaire plutôt que François de Neufchâteau, écrivain

---

[1] François eut au Conseil des Cinq-Cents 205 voix, contre 194 à Masséna, 192 à Augereau, 190 à Garat, 189 à Gohier; au Conseil des Anciens, il en eut 111 contre 35 aux mêmes concurrents.

facile, mais « plus disert que capable » et sans grande fermeté.

Son installation solennelle eut lieu, le 10 septembre 1797, au bruit des décharges d'artillerie. François et Merlin, précédés des messagers d'État et des huissiers, défilèrent entre une haie de troupes et s'avancèrent jusqu'au Directoire. Le président, La Réveillère-Lépeaux, leur donna l'accolade fraternelle et les invita à prendre séance. François de Neufchâteau qui l'avait remercié par lettre, disant que « du sommet où l'on m'élève, si je ne consultais que moi, j'aspirerais à redescendre », prononça un discours où il disait : « Élevé à l'école de la philosophie, la Révolution m'a trouvé prêt à l'embrasser et à la soutenir..... C'est dans la République que nous devons placer et consacrer, en quelque sorte, tous nos vœux, toutes nos pensées, toutes nos espérances..... Il faut que la France et son Gouvernement reviennent constamment aux principes républicains..... »

Son séjour au Directoire ne se prolongea pas assez d'ailleurs pour qu'il pût commettre de ces lourdes fautes qui écrasent un homme d'État, ou pour que son insuffisance dans les postes trop élevés éclatât au grand jour. Il n'y resta pas même une année.

François de Neufchâteau approchait alors de la cinquantaine; c'était un assez bel homme, robuste, avec un peu d'embonpoint, les manières élégantes et polies comme à l'ancienne cour. De grands yeux vifs éclairaient un visage plein et régulier qui n'était point dépourvu de beauté, de cette beauté majestueuse, mais un peu vide que l'on trouve fréquemment chez les diplomates et chez les magistrats [1]. La société qu'il fréquentait de préférence n'était pas cette société dissolue des nymphes du Directoire, où la Tallien et l'épouse créole de Bonaparte, alors en Italie, tenaient le sceptre de la grâce et de la frivolité. C'était le milieu un peu bavard, un peu brouillon, mais milieu d'élite en somme et d'une austérité relative, où se donnaient rendez-vous les gens de lettres, les savants et quelques politiques, que François de Neufchâteau préférait. Il y coudoyait Monge, Fontanes, Marie-Joseph Chénier, Delille; s'étendait avec Parmentier en vastes théories agricoles; causait astronomie avec Laplace, sciences avec Lacépède, pédagogie avec Daunou, esprit avec tous. On le voyait souvent, toutefois, dans le petit hôtel de la rue Saint-Georges où sa séduisante interprète de *Paméla*, la « toute jolie » Mlle Lange, croquait à belles dents les millions pressurés par les fournisseurs des armées, tout en souriant à la nuée de poètes anacréontiques qui célébraient ses charmes sur tous les modes connus, ou en écoutant d'une oreille distraite quelque couplet galant à son adresse que débitait le chansonnier Ange Pitou.

François de Neufchâteau ne faisait que se glisser discrètement dans cette atmosphère de galanterie, de fades madrigaux, de gais propos volontiers égrillards, puis une fois qu'il en avait respiré le capiteux parfum, qu'il avait salué d'un compliment la déesse du lieu, il se retirait prestement dans son intérieur de savant et d'écrivain, n'y goûtant qu'avec plus de bonheur les joies

---

[1] Nous connaissons deux portraits de François de Neufchâteau, l'un, peint en 1798, par Isabey; un autre, en costume de sénateur, peint en 1810. Nous donnons une reproduction du premier.

intimes de la famille. Il s'était remarié en effet et avait un fils.

Son rôle au Directoire fut des plus effacés.

Il représenta avec beaucoup de dignité la République française aux conférences de Seltz, et cet exploit de plénipotentiaire fut l'épisode le plus marquant de sa carrière gouvernementale.

Au dehors, il suivait avec assiduité les travaux de l'Institut et contribua, plus que tout autre, à la réorganisation de la Société d'agriculture ; l'agronomie tendait à l'absorber de plus en plus et à devenir sa plus chère préoccupation.

Se sentait-il mal à l'aise sur ce théâtre trop vaste pour lui ? On peut le croire ; aussi ne songea-t-il point à protester contre le sort qui le désigna comme membre sortant du Directoire. Il y fut remplacé par Treilhard, et presque aussitôt, le 17 juillet 1798, à un an de distance presque jour pour jour de sa première nomination, il redevenait ministre de l'intérieur, après avoir été, dix mois, un des cinq grands gouvernants de la France.

Son action put se faire sentir d'une façon plus efficace et il a laissé de ce second passage aux affaires une trace durable. C'est à son initiative qu'on doit l'utile création des bibliothèques départementales, comme il avait déjà inventé celle des archives. Il ordonna la réimpression de toutes les circulaires et instructions émanées de son administration et cet excellent usage s'est perpétué jusqu'à nos jours. Mais l'idée la plus féconde dont il poursuivit avec bonheur l'application, c'est celle d'une exposition publique des produits de l'industrie. Les expositions annuelles des beaux-arts, ou salons de

peinture et sculpture, avaient prospéré, même pendant
la période révolutionnaire, mais rien n'avait été fait
jusqu'alors pour les arts industriels. Sous les auspices
de François de Neufchâteau et sa vigoureuse impulsion,
affluèrent de tous les points de la République les produits des diverses branches de notre industrie qui commençait à sortir de sa torpeur, et même, en certains
endroits, à devenir florissante : toiles, mousselines,
soieries, machines agricoles, métiers à tisser, etc., s'en-
tassaient dans les galeries du Louvre où s'ouvrit cette
première tenue des assises du travail. Il inaugura cette
première exposition universelle, le troisième jour com-
plémentaire de l'an VI (18 septembre 1798), et dans une
allocution qu'il prononça à cette occasion, il prédit les
services que cette institution rendrait à l'industrie nationale et sembla prévoir le brillant avenir qui lui était
réservé et dont nous avons vu, il y a peu d'années, la
confirmation si éclatante. Quatre jours après, entouré
de toute la pompe militaire et civile compatible avec les
mœurs de l'époque, il recevait solennellement, des
mains du vainqueur de Rivoli, les monuments conquis
par l'armée d'Italie : tableaux, bronzes, marbres, bijoux,
richesses éblouissantes que la victoire nous apportait
et que la défaite devait nous arracher quinze ans plus
tard.

Dans le domaine de l'instruction publique, où un
autre Vosgien devait tant travailler et réformer près
d'un siècle plus tard, François de Neufchâteau, comme
on devait s'y attendre, ne resta pas inactif. C'est lui
qui institua les concours généraux entre les élèves de
toutes les écoles centrales de France, de même qu'il

avait organisé des *fêtes de la jeunesse* pour exciter l'émulation.

Sa longue circulaire du 30 mars 1799 (10 germinal an VII) qui crée ces concours, est pleine de vues nouvelles et sages auxquelles la pratique a donné raison.

L'école centrale des Vosges applaudit à cette création, mais tout en exprimant des craintes de rivaliser avec les écoles parisiennes qui ont « sous leurs mains tous les trésors de l'instruction, alors que les nôtres ne jouissent pas de la même opulence ».

Cette innovation donna, on le sait, d'excellents résultats.

A la suite de remaniements qui s'effectuèrent dans le personnel du Directoire, d'où l'on excluait les membres républicains, Reubell et La Réveillère, pour y maintenir Sieyès et Roger-Ducos, François de Neufchâteau donna sa démission de ministre de l'intérieur, le 22 juin 1799 (prairial an VII).

En quittant pour la seconde fois le ministère, il reversa aux caisses du Trésor quinze millions pris sur les fonds secrets, dont il ne devait compte à personne, mais qu'il n'avait pas employés; exemple de probité bien rare parmi les gouvernants de cette orgie directoriale qui, disait Charles Nodier, « ressemble aussi peu à la liberté que les goules ressemblent aux bayadères ».

Malgré sa sortie du ministère à la suite de la portion démocratique du Directoire, François de Neufchâteau ne saurait être rangé parmi les républicains convaincus, débris de la Constituante et de la Convention, qui luttaient désespérément pour le maintien de la forme de gouvernement qui leur était chère. Cela est si vrai que lorsque Bonaparte, retour d'Égypte, eut accompli son forfait du 18 brumaire et que ce déserteur qui méritait la mort fut élu premier consul, il ne trouva pas François parmi ceux qui firent courageusement le coup de poing contre les grenadiers de Murat et de Lefebvre, envahisseurs de l'orangerie de Saint-Cloud, ni même parmi les opposants anodins qui mirent quelque coquetterie à se rallier à la force triomphante, sans parler des habiles comme Fouché. Il ne le trouva pas davantage, il est vrai, parmi les gens âpres à la curée, qui se jetèrent sur les pas de Bonaparte, guettant une proie qui ne pouvait leur échapper.

Il fut, dès la première heure, membre du Sénat, mais membre élu par le Sénat et non choisi par les consuls. Ce n'est pas, à vrai dire, une grande preuve d'indépendance, car les 29 sénateurs qui furent élus comme François de Neufchâteau, ne le furent qu'avec l'agrément de Bonaparte, et par les 31 autres sénateurs que celui-ci avait directement nommés (25 décembre 1799).

L'attitude de François de Neufchâteau dans cette Assemblée n'offre rien de particulier. Il y fut pourtant suffisamment docile aux volontés du maître, car aucun des changements ultérieurs qui furent apportés dans la composition de ce corps ne l'atteignit. Il semble du reste qu'il se soit adonné plutôt à ses travaux littéraires, dans son modeste logis de la rue d'Enfer, près du Luxembourg. Il composa, vers cette époque (1800), un opuscule : *Voyage agronomique dans la sénatorerie de Dijon*, celle qui lui avait été dévolue, et une *Histoire de l'occupation de la Bavière par les Autrichiens en 1778*; deux ouvrages qui indiquent bien la double tendance de son esprit, où le goût de l'agriculture le disputait aux considérations politiques.

Le premier inclinait beaucoup, dès ce moment, à prendre et garder la prééminence sur tout autre, et si parfois il se publiait encore, sous le nom de François de Neufchâteau, des *Fables et contes en vers* et les *Tropes ou figures de mots*, ce n'était qu'à de rares intervalles, en guise de distraction à ses études agronomiques.

On n'a qu'à consulter la liste des brochures qu'il édita sur la matière agricole pour se faire une idée de son activité. Tantôt il préconise la pomme de terre à laquelle son ami Parmentier a attaché son souvenir; tantôt il lance une note intitulée : *Supplément au mémoire de M. Parmentier sur le maïs*. Un autre jour, c'est une *Lettre sur le robinier*, que nous nommons aujourd'hui acacia, ou un détaillé *Rapport fait à la Société d'agriculture sur l'agriculture et la civilisation du Ban-de-la-Roche*, cet heureux coin de terre des Vosges que venait de régénérer le pasteur Oberlin.

Il ne sortait de cette quasi-retraite que le moins possible, dans les grandes cérémonies publiques, par exemple, où, à cause de son titre, il ne pouvait se dispenser de paraître. Les honneurs cependant allaient le chercher. Bonaparte, devenu empereur, et créant la décoration de la Légion d'honneur, en 1804, voulut compter François de Neufchâteau parmi les grands-officiers du nouvel ordre; l'année suivante il le nommait grand-croix.

Mais, hélas! ces récompenses ne s'adressaient pas seulement au littérateur élégant et correct, au politique honnête, à l'agronome distingué. Ce qu'on décorait en François de Neufchâteau, c'était le président du Sénat, et c'est aussi le président du Sénat qu'on investit, en sa personne, du titre de *comte*, quand on forma une nouvelle noblesse[1]. Car il était devenu, peu après l'institution du Consulat, le président de ce Sénat impérial dont la servilité est devenue légendaire, et il le fut à plusieurs reprises.

Il en dirigea les délibérations sans grand éclat, mais avec un dévouement absolu à Bonaparte; sous sa présidence, le Sénat avait successivement décidé l'installation des consuls aux Tuileries, la nomination de Bonaparte consul à vie et autres mesures qui étaient autant d'échelons vers la servitude et qui aboutirent bientôt à la proclamation de l'Empire. Si peu en évidence qu'il fût, on comprend que pareil rôle méritait salaire et il n'est pas surprenant que le président du Sénat qui harangua, lors de son couronnement, Napoléon, proclamé Empereur des Français, fut promu par lui aux plus hautes dignités. « Soyez longtemps vous-même, disait-il ce jour-là à Bonaparte, vous n'aurez point de modèles et vous en servirez toujours. »

Cela valait bien un grand cordon ! Il l'eut.

Cependant, soit fatigue, soit remords, le comte François de Neufchâteau se renferma de plus en plus dans sa laborieuse solitude. De loin en loin, il prononçait quelque discours d'apparat, au lendemain d'Austerlitz, par exemple, ou après la signature de la paix de Presbourg, et l'on pouvait retrouver, au milieu des flatteries obligées au « père du genre humain », au

---

[1] Ses armoiries où figurent un cygne, trois fléaux et un fuseau, sont gravées au bas du portrait peint par Isabey, lorsque Laugier le grava en 1812.

« grand génie » qui régnait alors en France, une pointe de blâme discret qui n'était peut-être que l'effet d'un prudent calcul, ou bien, las de ces hyperboliques courtisaneries, il s'acquittait gravement de quelque rapport sur les affaires diplomatiques ou militaires.

A partir de 1807, il quitte la présidence du Sénat, et c'est alors, à l'exclusion des autres, qu'il se livre corps et âme à sa passion favorite pour l'agriculture. Là il retrouve tout l'entrain de sa jeunesse.

Sous le règne de celui qu'il a le premier encensé du nom de *Grand*, de « l'ami du peuple », comme il l'appela aussi, le flagornant avec le surnom de Marat, il voyait s'ouvrir devant lui tous les établissements, tous les bureaux, s'abaisser toutes les barrières; c'est ainsi qu'il put parcourir la France, étudiant surtout la question des haras et réunissant là-dessus un monceau d'observations et de documents.

Il n'eut de cesse que le Gouvernement n'accordât aide et protection aux haras existants, n'instituât des inspecteurs spéciaux pour ce service et ne fît consacrer de fortes sommes pour subvenir aux dépenses de toute nature qu'entraînaient leur entretien et la création de nouveaux haras.

Les désastres de 1814, la chute de Bonaparte, la restauration des Bourbons ne semblent pas l'avoir touché profondément et ne purent guère lui arracher qu'une renonciation peu digne à ses sentiments impérialistes. Il s'excusa d'avoir loué l'Empereur en disant que lorsqu'il l'acclama, « il s'agissait d'être ou de ne pas être, mais que plus tard, quand le héros changea, il se tut. »

C'est possible ; mais on ne saurait mieux cacher sous de grandes phrases la peur ressentie quand le « héros » corse s'empara du pouvoir et le soulagement que fit éprouver à presque tous sa foudroyante disparition.

Malgré cette palinodie qui s'accorde mal avec la noblesse de caractère qu'on s'était plu à lui reconnaître, François de Neufchâteau ne fut pas l'objet des faveurs de la nouvelle dynastie, et d'ailleurs il ne les sollicita point.

Lors de l'éphémère retour de Bonaparte aux Cent-Jours, il ne fut pas compris dans la fournée des pairs qui eut lieu ; on ne voulut pas sans doute mettre une fois de plus à l'épreuve sa fidélité. Sa vie politique était irrémédiablement close.

On n'entendit plus citer son nom qu'à propos de ses mélanges agronomiques, tels que l'*Art de multiplier les grains* qui parut en 1818, sa traduction de *Gil Blas de Santillane*, ses *Commentaires sur Corneille* ou ses annotations des œuvres de Blaise Pascal.

Son ouvrage le plus marquant et qui reste comme le résumé de ses doctrines, est assurément le *Mémoire sur la manière d'étudier et d'enseigner l'agriculture* qu'il publia dans les dernières années de sa vie.

François de Neufchâteau a produit beaucoup. Ses œuvres innombrables, écrites d'un style clair, parfois déclamatoire, ne lui ont pas survécu et il n'en restera rien dans la mémoire des hommes. Son *Poème des Vosges* lui-même est profondément ignoré dans notre département et mérite presque cet oubli.

Le grand dignitaire impérial avait complètement disparu et son unique pensée était celle de Sully et Labourage et pâturage sont les deux mamelles de la France », et notre Lorraine pouvait lui offrir, comme champ d'expériences, une terre qui est une de nos plus fécondes nourrices.

Ses dernières années furent donc bien remplies, et c'est de celles-là que les Vosges ont le droit d'être justement fières. Il les employa, non seulement à agrandir le cercle de ses connaissances agricoles, à se perfectionner dans l'art de la culture, à essayer de nouveaux procédés, de nouveaux outils, et à les propager dans les fermes, à condenser le résultat de ses observations, mais il s'attacha surtout à réaliser pratiquement ses vues, à coordonner les efforts des agriculteurs et des éleveurs trop disséminés, à créer pour eux un centre où ils pourraient à loisir s'instruire dans les recueils ou manuels de leur profession, trouver un aide, un appui, un encouragement, des primes, une récompense. En un mot, il fut l'initiateur, mieux que cela, le créateur des *comices agricoles* qui ont déjà rendu tant de services et en rendront davantage encore par la suite, maintenant que l'union est consommée et cimentée entre la démocratie des villes et celle des campagnes et que les comices, ces paisibles asiles de la science aratoire, ont cessé d'être des foyers de conspirations réactionnaires.

Le succès de sa propagande pour les comices vint ceindre ses cheveux blancs d'une douce auréole. Il ne voulait garder de ses anciens hochets, de ses grandeurs d'autrefois, que le titre de président à vie de la Société d'agriculture française. Il était vraiment beau ce titre, et il eût été à souhaiter que François de Neufchâteau n'en ait jamais connu d'autre et ne se fût pas confondu, si peu que ce soit, parmi la meute des domestiques de Bonaparte !

L'affection de ses concitoyens, leur reconnaissance, la réussite de ses conceptions entouraient d'un doux reflet de gloire pacifique sa verte vieillesse, et quand la mort le frappa, le 10 janvier 1828, dans le bel hôtel qu'il habitait, dans le haut du faubourg Poissonnière, où s'est installée depuis la Compagnie générale du Gaz, il pouvait dire, en songeant à l'essor que prenaient les comices agricoles : « *Exegi monumentum ære perennius* (J'ai dressé un monument qui sera plus durable que l'airain). » Et c'est par là aussi que son souvenir durera, c'est par là qu'il fait oublier ses fautes politiques, et que nos cultivateurs lorrains honoreront sa mémoire et l'associeront, dans leurs banquets, à celle des bienfaiteurs de l'humanité [1].

Maintenant, il repose sur la colline du Père-Lachaise, dans le milieu du cimetière, à droite de la chapelle. Une colonne de marbre noir, surmontée d'une urne en marbre blanc, entourée d'une grille, recouvre ses restes et ceux de son fils Aimé-Marie-François, mort à 59 ans, le 19 janvier 1858. Ils dorment là près de Delille, de Talma, de Boufflers, de Laharpe, de Grétry, de Bernardin de Saint-Pierre, leurs contemporains et leurs amis.

Le temps a fait son œuvre : la grille descellée, rongée par la rouille, est près de disparaître; le marbre s'effrite

---

[1] Il existe encore des descendants de François de Neufchâteau; l'un d'eux, son petit-fils, je crois, est inspecteur général des mines à Carcassonne; il s'est fait connaître par ses études hydrauliques en matière de sources d'eaux minérales.

et depuis longtemps les lettres y sont à peine visibles. On peut passer bien souvent auprès de ce modeste monument sans se douter que c'est celui d'un littérateur qui a eu son heure de célébrité et d'un homme d'État qui tint, un moment, dans sa main les destinées de la France.

TABLEAU

DES MUNICIPALITÉS, DES ADMINISTRATIONS

ET DES TRIBUNAUX

DES DISTRICTS DES VOSGES

(Juin 1790 — Septembre 1791)

DISTRICT DE BRUYÈRES

(7 cantons, 59 communes)

CONSEIL GÉNÉRAL DU DISTRICT.

Claude (Jean-Joseph), homme de loi à Bruyères, anc. officier du chapitre de Remiremont.
Alexandre (Jean), à Cheniménil.
Divoux (François), à Grandvillers.
Thomas (Nicolas), à Belmont.
Marchal (Jean-Baptiste), à Corcieux.
Didier (Dominique), à Granges.
Garnier (Joseph), à Gérardmer.
Gérardin, à Bruyères.
Chavanne, à Bruyères.
Georgel (Toussaint), à Bruyères.
Rivot (Nicolas), à Rehaupal.
Collet (François-Antoine), homme de loi, à Bruyères.

Procureur-syndic du district . . . Balland le jeune, à Sainte-Hélène.
Secrétaire-greffier . . . . Gerboulet, à Bruyères.

Le directoire du district est composé de Collet, vice-président du district ; Georgel, Chavanne et Gérardin, administrateurs, et Balland le jeune, procureur-syndic.

Maire de Bruyères.	Claudel (Jean-Nicolas).
Procureur de la commune.	Bertrand (Jean-François).

Officiers municipaux.

Rovel.	Viry.	Nixe.	Mougeot.
de Jacob.			

Notables.

Collot.	Claudel.	Valentin.	Henry.
Pierre.	Pitance.	Trotot.	Démerie.
Chaire.	Duhoux.	Marchal.	

Secrétaire-greffier de la municipalité.	Frédéric.
Curé de Bruyères.	Thomas (Jean-Baptiste).
Commandant de la garde nationale.	de Jacob père (Pierre-Joseph).

Juge de paix de Bruyères		Martin, de Bruyères.
—	*Brouvelieures*. . .	Kéringer, de Mortagne.
—	*Corcieux*.	Balland, de Loiseauprey.
—	*Docelles*	Alexandre (Jean), de Cheniménil, administrateur du district.
—	*Gérardmer*	Gégout (Augustin), de Gérardmer.
—	*Granges*.	Didier (Dominique), de Granges, notaire et administrateur du district.
—	*Girecourt*	Divoux, de Grandvillers, administrateur du district.

Bureau de paix ou de conciliation.

Delavaux.	Aubert.	Collin.
Didier.	Mougeot.	Nittement.

TRIBUNAL DU DISTRICT.

Président . . . . Gusman, administrateur du département.

Juges.

Claude, administrateur du district.
Haxo (Jacques-François).
Gérard.
Didier aîné.

Commissaire du roi . . . . Febvrel.
Greffier du tribunal . . . . Collet, administrateur du district.

DISTRICT D'ÉPINAL

(5 cantons, 58 communes)

CONSEIL GÉNÉRAL DU DISTRICT.

Cottard (Jean-Baptiste), à Épinal.
Gillot (Nicolas), à Dognéville.
Wilmin (Joseph), à Xertigny.
Mathieu (Gengoult), à Hadol.
Vauthier (Jean-Quirin), à Saint-Laurent.
Lacroix (Brice), à Thaon.
de Rozières (Léopold), à Épinal.
Courtois (Jean-Nicolas), à Archettes.
Didot (Jean-François), à Jeuxey.
de Launoy (Claude-Charles), à Épinal.
Bruilliard (Nicolas-François), à Épinal.
Didelot (Claude), à Reblangotte.

Procureur-syndic du district . . . Clément (Nicolas), à Épinal.
Secrétaire-greffier . . . . Mougin (Nicolas), à Épinal.
Receveur du district . . . . Voirin (Dominique).

Le directoire du district est composé de de Rozières, vice-président du district ; Cottard, Gillot et Bruilliard, administrateurs, et Clément, procureur-syndic.

Maire d'Épinal. . . . . Vosgien (Donat).
Procureur de la commune. . . . . Maudheux.

Officiers municipaux.

Guilgot.	Poulit.	Drouin.	Thouand.
Leclerc.	Lardon.	Poirson.	Bastien.

Notables.

Marulaz.	Voirin.	Marchal.	Guilgot.
Bruillard.	Denis.	Béque.	Deblaye.
Tisserand.	Fessel.	Pellerin.	Guéry.
Égal.	Maldamé.	Brocard.	
Bugeard.	Desjardins.	Maurice.	

Secrétaire-greffier de la municipalité. Vautrin.
Trésorier-receveur. . . . . Jeandidier.
Curé d'Épinal . . . . Pierrot.
Commandant de la garde nationale. Cléver.

Juge de paix d'Épinal. . . . . . Bergé, d'Épinal.
   — de Domèvre-s.-Avière. Haussetète (Jean-Pierre), de Chavelot.
   — de Girancourt. . . . Didelot (Claude), de Reblangotte, administrateur du district.
   — de Longchamp. . . . N....
   — de Xertigny. . . . . Fleurant (François), de Xertigny, administrateur du département.

TRIBUNAL DE PAIX DE LA VILLE.

Juge. . . . . Coster.

Assesseurs.

Guilgot.	Thiéry.	Guéry.	Firmin.

Secrétaire-greffier. . . . . Jacquel.
Huissier. . . . . Dieudonné.

Bureau de paix ou de conciliation.

Thouvenel, président.

Bombard. Fessel. Marchal. Boyé.
Leroi.

TRIBUNAL DU DISTRICT.

Président . . . . Vosgien (Louis-Dagobert), administrateur du département.

Juges.

Perrin (Jacques). de Launoy (Claude-Charles),
Bruilliard (Nicolas-François), administrateur du district.
   administrateur du district. Miquel (Claude-François).

Commissaire du roi. . . . . Collinet de la Salle.
Greffier du tribunal. . . . . . . Bigel (Joseph-Benoit).

Directeur de la poste aux lettres . . Pommery (Nicolas).

COLLÈGE D'ÉPINAL.

Principal. . . . . Ganier (Jean-Baptiste).
Préfet des études . . . . Scheker.
Professeur de mathématiques. . . . Esselat.
   — *philosophie.* . . . . . Eggerlé.
   — *rhétorique* . . . . . . Marotel.

DISTRICT DE DARNEY

(5 cantons, 54 communes)

CONSEIL GÉNÉRAL DU DISTRICT.

Mathel (Claude-Joseph), à Darney.
Arrier (Jean), à Darney.
Ferry-Neuville (René-Auguste), à Bouzey.
Lami (Jean-Joseph), à Thuillières.
Garandel (Jean-Baptiste), à Lerrain.
Nicolas (François), à Escles.
Gérard (Louis), à Fontenoy-le-Château.
Honnoré (Jean-François), à Fontenoy-le-Château.
Rousseaux (Pierre), à Monthureux-sur-Saône.
Empereur (Laurent), à Godoncourt.
Hamart (Jean-Baptiste), à Darney.
Bresson (Jean-Baptiste-Marie-François), à Darney.

Procureur-syndic du district. . . . . Bresson (Pierre-Joseph-Stanislas), à Darney.
Secrétaire-greffier. . . . . Martin, à Darney.

Le directoire du district est composé de Hamart, vice-président du district ; Rousseaux, Bresson et Arrier, administrateurs, et Bresson l'aîné, procureur-syndic.

Maire de Darney. . . . . Bourgon.
Procureur de la commune. . . . . . Decorbion.

Officiers municipaux.

Jaquin.   Chauvette.   Duhoux.   Legros.
Barbier.

Notables.

Georgeot.	Paulon.	Salle.	Martin.
Gros.	Michel.	Houot.	Lafontaine.
Bailly.	Hocquart.	Rapin.	Morquin.

Secrétaire-greffier de la municipalité. Arragon (Pierre).
Curé de Darney . . . . Barret.
Commandant de la garde nationale. Lepaige.

Juge de paix de Darney . . . . . Bigot (Joseph), de Darney.
— *de Bains* . . . . . . Aubry (Nicolas), de Bains.
— *d'Escles* . . . . . . Nicolas (François), d'Escles.
— *de Lignéville* . . . . Neuville (Robert-Augustin), de Dombrot-le-Sec.
— *Monthureux-sur-Saône.* Jacquin (Ignace), de Monthureux.

Bureau de paix ou de conciliation.

Mengin.	Baret.	Arragon (Georges).
Hamart.	Rothiot.	Chamon.

TRIBUNAL DU DISTRICT.

Président . . . . Pettelot (Charles), administrateur du département.

Juges.

Barret.	Burel.
Derazey (Nicolas).	Laurent (Pierre).

Commissaire du roi . . . . Mathelas (Claude-Joseph), administrateur du district.
Greffier du tribunal. . . . . Arragon (Claude-François).

DISTRICT DE LAMARCHE

(7 cantons, 41 communes)

CONSEIL GÉNÉRAL DU DISTRICT.

de Finance (Charles-Joseph), à Lamarche.
Cravoisy (Nicolas), à Crainvilliers.
Morquin, à Vrécourt.
Monceaux (Antoine), à Damblain.
Chrétiennot (Jean-Baptiste), à Vrécourt.
Michaux (Jean-Baptiste), à Senaide.

Henry (Jean-Charles), à Châtillon-sur-Saône.
Gilot (Jean-François), à Mandres.
Désaunet (Jean-Jacques-Noël).
Jaquel (Remi), à Villotte.
Gérardin (Nicolas), à Saint-Julien.
Germain (Nicolas), à Lamarche.

Procureur-syndic du district . . . Carant (Nicolas-Thérèse), à Lamarche.
Secrétaire-greffier . . . . Hulme (Charles-Simon).

Le directoire du district est composé de Noël Désaunet, vice-président du district ; Jaquel, Gérardin et Germain, administrateurs, et Carant, procureur-syndic.

Maire de Lamarche . . . . Drouot.
Procureur de la commune . . . . Durand.

Officiers municipaux.

| Dubois. | Geoffroy. | André. | de Bourgogne. |
| Perrin. | | | |

Notables.

Durupt.	Floriot.	Dié.	Martin.
Florien.	Berlan.	Lemolt.	Lexellent.
Hudelot.	Henry.	Le Beau.	Horiot.

Secrétaire-greffier et receveur de la municipalité.	Perrin fils.
Curé de Lamarche	Prudhomme.
Commandant de la garde nationale.	Bougarel.
Juge de paix de Lamarche	Martin (Louis).
— de Châtillon	Barrey.
— de Damblain	N...
— d'Isches	Fouillette (Claude).
— de Martigny	Drouot (Philippe).
— de Mandres-sur-Vair.	Thouvenin.
— de Vrécourt.	Alba (Louis).

Bureau de paix ou de conciliation.

Durand.	Germain.	Florien.
Carant.	Jaquez.	Dubois.

TRIBUNAL DU DISTRICT.

Président . . . . Durand (Jean-Claude).

Juges.

Martin (Nicolas-Félix), de Morizécourt.
Bresson.
Drouot (Jean-Joseph), de Martigny.
Martin-Lavaux.

Commissaire du roi.	Henry (de Thillancourt).
Greffier du tribunal.	Perreau (Jean-Baptiste).
Commis-greffier	Grellot.

DISTRICT DE MIRECOURT

(6 cantons, 115 communes)

CONSEIL GÉNÉRAL DU DISTRICT.

Gaillard (Nicolas), à Mirecourt.
Bénit (Marcelin), à Mirecourt.
Grosbert (Nicolas), à Mirecourt.
Rollin (Joseph-Antoine), à Mirecourt.
Clément (Claude-Ambroise-Nicolas), à Mattaincourt.
Gouvernel (Nicolas-Victor), à Charmes.
Morizot (François), notaire à Dompaire.
Tallotte (Charles-François), à Hoffelize.
Labrosse (Dominique-Antoine), à Domjulien.
Royer (Jean-Nicolas), à Offroicourt.
Ferry (Nicolas), à Germonville.
de Lorrey (François-Xavier-Joseph), à Charmes.

Procureur-syndic du district . . .	Delpierre (Nicolas-François), à Mirecourt.
Secrétaire-greffier	Daniel (Georges-Joseph).

Le directoire du district est composé de Gaillard, vice-président du district; Morizot, de Lorrey et Clément, administrateurs, et Delpierre aîné, procureur-syndic.

Maire de Mirecourt.	Bénit (Marcelin), puis Chrétien.
Procureur de la commune.	N...
Officiers municipaux.	N..., N..., N...
Notables.	N..., N..., N...
Maire de Charmes	Fiacre (Dominique), dit Beau-Soleil.
Procureur de la commune.	Fourrier.
Curé de Mirecourt	Chevresson.
Commandant de la garde nationale.	N...
Juge de paix de la ville de Mirecourt .	Rellot.
— *du canton de Mirecourt* .	N..

Juge de paix de Charmes. . . . . Gerbaut.
— *de Dompaire*. . . . . Vautrin (Nicolas-François-Victor).
— *de Rouvres-en-Xaintois*. N...
— *de Valfroicourt*. . . . N...
— *de Vittel* . . . . N...

Bureau de paix ou de conciliation . N..., N..., N...

TRIBUNAL DU DISTRICT.

Président . . . . Grosbert (Nicolas), administrateur du district.

Juges.

Bénit (Marcelin), administrateur du district.
Grandjean.

Papigny (Nicolas-François-Armand).
Aubert (Charles).

Commissaire du roi. . . . . . . Rolin (Joseph-Antoine), administrateur du district.

Greffier du tribunal . . . . Dussart.

DISTRICT DE NEUFCHATEAU

(10 cantons, 94 communes)

CONSEIL GÉNÉRAL DU DISTRICT.

d'Hennezel (Charles-Antoine-Nicolas), à Neufchâteau.
Camus (François), à Dommartin.
Messager (Augustin), à Brancourt.
Bigotte (Joseph), à Punerot.
Andreux (Étienne), à Darney-aux-Chênes.
Époux (Étienne), à Bulgnéville.

Marant (Joseph), à Bulgnéville.
Barret (Hilaire), à Neufchâteau.
Thouvenot (Nicolas-François), à Neufchâteau.
Pothier (Joseph), à Removille.
Larminac (Claude-François), à Certillieux.
Dufey (Jean-Claude-François), à Neufchâteau.

Procureur-syndic du district. . . .	Panichot fils (Jean-Nicolas-Alexandre), à Neufchâteau.
Secrétaire-greffier	Tulpain, à Neufchâteau.
Receveur du district	Chenin, puis Panichot père.

Le directoire du district est composé de N..., vice-président du district ; Bigotte, Fépoux et Barret, administrateurs, et Panichot, procureur-syndic.

Maire de Neufchâteau	de Civalard (Nicolas-François).
Procureur de la commune	Garnier.

Officiers municipaux.

Cherpitel.	Gouttière.	Gérardin.	Bogard.
Flamérion.	Aubertin.	Maire.	Bailly.

Notables	N..., N..., N...
Secrétaire-greffier de la municipalité.	Mariotte.
Curé de Neufchâteau	Humblot (Nicolas).
Commandant de la garde nationale.	Costé.
Juge de paix de la ville de Neufchâteau.	Schmitt (André), ancien maire.
— *du canton de Neufchâteau* .	Gaucher, de Rouceux.
— *de Bauffremont*	Bossu, de Jainvillotte.
— *de Buignéville*.	Thouvenel (Dominique), de Médonville.
— *de Châtenois*	Andreux, de Darney-aux-Chênes.
— *de Coussey*	Drouot, de Coussey.
— *de Grand*	Collin (Claude-Nicolas), de Grand, administrateur du département.
— *de Liffol-le-Grand* . . .	Pougny (Nicolas-Joseph).
— *de Rémoville*	Rouyer (François-Firmin), de Vouxey.
— *de Ruppes*	Lallemand (François), de Ruppes.
— *de Vicherey*.	François de Neufchâteau, administrateur du département.

Bureau de paix ou de conciliation.

Fleury.	Joumar.	Guinet.
Gusson.	Gérardin.	Cherpitel.

TRIBUNAL DU DISTRICT.

Président . . . . de Cherrier (Jean-Claude), constituant.

Juges.

Couhey (François). Thouvenot (Nicolas-François).
Girardin. N...
Commissaire du roi . . . . Garnier.
Greffier du tribunal . . . . Chenin.

DISTRICT DE RAMBERVILLERS

(5 cantons, 55 communes)

CONSEIL GÉNÉRAL DU DISTRICT.

Collin (Georges-Nicolas), à Châtel.
Jaquel (Silvestre), à Villoncourt.
Boulanger (Nicolas), à Rambervillers.
Jeandon (Joseph), à Nossoncourt.
Comte (Claude), à Rehaincourt.
Philippe (Antoine), à Châtel.
Duprey (Antoine), à Rambervillers.
Toussaint (Claude), à Jeanménil.
Lahalle (Nicolas), à Vomécourt.
Tisserand (Nicolas), à Rambervillers.
Blaise (Jean-Nicolas), à Anglemont.
Gérardin (Sébastien), à Saint-Maurice.

Procureur-syndic du district . . . . Braux (Joseph), à Rambervillers
Secrétaire-greffier . . . . Blaise.
Receveur du district . . . . Pierre.

Le directoire du district est composé de Duprey, vice-président du district ; Collin, Boulanger, Philippe et Tisserand, administrateurs, et Braux, procureur-syndic.

Maire de Rambervillers	Roussel (Pierre-Alexis).
Procureur de la commune	Choserot (Pierre-Maximilien).

Officiers municipaux.

Vaillant.	Drouel.	Charpentier.	Poirrot.
Mansuy (François-Antoine).	Billot.	Bertrand.	Thiron.

Notables.

Dubois.	Tardu.	La Forge.	Mayer.
Jaquinet.	Vanot.	Hogard.	Blaise.
Padox.	Comte.	Dié.	Renard.
Billot.	Deguerre.	Claude.	
Pétronin.	Poirson.	Paligny.	
Michel.	Morel.	Tisseaud.	

Secrétaire-greffier de la municipalité.	Tisseaud.
Curé de Rambervillers.	Gérard.
Commandant de la garde nationale.	Rosse.

Juge de paix de la ville de Rambervillers	Benoît (Pierre-François).
— *du canton de Rambervillers*	Braux (Georges), de Sainte-Hélène.
— *de Châtel.*	Gerbaut, de Châtel.
— *de Domèvre-s.-Durbion.*	Humbert (Sébastien), de Bayecourt.
— *de Fauconcourt.*	Malhorty (François), de Damas-aux-Bois.
— *de Nossoncourt.*	Petin (Nicolas), de Ménarmont.

Bureau de paix ou de conciliation.

Tardu.	Drouet.	Nicolas.
Choserot.	Michel (Charles).	Vaillant.

TRIBUNAL DU DISTRICT.

Président	Blampain (Pierre-Nicolas).

Juges.

Demontzey.   Bruyères.   Gérard.
Gerbaut.

Commissaire du roi	Charrel (Jean-Jacques).
Greffier du tribunal	Drouel (Alexis).

DISTRICT DE REMIREMONT

(6 cantons, 45 communes)

CONSEIL GÉNÉRAL DU DISTRICT.

Burgaux (Joseph), à Remiremont.
Fleurot (Jean-Joseph), au Val-d'Ajol.
Lecomet (Antoine), à Pouxeux.
Humbert (Jean-Joseph), à Contrexard.
Nicolas (Barthélemy), à Cornimont
Berguam (Bernard), à Remiremont.
Mongel (Jean-Nicolas), à Contrexard.
Parisot (Louis), à Plombières.
Humbert (Jean-Blaise), à la Foresterie-de-Moulin.
Gruyer (Michel), à Remiremont.
Colin (Nicolas), à Fresse.
Andreux (Jean-Baptiste), à Remiremont.

Procureur-syndic du district	Noël (Jean-Baptiste), à Remiremont.
Secrétaire-greffier	Barbillat (Jean-Baptiste), à Remiremont.
Receveur du district	Petitmengin.

Le directoire du district est composé de N..., vice-président du district ; Gruyer, Berguam et Andreux, administrateurs, et Noël, procureur-syndic.

Maire de Remiremont	Richard (Romary-Ambroise)
Procureur de la commune	Marchal (Jean-François).

Officiers municipaux.

Humbert (Bernard-Grégoire).
Cuny (Joseph).
Pernot (Jean-Nicolas-Ferdinand).
Marquis (Joseph).

Résal (Jean-Baptiste).
Robé (Nicolas).
Serrier (Étienne).
Colin (Dominique).

Notables.

Puton.	Thouvenel.	Robinot.	Pourpe.
Deguerre.	Durand.	Romary.	Toquaine.
Parmentelot.	Laurent.	Thouvenel.	Rol.
Cuny.	Pernot.	Claudel.	
Roguier.	Courtois.	Marchal.	

Secrétaire-greffier de la municipalité.	N....
Maire de Plombières.	Parisot.
Procureur de la commune.	Gillot.
Curé de Remiremont.	Remy.
Commandant de la garde nationale.	Richard (Romary-François).
Juge de paix de la ville de Remiremont	Morel (C. A.).
— du canton de Remiremont	N....
— — de Cornimont.	N....
— — d'Éloyes.	N....
— — de Plombières.	N....
— — du Thillot.	Colle (André) [à la Mouline].
— — Vagney.	N....

Bureau de paix ou de conciliation.

| Courtois (Jean-Charles). | Richard. | Renaud. |
| | Puton. | Coster. |

TRIBUNAL DU DISTRICT.

Président . . . . Courtois (Jean-Robert).

Juges.

Bourgaut.
Deslon de Servance.

Fricot (François-Firmin).
Barret (N.).

Commissaire du roi. . . . . Bexon.
Greffier du tribunal. . . . . Pernot.

DISTRICT DE SAINT-DIÉ

(9 cantons, 6) communes)

CONSEIL GÉNÉRAL DU DISTRICT.

Mengin (Joseph), à Saint-Dié.
Huyn (Jean-Nicolas), à Raon-l'Étape.
François (Jean), à Hurbache.
Gérardin (Aimé-Joseph), à Biarville.
Noël (Nicolas), à Lubine.
Fadé (Joseph), à la Petite-Fosse.
Toussaint (Sébastien), maire à Wisembach.

Darbez (Jean-Georges-Christophe), à Fraize.
Colin (Claude), à Mandray.
Petitdidier (Jean-Charles), à Saint-Dié.
Febvrel (Louis), à Saint-Dié.
de Bazelaire (Charles-Dominique), à Saint-Dié.

Procureur-syndic du district. . . . Haxo (François), à Saint-Dié.
Secrétaire-greffier . . . . Voirin (Nicolas), à Saint-Dié.
Receveur du district. . . . . . . Fachot (Charles-Joseph), à Saint-Dié.

Le directoire du district est composé de Mengin, vice-président du district; Petitdidier, Febvrel et Darbez, administrateurs, et Haxo, procureur-syndic.

Maire de Saint-Dié . . . . Souhait (Joseph-Julien), succédant à Mengin et Dubois, appelés à d'autres fonctions.
Procureur de la commune. . . . . Richard.

Officiers municipaux.

| Noël. | Arragain. | Héré. | Bareth. |
| Antoine. | Getto. | Georges. | de Rouot. |

Notables.

Béjot.	Gérard.	Laurent.	Bertrand.
Léonard.	Haxo.	Lecomte.	Claude.
Lhote.	Pano.	Phulpin.	Colin.
Trexon.	Renaud.	Demontzey.	
Simon.	Dubois.	Simon.	

Secrétaire-greffier et trésorier de la municipalité	Lamblé.
Commis-greffier.	Thurin.
Évêque et curé de la paroisse . . .	de Chaumont, puis Maudru.
Commandant de la garde nationale.	Haxo (Nicolas).
Juge de paix de Saint-Dié	Dubois (Dieudonné), de Saint-Dié.
— de Bertrimoutier . . .	Rovel (Jean-Baptiste), de Layegoutte.
— d'Étival	Demange (Nicolas), de Nompatelize.
— de Fraize.	Toussaint (Jean-Georges), de Plainfaing.
— de Laveline	Noël (Jean-François), de Romont.
— de La Voivre	Colin, d'Hurbache.
— de Raon-l'Étape . . .	Huyn, de Raon, administrateur du district.
— de Saales	Dorion, de Saales.
— de Saint-Léonard. . .	Jeandel (Jean), de St-Léonard.

Bureau de paix ou de conciliation.

Petitmengin.	Héré.	Claude.
Saint-Dizier.	Maimbourg.	Thomas.

TRIBUNAL DU DISTRICT.

Président	Haxo.

Juges.

de Colroy.	Renard (Jean-Baptiste).
Clément (Joseph).	Michelant.
Commissaire du roi.	de La Chambre.
Greffier du tribunal.	Thurin (Claude-Nicolas).

LISTE

DES ÉLECTEURS DES VOSGES

Pour nommer les députés à la Convention nationale [1].

(AOUT 1792)

DISTRICT DE REMIREMONT

CANTON DE REMIREMONT.

Noël (Jean-Baptiste), procureur-syndic du district.
Durand (Nicolas).
Courtois (Jean-Robert), président du tribunal du district.
Richard (Romary-Ambroise), président du directoire du district.
Hingray (Joseph), avoué.
Fricot (François-Firmin).
Bridot (Nicolas-Joseph), à Dommartin.
Thiébault (Dominique), curé de Rupt.
Germain (Claude), à Dommartin.
Andreu (Nicolas), à Rupt.
Perrin (Jean-Nicolas), à Maxonchamp.
Febvet (Claude), à Ferdrupt.
Laurent (Claude), à Saint-Étienne.

CANTON DE LA BRESSE.

Remy (Jean-Nicolas), à La Bresse.
Aubert (Laurent-Nicolas), commandant de la garde nationale de La Bresse.
Perrin (François), officier municipal de La Bresse.

---

[1]. Imprimée à Mirecourt chez Joseph Bouillon, imprimeur du corps électoral, par ordre du tirage au sort pour le vote.

CANTON DE CORNIMONT.

Géhin (Jean), à Ventron.
Valdenaire (Michel-Joseph), à Ventron.
Grosjean (Jean), à Cornimont.
Perrin (Claude), à Ventron.
Laurent (Jean-Joseph), à Cornimont.
Géhin (Joseph), à Cornimont.
Laheurte (François), à Saulxures.

CANTON D'ÉLOYES.

Aubel (Jean-Blaise), à Pouxeux.
Lecoanet (Antoine), juge de paix de Pouxeux.
Buffet (Claude-Joseph), greffier de la justice de paix de Tendon.
Villemin (Jean-Dominique), maître d'école à Pouxeux.
Herray (Nabord), à Longuet.
Buffet (Jean-Nicolas), cultivateur à Tendon.
Lecomte (Jean-Joseph), à Pouxeux.
Humbert (Joseph-Nabord), à Saint-Nabord.
Bégel (Claude), procureur de la commune à Faucompierre.

CANTON DE PLOMBIÈRES.

Jérôme (Claude), procureur de la commune à Bellefontaine.
Deschaseau (Nicolas-Ambroise), maire des Granges.
Valantin (François).
Gadenel (François), à Bellefontaine.
Ledrappier (Jean-Dominique), à Laitre.
Bougel (François), maire du Val-d'Ajol.
Fleurot (Jean-Baptiste), ostéologiste (*on a écrit austhéologiste*) et maire à Hérival.
Jorand (Jean-Baptiste), au Val-d'Ajol.
Remy (Jean-François), à Hérival.
Arnould (Jean), à Outremont, Val-d'Ajol.
Hacquard (Pierre).

CANTON DU THILLOT.

Remy (Jean-Claude), au Thillot.
Collé (Claude-Joseph), procureur de la commune de Ramonchamp.
Parmantier (Jean-Joseph), maire de Bussang.

Boileau (Charles-Joseph), meunier au Thillot.
Canet (Claude), à Fresse.
Souvay (Charles-Étienne), à Ramonchamp.
Blaise (Maurice), maître d'école à Saint-Maurice.
Brisac (Jean-Nicolas), marchand au Thillot.
Dubois (Nicolas-Romaric), à Bussang.

CANTON DE VAGNEY.

Didier (Dominique), à Sapois.
Monge (Jean-Nicolas), à Vagney.
Humbert (Jean-Joseph), à Contrexard.
Barnet (Jean), à Sapois.
Claudon (Jean-Nicolas), chirurgien et maire à Vagney.
Lambert (Sébastien), chef de la légion de la garde nationale du district de Remiremont.
Blaise (Joachim), juge de paix de Vagney.
Maxel (Claude), à Vagney.
Xolin (Joseph), procureur de la commune de Vagney.
Thiriet (Dominique), à Thiéfosse.
Aptel (Simon), à Vagney.

DISTRICT DE LAMARCHE

CANTON DE LAMARCHE.

Perrin (Charles-François).
Breton (Joseph), procureur de la commune de Lamarche.
Martin (Louis), juge de paix de Lamarche.
Martin (Nicolas-Félix), juge au tribunal du district.
Collardé (Pierre), à Morizécourt.
Thyrion (Jean-Claude), maître d'école à Sérécourt.
Romand (Joseph), à Sérécourt.

CANTON DE CHATILLON-SUR-SAONE.

Génin (Nicolas-François), curé de Châtillon.
Garnier (François), juge de paix aux Thons.
Henry (Jean-Charles), à Châtillon.
Denis (Gaspard-Julien), à Lironcourt.

CANTON DE DAMBLAIN.

Durné (Jean), sous-lieutenant des grenadiers de la garde nationale à Damblain.
Bastien fils (François-Bénigne), capitaine de la garde nationale.
Pettelot (Jean-François), commandant du bataillon de la garde nationale.
Henry (Nicolas), à Blevaincourt.
Jaussaud (Alexandre), administrateur du département à Blevaincourt.

CANTON D'ISCHES.

Dépinal (François), maire de Fouchécourt.
Noël (Nicolas), à Ainvelle.
Garnier (Aubin), à Senaide.
Fouillette (Claude), procureur de la commune à Isches.
Petit (Jean-Baptiste), homme de loi à Mont.

CANTON DE MARTIGNY.

Drouot (Charles-François), maire de Martigny.
Drouot (Jean-Joseph), juge au tribunal du district.
Breton (Jean-Baptiste), à Crainvilliers.
Mirouel (Louis), à Frain.
Cravoisy (Nicolas), à Crainvilliers.
Gérard (Charles), commandant la garde nationale à Sérocourt.

CANTON DE MANDRES-SUR-VAIR.

Abrant (Jean-François), à Norroy.
Bonneterre (Jean-François), à Saulxures.
Girardin (Blaise), à Suriauville.

CANTON DE VRÉCOURT.

Clinchant (Louis), à Parey.
Cordier (Pierre), homme de loi à Parey.
Vatelot (Nicolas-Laurent), curé d'Aingeville.
Bournot (Antoine), à Sauville.
Trilly (Charles), cultivateur à Vrécourt.
Arnould (Claude-Nicolas), à Urville.
Clinchant (Charles), à Saint-Ouen-lès-Parey.

DISTRICT DE DARNEY

CANTON DE DARNEY.

Bresson (Pierre-Joseph-Stanislas), procureur-syndic du district.
Bresson (Jean-Baptiste-Marie-François), député suppléant à la Législative.
Toussaint, médecin à Bonvillet.
Joly (Nicolas), à Claudon.
Lefort, curé de Relanges.
Bigot (Joseph), juge de paix à Darney.
Finot, à Bleurville.
Coffinet, à Claudon.
Moisson (Charles), à Claudon.

CANTON DE BAINS.

Aubry (Nicolas), juge de paix à Bains.
Falatieu (Joseph), maître de forges.
Bernard (Dominique), à Lahaie.
Didier (Joseph), à Lahaie.
Lazare (Jean-Claude), à Gruey.
Poirot (Dominique), à Bains.
Raguin (Nicolas), curé d'Harsault.
Petitcolin (Nicolas), curé de Gruey.
Menestrel jeune (Dominique), à Bains.
Viard (François), à Gruey.
Menestrel (Nicolas), à Bains.
Viard (Dominique), procureur de la commune à Harsault.

CANTON D'ESCLES.

Royer (Jean-Joseph), à Dombasle.
Garaudel (Jean-Baptiste), à Lerrain.
Schmitt (Charles-Gaspard), adjudant-général de la légion de la garde nationale de Darney, à Hennezel.
Chevresson (Benjamin), notaire à Harol.
Nicolas (François), juge de paix à Escles.
Bernard (Jean-Joseph), maire à Harol.
Conraud (Antoine), à Lerrain.
Gerdol (Léopold), à Harol.

CANTON DE LIGNÉVILLE.

Clément (Charles-Nicolas), maire de Provenchères-devant-Darney.
Leroux (Claude-Basile), maire de Monthureux-le-Sec.
Lamy (Jean-Joseph), à Thuillières.
Ferry-Neuville (Robert-Augustin), juge de paix.
Moitessier (Jean-François), maire de Senonges.
Martin (Louis), à Senonges.
Martin (Jean-Chrysostôme), à Senonges.
Leroux (Benoit), à Dombrot.

CANTON DE MONTHUREUX-SUR-SAONE.

Cœurdassier (Antoine).
Jacquin (Ignace), juge de paix à Monthureux.
Gantois (Jean-Nicolas), curé de Monthureux.
Ely (Laurent), à Martinvelle.
Souillard (Charles), à Godoncourt.
Boivinet (Nicolas), à Regnévelle.
Savoye (Jean-François), à Fignévelle.
Duglet (Simon), à Martinvelle.

DISTRICT DE NEUFCHATEAU

CANTON DE NEUFCHATEAU.

Regnauld (Sébastien), notaire.
Thouvenin (Antoine), négociant à Neufchâteau.
Thouvenot (Nicolas-François), juge au tribunal du district.
Cherrier (Jean-Claude), président du tribunal du district.
Couhey (François), juge au tribunal du district.
Dumagnon (Maximilien), négociant à Rouceux.
Chéron (Nicolas), à Noncourt.
Adam (Pierre-Georges), à Rebeuville.

CANTON DE BEAUFREMONT.

Harmand (Joseph), à Pompierre.
Thirion (Claude-François), à Beaufremont.

Larminaux (Claude-François), à Certilleux.
Mahalin (Christophe-Louis), maire à Certilleux.
Guillaume (Hilaire), au Val-de-Circourt.

CANTON DE BULGNÉVILLE.

Poullain-Grandprey, ancien maire, procureur-général-syndic du département.
Biot (François-Hyacinthe), maire à Bulgnéville.
Thouvenel (Dominique), juge de paix à Médonville.
Mouchet (Pierre), secrétaire-greffier de la justice de paix, à Bulgnéville.
Jacob (François-Joseph), à Aulnois.
Thomas (Joseph), notaire à Bulgnéville.
Marant (René), curé d'Auzainvilliers.
Vergne (Jean-Baptiste), à Gendreville.
Henry (François), à Sandaucourt.

CANTON DE COUSSEY.

Clément (Jean-Claude), administrateur du département.
Messager (Augustin), à Coussey.
Melcion (Gabriel), à Greux.
Boucirot (Claude), régent d'humanités à Greux.
Lebrun (Étienne), à Sionne.

CANTON DE CHATENOIS.

Sylvestre (Jean-Baptiste), à La Neuveville.
Tocquart (Jean), à Houécourt.
Albert (Joseph), à Darney-aux-Chênes.
Claudel (Jacques), à Châtenois.
Millot (Jean-Joseph), à Longchamp.
Collignon (Pierre), maire à Balléville.
Gadant (Claude-Nicolas), à Gironcourt.
Thiébaut (Nicolas), à Rouvres-la-Chétive.

CANTON DE GRAND.

Collin (Claude-Nicolas), juge de paix de Grand.
Cottenot (Étienne), à Grand.
Prévost (Joseph), à Trampot.
Prévôt (Claude-Augustin), maire de Grand.

CANTON DE LIFFOL-LE-GRAND.

Marey (François), à Liffol-le-Grand.
Thouvenin (Nicolas), maître de forges à Bazoilles.
Chaulassel (Claude), curé de Liffol-le-Grand.
Pougny (Nicolas-Joseph), juge de paix à Liffol-le-Grand.
Guillemin (Joseph), à Midrevaux.
Ingrand (René), chirurgien.
Pantagaine (Léopold-Clément), curé de Mont.

CANTON DE REMOVILLE.

Rouyer (François-Firmin), juge de paix à Vouxey.
Pottier (Joseph), notaire à Removille.
Aubert (Jean-Joseph), chirurgien, maire de Vouxey.
Pierrot (Jean-Nicolas), cultivateur et maire à Attignéville.
Pillot (Nicolas), assesseur du juge de paix à Vouxey.

CANTON DE RUPPES.

Panichot (Nicolas), receveur du district de Neufchâteau.
Bigotte (Joseph), cultivateur à Punerot, administrateur du district.
Quinot (Ambroise), à Harmonville.
Raison (Alexis-Bruno), maire de Jubainville.
Lallemand (François), juge de paix.
Bigeon (Claude-Nicolas), notaire et procureur de la commune.

CANTON DE VICHEREY.

Poissonnier (Jean-Baptiste), à Arolle.
Thirion (Remy), procureur de la commune, à Pleuvezain.
Morlot (Jean-Claude), à Morel-Maison.
Spy (François), à Dommartin.
Rollin (Dominique), à Maconcourt.
Millot (Antoine), à Aouze.
Trompette (Nicolas), secrétaire de la municipalité du ban de Vicherey.

DISTRICT DE BRUYÈRES

CANTON DE BRUYÈRES.

Balland le jeune (Charles-André), procureur-syndic du district, à Sainte-Hélène.
Sébille (Jean-François), curé de Bruyères.
Valentin (François-Thomas), commandant de la garde nationale de Bruyères.

CANTON DE BROUVELIEURES.

Pierrat (François-Maurice), au Void-de-Belmont.
Colombier (Joseph), maître de forges à Mortagne.
Valentin (Jean-Baptiste), aubergiste à Brouvelieures.

CANTON DE CHAMP-LE-DUC.

Pierrat (Nicolas), laboureur à Prey.
Salmon (Jean-Baptiste), à Champ-le-Duc.

CANTON DE CORCIEUX.

Sonrier (Dominique), notaire à Neuné.
Guéry (Jean-Baptiste), à Gerbépal.
Martin (Antoine), à la Côte.
Salmon (Nicolas), à l'Épolière (*probablement les Poulières*).
Guéry (Nicolas), cultivateur à Gerbépal.
Landy (Gaspard-François), notaire et greffier de la justice de paix à Corcieux.
Baradel (Hubert), greffier de Vichibure, à Bellegoute.

CANTON DE DOCELLES.

Alexandre (Jean), juge de paix à Cheniménil.
Krantz (Nicolas), papetier à Docelles.
Rivot (Valbert), marchand à la Cense-du-Grand-Perey.
Rivat (Antoine), maire du Boulay.
Mathieu (Jean-François), laboureur à Deycimont, administrateur du district.
Laurent (Nicolas), vétéran à Cheniménil.

CANTON DE GÉRARDMER.

Claudel (Antoine-Benoît), à Gérardmer, administrateur du département.
Colin (Jean-George), vicaire de Gérardmer.
Gégout (Augustin), juge de paix de Gérardmer.
Lasausse (Nicolas), greffier de la justice de paix.
Paxion (Antoine), assesseur du juge de paix.

CANTON DE GIRECOURT.

Micaël (Jacques), à Viménil.
Balland (Claude), à Viménil.
Divoux (François), à Grandvillers.
Guiot (Jean-Baptiste), curé d'Aydoilles.
Ancel (Jean-Baptiste), à Girecourt.

CANTON DE GRANGES.

Durand (Joseph), à Granges.
Pierrat (Nicolas), à Granges.
Mathieu (Jean-Charles), vicaire à Jussarupt.
Babel (Jean-François), à Frambéménil.
Didier (Dominique), notaire et juge de paix à Granges.
Rivot (Nicolas), administrateur du département, à Rehaupal.

DISTRICT D'ÉPINAL

CANTON D'ÉPINAL.

Perrin (Jean-Baptiste), président du département.
Poirson (Joseph-Étienne), homme de loi et notaire à Épinal.
Perrin (Jacques), juge au tribunal du district.
Cottard (Jean-Baptiste), administrateur du district.
Marchal (Jacques-Joseph), homme de loi et procureur de la commune d'Épinal.
Robinot (Nicolas), commandant d'un bataillon de la garde nationale d'Épinal.

Cléver (Charles), chef de légion de la garde nationale.
Thiébault (Claude), commis au secrétariat du département.
Marchand (François), aubergiste à Épinal.
Villiers (Joseph), papetier à Dinozé.
Vauthier (Jean-Quirin), laboureur à Humbertois.
Morel (Charles), à Golbey.
Courtois (Jean-Nicolas), laboureur à Archettes.

CANTON DE DOMÈVRE-SUR-AVIÈRE.

Haustête (Jean-Pierre), administrateur du district et juge de paix à Chavelot.
Touillot, curé d'Uxegney.
Lan (Nicolas), greffier de la justice de paix.
Martin (Antoine), aux Forges.

CANTON DE GIRANCOURT.

L'hôte (François), maître de poste à Darnieulles.
Grandmaire (Claude-Joseph), à Girancourt.
Jeandemange (Vincent), au Void-de-Girancourt.
Didelot (Claude), juge de paix à Reblangotte.
Colin (Dominique), à Audoncourt.
Boulay (Jean-Nicolas), à Renauticf.

CANTON DE LONGCHAMP.

Prévôt (Jean-Nicolas), à Dignonville.
Marchal (Jean-Nicolas), notaire à Longchamp.
Ancel (Jean-François), laboureur à Vaudéville.
Bardin (Jean-Baptiste), maire à Deyvillers.

CANTON DE XERTIGNY.

Fleurant (François), juge de paix.
Vuillemin (Joseph), laboureur à Xertigny.
Villemin (François), maire à Harol.
Désaunet (Jacques), à La-Chapelle-aux-Bois.
Falque (François), curé de Hadol.
Gadenel (Nicolas), au Clerjus.
Pernot (Joseph), maire de Xertigny.
Clément (Joseph), maire d'Uzemain.

Fariné (Joseph), à Uriménil.
Poirot (Maurice), négociant au Clerjus.
Jeandin (Dominique), procureur de la commune du Clerjus.
Brunin (François), cultivateur à Fremifontaine.
Jérôme (Claude), à Dounoux.
Peureux (Antoine), maire de La-Chapelle-aux-Bois.
Mathieu (Dominique), ancien maire à Uzemain.
Didier (Joseph), procureur de la commune de Xertigny.
Breton (Remy), négociant à La Chapelle.

DISTRICT DE MIRECOURT

CANTON DE MIRECOURT.

Pommier (Jean-Baptiste), homme de loi, commandant en 2ᵉ la garde nationale de Mirecourt.
Boulet (Étienne-Jérôme), négociant.
Richard (Joseph-Nicolas), commandant en 1ᵉʳ la garde nationale de Mirecourt.
Grobert (Nicolas), président du tribunal du district.
Papigny (Nicolas-François), juge au tribunal du district.
Rollin (Joseph-Antoine), commissaire du pouvoir exécutif près le tribunal du district.
Poirot (Remy), curé de Mirecourt.
Gury (Claude), marchand de dentelles à Mattaincourt.
Simonin (Joseph), notaire à Mattaincourt.
Fourcaux (Jean), cultivateur et maire à Racécourt.
Sylvestre (Nicolas), maire de Mattaincourt.
Talotte (Laurent), à Racécourt.
Munier (Joseph), à Hymont.
Cassenave (Arnould), commandant le bataillon de garde nationale de Poussay.
L'Huillier (Nicolas), maire de Pusieux.
Thouvenot (Jean), curé de Pusieux.
Gérard (Philibert), procureur de la commune de Poussay.
Frichelet (Louis-Léopold), curé de Poussay.

CANTON DE CHARMES.

Groselet (Nicolas), curé de Charmes.
Fiacre (Dominique), maire de Charmes.
Raguel (André), procureur de la commune de Charmes.
Barbier (Jacques), notable à Charmes.
Rol (Nicolas-Michel), à Charmes.
Mathieu (Nicolas-Albert), vicaire à Portieux.
Vincent (Joseph), à Portieux.
Mougel (Charles-Antoine), à Bettegney.
Franche (Jean), à Regney.
Trompette (François), à Portieux.
Moine (Jean-Baptiste), à Savigny.
Petitcolin (Dominique), maire de Brantigny.
Gérardin (Sébastien), curé de Vincey.
Bagré (François-Xavier), curé de Tantimont.
Jean (Dominique), à Vincey.
Stoffelbach (Jean-Baptiste), chef de légion de la garde nationale du district de Mirecourt, à Vincey.

CANTON DE DOMPAIRE.

Guyot (Claude-Joseph), médecin à Dompaire.
Thouvenot (Nicolas-François), à Dommartin.
Galland (Claude-Joseph), maire de Damas.
Gérardgeorge (Mathieu), notaire à Bouxières.
Perrin (Dominique), ancien maire de Damas.
Pommier (Jean-Claude), maire de Ville-sur-Illon.
Vautré (Claude), à Dompaire.
Perrin (Claude-François), maire de Dompaire.
Morizot (François), notaire à Dompaire.

CANTON DE ROUVRES.

Fourcaux (Nicolas-Philippe), curé du Ménil-en-Xaintois.
Leroux (Hippolyte), chirurgien, maire de Saint-Menge.
Royer (Jean-Nicolas), président du district de Mirecourt, à Offroicourt.
Perrin (Nicolas), maire de Biécourt.
Florentin (Léopold), à Chef-Haut.
Marchal (Joseph), homme de loi à Saint-Menge.

CANTON DE VALFROICOURT.

Duquesnoy (Jean-Louis-François), curé de Rancourt.
Lacroix (Claude), maire de Valfroicourt.
Clément (Joseph), à Esley, administrateur du district de Mirecourt.
Thouvenel (Jean-Balthazar), juge de paix.
Talotte (Charles-François), maire de Bainville-aux-Saules.
Delacroix (Jérôme), à Valfroicourt.

CANTON DE VITTEL.

Urion (Jean-Baptiste), à Estrennes.
Cousin (René-Michel), marchand de dentelles à Remoncourt.
Richard (François), marchand de dentelles à Remoncourt.
Grandmessin (Dominique), maire de Gemmelaincourt.
Voiry (Jean-Nicolas), à They-sous-Montfort.
Saussard (Jean-Dominique), marchand de dentelles à Vittel.
Humbert (Nicolas), administrateur du département, à Vittel.
Fourcaulx (François), cultivateur à Gemmelaincourt.

DISTRICT DE SAINT-DIÉ

CANTON DE SAINT-DIÉ

Souhait (Joseph-Julien), maire de Saint-Dié.
Larminat (Sébastien), juge de paix de Saint-Dié.
Marchal (Charles), curé de Saint-Martin, à Saint-Dié.
Maudru (Jean-Antoine), évêque du département.
Sautre (Nicolas), officier municipal à Saint-Dié.
Gérard (François-Joachim), commandant de la garde nationale à Saint-Dié.
Clément (Joseph), juge au tribunal du district.

CANTON DE BERTRIMOUTIER.

Rovel (Jean-Baptiste), juge de paix.
Franoux (Joseph).

Chanal (Nicolas).
Claudel (Joseph), à la Petite-Fosse.
Durand (Jean-Baptiste), commandant de la garde nationale.
Chevalier (Nicolas), greffier de la justice de paix.

CANTON D'ÉTIVAL.

Demange (Nicolas), juge de paix.
Divoux (Jean-Joseph), maire de Saint-Michel.
Gérardin aîné (Joseph), ex-administrateur du district.
Jacquot le jeune (Jean-François), procureur de la commune de La Bourgonce.
Sanbœuf (Jean-Baptiste).
Chipon (Jean), à Saint-Remy.

CANTON DE FRAIZE.

Enaux (Nicolas).
Gaillard (Joseph-Augustin), homme de loi.
Barthélemy (Blaise).
Toussaint (Jean-Georges), notaire et juge de paix.
Flayeux (Jean-Baptiste), négociant.
Bernard (Jean-Baptiste), maire de Ban-le-Duc.
Flayeux (Jean-Baptiste), secrétaire de la municipalité de Fraize.
Grivel (Laurent), marcaire au Rupt-de-Ling.

CANTON D'HURBACHE.

Idoux (François), maire de la Voivre.
Pierson (Placide), procureur de la commune de Moyenmoutier.
Jardel (Nicolas), à Lannoix.
Genatio (Alexis), procureur de la commune de Denipaire.
Collin (Jean-Baptiste), procureur de la commune d'Hurbache.
Gérard (Joseph), à Denipaire.
Bilker (François), à Saint-Blaise.

CANTON DE LAVELINE.

Mathieu (Jean-François), officier municipal à Laveline.
Petitdidier (Joseph), maire de Gemaingoutte.

Mengin (Jean-Baptiste).
Jacquemin (Jean-Baptiste).
Toussaint (Sébastien), maire de Wisembach.
Cuny (Antoine), maire de La Croix-aux-Mines.

CANTON DE RAON-L'ÉTAPE.

Marotel (Nicolas), négociant.
Robinet (Nicolas), négociant.
Anthoine (Jean-Alexis), négociant.
Michel (Toussaint), à La Neuveville.

CANTON DE SAALES.

Pêcheur (André), commandant en 2ᵉ la garde nationale.
Marchal (Michel), curé de Colroy-la-Roche.
Bidaux (Antoine), curé de Saales.
Urbain (Sébastien), à Colroy-la-Grande.
George (Jean-Joseph), à la Grande-Fosse.
Rey (Jean-Baptiste), curé de Saint-Blaise-la-Roche.
Noël (Nicolas), cultivateur.
Volquemontz (Jean), cultivateur à Ranrupt.

CANTON DE SAINT-LÉONARD.

George (Dieudonné), à Gerbaudel.
Gérard (François), à Taintrux.
Collin (Vincent), à Saint-Léonard.
André (Nicolas), ex-maire de Taintrux.
Collin (Claude), administrateur du district.
Martin (François), à Taintrux.
Thiriet (Joseph), à Sarupt.
Georgeon (Nicolas), cultivateur à Entre-deux-Eaux.

DISTRICT DE RAMBERVILLERS

CANTON DE RAMBERVILLERS.

Benoit (Pierre-François), administrateur du département.
Héderval (François), commandant de la garde nationale.
Choserot (Pierre-Maximilien), procureur de la commune de Rambervillers.
Blampain (Pierre-Nicolas), président du tribunal du district.
Mansuy (François-Antoine), maire de Rambervillers.
Boulanger (Nicolas), administrateur du district.
Charrel (Jean-Jacques), commissaire du pouvoir exécutif près le tribunal du district.
Braux (Georges), juge de paix à Sainte-Hélène.
Lecomte (Nicolas), maire de Padoux.
Choley (Jean-François), maire de Bult.
Lahalle (Nicolas), président du directoire du district.
Richard (Jean), maire de Jeanménil.
Lagaude (François), à Padoux.
Toussaint (Claude), à Jeanménil.
Jobert (Jean-Joseph), à Sainte-Hélène.

CANTON DE CHATEL.

Huraut (Joseph), cultivateur à Paligny.
Tecus (Charles), curé de Frizon.
Mongel (Jean), à Igney.
Martin (Georges-Philippe), curé d'Igney.
Martel (Jean-Claude), notaire à Châtel.
Clément (Charles-François-Xavier), curé de Châtel.

CANTON DE DOMÈVRE-SUR-DURBION.

Dablinville (Étienne), à Badménil.
Bourgeois (Jean-Baptiste), à Domèvre.
Collin (François), cultivateur à Domèvre.

CANTON DE FAUCONCOURT.

Comte (Claude), administrateur du district.
Malhorty (François), juge de paix.

Barbier (Jean-Nicolas), procureur de la commune de Hallainville.
Perrin (Jean), rentier à Damas-aux-Bois.
Gascon (Joseph), avocat et juge de paix.
Noël (François), greffier de la municipalité de Damas.
Bannerot (Joseph-Léon), maire de Fauconcourt.

CANTON DE NOSSONCOURT.

Blaise (Jean-Nicolas), à Anglemont.
Jeandon aîné (Joseph), à Nossoncourt.
Coltat (Nicolas), au Ménil.
Hussenet (Gérard), curé de Roville-aux-Chênes.
Poirot (Alexis), à Ménarmont.
Padox (Jean-Joseph), curé de Xaffévillers.

ÉTAT, PAR BATAILLONS,

DES

OFFICIERS DE VOLONTAIRES NATIONAUX

DES VOSGES

(1792 A 1793 [1])

1er BATAILLON

(Contingent des districts de Neufchâteau et de Lamarche.)

Lieutenants-colonels, commandant le bataillon.

Hoffmann (Jean-Charles), né à Kostheim (Hesse électorale) en 1721 ; nommé chef du bataillon le 28 août 1791, retiré dans ses foyers le 16 thermidor an II.

Raoul (Charles-François), voir page 121, sa biographie.

Adjudants-majors.

Vidouze ; voir 6e compagnie.

Bresson (François-Léopold), né à Lamarche en 1771 ; élu sous-lieutenant le 1er juillet 1792 ; devenu adjudant-major le 6 juin 1793.

Quartier-maître trésorier.

Sanson (Jacques), fait prisonnier à Mayence. Remplacé par Le Beau (Nicolas), 23 ans, né à Lamarche.

---

[1]. Tous ces documents sont extraits des archives administratives du ministère de la guerre, qui m'ont été ouvertes avec une très grande bienveillance par M. le général Thibaudin, ministre de la guerre, et où j'ai trouvé le concours le plus empressé et le plus éclairé auprès de M. d'Otemar, chef de bureau, et de M. Léon Hennet, commis principal, auteur lui-même d'un remarquable travail historique sur les *Milices provinciales*, avant 1789.

Chirurgien-major.

Vallet (Jacques), 33 ans, né à Neufchâteau.

Adjudant sous-officier.

Santa (Nicolas), 25 ans, né à Damblain; sergent-major de la 6ᵉ compagnie, 28 août 1791; adjudant le 25 septembre 1792.

Tambour-major : Millot. — *Armurier :* Reigner. — *Chef tailleur :* Pricot. — *Maître cordonnier :* Davi.

COMPAGNIE DES GRENADIERS

Capitaine.

Lefebvre (Laurent-Sébastien), 36 ans, né à Neufchâteau; élu le 29 août 1791, réformé le 12 pluviôse an III.

Lieutenant.

Mercier (Joseph), 45 ans, né à Vézelise (Meurthe); élu le 29 août 1791.

Sous-lieutenant.

Dené (Jean-François), 45 ans, né à Rouceux.

Cette compagnie comprend en outre : 1 sergent-major, 4 sergents, 1 fourrier, 7 caporaux, 75 grenadiers présents sur 190 et 2 tambours.

Iʳᵉ COMPAGNIE

Capitaine.

Duplessis (Charles-François), 33 ans, né à Coussey; élu le 29 août 1791.

Lieutenant.

Sirjean (Quentin), 37 ans, né à Houécourt; élu le 29 août 1791.

Sous-lieutenant.

Quinot, 27 ans, né à Autigny-la-Tour; élu le 29 août 1791.

(Plus 123 sous-officiers ou soldats, dont 79 présents.)

2ᵉ COMPAGNIE

Capitaine.

Cordier (Joseph), 29 ans, né à Neufchâteau ; nommé capitaine le 29 août 1793.

Lieutenant.

Menaud.

Sous-lieutenant.

Grégoire (Élophe), 29 ans, né à Punerot.
(Plus 114 hommes, dont 73 présents.)

3ᵉ COMPAGNIE

Capitaine.

Flamérion (François), 26 ans, né à Neufchâteau ; nommé capitaine le 26 août 1793 (sergent-major le 1ᵉʳ juillet 1792).

Lieutenant.

Fouillette (Charles-Philippe).

Sous-lieutenant.

Maillard (Nicolas), né à Lamarche.
(Plus 117 hommes, dont 67 présents.)

4ᵉ COMPAGNIE

Capitaine.

Bouvenot (Chrysostôme), fait prisonnier de guerre à Hochheim, le 6 janvier 1793.

Lieutenant.

Pollet, fait prisonnier de guerre.

Sous-lieutenant.

Guilgot (Joseph), né à Circourt ; sergent le 15 janvier 1793, sergent-major le 15 nivôse an II, sous-lieutenant le 1ᵉʳ pluviôse an II.
(Plus 107 hommes, dont 58 présents.)

5ᵉ COMPAGNIE

Capitaine.

Cornu (Jean-Baptiste), 32 ans, né à Liffol-le-Grand.

Lieutenant.

Mercier (Joseph), 64 ans, né à Churey (Meurthe); sous-lieutenant le 1ᵉʳ janvier 1793, lieutenant le 25 frimaire an II.

Sous-lieutenant.

Boucirot (François), 20 ans, né à Greux; sergent-major le 29 août 1791, sous-lieutenant le 1ᵉʳ octobre 1793.

(Plus 128 hommes, dont 75 présents.)

6ᵉ COMPAGNIE

Capitaine.

Vidouze (Guillaume), 50 ans, né à Clermont-devant-Agen (Lot-et-Garonne); adjudant-major le 1ᵉʳ octobre 1791, passé à la 6ᵉ compagnie le 6 juin 1793.

Lieutenant.

Pernin (Jean-Baptiste), 30 ans, né à Vrécourt; — remplacé par Renard (François-Athanase), 26 ans, né à Damblain; sergent-major le 29 août 1791, sous-lieutenant le 1ᵉʳ janvier 1793.

Sous-lieutenant.

Mangin (Joseph), 25 ans, né à Fignévelle.
(Plus 110 hommes, dont 74 présents.)

7ᵉ COMPAGNIE

Capitaine.

Drouot (Jean-Baptiste), 50 ans, né à Martigny-lès-Lamarche.

Lieutenant.

Jardot (Joseph), né à Neufchâteau.

Sous-lieutenant.

Johel (Joseph), 22 ans, né à Saint-Dié.

(Plus 119 hommes, dont 71 présents.)

8ᵉ COMPAGNIE

Capitaine.

Demange (François-Simon), 30 ans, né à Thons-lès-Lamarche.

Lieutenant.

Josset, 24 ans, né à Bulgnéville.

Sous-lieutenant.

Félix ou Félisse (François), 22 ans, né à Bulgnéville.

(Plus 115 hommes, dont 77 présents.)

Au total : 32 officiers ; 1,023 sous-officiers et soldats.

Ce bataillon a été au siège de Longwy et à celui de Mayence. L'état ci-dessus résulte du livret de revue dressé à Strasbourg, le 17 floréal an III (6 mai 1795) par le général Schauenbourg et le commissaire-ordonnateur Mailhot, en vertu de l'arrêté du 1ᵉʳ floréal des représentants Merlin de Thionville, Cavaignac et Rivaud, chargés de l'embrigadement des armées de la Moselle et du Rhin. Le 1ᵉʳ bataillon des Vosges fut incorporé dans la 75ᵉ demi-brigade d'infanterie de ligne, le 1ᵉʳ messidor an III (19 juin 1795), avec le 17ᵉ bataillon de la Côte-d'Or, et le 1ᵉʳ du 38ᵉ de ligne. Cette demi-brigade devint la 56ᵉ de ligne, le 21 ventôse an IV.

2ᵉ BATAILLON

(Contingent des districts d'Épinal et de Remiremont.)

Lieutenants-colonels.

Le Bon (Sylvestre), né à Épinal; élu le 27 août 1791; démissionnaire 6 juillet 1792.

Alba (Charles-Louis), né à Nancy le 30 décembre 1757; ancien lieutenant de gendarmerie, puis chef de la garde nationale de Pompey; adjudant-major le 27 août 1791; lieutenant-colonel en second le 9 décembre 1791; en 1ᵉʳ le 6 juillet 1792; passé au 1ᵉʳ bataillon de la 94ᵉ demi-brigade d'infanterie le 30 fructidor an IV, retraité le 6 ventôse an XI (24 février 1803).

Pellet (Joseph), né à Épinal; capitaine de la 6ᵉ compagnie le 27 août 1791, lieutenant-colonel en second le 6 juillet 1792; démissionnaire le 1ᵉʳ mai 1793.

Adjudants-majors.

Durand (Joseph), nommé le 9 décembre 1791; rentré dans l'armée le 6 juillet 1792.

Valot (Joseph-Antoine), né en 1769 à Remiremont; adjudant sous-officier le 27 août 1791, adjudant-major le 6 juillet 1792.

Quartiers-maîtres trésoriers.

Bruillard (Maurice), né à Épinal; nommé le 27 août 1791, démissionnaire le 15 avril 1792.

Marchal (Joseph), né en 1770 à Épinal; nommé le 15 avril 1792, destitué le 11 octobre 1793.

Guilgot (Joseph), né en 1771 à Médonville; nommé le 11 octobre 1793.

Chirurgiens-majors.

Féry, mort à Mayence pendant le blocus.

Leclerc, nommé le 5 mai 1793; passé à la 67ᵉ demi-brigade le 1ᵉʳ frimaire an III.

Tambour-major.

Henri (Martin), né en 1768 à Nancy.

GRENADIERS

Capitaines.

Thiébert (Joseph), né à Épinal ; destitué le 17 janvier 1793.
Rozières (Maurice de), né en 1765 à Épinal ; sergent le 27 août 1791, lieutenant le 3 février 1793, capitaine le 11 brumaire an II.

Lieutenants.

Dumont (Antoine), né à Épinal ; destitué le 17 janvier 1793.
Lambert (François) dit Belle-Isle, né à Épinal ; sous-lieutenant le 3 février 1793, lieutenant le 11 brumaire an II.

Sous-lieutenant.

Crouÿ (Joseph).

(Plus 80 hommes, dont 62 présents.)

Ire COMPAGNIE

Capitaine.

Allier (Pierre-François), né en 1732 à Dambierle (Loire).

Lieutenants.

Mathieu (Sébastien), né en 1770 à Épinal ; démissionnaire le 25 décembre 1791.
Hanié (Antoine), né à Altkirch ; mort de blessures reçues à la bataille d'Hondschoote le 28 septembre 1793.
Mathieu (Mathieu), né à Épinal ; mort de blessures reçues à la bataille de Wattignies le 25 octobre 1793.
Lingé (Pierre), né en 1743 à Toul ; sous-lieutenant de la 8e compagnie le 19 brumaire an III, lieutenant le 1er nivôse an III.

Sous-lieutenant.

Durupt (Jean-Baptiste), né à Plombières.

(Plus 120 hommes, dont 59 présents.)

2ᵉ COMPAGNIE

Capitaine.

Mathis (Antoine), né en 1755 à Lunéville.

Lieutenant.

Baron (Dominique), né en 1753 à Épinal; sous-lieutenant le 2 janvier 1793, lieutenant le 15 octobre 1793.

Sous-lieutenant.

Berthelot (Jean-Nicolas), né en 1775 à Épinal.

(Plus 120 hommes, dont 62 présents.)

3ᵉ COMPAGNIE

Capitaine.

Parisot (Sébastien-Louis), né en 1765 à Plombières; démissionnaire le 1ᵉʳ fructidor an IV.

Lieutenant.

Toussaint (Jean-Baptiste), né en 1761 à Toul; capitaine de la 5ᵉ compagnie le 1ᵉʳ nivôse an IV; devenu chef de bataillon à la légion des Francs le 25 fructidor an IV.

Sous-lieutenants.

Vincent (Nicolas), né au Val-d'Ajol; passé au 8ᵉ bataillon des Vosges le 11 octobre 1793.
Ferry (Jean-Baptiste), né en 1775 à Épinal; caporal le 27 août 1791, sous-lieutenant le 11 octobre 1793, congédié pour blessures le 2 messidor an IV.

(Plus 120 hommes, dont 68 présents.)

4ᵉ COMPAGNIE

Capitaines.

Husson (Pierre), né à Plombières ; démissionnaire le 9 novembre 1791.

Rapin (Joseph), né en 1774 à Bruyères ; sous-lieutenant le 27 août 1791, capitaine le 9 novembre 1791.

Lieutenants.

Legrand (Nicolas), né en 1743 à Fontainebleau ; sous-lieutenant le 27 août 1791, lieutenant le 15 mars 1793.

Lambert (Nicolas), né en 1737 au Clerjus ; sous-lieutenant le 15 mars 1793, lieutenant le 26 juillet 1793, passé à la 8ᵉ compagnie.

Sous-lieutenants.

Fonbaron (Claude-Joseph), né à Nobémont près Épinal ; réformé le 1ᵉʳ janvier 1793.

Larivoire (Nicolas).

(Plus 120 hommes, dont 60 présents.)

5ᵉ COMPAGNIE

Capitaine.

Maudheux (Dieudonné), né en 1769 à Épinal ; sous-lieutenant le 27 août 1791, capitaine le 1ᵉʳ décembre 1791, passé adjoint à l'adjudant-général Mignotte le 1ᵉʳ thermidor an III.

Lieutenant.

Bertin (Maurice), né à Saint-Germain-lès-Toul ; sous-lieutenant le 11 octobre 1793, lieutenant le 14 brumaire an II.

Sous-lieutenant.

Étienne (Nicolas), nommé le 26 juillet 1793.

(Plus 120 hommes, dont 60 présents.)

6ᵉ COMPAGNIE

Capitaines.

Serrière (Jean-Étienne-Hyacinthe), né en 1768 à Remiremont ; lieutenant le 27 avril 1792, capitaine le 15 septembre 1792, démissionnaire le 1ᵉʳ avril 1793.

Blaise (François), né en 1741 à Dignonville ; lieutenant le 27 août 1791, capitaine le 1ᵉʳ avril 1793.

Lieutenants.

Vaillant (Nicolas), né à Épinal ; démissionnaire le 27 avril 1792 pour entrer aux grenadiers.

Renard (Joseph), né en 1769 à Épinal ; lieutenant le 15 septembre 1792.

Sous-lieutenant.

Hocquot (Michel), né en 1761 à Épinal.

(Plus 120 hommes, dont 55 présents.)

7ᵉ COMPAGNIE

Capitaines.

Larüe (Antoine), né à Épinal ; démissionnaire le 17 avril 1792.

Michel (Laurent), né en 1761 à Épinal ; sous-lieutenant le 29 août 1791, capitaine le 17 avril 1792, tué par les Chouans le 30 messidor an II.

Jacquel ou Jacques (Gabriel) ; lieutenant le 27 août 1791, capitaine le 30 messidor an II.

Lieutenant.

Valentin (Jean-Blaise), né en 1764 à Bellefontaine ; adjudant sous-officier en 1791, sous-lieutenant le 6 juillet 1792, lieutenant le 30 messidor an II.

Sous-lieutenant.

Petot (Urbain), né en 1770 à Épinal ; sous-lieutenant le 27 avril 1792 (plus tard lieutenant de la 3ᵉ compagnie le 1ᵉʳ nivôse an IV).

(Plus 120 hommes, dont 63 présents.)

8ᵉ COMPAGNIE

Capitaines.

Didier (Jean-François), né en 1754 à Épinal; tué par les Chouans le 30 frimaire an III.

Vautrin (François), né à Nancy; tambour-major le 27 août 1791, sous-lieutenant le 26 juillet 1793, lieutenant le 29 novembre 1793, capitaine le 30 frimaire an III.

Lieutenants.

Lambert (François); sous-lieutenant le 15 mars 1792, lieutenant le 3 septembre 1792, tué le 22 juillet 1793.

Égal (Nicolas), né à Épinal; sous-lieutenant au 5ᵉ bataillon le 1ᵉʳ décembre 1791, lieutenant le 22 juillet 1793, mort à l'hôpital de Saint-Omer de blessures reçues à la bataille d'Hondschoote, le 15 octobre 1793.

Hingray (Jean-Antoine), né au Val-d'Ajol; tué le 22 juillet 1793.

Lambert (Nicolas); voir la 4ᵉ compagnie.

Sous-lieutenant.

Colin (Charles-Antoine), né en 1773 à Épinal; nommé le 4 brumaire an II.

(Plus 120 hommes, dont 50 présents.)

Au total : 30 officiers, 1,036 soldats.

Ont figuré en outre au 2ᵉ bataillon, mais sans que nous ayons pu retrouver dans quelle compagnie :

Capitaines.

Pierrepont (Dominique), né à Saint-Mihiel; sous-lieutenant de grenadiers le 27 août 1791, capitaine le 16 janvier 1793, destitué le 9 brumaire an II.

Legros (Nicolas), né en 1763 à Senones; démissionnaire le 1ᵉʳ décembre 1791.

Lieutenants.

Léau (Jean), né en 1725 à Plombières; mort à Mayence le 27 février 1793.

Guilgot (Joseph), né en 1769 à Épinal; sous-lieutenant le 27 août 1791, lieutenant le 25 décembre 1791, mort le 13 septembre 1792.

Sous-lieutenants.

Gérardin (Joseph); sous-lieutenant le 13 septembre 1792, tué le 18 brumaire an II.

Guilgot (Charles dit Antoine), né en 1773 à Épinal; sous-lieutenant le 11 octobre 1793, tué à la bataille de Wattignies le 16 octobre 1793.

Oudot (Joseph), né en 1748 à Saint-Bresson près Luxeuil; sous-lieutenant à la 7e compagnie le 1er nivôse an IV.

Rapin (Félix-Augustin dit Antoine), né à Bruyères; sergent-major le 27 août 1791, sous-lieutenant le 25 décembre 1791, permuté et passé au 32e de ligne le 15 mai 1792.

Lieutenant de canonniers.

André (Amé), né en 1738 à Remiremont; lieutenant de canonniers le 21 vendémiaire an II, versé dans l'artillerie.

Chirurgiens-majors.

Noël (Jean-Baptiste), né en 1769 à Blicourt (Oise); chirurgien-major le 19 germinal an III.

Mauret (Pierre), né en 1743 à Diganiac (Lot); chirurgien-major le 25 floréal an III.

Ce bataillon a été à la prise de Mayence, à l'armée du Nord et en Vendée.

L'état ci-dessus résulte de la revue faite à Domfront (Orne) le 14 germinal an III (3 avril 1795) par le général de brigade Delarue, le commissaire des guerres Poilblanc et le commissaire Marchal. Formé à Épinal par le général Defranc, le 27 août 1791, le bataillon a reçu au camp de Wissembourg, en avril et en mai 1793, 600 contingents de la Haute-Marne et de la Nièvre; le 11 octobre 1793, à l'armée du Nord, il a formé une compagnie de canonniers. Il a été successivement incorporé aux armées des Vosges, du Rhin, du Nord, des Ardennes, de l'Ouest, des côtes de Brest et de Cherbourg.

Au moment de la formation, il comptait 527 hommes, il en reçut 643 depuis; total: 1,170 hommes. Sur ce nombre 157 sont morts; 109 ont déserté; 123 ont été rayés pour différentes causes; 116 ont passé dans d'autres corps; 24 sont devenus officiers; il en reste 543. Il fut incorporé dans la 94e demi-brigade d'infanterie de ligne, avec le 7e du Jura et le 4e du Haut-Rhin, le 30 fructidor an IV (16 septembre 1796).

3e BATAILLON

(Contingent des districts de Saint-Dié, Bruyères et Rambervillers.)

Lieutenants-colonels.

Haxo (Nicolas), né à Étival en 1749 (Voir la note page 119).

Dumas (Jean-Louis); a été pendant 33 ans gendarme, lieutenant-colonel en second le 29 août 1791, lieutenant-colonel en 1er le 29 juin 1793, général de brigade après sa mort, tué glorieusement à l'affaire de Clisson le 1er vendémiaire an II (Voir page 120).

Henry (Charles-Joseph), capitaine de la 8e compagnie le 29 août 1791, lieutenant-colonel du bataillon le 2 vendémiaire an II, mort aux Sables-d'Olonne le 27 frimaire an III.

Braux (Georges), né à Sainte-Hélène (Vosges) le 25 juin 1756, laboureur, 5 pieds 3 pouces 8 lignes; soldat à Montréal-Infanterie de 1779 à 1787, a assisté comme sergent à l'attaque de Jersey le 1er mai 1779, capitaine le 29 août 1791, lieutenant-colonel le 30 janvier 1795.

Adjudants-majors.

Lelmy (Jean-Marie); passé capitaine le 2 vendémiaire an II, puis chef du 17e bataillon de la Côte-d'Or, le 20 fructidor an II.

Maimbourg (Jean-Baptiste), adjudant-major le 16 juin 1793, mort à La Rochelle le 3 frimaire an III.

Quartiers-maîtres trésoriers.

Raule (François), né à Rambervillers le 2 février 1739; destitué pour incapacité en août 1793, mort à Nantes le 13 septembre 1793.

Antoine (Nicolas-François), né à Rambervillers le 23 mai 1771, boulanger; sergent-major le 21 novembre 1792, quartier-maître le 29 août 1793, capitaine en pluviôse an IV.

Chirurgiens-majors.

Noël (Louis-Clément), né en 1767 à Monthureux.
Reyer, quitté le 7 août 1793.
Mesnard, tué à Clisson.

Tambour-major.

Doridant (Jean-Baptiste), né en 1766 à Saint-Dié.

Capitaines.

Krantz (Claude-Nicolas), né en 1770 à Docelles; capitaine de la 6e compagnie, remplacé le 21 janvier 1793.

Claudel (Jean-Baptiste-André), né le 6 mars 1767 à Bruyères, négociant; capitaine de la 4e compagnie, démissionnaire le 26 thermidor an IV.

Mersey (François), né à Rambervillers, avocat; capitaine de la 5e compagnie.

Souhait (Jean-Baptiste), né à Saint-Dié le 7 mars 1760 (3e compagnie), mort à La Rochelle le 20 frimaire an III.

Maire (Dominique-Laurent), né à Moriville le 12 janvier 1769, cultivateur; soldat dans Royal-Roussillon de 1786 à 1790, capitaine de la 2e compagnie, libéré le 10 thermidor an IV.

Thomas (Nicolas-Joseph), né à Vomécourt le 31 mars 1760, cultivateur; soldat dans Auvergne-Infanterie de 1780 à 1785, capitaine de la 6e compagnie le 21 janvier 1793, blessé à Clisson le 22 septembre 1793, réformé pour blessures le 24 vendémiaire an II.

Frientz (Maurice), né en 1764 à Saint-Dié, marchand; soldat dans Lorraine-Infanterie de 1783 à 1791, lieutenant le 29 août 1791, capitaine de la 3e compagnie le 15 juin 1793.

Pierson (Joseph-Bernard), né à Moyenmoutier le 4 mai 1770 (ou 29 août 1769), cultivateur; capitaine de la 7ᵉ compagnie le 15 juin 1793 par arrêté de Merlin de Thionville et Reubell à Mayence; confirmé par les représentants Dornier, Menuau, Chaillon et Pomme.

Paligny (Quirin), né à Moyemont, cultivateur; sous-lieutenant le 29 août 1791, lieutenant le 1ᵉʳ février 1793, capitaine de la 2ᵉ compagnie le 1ᵉʳ octobre 1793, réformé le 10 frimaire an IV.

Renaud, capitaine de la 7ᵉ compagnie le 29 août 1791, passé apothicaire de l'armée le 13 avril 1793.

Flavenot (François), né à Hablinville (Meurthe) le 30 octobre 1753, tailleur; soldat et sergent dans Angoulême-Infanterie de 1772 à 1788, lieutenant le 13 avril 1793, capitaine des grenadiers le 20 janvier 1795.

Laillant ou L'alliot (Jacques), capitaine des grenadiers le 29 août 1791, destitué en Vendée par Reubell et Merlin de Thionville, le 10 vendémiaire an II.

May (Joseph), né le 2 janvier 1769 à Wisembach, notaire; sous-lieutenant le 29 août 1791, lieutenant le 15 juin 1793, adjudant-major le 24 pluviôse an III, capitaine de la 7ᵉ compagnie le 12 février 1795, rétrogradé le 25 fructidor, démissionnaire le 27 thermidor an IV.

Guillet (Louis), lieutenant de la 5ᵉ compagnie le 29 août 1791, capitaine de la 7ᵉ compagnie le 13 avril 1793, tué à Clisson le 1ᵉʳ vendémiaire an II.

Masson (Claude), né à Sainte-Marguerite le 23 juillet 1767, rentier; lieutenant le 29 août 1791, capitaine de la 7ᵉ compagnie le 6 avril 1795.

Alexandre (Bernard), né à Cheniménil le 12 août 1769, lieutenant le 29 août 1791, capitaine le 30 avril 1795, démissionnaire en fructidor an IV.

Lieutenants.

Lemaire (Simon), né à Saint-Dié le 28 octobre 1765, cultivateur; sous-lieutenant le 29 août 1791, lieutenant de la 3ᵉ compagnie le 5 juin 1793, tué le 17 juillet 1793.

Braux (Michel), né à Sainte-Hélène; lieutenant le 29 août 1791.

Martel (Antoine-Félix), né à Châtel, notaire; sous-lieutenant le 29 août 1791, lieutenant le 16 décembre 1792.

Herbz (Nicolas), né à Épinal; lieutenant de la 4ᵉ compagnie, démissionnaire le 11 floréal an III.

Mougel (Joseph), né à Moriville, cultivateur; sous-lieutenant le 13 avril 1792, lieutenant le 1ᵉʳ octobre 1793, démissionnaire le 20 fructidor an IV.

Maire (Joseph), né à Moriville le 12 décembre 1767; lieutenant de la 2ᵉ compagnie, libéré le 1ᵉʳ février 1793.

Mangeolle (Nicolas), né à Jeanménil le 17 janvier 1759; soldat dans Lorraine-Infanterie de 1783 à 1791, sous-lieutenant le 16 décembre 1792, lieutenant de la 1ʳᵉ compagnie le 1ᵉʳ octobre 1793.

Renaux (Jean-Baptiste), né à Moyemont, confiseur; soldat dans le Roi-Infanterie, sous-lieutenant le 1ᵉʳ février 1793, lieutenant le 12 février 1793, rayé le 30 frimaire an V.

Vinot (Sébastien), né à Cheniménil le 23 janvier 1763, maréchal ferrant; sous-lieutenant le 2 septembre 1791, lieutenant de la 6ᵉ compagnie le 12 février 1793, capitaine le 11 frimaire an IV.

Rovel (Jean-Pierre), né à Bruyères le 4 mai 1770, boulanger; sous-lieutenant le 29 août 1791, lieutenant le 6 avril 1793, démissionnaire le 6 ventôse an IV.

Haxo fils (Nicolas-François), né à Lunéville; lieutenant des grenadiers le 29 août 1791, passé officier au 17ᵉ de ligne le 21 mars 1792.

Sous-lieutenants.

Petit (Antoine), né à Rambervillers, tailleur de pierre; 5ᵉ compagnie, soldat dans Lorraine-Infanterie de 1783 à 1791, lieutenant le 11 frimaire an IV.

Haxaire (Nicolas), né à Baccarat le 6 janvier 1768, tanneur; soldat dans le Roi-Infanterie de 1788 à 1791, sous-lieutenant de la 3ᵉ compagnie le 15 juin 1793, lieutenant le 30 avril 1795.

Grivel (François), né au Valtin en 1761, cultivateur; sous-lieutenant de la 7ᵉ compagnie le 20 juillet 1793, rayé le 20 frimaire an V.

Réveillez (Nicolas-Dominique-Benoit), né à Remiremont le 5 décembre 1769, menuisier; sous-lieutenant de la 4ᵉ compagnie le 20 juillet 1793.

Antoine (Joseph-Nicolas), né à Colroy-la-Roche, cultivateur; soldat dans la Fère-Artillerie 12 ans, sous-lieutenant le 7 novembre 1793, rétrogradé le 26 fructidor an II, sous-lieutenant pour la 2ᵉ fois le 12 février 1795.

Houssemant (Jean-Baptiste), né à Anould le 7 mars 1763; sous-lieutenant le 21 vendémiaire an II, remis sergent-major le 25 fructidor an II.

Fetet (Nicolas), né à Bruyères ; sergent-major le 15 avril 1792, sous-lieutenant le 1er vendémiaire an II, libéré le 11 germinal an III.

Lotz (Jean-Pierre), né à Mandray le 29 août 1771, négociant; sous-lieutenant le 1er septembre 1793.

Valentin (François-Isidore), né à Bruyères; sous-lieutenant des grenadiers le 29 août 1791, lieutenant le 13 avril 1793, mort à l'hôpital de Nantes le 22 septembre 1793.

Bombardin (Charles-Nicolas), né à Fauconcourt, maçon ; sous-lieutenant le 6 avril 1793.

George (Dominique), né à Bruyères en 1759; sous-lieutenant de la 5e compagnie le 16 août 1793, pris par les Chouans en nivôse an III et sans doute fusillé.

Riette (Jean-François), né à Bruyères le 22 octobre 1762, serrurier ; sous-lieutenant le 30 avril 1795.

Raafaing (Jean-Baptiste), né à Bruyères le 14 juillet 1771 ; sous-lieutenant le 7 fructidor an III.

Grandferry (Jean-Baptiste), né à Bruyères le 15 décembre 1773, praticien ; sous-lieutenant des grenadiers le 30 avril 1795, blessé à la cuisse gauche à la bataille de Cholet le 17 octobre 1793, démissionnaire en fructidor an IV.

Florence (Amant), né à Saint-Genet le 21 novembre 1762, charpentier ; soldat dans Chartres-Infanterie de 1783 à 1790, sous-lieutenant le 30 avril 1795.

Brégeot (Dominique), né à Rambervillers le 27 janvier 1758; soldat à la Guadeloupe de 1779 à 1787, sous-lieutenant de la 6e compagnie le 3 juin 1795.

Ce bataillon a été à la prise de Mayence et y est resté pendant tout le blocus de cette ville; il a été ensuite en Vendée. L'état ci-dessus résulte de la revue passée au bivouac devant Mortagne (Orne), le 29 prairial an III (17 juin 1795), et à Nantes, le 13 vendémiaire an III, par Regnauld, commissaire des guerres à l'armée de l'Ouest, et Huché, agent secondaire. Le 3e bataillon comptait alors 34 officiers ou hommes du petit état-major; 147 sous-officiers et caporaux et 390 hommes; il fut complété avec 228 hommes de la première réquisition pris dans divers départements, dont 120 d'Indre-et-Loire, 76 de l'Indre, et son effectif porté ainsi à 867 hommes. Il fut incorporé dans la 30e demi-brigade d'infanterie légère le 15 nivôse an V (4 janvier 1797).

L'historique du bataillon, placé en tête du contrôle nominatif du corps, porte que, formé à Rambervillers le 29 août 1791, il partit le 4 octobre pour Oberehnheim (Obernai), le 28 mars 1792 pour Strasbourg, le 10 mai pour Phalsbourg, le 10 août pour le camp de Wissembourg ; il alla ensuite à Landau, Spire, Mayence et Francfort où il assista à toutes les affaires de la première campagne du Rhin jusqu'à la reddition de Mayence, 24 juillet 1793. Arrivé à Nancy, 4 août, il partit en poste pour la Vendée, resta 8 jours à Tours, où Haxo reçut son brevet de général de brigade. Il alla ensuite à Nantes au couvent des ci-devant carmélites, où il forma un dépôt. Au combat de Clisson, 22 septembre 1793, il perdit son chef, Dumas, 1 capitaine et 66 hommes tués. Parti ensuite de Machecoul, 3 ventôse an II, il y revint le 29, puis alla à Doué ; il fut alors rejoint par le dépôt, formé des compagnies Braux et Souhait, qui n'avaient pas pris part au siège de Mayence ; mais elles furent envoyées à Mauves, près de Nantes. Il resta 20 jours à Doué et opéra une série de marches continuelles, puis revint à Machecoul, 1er messidor.

1er BATAILLON

(Contingent des districts de Mirecourt et de Darney.)

Lieutenants-colonels.

Dussert ; démissionnaire peu après.
Bercq (Nicolas), né en 1734 (Voir page 120).

Quartier-maître trésorier.

Chamon.

Chirurgien-major.

Schmid.

COMPAGNIE DE GRENADIERS

Pas d'officiers. — 44 hommes, dont 25 présents.

1ʳᵉ COMPAGNIE

Capitaine.
Schmid.
Lieutenant.
Mérel.
Sous-lieutenant.
Thiébault.

(Plus 97 hommes, dont 63 présents.)

2ᵉ COMPAGNIE

Capitaine.
Godefroy.
Lieutenant.
Gury.

(Plus 101 hommes, dont 60 présents.)

3ᵉ COMPAGNIE

Capitaine.
Lallemand.
Lieutenant.
Virion.
Sous-lieutenant.
Renard.

(Plus 94 hommes, dont 59 présents.)

4ᵉ COMPAGNIE

Pas d'officiers. — 96 hommes dont 55 présents.

5ᵉ COMPAGNIE

Pas d'officiers. — 94 hommes dont 55 présents.

6ᵉ COMPAGNIE

Pas d'officiers. — 88 hommes dont 62 présents.

7ᵉ COMPAGNIE

Pas d'officiers. — 90 hommes dont 49 présents.

8ᵉ COMPAGNIE

Pas d'officiers. — 84 hommes dont 58 présents.

Canonniers.

Pas d'officiers. — 8 hommes du bataillon, 9 d'un bataillon de Paris.

Au total : 31 officiers dont 11 présents, 804 hommes dont 505 présents.

L'état ci-dessus résulte de la revue passée à Plobsheim, le 3 floréal an II (22 avril 1794), par le représentant du peuple Rougemont, chargé de l'embrigadement de l'armée du Rhin, assisté du commissaire des guerres Graffard, du chef de bataillon Lariboissière, adjoint. L'embrigadement a été fait par l'adjudant général chef de brigade Houel, agent supérieur pour l'incorporation, aidé du commissaire Morizot.

Le représentant Rougemont porte le jugement suivant sur le bataillon : hommes bons, officiers instruits ; l'instruction des soldats a très grand besoin d'être suivie ; le soldat a de la bonne volonté ; les manœuvres sont sans ensemble, la discipline mal établie ainsi que la subordination ; la tenue mauvaise. Bercq est un ancien et bon militaire ; Chamont, intelligent, mais n'a pas toutes les connaissances requises.

Ce bataillon a été massacré ou fait prisonnier presque en entier à la retraite de Francfort et de Mayence en mars 1793. Il a été réorganisé avec un fond de 3 compagnies restantes qui avaient échappé au désastre.

Le 4 avril, le général Houchard, écrivait de Nasdorf au roi de Prusse : « Sire, le 4ᵉ bataillon des Vosges s'est défendu contre vos troupes avec le courage qu'inspire l'amour de la liberté, et lorsqu'après avoir usé ses cartouches, il ne lui est plus resté que le parti de se rendre, il a été massacré alors qu'il avait mis bas les armes.... Dans toutes les circonstances, notamment à Limbourg, loin d'en agir ainsi, la générosité et l'humanité ont réglé nos mouvements... Vos blessés ont même été pansés avant les nôtres. Serait-ce une invitation que vous nous auriez faite de nous traiter réciproquement sans quartier ? Nous l'accepterions. Ne peut-on faire la guerre sans être cruel ? »

Le 3 germinal an II, ce bataillon n'avait plus que 445 hommes ; le commissaire des guerres Chapuis le passa en revue et y incorpora 372 recrues, ce qui porta son effectif à 817 hommes.

Les bagages du bataillon ayant été pris également dans la retraite de Mayence, l'état nominatif de contrôle a disparu. Il a été impossible de reconstituer plus complètement la composition du 4ᵉ bataillon.

Il y eut toutefois deux officiers, en outre de ceux cités plus haut, dont les noms ont été retrouvés :

Le capitaine Marion (Charles-Stanislas), né à Charmes le 7 mai 1758, vigneron ; soldat dans le Roi-Infanterie de 1775 à 1789 ; devenu général de brigade, il fut tué à la bataille de la Moskowa le 7 septembre 1812.

Le sous-lieutenant Legros (Charles-André), né à Darney le 7 décembre 1769 ; sous-lieutenant en 1791, lieutenant en 1793, capitaine en 1797, chef de bataillon en 1808, lieutenant-colonel en 1813, chevalier de la Légion d'honneur en 1807, officier en 1812, il fut retraité en 1820 et mourut à Darney en 1842.

Citons aussi Aubry (François-Victor-Fourrier), né en 1774, connu plus tard sous le nom d'Aubry-Febvrel, mort en 1853, et son cousin Aubry (Joseph-Emmanuel), né en 1772, qui devint colonel d'état-major et baron de l'Empire, et fut tué au combat de Polotsk le 18 août 1812.

Ce bataillon, ou plutôt ses débris, furent incorporés dans la 15ᵉ demi-brigade *bis* d'infanterie légère, avec le 8ᵉ de la Drôme, le 14 fructidor an II (31 août 1794), qui devint la 27ᵉ légère en prairial an IV.

5ᵉ BATAILLON

(Contingent des neuf districts ; compagnies en surnombre.)

Lieutenants-colonels.

Du Baud ou Du Bau (Pierre), né à Tombebœuf (Lot-et-Garonne) le 15 janvier 1725 ; soldat, maréchal des logis, sous-lieutenant, puis lieutenant dans Orléans-Cavalerie de 1743 à 1786, retraité alors, décoré depuis 1777 de la croix de Saint-Louis, major de la garde nationale de Darney en 1790, lieutenant-colonel en 1ᵉʳ le 28 novembre 1791, retiré du service le 1ᵉʳ août 1793.

Barjonet (Claude-Louis), né à Vittel le 25 août 1768 ; capitaine au 4ᵉ bataillon le 28 août 1791, lieutenant-colonel en second le 28 novembre 1791, lieutenant-colonel en 1ᵉʳ le 1ᵉʳ août 1793. Chef de la 138ᵉ demi-brigade d'infanterie le 29 floréal an II, passé à la 61ᵉ le 24 février 1796, retraité le 10 mars 1797.

Maréchal (Barthélémy) : voir à la 3ᵉ compagnie.

Adjudants-majors.

D'Offretin (Marie-Louis), parti malade le 20 mai 1792.

Charpentier ; officier au régiment d'Austrasie, nommé adjudant-major par le général Leveneur, rappelé à son corps le 31 mai 1792.

Relot (Joseph), né à Châtel ; soldat dans Touraine-Infanterie de 1772 à 1780, dans Royal-Roussillon de 1782 à 1790, adjudant sous-officier, passé adjudant-major le 1ᵉʳ septembre 1792, devenu commissaire des guerres le 30 juin 1793.

Quartier-maître trésorier.

Jacquemin (Charles-Pierre), né le 27 juillet 1766 à Mirecourt ; devenu commissaire des guerres en thermidor an II.

Chirurgien-major.

Aubry (Claude), né à Bains le 2 décembre 1762 ; chirurgien de marine, de 1778 à 1783.

Tambour-major.

Grégoire (Claude-Charles), né en 1771 à Mirecourt ; nommé sous-lieutenant, le 22 germinal an II.

COMPAGNIE DES GRENADIERS

Capitaine.

Jacquot (Antoine), né à Dieuze ; soldat dans Custines-Dragons de 1767 à 1781, et dans le 12e de cavalerie de 1782 à 1787.

Lieutenants.

Maillière (Pierre), né à Valfroicourt ; mort le 31 mars 1793.
Maillière (Joseph), né en 1763 à Valfroicourt ; sous-lieutenant de la 1re compagnie le 26 juillet 1792, lieutenant le 11 novembre 1793.
Jeannet (Joseph), né à Laveline-devant-Saint-Dié le 18 octobre 1736 ; soldat dans d'Erlach et dans l'artillerie de 1758 à 1791, lieutenant le 1er avril 1793, capitaine le 10 novembre 1793, mort de ses blessures le 25 floréal an II.

1re COMPAGNIE

Capitaine.

Boulet (Charles), né à Mirecourt ; retiré le 25 juillet 1792.

Lieutenant.

D'Urbain (Victor) ; lieutenant en novembre 1791, capitaine le 26 juillet 1792, destitué en Vendée le 22 germinal an II.

Sous-lieutenants.

Boyé (Pierre-Joseph), né à Bouzeval le 22 janvier 1770 ; sous-lieutenant le 1er novembre 1791, lieutenant le 26 juillet 1792, capitaine le 22 germinal an II.
Robert (Joseph), né en 1769 à Saint-Dié ; sous-lieutenant le 11 avril 1793, lieutenant le 22 germinal an II, blessé le 3 floréal an II ; on le croit mort.

2ᵉ COMPAGNIE

Capitaines.

Ponsin (Claude); mort de ses blessures le 18 floréal an II.
Prieur (Nicolas), né en 1772 à Vittel; sous-lieutenant le 1ᵉʳ avril 1793, lieutenant de la 8ᵉ compagnie le 22 germinal an II, capitaine le 15 prairial an II.

Lieutenant.

Chanelle (Louis), né à Épinal; tué le 1ᵉʳ mai 1793.

Sous-lieutenant.

Moroge (François), né à Villers (Haut-Rhin) en 1767; démissionnaire le 11 avril 1793.

3ᵉ COMPAGNIE

Capitaine.

Marchal (Barthélemy), né le 8 février 1763 à Rambervillers; garde national de Paris en 1789, lieutenant-colonel en second du 5ᵉ bataillon le 1ᵉʳ prairial an II.

Lieutenant.

Boileau (Claude-Joseph-Norbert), lieutenant en novembre 1791, capitaine le 24 juin 1793, destitué par les représentants du peuple le 1ᵉʳ novembre 1793.

Sous-lieutenants.

Docteur (Jean-Claude-François); sous-lieutenant en novembre 1791, lieutenant le 24 juin 1793, capitaine en prairial an II.
Grosjean (Nicolas), né en 1763 à Saint-Maurice; soldat dans Provence-Infanterie de 1781 à 1789, garde national de Paris, de 1789 à 1790, sous-lieutenant le 22 germinal an II, lieutenant le 10 brumaire an III.
Gaumel (Joseph), né en 1755 à Rambervillers; sous-lieutenant le 22 germinal an II.

4ᵉ COMPAGNIE.

Capitaine.

Pariset (Jean-Augustin), né à Senones le 28 août 1766; destitué par les représentants du peuple le 1ᵉʳ nivôse an II.

Lieutenant.

Babel; retiré le 4 janvier 1793.

Sous-lieutenants.

Michel (Jean-Georges); sous-lieutenant en novembre 1791, lieutenant le 5 janvier 1793, en Vendée, remplacé le 22 germinal an II.

Pariset (Joseph), né en 1772 à Senones; sous-lieutenant le 6 janvier 1792, passé au 5ᵉ chasseurs à cheval le 23 novembre 1792.

Didier (Georges), né en 1763 à Granges; soldat de marine ou de milices de 1772 à 1788, sous-lieutenant le 24 novembre 1792, lieutenant le 22 germinal an II.

Martin (Pierre), né en 1767 à Châtenois; soldat dans Auxonne-Artillerie de 1784 à 1791, sous-lieutenant le 20 messidor an II.

5ᵉ COMPAGNIE

Capitaine.

Valantin; retraité le 29 vendémiaire an III.

Lieutenant.

Bastien (François), né à Mirecourt le 28 février 1771, passé capitaine de la 4ᵉ compagnie le 22 germinal an II.

Sous-lieutenant.

Sornin (Dominique-François), né à Vincey le 14 février 1759; soldat dans Bourgogne-Infanterie de 1776 à 1784, lieutenant le 1ᵉʳ mai 1793, capitaine le 1ᵉʳ nivôse an II, en Vendée, remplacé le 22 germinal an II.

6ᵉ COMPAGNIE

Capitaine.

Gabriel (Jean-Léonard); réformé le 26 brumaire an II.

Lieutenant.

Gaxotte (Sébastien-Nicolas); retraité le 30 avril 1793.

Sous-lieutenant.

Bourgeois (Joseph); lieutenant le 1ᵉʳ mai 1793.

7ᵉ COMPAGNIE

Capitaine.

Leroy (Jean-Claude), né à Paris le 18 novembre 1752; soldat aux Gardes-Françaises de 1768 à 1776, au régiment provincial de Paris de 1777 à 1785, mort de ses blessures le 16 thermidor an II.

Lieutenants.

Bridot (Jean-Martin); capitaine le 20 messidor an II.
Georgeot (Claude), né en 1752 à Mirecourt; sous-lieutenant le 11 novembre 1793, lieutenant le 20 messidor an II.

Sous-lieutenants.

Valrof (Jean-Nicolas), né à Bussang le 17 août 1766, mort le 7 pluviôse an II.
Laville (Joseph), né en 1751 à Darchignant (Allier); soldat dans Soissons-Infanterie, le Roi et Aunis, de 1779 à 1786, sous-lieutenant le 2 nivôse an II.

8ᵉ COMPAGNIE

Capitaine.

Perrin (Dominique), né à Bains le 10 juillet 1741; soldat dans Aquitaine-Infanterie de 1755 à 1765, aux Invalides de 1765 à 1790, retraité le 26 juin 1793.

Lieutenant.

Schmid (Maurice); disparu le 26 décembre 1792.

Sous-lieutenants.

Bailly (Charles-François), né à Monthureux-sur-Saône le 3 janvier 1771; lieutenant le 27 décembre 1792.

Latray (Nicolas), né en 1767 à Valfroicourt; sous-lieutenant le 10 brumaire an III.

L'état ci-dessus résulte d'une revue passée au Quesnoy et au camp de Bidburg, à l'armée du Nord, le 13 frimaire an III. Ce bataillon a été incorporé dans la 138ᵉ demi-brigade d'infanterie de ligne avec le 2ᵉ de la Vienne, le 16 brumaire an III (6 novembre 1794), qui devint la 61ᵉ de ligne le 5 ventôse an IV.

6ᵉ BATAILLON

(Contingent des districts de Bruyères et Rambervillers.)

Lieutenants-colonels.

Gérardgeorge (Claude-Joseph), né à Saint-Vallier (Vosges), le 3 février 1766; soldat dans Beaujolais-Infanterie de 1782 à 1790, lieutenant de la garde nationale de Rambervillers de 1790 à 1791, lieutenant de gendarmerie du 8 février au 21 mai 1791, chef de bataillon de la garde nationale de Rambervillers, puis chef de légion, de 1791 à 1792, lieutenant-colonel en 1ᵉʳ du 6ᵉ bataillon le 9 août 1792, démissionnaire le 11 mars 1796.

Didier (Étienne), né à Gérardmer le 21 janvier 1738; soldat dans Royal-Lorraine, au régiment des recrues de Nancy et au Roi-Infanterie jusque 1791, commandant en second la garde nationale de Gérardmer en 1790, sous-adjudant général de la légion du district de Bruyères de 1791 à 1792, lieutenant-colonel en second le 9 août 1792.

Adjudants-majors.

Doridant (Jean-Dominique-Nicolas), né à Vomécourt; adjudant-major le 9 août 1792.

Padox (Joseph), né à Rambervillers le 16 janvier 1772; adjudant-major le 1er frimaire an II.

Quartiers-maitres.

Vaillant (Jean-Baptiste), né à Rambervillers le 22 septembre 1770; quartier-maître le 12 août 1792; capitaine de la 3e compagnie le 20 pluviôse an II.

Tisserant, né le 1er novembre 1771; quartier-maître le 20 pluviôse an II.

Chirurgien-major.

Limouse (Joseph), né à Mirecourt le 27 juin 1768; chirurgien dans le Roi-Infanterie de 1786 à 1791, chirurgien de marine de 1791 à 1792.

Tambour-major.

Simon (Toussaint), né à Bruyères le 16 septembre 1771, taille de 5 pieds 8 pouces (1 m. 87 cent.).

COMPAGNIE DES GRENADIERS

Capitaines.

Barbier (Pierre-Joseph), né à Hallainville le 28 juin 1758.

Bercaud (Claude), né à Aydoilles le 7 septembre 1733; soldat aux grenadiers de France de 1754 à 1770, capitaine le 1er nivôse an II.

Lieutenants.

Blaize (Jacques-Antoine), né à Gérardmer le 1er juin 1758; capitaine le 1er nivôse an II.

Villemin (Baptiste), né à Champdray le 24 juin 1769; sous-lieutenant de la 1re compagnie le 4 août 1792, lieutenant le 1er nivôse an II.

Sous-lieutenant.

Clévenot (François-Joseph), né à Saint-Hippolyte (Haut-Rhin) le 10 octobre 1774; passé agent secondaire à l'état-major.

(Plus 66 grenadiers, dont 49 présents.)

1ʳᵉ COMPAGNIE

Capitaine.

Mengin (Georges), né à Granges le 27 avril 1768.

Lieutenant.

Balland (Pierre), né à Granges le 26 avril 1768.

Sous-lieutenants.

Villemin (Baptiste); voir aux grenadiers.
Didier, né à Gérardmer le 22 février 1768; sous-lieutenant le 1ᵉʳ nivôse an II.

(Plus 100 hommes, dont 57 présents.)

2ᵉ COMPAGNIE

Capitaines.

Voirin (Nicolas-Philippe), né à Châtel le 1ᵉʳ mai 1758; soldat dans Navarre-Cavalerie de 1779 à 1787.
Blaize (Jacques-Antoine); voir aux grenadiers.

Lieutenant.

Micard, né à Châtel; détaché à l'artillerie en Vendée.

Sous-lieutenant.

Marchal (Claude), né à Châtel le 27 février 1765.

(Plus 79 hommes, dont 55 présents.)

3ᵉ COMPAGNIE

Capitaines.

Garnier (Gérard), né à Gérardmer le 4 mai 1761.
Vaillant (Jean-Baptiste); voir aux quartiers-maîtres.

Lieutenant.

Gégout (Jean-Antoine), né à Gérardmer en 1763; détaché à l'artillerie en Vendée.

Sous-lieutenant.

Gégout (Jean-Baptiste), né à Gérardmer le 12 février 1764.

(Plus 76 hommes, dont 45 présents.)

4ᵉ COMPAGNIE

Capitaine.

Drouël (Joseph), à Rambervillers le 26 décembre 1774.

Lieutenant.

Fauchon (Nicolas), né à Rambervillers en 1763.

Sous-lieutenants.

Diez (Nicolas), né à Rambervillers le 26 octobre 1770.
Lescal, né le 2 juillet 1765; sous-lieutenant le 1ᵉʳ nivôse an II.

(Plus 79 hommes, dont 52 présents.)

5ᵉ COMPAGNIE

Capitaine.

Mathieu (Joseph), né à Fontenay le 19 juin 1750; soldat dans Bourbon-Dragons de 1776 à 1784.

Lieutenant.

Adam (Jean-Baptiste), né à Mortagne le 15 mai 1765; soldat dans Lorraine-Infanterie de 1784 à 1791, sous-lieutenant le 4 août 1792, lieutenant le 1ᵉʳ nivôse an II.

Sous-lieutenant.

Étienne (Nicolas-Joseph), né à Fontenay le 3 décembre 1773; sous-lieutenant le 1ᵉʳ nivôse an II.

(Plus 80 hommes, dont 55 présents.)

6ᵉ COMPAGNIE

Capitaine.

Balan; détaché à l'artillerie en Vendée.

Lieutenants.

Thérol (François), né à Damas-aux-Bois, le 3 septembre 1738; soldat dans Champagne-Infanterie de 1757 à 1762.

Duval (Charles), né à Hallainville; sous-lieutenant le 9 août 1792, fait prisonnier de guerre le 14 septembre 1793.

Sous-lieutenant.

Thomas (Dieudonné), né à Frambois (Meurthe), le 9 novembre 1757; soldat dans Royal-Auvergne de 1780 à 1788, sergent-major en 1792, sous-lieutenant le 1ᵉʳ nivôse an II.

(Plus 83 hommes, dont 51 présents.)

7ᵉ COMPAGNIE

Capitaine.

Félix (Jean-Jacques), né à Bruyères le 14 janvier 1765, 5 pieds 8 pouces; capitaine le 4 août 1792; passé capitaine à la 173ᵉ demi-brigade d'infanterie le 22 mars 1794; réformé pour blessures le 1ᵉʳ octobre 1795.

Lieutenant.

Valentin (Nicolas-François), né à Bruyères le 17 décembre 1769, 5 pieds 5 pouces; passé adjoint attaché à l'état-major; capitaine à la 173ᵉ demi-brigade d'infanterie le 9 fructidor an II; devint, l'année suivante, administrateur du district de Bruyères [1].

Sous-lieutenants.

George (Charles), né à Bruyères le 10 octobre 1771.

Villemin (François), né à Champ-le-Duc le 23 avril 1770, 5 pieds 7 pouces 7 lignes; sous-lieutenant le 1ᵉʳ frimaire an II.

(Plus 93 hommes, dont 64 présents.)

---

1. C'était le frère aîné de Valentin de la Pelouze, directeur du *Courrier Français*, le fameux journal libéral de la Restauration, l'un des signataires avec Thiers, Armand Carrel et Mignet de la protestation contre les ordonnances de Juillet, qui amena la révolution de 1830; les frères Valentin sont les grands-oncles maternels de l'auteur.

8ᵉ COMPAGNIE

Capitaine.

Boileau (Hubert), né à Rambervillers en 1765 ; soldat dans Lorraine-Infanterie pendant 8 ans.

Lieutenant.

Gillot (Denis), né à Badménil le 25 août 1766 ; détaché à l'artillerie en Vendée.

Sous-lieutenant.

Bontems, né le 17 septembre 1743 ; sous-lieutenant le 20 pluviôse an II.

(Plus 98 hommes, dont 80 présents, et 18 canonniers, dont 15 présents, et un détachement de 14 hommes du 7ᵉ d'artillerie.)

Au total : 27 officiers ; 772 sous-officiers et soldats, dont 523 présents.

L'état ci-dessus résulte de l'inspection passée à Longwy le 29 ventôse an II (19 mars 1794) par le représentant du peuple Gillet, chargé de l'embrigadement des armées de la Moselle et des Ardennes, assisté de l'adjudant général Grenier et du commissaire des guerres Lagrange.

A sa formation à Rambervillers, le 9 août 1792, le bataillon avait reçu 781 hommes, il a reçu depuis 670 recrues ; total : 1,451. Il a eu 25 morts, 126 déserteurs, 79 réformés, 8 congédiés ; 134 hommes sont détachés à l'artillerie en Vendée ; 245 ont permuté ; 51 ont été versés dans la cavalerie ou l'artillerie ; 11 sont devenus officiers ; total : 679 ; reste : 772 dont 18 canonniers. Le bataillon a appartenu constamment à l'armée de la Moselle ; il a été au camp de Saarbrück, à celui de Sarreguemines, à Longwy ; à la retraite des lignes de Wissembourg, frimaire an II, où il a perdu ses caissons.

Le 6ᵉ bataillon des Vosges fut incorporé dans la 173ᵉ demi-brigade d'infanterie de ligne avec le 5ᵉ de la Moselle et le 1ᵉʳ du 96ᵉ de ligne le 6 germinal an II (26 mars 1794) qui fut répartie entre les 37ᵉ et 88ᵉ demi-brigades de ligne au nouvel amalgame de pluviôse et ventôse an IV.

7ᵉ BATAILLON

(Contingent du district de Mirecourt.)

Le contrôle nominatif des officiers, sous-officiers, caporaux et soldats de ce bataillon n'existe pas aux archives du ministère de la guerre. On trouve à la place ces renseignements :

Le 15 ventôse an III (5 mars 1795), le 7ᵉ bataillon est à l'armée des Pyrénées-Occidentales, en garnison à Bayonne. Le conseil d'administration dresse un procès-verbal constatant qu'à la formation, le 5 août 1792, il y avait 800 hommes, tous du district de Mirecourt ; le 7 septembre, à Phalsbourg, 500 furent choisis pour former un bataillon de campagne ; 300 restèrent au dépôt à Phalsbourg. Le bataillon de campagne arriva à l'armée du Rhin, au camp de Wissembourg, le 11 septembre, où il fut reçu par le colonel-adjudant général Van Helden. Il alla à Mayence et participa à la prise de cette ville ; il alla ensuite à Francfort, et fut fait prisonnier de guerre par les Prussiens, le 2 décembre 1792. Un détachement de 80 hommes fut pris quelques jours après au fort de Kœnigstein ; ils restèrent prisonniers en Prusse et dans le landgraviat de Hesse-Cassel ; d'autres ont été tués ou sont morts de leurs blessures.

Le bataillon de dépôt de 300 hommes est parti à son tour pour Mayence où il est resté pendant le siège de cette place et y a perdu des hommes. Il a passé ensuite en Vendée où d'autres sont morts aussi. Le quartier-maître étant mort à Nantes, le 5 fructidor an III, on a mis les scellés sur ses papiers et on ne peut avoir les renseignements. Le bataillon a ensuite été envoyé à l'armée des Pyrénées-Occidentales où il a reçu plusieurs recrues des réquisitions de divers départements.

Ce procès-verbal est signé du lieutenant-colonel D. Chiquelle (voir la note page 149) ; de l'adjudant-major Paul ; du quartier-maître Périn ; des capitaines l'Huillier et Jon ; du lieutenant Cardinet ; du sous-lieutenant Bonjean ; du sergent-major Valantin et du sergent Usunier.

On réclama au district de Mirecourt le double de l'état de contrôle du 7ᵉ bataillon ; le district répondit à l'administration du département des Vosges, le 18 germinal an III, qu'il avait laissé cet état aux officiers du bataillon, qui avaient promis de le renvoyer et l'ont gardé.

Une autre lettre du conseil d'administration du bataillon, datée du 6 floréal an II, au camp devant Doué, en Vendée, dit qu'il ne peut établir la mort de tous les absents du *balaon* (sic). Depuis sa sortie de Mayence, le 7ᵉ bataillon a été toujours en mouvement ; la veille de l'affaire du Mans, il était dans la division du général Müller, à la gauche de l'armée, et alla jusqu'aux portes du Mans, mais « il dut se retirer pour ne pas se sacrifier à la lâcheté de ceux qui avaient fui ». Le lendemain, la division Müller alla prendre du repos à Angers ; le 7ᵉ bataillon fut mis dans la division Tilly qui alla en Vendée.

Cette lettre est signée de l'adjudant-major Trochon, du capitaine Canaut, du sous-lieutenant Bréry et du sergent-major Trébuchet.

Dans d'autres pièces sans importance, on trouve les noms du capitaine Marcelin, du sous-lieutenant Thouvenel, du fourrier Parisot, du sergent-major Bredas, du sergent Pierrot, des volontaires Serpollier, Joseph Pierron (qui écrit *vollonter*) et Phélisse.

C'est tout ce que nous avons pu reconstituer des cadres du 7ᵉ bataillon.

Le 7ᵉ bataillon des Vosges fut incorporé dans la demi-brigade d'infanterie dite de Paris et des Vosges, avec le 2ᵉ bataillon des Lombards et le 2ᵉ des Gravilliers, le 21 floréal an III (10 mai 1795). Cette demi-brigade contribua à la formation de la 13ᵉ légère le 1ᵉʳ nivôse an V.

8ᵉ BATAILLON

(Contingent du district de Remiremont).

Lieutenants-colonels.

Laurent (François-Nicolas), né à Ventron en 1755 ; soldat aux Gardes-Françaises de 1774 à 1789, garde national de Paris de 1789 à 1792, capitaine le 6 août 1792, lieutenant-colonel le 20 août 1792, retraité pour infirmités le 7 floréal an II.

Camus.

Adjudant-major.

Vincent (Jean-Nicolas), né en 1773 ; au 2ᵉ bataillon en 1791, adjudant-major du 8ᵉ le 9 brumaire an II.

Quartiers-maîtres trésoriers.

Husson (François), démissionnaire le 30 mars 1793 et resté à Molsheim.

Mathieu (Jean-Baptiste), né en 1773, nommé quartier-maître au blocus de Mayence, le 1er mai 1793.

Chirurgien-major.

Hugues.

COMPAGNIE DES GRENADIERS

Capitaine.

Hagre, soldat de Vigier-Suisse, 18 ans, adjudant-major le 1er octobre 1792, capitaine des grenadiers le 9 brumaire an II.

Lieutenant.

Valdenaire.

Sous-lieutenant.

Lanfroy, sous-lieutenant le 1er pluviôse an II.

(Plus 80 grenadiers.)

1re COMPAGNIE

Capitaine.

Grandclaude (Nicolas-Romarin).

Lieutenant.

Roussel ou Rousselle (François), ancien soldat d'Armagnac-Infanterie ; lieutenant le 10 septembre 1793.

Sous-lieutenant.

Garnier (Jean-Baptiste) ; sous-lieutenant le 10 septembre 1793.

(Plus 120 hommes.)

2ᵉ COMPAGNIE

Capitaine.

Leduc.

Lieutenant.

Vaxelaire.

Sous-lieutenant.

Lambolé.

(Plus 120 hommes.)

3ᵉ COMPAGNIE

Capitaine.

Georgel.

Lieutenant.

Guingot, lieutenant le 7 mai 1793.

Sous-lieutenant.

Daniel.

(Plus 120 hommes.)

4ᵉ COMPAGNIE

Capitaine.

Groslaire (Jean-Baptiste).

Lieutenant.

Philippe (Charles-Remi), lieutenant le 15 nivôse an II.

Sous-lieutenant.

Bidot (Louis); sous-lieutenant le 15 nivôse an II (sergent au 2ᵉ bataillon bloqué dans Mayence).

(Plus 120 hommes.)

5ᵉ COMPAGNIE

Capitaine.

Géhin (Claude), ancien soldat d'infanterie.

Lieutenant.

Géhin (Jacques), lieutenant le 7 mai 1793.

Sous-lieutenant.

Thomas (Barthélemy), sous-lieutenant le 15 nivôse an II.

(Plus 120 hommes.)

6ᵉ COMPAGNIE

Capitaine.

Hatton (Jacques-Joseph), ancien soldat d'infanterie, capitaine le 7 mai 1793.

Lieutenants.

Delon (Nicolas), lieutenant le 15 nivôse an II.
Demenge (Lambert), prisonnier de guerre.

Sous-lieutenants.

Henry (Joseph), prisonnier de guerre.
Jacquot (Nicolas-Pierre), sous-lieutenant le 6 mai 1793.

(Plus 120 hommes.)

7ᵉ COMPAGNIE

Capitaines.

Hanus, capitaine le 7 mai 1793.
Arnould, prisonnier de guerre.

Lieutenant.

Bolmond.

Sous-lieutenant.

Gérardin, sous-lieutenant le 13 frimaire an II.

(Plus 120 hommes.)

8ᵉ COMPAGNIE

Capitaine.

Colnot (Jean-Jacques-Nicolas), capitaine le 10 brumaire an II.

Lieutenant.

Bontems (Joseph).

Sous-lieutenant.

Vaxelaire (Barthélemy), sous-lieutenant le 9 brumaire an II.

(Plus 120 hommes.)

Au total : 27 officiers et 1,040 sous-officiers et soldats.

L'état ci-dessus résulte de la revue passée à l'armée des Côtes de Cherbourg, à Carentan, le 8 floréal an II (27 avril 1794) par Boursier, agent supérieur pour l'incorporation des citoyens de la 1ʳᵉ réquisition, et François Guéret, agent secondaire. Le bataillon comprenait 551 hommes, on y a incorporé 516 hommes des districts de Gonesse et des Andelys et de Paris.

Sont proposés pour la récompense militaire : le commandant Laurent ; Jean-Nicolas Fresse, du Val-d'Ajol ; Jean-Joseph Bougel, du Val-d'Ajol ; d'après état du 12 floréal dressé par le commissaire des guerres Durlette, attaché à la place de Carentan.

Le représentant du peuple Pomme l'Américain (*sic*) porte le jugement suivant sur le bataillon : Hommes bons ; grenadiers bien composés ; officiers pénétrés d'un bon esprit ; soldats de bonne volonté ; instruction bonne ; manœuvres commandées par le capitaine Guerret, du 1ᵉʳ bataillon, prisonnier de guerre à Mayence, ancien officier, ayant les qualités pour faire un excellent chef de corps ; discipline très bonne ainsi que la subordination ; tenue mauvaise par la difficulté et le manque de petit équipement, particulièrement de souliers. Le commandant Laurent a une santé délabrée qui ne lui permet pas de servir plus longtemps ; l'adjudant-major Vincent a un faible mérite ; le quartier-maitre Mathieu, peu de capacité. Les autres officiers peu instruits, mais dans d'excellentes dispositions. Il nomme Camus comme chef de bataillon.

Le 8ᵉ bataillon des Vosges fut incorporé dans la 19ᵉ demi-brigade d'infanterie légère, avec le 7ᵉ de la Manche et le 19ᵉ bataillon de chasseurs, le 12 floréal an II (1ᵉʳ juin 1794), qui devint la 6ᵉ légère le 1ᵉʳ nivôse an V.

9ᵉ BATAILLON

(Contingent des districts de Darney et de Lamarche.)

Lieutenants-colonels.

Fouillette (Joseph), cultivateur à Isches ; soldat dans Dauphiné-Infanterie de 1781 à 1785, capitaine le 4 août 1792, lieutenant-colonel le 10 août. Un jugement de la commission militaire du 1ᵉʳ arrondissement de l'armée du Rhin, créée par Saint-Just et Lebas à Strasbourg, condamnait, le 1ᵉʳ frimaire an II (21 novembre 1793), Fouillette à 3 années d'emprisonnement et le déclarait incapable de servir dans les armées de la République ; un décret de la Convention du 6 fructidor an II (23 août 1794) déclarait ce jugement nul et non avenu, « considérant que la ci-devant commission militaire n'était pas investie d'un pouvoir compétent pour prononcer révolutionnairement sur les faits imputés à Fouillette et que ces faits d'après le jugement même ne présentent aucun caractère de délit ». En conséquence, Fouillette fut réintégré dans ses fonctions de chef du 9ᵉ bataillon et ses appointements furent payés à compter du jour de son arrestation ; chef de la 206ᵉ demi-brigade le 26 juillet 1795, démissionnaire le 5 avril 1796.

Bricard, né à Isches ; lieutenant-colonel en second en septembre 1793 ; capitaine le 3 septembre 1792, lieutenant le 4 août 1792. A été fait chef d'un bataillon de réquisitionnaires (15ᵉ des Vosges et Meurthe) en septembre 1793.

Adjudant-major.

Cézard, sous-lieutenant le 15 prairial an II, lieutenant le même jour, capitaine douze jours après, le 27 prairial.

Quartier-maître trésorier.

Urbain.

Chirurgien-major.

Huare (Pierre-Joseph), né à Saint-Remy (Calvados) en 1770.

Capitaines.

Grische (Michel).
Drouot (Nicolas).
Carrier.

Lachambre.
Bonnay (Michel), né à Claudon, 37 ans.
Guillemain (François), né à Dombasle-devant-Darney, 35 ans.
Conroux (Joseph), né à Vallerois-le-Sec, 19 ans.
Hazard (Joseph).
Hautoy.
Lorange.
Tribout (Nicolas), né à Regnévelle, 25 ans.
Collot (Pierre), né à Mandres, 28 ans.
Jacquet (Charles-Joseph), né à Lignéville, 26 ans.
Mangin (Claude-Étienne), né à Neufchâteau, 30 ans.
Groseley (Michel), né à Huaux, 25 ans.
Humbert (Pierre), né à Bleurville, 33 ans.

Lieutenants.

Duvigny (Jean), né à Contervelt (Moselle), 27 ans.
Fayon.
Lavoinne.
Quipour.
Thiébaut.
Jérôme.
Simon.
Petitcolas.
Génin.
Savoye (Valbert-Philippe), né à Fouchécourt, 21 ans.
Lefèvre (Claude), né à Isches, 52 ans.
Tillier (Nicolas-Félix), né à Damblain, 37 ans.
Le Bœuf (Jean-Baptiste), né à Robécourt, 28 ans.

Sous-lieutenants.

Brunclere.
Rollet.
Têtu.
Morel.
Vallette.
Brultez.
Lorrain.
Argenton.
Poirson.
Martin (Joseph), né à Monthureux-sur-Saône, 12 ans.

Simard (Joseph), né à Norroy, 42 ans.
Mougeot (Théodore), né à Monthureux-le-Sec, 22 ans.
Girardot (Nicolas), né à Saint-Julien-lès-Lamarche, 37 ans.
Noël (Charles-Joseph), né à Vioménil, 25 ans.

Il a été impossible de dresser d'une façon plus précise et plus complète l'état du 9e bataillon. La plupart des officiers, dont les noms sont ci-dessus, ont été nommés en prairial ou messidor an II (juin ou juillet 1794). Toute trace des cadres antérieurs du bataillon a disparu. Ce bataillon était à l'armée du Rhin.

Le 9e bataillon des Vosges fut incorporé dans la 206e demi-brigade d'infanterie de ligne, avec le 1er de la Meuse et le 3e de la Vienne, le 8 thermidor an III (26 juillet 1795), qui devint la 24e de ligne le 28 pluviôse an IV.

10e BATAILLON

(Contingent du district d'Épinal et 2 compagnies de Remiremont.)

Le contrôle nominatif des officiers, sous-officiers, caporaux et volontaires de ce bataillon n'existe pas aux archives du ministère de la guerre.

Un procès-verbal du conseil d'administration du bataillon, dressé le 12 frimaire an IV, constate, répondant à une nouvelle demande de la commission d'organisation des armées qui réclame le registre du bataillon, et certifie que le 13 octobre 1793, à la prise des lignes de la Lauter, il ne put sauver ses équipages, que les papiers et registres restèrent à Wissembourg et qu'on ne les possède plus. Cette pièce est signée : Génin, Delpierre, Conus, Messager et Lapêcherie.

Une situation établie à Schirhoffen le 12 pluviôse an II (31 janvier 1794), constate qu'à cette époque le bataillon comptait 35 officiers, 1,046 sous-officiers, soldats et tambours, plus 28 canonniers. Le 19 frimaire an III, le bataillon était à Friesenheim, faisant partie de l'armée du Rhin. Cette situation est certifiée par le lieutenant-colonel en 1er de Poulit, le quartier-maître par intérim Guilgot, par Maudheux, Michel, Haumonté, Morel et Deis. (Voir pour la notice sur le commandant de Poulit, la note page 149.)

Le 10ᵉ bataillon des Vosges fut incorporé dans la 6ᵉ demi-brigade d'infanterie de ligne, avec le 2ᵉ de l'Aube, le 4 thermidor an II (22 juillet 1794), devenue la 100ᵉ de ligne le 27 pluviôse an IV.

11ᵉ BATAILLON

(Contingent du district de Saint-Dié.)

Lieutenants-colonels.

Marchal (Jean-Joseph), lieutenant-colonel en 1ᵉʳ le 8 août 1792, renvoyé comme incapable par les représentants du peuple le 24 février 1793.

Marotel (Jean), lieutenant des grenadiers le 7 août 1792, lieutenant-colonel en second le 8 août, renvoyé comme incapable par les représentants du peuple le 24 février 1793. Était auparavant adjudant général de la garde nationale de Saint-Dié.

Bontemps (François), né à Saumur le 1ᵉʳ juin 1753, soldat dans le Roi-Infanterie de 1772 à 1784, commandant de la garde nationale de Villers-Cotterets de 1789 à 1792, lieutenant au 4ᵉ bataillon de l'Eure le 1ᵉʳ octobre 1792, lieutenant-colonel du 11ᵉ bataillon le 1ᵉʳ avril 1793, chef de brigade de la 175ᵉ demi-brigade le 22 ventôse an III, passé à la 67ᵉ le 5 mai 1796 ; général de brigade le 20 avril 1799 ; retraité le 10 novembre 1804, mort à Saumur le 29 octobre 1811.

Adjudant-major.

Collin (Nicolas), né à Saint-Dié le 9 décembre 1748 ; soldat dans Dauphin-Infanterie de 1761 à 1769.

Quartier-maître trésorier.

Jacquot (Louis), né à Saint-Dié en 1762 ; adjudant général de la garde nationale de Saint-Dié de 1790 à 1792.

Chirurgiens-majors.

Faucheur (Augustin), né à Raon-l'Étape ; congédié par les représentants du peuple le 24 février 1793.

Joubert (Joseph), né à Die (Drôme) en 1767 ; nommé le 1ᵉʳ avril 1793.

Adjudant sous-officier.

Dieudonné (Jean-Joseph), né à Saint-Dié en 1773 ; passé au 37ᵉ de ligne le 21 juin 1793.

COMPAGNIE DES CANONNIERS

Capitaine.

Jacquot (Jean-Joseph), né à Saint-Dié, 29 ans ; lieutenant de la 2ᵉ compagnie le 6 août 1792, capitaine le 2 mars 1793.

Lieutenant.

Chenéble (Nicolas), né à Moyenmoutier, 31 ans ; ancien sergent de marine, sous-lieutenant le 6 août 1792.

Sous-lieutenants.

Pierre (Joseph), né à La Salle, 26 ans, mort à Réunion-sur-Oise (ci-devant Guise, dans l'Aisne) le 5 ventôse an II.

Souhait (Joseph-Nicolas)[1], né à Saint-Dié en 1773 ; permute dans le génie le 1ᵉʳ mars 1793.

COMPAGNIE DES GRENADIERS

Capitaine.

Wolff (Antoine), né à Benfeld (Bas-Rhin) le 1ᵉʳ novembre 1753 ; capitaine le 9 mars 1793.

Lieutenant.

Phulpin (Antoine), né à Saint-Dié en 1774 ; mort à Maubeuge le 15 messidor an II.

Sous-lieutenant.

Ruyer (Jean-François), né à Remomeix le 18 mai 1770 ; soldat dans Beauce-Infanterie de 1788 à 1792, sous-lieutenant le 9 mars 1793.

---

1. C'est le fils du conventionnel.

1ʳᵉ COMPAGNIE

Capitaine.

Parmentier (Jean-François), né à Étival le 5 mai 1763.

Lieutenant.

Gérardin (François), né à Nompatelize en 1773 ; mort à Avesnes le 19 pluviôse an III.

Sous-lieutenant.

Mengin (Dominique), né à Étival le 9 mars 1763, passé lieutenant des grenadiers le 23 thermidor an II.

2ᵉ COMPAGNIE

Capitaine.

Toussaint (Jean-Nicolas), né à Mandray le 25 juin 1767 ; sous-adjudant général du district de Saint-Dié de 1791 à 1792.

Lieutenant.

Zabhé (Nicolas), né à Cirey, 49 ans ; soldat dans Champagne et Austrasie de 1768 à 1784, nommé à la place de Jacquot.

Sous-lieutenant.

Lièvre (Antoine), né à Saint-Dié, 26 ans.

3ᵉ COMPAGNIE

Capitaines.

Tacquet (Jean-Charles), renvoyé par les représentants du peuple le 24 février 1793.

Baderot (Jean-Baptiste), né à Moyenmoutier en 1762 ; capitaine le 8 mars 1793.

Lieutenant.

Gérard (François), né à Ban-de-Sapt le 28 mars 1764.

Sous-lieutenant.

Bastien (Michel), né à La Voivre le 3 juin 1771.

4ᵉ COMPAGNIE

Capitaine.

Volquemont (Jean), né à Ranrupt le 2 septembre 1767.

Lieutenant.

Dolle (François-Louis), né à Saales le 20 avril 1769.

Sous-lieutenant.

Petitdidier (Valentin), né à Colroy-la-Grande le 17 avril 1767.

5ᵉ COMPAGNIE

Capitaine.

Antoine (Jean-Alexis), né à Raon-l'Étape le 15 octobre 1770.

Lieutenant.

Marchal (Benoit), né à Raon-l'Étape le 8 juillet 1765 ; soldat dans Brie-Infanterie de 1782 à 1793.

Sous-lieutenants.

Arnoux (Jean-Joseph), né à Raon-l'Étape le 24 janvier 1771.

Simon (Jean-Claude), né à Raon-l'Étape le 4 février 1750 ; soldat au 68ᵉ de 1769 à 1783.

6ᵉ COMPAGNIE

Capitaine.

Mangel (Joseph), né à Coinchimont le 22 mai 1764.

Lieutenants.

Valentin (François), né à Laveline en 1747 ; mort à Laon le 18 frimaire an II

Normand (Louis), né à Alençon le 11 avril 1771 ; soldat au 36ᵉ de ligne de 1786 à 1793, lieutenant le 23 messidor an II.

Antoine (Joseph), né à la Croix-aux-Mines en 1769.

7ᵉ COMPAGNIE

Capitaine.

Durand (Jean-Nicolas), né à Mandray le 9 mars 1769; soldat au 5ᵉ d'artillerie de 1788 à 1791.

Lieutenant.

Petit (Jean-Joseph), né à Saint-Léonard le 9 août 1748.

Sous-Lieutenant.

Cherrier (Charles-Nicolas), né à Rambervillers en 1775; chasseur à cheval au 12ᵉ régiment de 1791 à 1792.

8ᵉ COMPAGNIE

Capitaine.

Marchal (Dominique), né à Habaurupt le 8 janvier 1768; soldat au 18ᵉ de ligne de 1784 à 1792.

Lieutenant.

Michel (Jean-Baptiste), né à Clefcy le 15 novembre 1766.

Sous-lieutenant.

Lainé (Sébastien), né à Provenchères le 26 décembre 1760; sergent au régiment de la Guadeloupe de 1782 à 1790.

Le bataillon, après avoir été à l'armée du Rhin, était à l'armée du Nord, en ventôse an II. Le 15 nivôse (4 janvier 1794), il était cantonné à Saint-Hubert en Belgique (division Bastoul); un incendie dévora 7 maisons de ce village, malgré le zèle et l'activité du 11ᵉ bataillon; 12 ou 15 hommes furent victimes de leur dévouement et périrent dans les flammes ou reçurent de graves blessures; ils empêchèrent toutefois l'incendie de consumer le village entier. Non contents de cela, ils abandonnèrent un jour de leur paye pour les malheureux. Les représentants Haussmann, Roberjot et Briez signalèrent, le 23 nivôse, cette belle conduite à la Convention qui applaudit au sacrifice du 11ᵉ bataillon.

Le chef de bataillon Bontemps se plaignait de n'avoir reçu que le 19 ventôse, par le citoyen Sijas, adjoint au ministre de la guerre, la loi du 25 brumaire et encore fait-il remarquer qu'elle était « expédiée avec les signes de la tyrannie; car le *filagrame* (sic) contient quantités de fleurs de lis ».

Le 11e bataillon des Vosges fut incorporé dans la 175e demi-brigade d'infanterie de ligne, à l'armée de Sambre-et-Meuse (division du général Grenier), avec le 1er bataillon du 98e de ligne et le 5e bataillon de volontaires du Nord, le 22 ventôse an III (12 mars 1795), qui fut versée ensuite dans les 23e, 30e et 67e de ligne en pluviôse et floréal an IV.

12e BATAILLON

(Contingent du district de Neufchâteau.)

Lieutenants-colonels.

Folley.

Drouhin (François), né en 1750; soldat dans Royal-Dragons de 1770 à 1782, gendarme de 1782 à 1790.

Adjudant-major.

Folley (Pierre), né en 1764; soldat au 105e d'infanterie de 1785 à 1791, adjudant sous-officier au 1er bataillon de 1791 à 1792, adjudant-major le 16 octobre 1792.

Quartier-maître trésorier.

Sergent (Jean-Baptiste), né en 1760; soldat au 105e pendant 6 ans.

Chirurgien-major.

Najean (Gaspard), né en 1736.

COMPAGNIE DE CANONNIERS

Capitaine.

Salme (François), né en 1766; caporal le 4 août 1792, capitaine le 7 février 1793[1].

---

1. Devenu général sous l'Empire; voir sa notice biographique, page 151.

Lieutenant.

N...

Sous-lieutenant.

Petit (Nicolas), né en 1763.

COMPAGNIE DE GRENADIERS

Capitaine.

Didier (François), né en 1766; soldat à Mestre-de-Camp-Dragons.

Lieutenant.

Faure (Balthazard), né en 1768.

Sous-lieutenant.

N...

1re COMPAGNIE

Capitaine.

Étienne (François), né en 1758; soldat au 6e d'artillerie.

Lieutenant.

Biez (François), né en 1752.

Sous-lieutenant.

Salme (Gabriel), né en 1758.

2e COMPAGNIE

Les états de cette compagnie n'existent pas.

3e COMPAGNIE

Capitaine.

Guillaume (Claude-Nicolas), né en 1751.

Lieutenant.

Mangin (Pierre), né en 1742.

Sous-lieutenant.

Bouleray (Jean), né en 1747.

4ᵉ COMPAGNIE

Capitaine.

Lefèvre (Jean-François), né en 1760; soldat au 8ᵉ d'infanterie de 1782 à 1790.

Lieutenant.

Fontaine (Jean), né en 1760.

Sous-lieutenant.

Bogard (Étienne), né en 1768.

5ᵉ COMPAGNIE

Capitaine.

Marsal (Dominique), né en 1755; soldat aux Grenadiers royaux, 5 ans.

Lieutenant.

Drouot (Jean), né en 1764.

Sous-lieutenant.

Poirson (Claude), né en 1762.

6ᵉ COMPAGNIE

Les états de cette compagnie n'existent pas.

7ᵉ COMPAGNIE

Capitaine.

Mouginot (Nicolas-Jean), né en 1754.

Lieutenant.

Bontems (Claude-Nicolas), né en 1766.

Sous-lieutenant.

Robert (Joseph), né en 1762.

8ᵉ COMPAGNIE

Capitaine.

Foureaut (Jean-Baptiste), né en 1754; soldat au 105ᵉ d'infanterie, 7 ans.

Lieutenant.

Jacob (Paul), né en 1768.

Sous-lieutenant.

Roussel (Jean), né en 1770.

L'état ci-dessus a été dressé à Agenthal, 26 nivôse an V, alors que le bataillon faisait partie de l'armée du Rhin-et-Moselle. Il n'en existe pas d'autres.

Une lettre du quartier-maître, datée de Fort-Louis, 27 janvier 1793, nous apprend qu'à cette époque il s'occupait de dresser l'état de tous les officiers et hommes du bataillon.

Une autre lettre, datée de Reschwog, 6 octobre 1793, signée Folley, 1ᵉʳ chef du 12ᵉ bataillon des Vosges, dit que la plupart des volontaires ont refusé de donner des renseignements sur eux, « sous prétexte que c'était pour les enrôler pour 6 ou 8 ans ». Malgré les démentis et les punitions, on n'a rien obtenu. Le commandant leur a lu une dernière lettre du ministre de la guerre leur disant que ceux qui donneraient leurs noms pourraient être récompensés; les autres non. Il espère encore les convaincre, mais se défend du reproche d'incurie et dit qu'il n'y a de sa part ni insouciance, ni négligence.

Une lettre datée de Wittewihr, 27 messidor an IV, signée par le chef de la 74ᵉ demi-brigade, Rousseau (à la 2ᵉ division de l'armée du Rhin-et-Moselle), répond au ministre de la guerre qui réclamait le contrôle du bataillon que ce corps ayant été fait prisonnier de guerre à la prise du fort Vauban, le 16 novembre 1793, et n'étant rentré qu'en nivôse an IV, il est impossible de fournir cet état.

Un procès-verbal constatant ces faits est dressé, à la même date, par le conseil d'administration du bataillon et signé du commandant Drouhin, du capitaine Lefèvre, du lieutenant Faure, des sergents Aubry et Dupont, du caporal Nicolas, des volontaires

Thomas, Picoré et Perée ; contresigné par Brunet-Lepred, commissaire des guerres.

Le 12ᵉ bataillon des Vosges fut incorporé dans la 74ᵉ (ancienne 73ᵉ) demi-brigade d'infanterie de ligne, avec le 6ᵉ de la Meuse et le 1ᵉʳ du 37ᵉ de ligne, le 2 ventôse an IV (20 février 1796), qui passa ensuite aux colonies, sauf le 1ᵉʳ bataillon versé à la 26ᵉ demi-brigade.

13ᵉ BATAILLON

(Contingent surnuméraire des districts de Bruyères, Darney et Remiremont.)

Lieutenants-colonels.

Doucet (Charles-François), né à Bains le 13 février 1747 ; lieutenant dans les bataillons provinciaux de Sarreguemines et de Nancy de 1760 à 1772, lieutenant aux grenadiers de France de 1772 à 1782, commandant de la garde nationale de Bains de 1789 à 1792, lieutenant-colonel en 1ᵉʳ le 15 août 1792, colonel de la 157ᵉ demi-brigade le 15 juillet 1795, mis à la retraite le 31 mars 1796 ; a été blessé d'un coup de feu à la tête à la bataille de Cholet le 17 octobre 1793 [1].

Humbert (Amable-Jean), né à Saint-Nabord en 1767, 5 pieds 4 pouces 6 lignes ; capitaine de la 4ᵉ compagnie le 11 août 1792, lieutenant-colonel en second le 15 août 1792, général de brigade le 1ᵉʳ floréal an II, nommé par le Comité de salut public, démissionnaire de lieutenant-colonel le même jour.

Adjudant-major.

Martho (Albert), né à Bouchain (Nord) en 1754 ; soldat dans Limousin-Infanterie et dans le 5ᵉ d'artillerie de 1774 à 1790, instructeur des canonniers de Strasbourg de 1790 à 1792, mort en thermidor an IV.

Quartier-maître trésorier.

Puton (François), né à Remiremont en 1754 ; passé à la 70ᵉ demi-brigade.

---

1. Le colonel Doucet, retiré à Bains, y a vécu très âgé ; son nom figure encore parmi ceux des électeurs du département des Vosges en 1837.

Chirurgien-major.

Gadaud (Jean-François), né à Fontenoy-le-Château en 1751; congédié pour infirmités le 1er thermidor an III.

COMPAGNIE DE GRENADIERS

Capitaine.

Renaud (Sébastien), né à Fontenoy-le-Château.

Lieutenant.

Bichotte (Claude), né à Fontenoy, 47 ans.

Sous-lieutenant.

Breussion (François), né à Sainte-Hélène.

1re COMPAGNIE

Capitaines.

Demenge (Claude-François), né à Bertrimoutier, 33 ans; soldat dans Beauce-Infanterie de 1781 à 1789, mort à Angers le 6 thermidor an II.

Duroc ; voir 2e compagnie.

Lieutenant.

Jame (Louis), né à Saint-Dié, 24 ans; soldat dans Guienne-Infanterie de 1786 à 1792.

Sous-lieutenants.

Parmentier (Charles-Antoine), né à Lettraye, 45 ans; destitué et remis fusilier le 15 pluviôse an III.

Marquot (François), né à Bains, 19 ans.

2e COMPAGNIE

Capitaine.

Gremillet (Jean-Étienne), né à Deycimont, 47 ans.

Lieutenant.

Doron (Jean-Joseph-Léopold), né à Deycimont, 22 ans ; capitaine de la 4ᵉ compagnie le 29 germinal an II.

Sous-lieutenants.

Duroc (Jean-Nicolas), né à Docelles, 41 ans ; capitaine de la 4ᵉ compagnie le 29 germinal an II.
Léonard (Gabriel), né à Chéniménil, 24 ans.

3ᵉ COMPAGNIE

Capitaine.

Grandgury (Nicolas), né à Bains, 42 ans ; soldat dans Bourgogne-Cavalerie, démissionnaire.

Lieutenants.

Basanjon (Claude-François), né à Bains, 35 ans ; mort à Parthenay le 18 brumaire an III.
Jacquemin (Jean-Nicolas), né à Lépanges, 25 ans ; sous-lieutenant de la 6ᵉ compagnie le 8 frimaire an II.

Sous-lieutenants.

Emon (Nicolas), né à Bains, 23 ans ; destitué le 3 septembre 1793 et disparu.
Blossier (Claude), né à Fresnay (Sarthe), 28 ans ; sous-lieutenant le 3 septembre 1793, lieutenant le 29 germinal an II.
Brégier (Nicolas), né à Gruey, 22 ans ; sous-lieutenant de la 4ᵉ compagnie le 14 vendémiaire an III.

4ᵉ COMPAGNIE

Capitaines.

Humbert (Amable-Jean) ; voir aux lieutenants-colonels.
Dourlens (Joseph), né à Glatigny (Oise), 45 ans ; mort à Laon le 6 juin 1794.
Doron ; voir 2ᵉ compagnie.

Lieutenants.

Besançon (Brice), né à Saint-Bresson (Haute-Saône), 44 ans; démissionnaire, remis fusilier.

Grosbet (Pierre), né à Vallorbe (Ain), 37 ans; sous-lieutenant de la 2ᵉ compagnie le 16 octobre 1793, lieutenant de la 4ᵉ compagnie le 10 frimaire an II.

Sous-lieutenants.

Laborne (François), né à Tignécourt, 30 ans; tué au siège de Mayence le 14 juillet 1793.

Strobel (Antoine), né à Benggeim (Autriche), 27 ans; soldat dans les régiments suisses de 1782 à 1793.

Amet (Jean-Philippe), né à la Bresse, 20 ans; sous-lieutenant le 1ᵉʳ floréal an II, mort à Chinon le 13 floréal an III.

Mougeot (Nicolas), né à Uriménil, 21 ans; démissionnaire.

5ᵉ COMPAGNIE

Capitaines.

Martin (Maurice), né à Divoux, 21 ans; mort à Schlestadt en septembre 1793.

Grandblaise (Hubert), né à Xaffévillers, 40 ans; capitaine le 9 frimaire an III, démissionnaire.

Lieutenant.

Didier (Jean-Joseph), né à Les Poulières, 25 ans; soldat dans Monsieur-Dragons de 1782 à 1790.

Sous-lieutenants.

Sonrier (Antoine-Blaise), né à La Neuveville, près Bruyères, 30 ans; tué à Argentan le 28 ventôse an II.

Méline (Nicolas), né à Corcieux, 20 ans; sous-lieutenant le 3 germinal an II, mort à Luçon le 16 fructidor an III.

6ᵉ COMPAGNIE

Capitaine.

Audinot (Jean-Baptiste), né à Légeville près Mirecourt, 31 ans; soldat dans Austrasie-Infanterie de 1782 à 1788.

Lieutenant.

Grandblaise ; voir 5ᵉ compagnie.

Sous-lieutenants.

Lavandier ; voir 8ᵉ compagnie.

Guyot (Joseph), né à Épinal, 47 ans ; sous-lieutenant le 7 frimaire an III, congédié pour infirmités le 1ᵉʳ thermidor an III.

7ᵉ COMPAGNIE

Capitaine.

Mauchand (Léopold), né à Fontenoy, 29 ans ; soldat au 30ᵉ d'infanterie de 1782 à 1792.

Lieutenant.

Pernot (Pierre-Cyprien), né à Fontenoy, 30 ans ; soldat au 8ᵉ chasseurs à cheval de 1789 à 1790, tué au combat de Dol de Bretagne, le 2 frimaire an II.

Sous-lieutenants.

Honnoré (Charles-François-Xavier), né à Fontenoy, 19 ans ; blessé à l'épaule à la bataille du Mans le 21 décembre 1793.

Bassot (Jean), né à Harol, 33 ans ; sous-lieutenant de la 3ᵉ compagnie le 11 vendémiaire an III, lieutenant de la 4ᵉ compagnie le 29 brumaire an III, mort à l'hôpital.

8ᵉ COMPAGNIE

Capitaine.

Rouyer (Philippe), né à Martigny-lès-Lamarche, 26 ans ; soldat dans Aunis-Infanterie de 1784 à 1792.

Lieutenant.

Gauthier (Emmanuel), né à Martigny, 36 ans ; soldat au 16ᵉ d'infanterie de 1784 à 1791, destitué le 12 brumaire an III, passé aux charrois le 18 thermidor an III ; on l'y croit mort.

Lavandier (Nicolas), né à Charmes, 36 ans.

Sous-lieutenants.

Gallois (Joseph), né à Frain, 26 ans; lieutenant le 6 frimaire an II.

Morlot (Nicolas), né à Lironcourt, 34 ans; sous-lieutenant de la 2ᵉ compagnie, tué à Torfou, par les Vendéens, le 19 septembre 1793.

Antoine (Joseph), né à Tantonville (Meurthe), 37 ans; sous-lieutenant le 16 pluviôse an II.

La commission d'organisation et du mouvement des armées, par lettre du 22 frimaire an III, presse l'envoi de l'état de contrôle du bataillon. Le conseil d'administration avait répondu du camp de Chiché, le 1ᵉʳ frimaire, à une première réclamation; sa lettre dit que, depuis sa sortie de Mayence, le bataillon a toujours été colonne agissante dans la Vendée, bivouaquant au milieu des campagnes, tantôt poursuivant les brigands, tantôt poursuivi par eux; on n'a pu tenir que des feuilles volantes en de petits cahiers qui plusieurs fois ont été perdus. Il y a eu de nombreux mouvements dans les cadres, en outre on vient de recevoir 600 nouveaux hommes. Enfin on manque de sujets qui sachent écrire. Cette lettre est signée du commandant Doucet, du capitaine Grandgury, du lieutenant Gallois, du sous-lieutenant Jacquemin, du sergent-major Marchand, du sergent François, des volontaires Étienne, Berbé, Mougeot et Bonnabé.

Le 13ᵉ bataillon des Vosges fut incorporé dans la 157ᵉ demi-brigade, avec le 4ᵉ de Loir-et-Cher, le 1ᵉʳ du 87ᵉ de ligne, le 27 messidor an III (15 juillet 1795), devenue la 70ᵉ le 5 nivôse an V.

14ᵉ BATAILLON

(Contingent de réquisitionnaires.)

Lieutenant-colonel.

Brossard (Charles-Alexandre), né à Caudebec (Seine-Inférieure) en 1765; soldat au 48ᵉ d'infanterie de 1784 à 1792, prisonnier de guerre le 2 décembre 1792, rentré le 31 juin 1793, adjudant-major au bataillon de Brumpt à la levée en masse, chef du 14ᵉ bataillon en août 1793, passé à la 41ᵉ demi-brigade le 1ᵉʳ ventôse an IV.

Adjudant-major.

Reignier (Pierre), né à Coulommes (Ardennes) en 1764; soldat et sergent au 3ᵉ de ligne de 1784 à 1792.

Quartier-maître trésorier.

Febvrel (François), né à Nancy; en congé de convalescence le 15 thermidor an II.

Chirurgien-major.

Gautrelet (Claude-Marie).

Capitaines.

Baluge (Pierre), né à Tulle, 1758; soldat au 13ᵉ de ligne de 1776 à 1784, gendarme de 1792 à 1793; démissionnaire le 13 floréal an IV.

Boularon (François), né à Ménarmont en 1764.

Vauthier (Louis), né à Épinal le 19 septembre 1773.

Colson (Roch), né à Rebeuville en 1761.

Michel (Antoine), né à Gérardmer en 1770; mort en germinal an IV.

Thomas (Nicolas), condamné aux fers le 16 brumaire an III.

Mulot (Pierre), né à Mattaincourt en 1770; a le pied emporté d'un boulet de canon à Lassenheim (Palatinat), le 19 brumaire an IV; libéré pour ses blessures.

Cunin (Jean-Louis), né à Lusse en 1770; démissionnaire, a fourni un remplaçant.

Vadin (Jean-Claude), né à Servances (Haute-Saône) en 1768.

Lieutenants.

Martin (Jacques-Élophe), né à Châtenois en 1767.

Doron (Étienne), né à Moyemont en 1767.

Laurent (Félix), né à Dognéville en 1764.

Renard (Nicolas), né à Rouceux en 1771.

Houot (Étienne), né à Dompierre en 1761; mort le 8 fructidor an II.

Lefebvre (Nicolas), né à Versailles en 1766; soldat au 3ᵉ de ligne de 1792 à 1793, capitaine le 1ᵉʳ ventôse an III.

Grandidier (Jean-Baptiste), né à Bainville-aux-Saules en 1772.

Poirson (François), né à Rouceux en 1775.

Duval (Vincent), né à Chaslier (Seine-Inférieure) en 1771; démissionnaire en floréal an IV.

Jeanblanc (François-Joseph), né à l'Isle-sur-le-Doubs en 1776 ; condamné aux fers en vendémiaire an IV.

Vincent (Jean-Baptiste), né à Fraize ; congédié le 1ᵉʳ nivôse an II.

Gallère (François), congédié le 1ᵉʳ nivôse an II.

Sous-lieutenants.

Trousson (Charles), né à Malzéville (Meurthe) en 1768.

Martin (Louis), né à la Chapelle-lès-Arbois (Jura) en 1759 ; mort à Strasbourg en germinal an IV.

Tissier (Charles), né à Remiremont en 1775.

Grandidier (Nicolas).

Tiphaine (Jean), né à Paris en 1774 ; soldat au 3ᵉ bataillon du Doubs, tambour-major du 14ᵉ bataillon des Vosges en octobre 1793, sous-lieutenant le 1ᵉʳ germinal an II.

Jovet (Michel), né à Vaisseau (Ardèche) en 1756 ; soldat au 3ᵉ de ligne de 1777 à 1793.

Rollot (Jean-Baptiste), né à Paris en 1774.

Colley (Pierre), né à Remoncourt en 1768.

Colin (Jean-Baptiste), né à la Petite-Fosse en 1772 ; démissionnaire le 19 pluviôse an IV.

Adam (François), né à Épinal en 1772 ; congédié par les représentants du peuple le 15 floréal an II.

Guérin (Nicolas), né à Vomécourt ; congédié le 1ᵉʳ nivôse an II.

Vanel (Jean), né à Nîmes, 25 ans.

On ne trouve, en outre des indications ci-dessus, aucun autre renseignement. Une lettre du conseil d'administration du bataillon signée de Brossard, Bonlaron, Grandidier, etc., datée de Strasbourg, 16 frimaire an III, annonce l'envoi du contrôle « qui a été retardé par suite d'un accident qui a fait recommencer le travail ».

Un état dressé à Strasbourg, le 30 ventôse an III par le conseil d'administration, donne la situation des nominations et remplacements faits depuis l'envoi du contrôle. Germain (Jean-Baptiste) est nommé quartier-maître à la place de Febvrel, libéré. Lefebvre (Nicolas) est nommé capitaine, à l'ancienneté, de la 5ᵉ compagnie, en remplacement de Thomas, condamné à 6 ans de fers par jugement du tribunal militaire du 15ᵉ bataillon. Blanc (Jean) et Jovet (Michel) sont nommés lieutenants ; Vanel (Jean), sous-lieutenant.

Le 14ᵉ bataillon des Vosges fut incorporé avec le 10ᵉ bataillon de la Côte-d'Or et le 10ᵉ du Doubs dans la 41ᵉ demi-brigade d'infanterie de ligne, le 9 thermidor an III (27 juillet 1795) et dans la 207ᵉ qui devint la 93ᵉ le 28 pluviôse an IV.

15ᵉ BATAILLON

(Contingent de réquisitionnaires.)

Les archives administratives du ministère de la guerre ne contiennent absolument rien sur ce bataillon.

Le 15ᵉ bataillon des Vosges fut incorporé, avec le bataillon de Paris dit des Cinq-Sections, le 2ᵉ bataillon du Rhône et le 1ᵉʳ bataillon de la Montagne formé à Landau, dans la 203ᵉ demi-brigade d'infanterie, le 1ᵉʳ vendémiaire an IV (22 septembre 1795), devenue la 56ᵉ, le 21 ventôse suivant (11 mars 1796).

1ᵉʳ BATAILLON DES VOSGES ET DE LA MEURTHE

Sous ce nom, un 16ᵉ bataillon a été créé le 27 septembre 1793, avec des réquisitionnaires appartenant pour la plus grande partie au département des Vosges et pour le reste à celui de la Meurthe. Il n'existe pas de contrôle nominatif de ce corps aux archives de la guerre. Une lettre du conseil d'administration datée de Huningue, 25 frimaire an III, signée du commandant Bricard, du capitaine Pernin, du lieutenant Albert et du quartier-maître Poirot, dit qu'ils n'ont pas reçu d'état à remplir. Une autre lettre, du 3 nivôse an III, annonce l'envoi de l'état des mutations; mais il n'en existe pas trace au dossier.

Ce bataillon, qui faisait alors partie de la 6ᵉ division de l'armée du Rhin et Moselle (général Ambert), a été versé avec 119 réquisitionnaires dans la 4 demi-brigade d'infanterie de ligne, à Mannheim, le 9 vendémiaire an IV, par le commissaire des guerres Sol, l'agent supérieur Coreau, et Bruny, agent pour l'incorporation.

Un procès-verbal de cette opération fut dressé le même jour.

Le capitaine Nicolas, commandant provisoirement le bataillon, y déclare que le chef de bataillon Bricard, né à Isches ; les capitaines Pernin (Benoit), né à Vrécourt, et Claude (8ᵉ compagnie), né à Pont-à-Mousson ; le lieutenant Méline, de la 2ᵉ compagnie ; le sous-lieutenant Simonin, né à Novéant, composant le conseil d'administration, s'étaient retirés chez eux, dès qu'ils avaient appris la destination du bataillon ; que les capitaines de compagnies étaient pour la plupart aux hôpitaux ayant avec eux les registres ; et que d'autres n'en avaient pas tenu. Selon cette pièce, le bataillon comptait alors 119 hommes présents, plus 3 en subsistance appartenant à d'autres corps ; 521 étaient aux hôpitaux, 1 en réquisition, 6 en congé ; total : 650. — 27 hommes ont passé dans d'autres corps par ordre des représentants du peuple ; enfin, la caisse contenait 1006 livres 15 sols 3 deniers.

D'autres pièces donnent les noms du capitaine Tinchant ; des sous-lieutenants Bécus et Jullien, du sergent Marsalin, du fourrier Barrois, des volontaires Phulpin et Jacotat.

L'incorporation au 4ᵉ de ligne fut-elle opérée complètement. C'est ce qu'il est difficile de constater. Quoi qu'il en soit, le bataillon des Vosges et Meurthe fut encore versé en partie à la 31ᵉ demi-brigade de ligne, à la 62ᵉ, les 28 et 29 pluviôse an IV, et à la 89ᵉ le 1ᵉʳ floréal an IV. Peut-être aussi s'agit-il d'un second bataillon des Vosges et Meurthe.

Le 8ᵉ bataillon de chasseurs à pied, connu sous le nom de Chasseurs des Vosges, mais recruté un peu partout, fut versé comme fonds de la 8ᵉ demi-brigade d'infanterie légère, le 1ᵉʳ messidor an III (19 juin 1795), laquelle devint la 4ᵉ légère, le 18 germinal an IV.

En résumé, des chefs de bataillons des Volontaires des Vosges, deux devinrent généraux de division : Haxo et Humbert ; deux devinrent généraux de brigade : Dumas et Bontemps ; quatre devinrent colonels : Barjonet, Chiquelle, Fouillette et Doucet ; un mourut pendant la campagne : Henry ; les autres quittèrent le service comme chefs de bataillon. Deux des généraux, Haxo et Dumas, furent tués à l'ennemi.

Peut-être écrirai-je un jour le récit des campagnes en Vendée et sur le Rhin de nos bataillons vosgiens !

TABLE DES MATIÈRES

Pages.

DÉDICACE.

INTRODUCTION 1

CHAPITRE Ier.

État physique et moral des Vosges en 1789; administration; justice, etc. — Rôle et influence de la noblesse et du clergé; l'évêque La Galaisière; les couvents et les grandes abbayes de femmes: les *dames* de Remiremont, les *demoiselles* d'Épinal, les *femmes de chambre* de Bouxières et les *servantes* de Poussay; les servitudes et redevances. — Situation particulière de la contrée. — Idées de la bourgeoisie; les journaux; la franc-maçonnerie. — Le paysan. 1

CHAPITRE II.

Assemblée provinciale de 1788. — Révolte du Parlement de Nancy. — Élections aux États-Généraux. — Le bailliage de Mirecourt centralise les électeurs des autres bailliages de la Vôge. — Les députés. — Les cahiers. — Contre-coup en Lorraine des premiers mouvements de la Révolution: troubles à Plombières, à Remiremont, à l'Hibémont. — Arrestation à Toul de François de Neufchâteau et des délégués des communes. — Organisation des gardes nationales: on élit pour chefs d'anciens militaires. — Organisation des nouvelles municipalités; choix de magistrats municipaux modérés et expérimentés. 13

CHAPITRE III.

Formation territoriale du département des Vosges: districts et cantons. — Fédération des gardes nationales des Vosges à Épinal, le 7 mars 1790: caractère fraternel de la cérémonie, fête militaire et civique; le commandant-général Lagorce. 27

CHAPITRE IV.

Pages.

Organisation du département, des districts, des tribunaux, des justices de paix. — Élections du conseil général et des conseils de district ; choix éclairés faits par le corps électoral. — Le procureur-général-syndic Poullain de Grandprey et le président Vosgien. — Première session du conseil général ; nomination du directoire du département. — Fédération du 14 juillet 1790 ; difficultés entre le directoire et la municipalité d'Épinal. — Situation du département lors de l'installation des nouveaux pouvoirs. — Retour des fédérés envoyés à Paris ; réception solennelle, à Épinal, de la bannière offerte aux Vosges par la ville de Paris. — La procession dite du vœu de Louis XIII à Épinal ; derniers tiraillements entre le directoire et la municipalité. — Troubles à Aboncourt. — Les Suisses fuyards de Nancy arrêtés. — Le régiment des dragons d'Angoulême. — Plainte de la commune de Passavant ; on la cède à la Haute-Saône. — Fermeture des chapitres nobles de Remiremont et d'Épinal ; résistances ; fermeté de Poullain de Grandprey. — Le commandant d'Herbel à Charmes. — Installation définitive de l'administration du département dans les bâtiments du collége. 45

CHAPITRE V.

Création des sociétés populaires. — Constitution civile du clergé. — Expulsion du chapitre d'Épinal. — Refus de serment de l'évêque de Saint-Dié et d'une partie du clergé ; pamphlets, prédications contre-révolutionnaires. — Élection de l'évêque des Vosges ; le curé Maudru est élu évêque. — Anniversaire de la fédération du 7 mars ; messe solennelle. — Agitation religieuse. — Mort de Mirabeau. — Organisation de la gendarmerie des Vosges. — Fuite et arrestation du Roi. — Armement des gardes nationales. — Mission de Custine, Chasset et Régnier. — Le lieutenant-général Wittinghoff commande la 4ᵉ division militaire et les Vosges. — Fabrique de faux assignats à Remiremont ; troubles à Châtel. — Disette du numéraire. — Élections à l'Assemblée législative ; les députés. — Renouvellement partiel des administrations. . . 84

CHAPITRE VI.

Les premiers bataillons de volontaires ; Haxo. — Les généraux de Franc et Paignat. — La Constitution de 1791 ; fête à Épinal. — Trois Vosgiens soldats de la garde constitutionnelle de Louis XVI. — Difficultés à propos de la cession de Passavant. — Comptes des dépenses du département. — Les émigrés. — Troubles à Châtel et en divers endroits. — Déclaration de guerre. — La Patrie en danger. — Perrin, président du département. — Session extraordinaire du conseil général. — Achat d'armes et de munitions ; dons patriotiques ; engagements volontaires. — Renouvellement du serment civique par la légion de Bruyères et celle de Saint-Dié. — Adresse sévère au roi. — Préparatifs de guerre ; nominations de commissaires pour l'organisation de nouveaux bataillons. 117

CHAPITRE VII.

Pages.

Treize bataillons de volontaires des Vosges partent aux frontières. — Les Vosges ont « bien mérité de la Patrie ». — Enthousiasme patriotique. — Suspension du roi. — Destitutions des fonctionnaires suspects; paniques; le danger devient plus pressant; mise en état de défense du département. — Fournier en mission à l'armée du Rhin, près des bataillons de volontaires vosgiens. — Élections à la Convention nationale; les députés. — Les gendarmes appelés à l'armée. — Troubles de Girancourt. — Arrestation de Desaix. — Incinération des titres de noblesse ou de propriété. — Proclamation de la République à Épinal et dans le district. — Fête en l'honneur de la victoire de Valmy. — Renouvellement intégral des administrations par l'assemblée électorale de Saint-Dié. — François de Neufchâteau, président du département, et Dieudonné, procureur-général-syndic. — Le nouveau conseil général 147

CHAPITRE VIII.

La défense nationale. — Adresse du conseil « relative à la mort de Capet ». — Appel de 300,000 hommes; empressement des volontaires; les Vosges ont, pour la seconde fois, « bien mérité de la Patrie ». — Mission des représentants Perrin et Roux. — La principauté de Salm réunie au département des Vosges; mission des représentants Goupilleau de Montaigu, Michel et Couthon. — Falatieu est nommé général commandant en chef des gardes nationales des Vosges. — Chute des Girondins. — Tentatives de fédéralisme; Dieudonné les empêche. — Application des lois sur les prêtres insermentés; arrestations de suspects à Saint-Dié et Épinal; nouveaux troubles à Châtel et à Saint-Remy. — Le tribunal criminel des Vosges; condamnations à mort et exécutions à Mirecourt. — Condamnations de Vosgiens au tribunal révolutionnaire de Paris; acquittements. — Suppression des signes du fanatisme et de la féodalité. — Changement des noms des communes: Neufchâteau devient Mouzon-Meuse, etc. — Constitution de 1793; fête à Épinal pour son acceptation. 183

CHAPITRE IX.

La levée en masse. — Pressantes et incessantes réquisitions des représentants et des généraux; résistances. — Mission du représentant du peuple Guyardin. — Départ de la première classe du contingent. — Massacre de Saint-Dié. — La disette; réponses aux réquisitions. — Le général Bizette. — Ralentissement de l'ardeur patriotique. — Le gouvernement révolutionnaire. — La famine; l'invasion. 223

CHAPITRE X.

Pages.

Les représentants du peuple B. Faure et Foussedoire en mission dans les Vosges. — Dubois, procureur-général-syndic. — Épuration des administrations et des tribunaux. — Messe funèbre à Épinal pour les frères d'armes morts à la défense de la patrie. — Clôture du conseil général. — Nouvelle administration du département. — Reprise des lignes de Wissembourg. — Acte de dévouement civique de 16 habitants de Saulxures; le représentant Hérault de Séchelles à Colmar. — Acte de dévouement de 5 habitants de Ramonchamp. — Célébration du décadi. — L'Être suprême et la déesse Raison. — Nouvelles réquisitions. — Fête de la Fédération et victoire de Fleurus. — Le 9 thermidor. — Les Jacobins d'Épinal. — Missions des représentants Michaud et Bailly. — Fin de la Terreur. — Le pont d'Épinal est emporté par les glaces. — Réunion du canton de Schirmeck au département des Vosges. — Rétablissement du directoire des Vosges. 263

CHAPITRE XI.

Fin de l'ère révolutionnaire; apaisement des esprits. — Réfections des routes; missions des représentants Périès et Garnier de l'Aube. — Troubles à Luxeuil et Fougerolles; le représentant Saladin; la garde nationale des Vosges aide au rétablissement de l'ordre. — Les parents d'émigrés exclus des fonctions publiques. — Fin de la Convention. — Élections au Conseil des Cinq-Cents et au Conseil des Anciens; élections de l'administration départementale, du tribunal civil. — Le Directoire. — Élections de l'an V, de l'an VI, de l'an VII et de l'an VIII. — Adresse de félicitations au général Victor. — Manœuvres contre-révolutionnaires. — Procès des « Cardinaux ». — Le 18 brumaire. — Desgouttes, premier préfet des Vosges. — Nouvelles administrations. — La Place Royale, à Paris, devient « Place des Vosges » en récompense d'un nouvel acte patriotique du département. — Conclusion 303

APPENDICE.

Les Conventionnels vosgiens 335
François de Neufchâteau 381
Tableau des municipalités, des administrations et des tribunaux des districts des Vosges, de juin 1790 à septembre 1791 421
Liste des électeurs des Vosges pour nommer les députés à la Convention nationale (août 1792) 439
État, par bataillons, des officiers des volontaires nationaux des Vosges de 1792 à 1793 457

Nancy, imprimerie Berger-Levrault et Cie.

www.ingramcontent.com/pod-product-compliance
Lightning Source LLC
Chambersburg PA
CBHW071936240426
43669CB00048B/1635